한일관계사연구논집 6

통신사·왜관과 한일관계

한일관계사연구논집 편찬위원회 편

景仁文化社

발간사

　한국과 일본은 흔히 一衣帶水의 관계로 표현되어 왔다. 이는 조그마한 물줄기 하나를 사이에 둔 가까운 이웃나라라는 말이다. 한국과 일본 두 나라는 이처럼 지리적으로 근접해 있다. 두 나라가 지리적으로 서로 인접해 있다는 사실은 역사적으로 양국간의 긴밀한 교류가 있었음을 뜻한다. 사실 두 나라는 역사적으로도 선사시대부터 오늘에 이르기까지 매우 빈번하게 교류를 가져왔다. 이 교류는 서로의 발전을 위해 긍정적으로 작용하기도 했다. 물론 양국간의 관계에서는 일방이 타방을 침략하는 비극의 역사가 포함되어 있기도 했다.

　특히 한일 양국은 근대사회에 들어와서 불행한 역사를 체험했다. 대한제국이 제국주의의 침략으로 인해 국권을 상실했음은 분명 한국사에서 일대 비극적 사건이었다. 또한 제국주의의 체험은 대다수 일본 국민의 양심에도 무거운 짐을 지워준 사건이었다. 그러므로 그것은 일본 국민의 불행이기도 했다. 해방 이후 오늘에 이르기까지 60여 년 동안 한일 양국은 이 비극적 체험과 불행을 극복해 나가야 할 책임을 짊어지고 있었다.

　과거는 현재와 무관할 수 없다. 과거의 정리 없이 현재에 대한 이해나 바람직한 미래의 기대는 불가능하다. 바로 이 점 때문에 한국의 역사 연구자들이나 일반 국민들은 한일양국의 역사를 바로 세워야 한다고 생각해 왔다. 또한 일본의 연구자 및 국민들과 정부 당국자들도 이 점에 있어서는 인식을 같이했다고 생각된다. 그러므로 우리 모두는 역사의 진실 앞에 서서 지나간 과거를 되짚어보면서 자신의 미래를 개척해 보고자 시도해야 한다.

　원래 역사교과서는 당대 역사연구와 교육목표가 함께 융합되어 간

행되는 학습용 출판물이다. 그런데 해방이후 오랫동안 일본 역사교과
서에 나타난 한국사와 관련된 부분에서는 적지 않은 문제들이 나타
나고 있었다. 이러한 이유 때문에 2001년 한국과 일본 양국 정상들은
일본 연구자의 한국사에 관한 인식 중 상호 공통된 부분과 차이점이
무엇인지를 우선 분명히 하기로 합의했다. 이 합의의 결과로 2002년
한일역사공동연구위원회가 탄생되었고, 이 위원회의 양국 위원들은
모두 19개의 공통주제를 선정하여 그 주제에서 드러나는 상호 역사
인식의 공통점과 차이점을 밝히기로 했다. 한국측 위원회에서는 19개
공통주제 각각에 대한 공통점과 차이점을 좀더 분명히 하기 위해서
더 많은 동료 연구자들의 의견을 듣고자 했다. 이에 한국측 연구위원
들은 각각의 주제들과 관련하여 모두 103개의 세부 분야를 선정했고,
이 세부주제들의 연구에 참여할 공동연구원들을 위촉하게 되었다.

　이제 한일역사공동연구위원회에 속한 두 나라의 연구위원들은 별
도로 간행되는 종합보고서를 통해서 지난 3년간의 연구를 마치기에
이르렀다. 이 보고서의 간행으로 제1기 한일역사공동연구위원회의
임무는 종료되었다. 그리고 한일역사공동연구위원회의 한국측 위원
회는 2005년 5월 31일로서 그 시한을 다하게 되었다. 그렇다 하더라
도 우리는 그 종합보고서를 작성하기 위해 진행시켰던 103개 분야의
세부적 연구결과를 사장시킬 수 없었다. 이에 우리는 한국측 종합보
고서의 작성에 근거가 되었던 96편의 개별 논문들을 별도의 책자로
간행하여 한일관계사 연구의 진전에 기여하기로 의견을 모았다.

　우리는 이를 ≪한일관계사연구논집≫ 이란 제명아래 그 동안의 기
초적 연구결과를 모아서 모두 10책의 논집으로 간행하고자 한다. 이
책자의 간행을 통해서 한국측 연구자들은 그동안의 연구성과에 관한
국내외 학계의 비평을 겸허하게 기다리기로 했다. 또한 한일역사공동
연구위원회의 명칭은 2005년 6월 이후부터 사실상 사용할 수 없다고
판단되었다. 이에 우리는 한일관계사연구논집 편찬위원회를 조직하

여 그 이름으로 이 책자를 간행하기로 했다. 이러한 과정을 거쳐서
이 책자들의 총서명과 간행처의 명칭이 결정되었다.

한일역사공동연구위원회의 연구활동은 우선 종합보고서를 통해서
공식적으로 종합되었다. 그리고 이번에 간행하는 《한일관계사연구
논집》을 통해서 그 구체적 연구의 근거들이 집약되었다. 모두 10책
에 이르는 이 연구논집들이 앞으로의 한일관계사 연구에 큰 도움을
줄 수 있을 것으로 판단된다.

역사적 사실에 대한 연구는 역사학자들이 맡을 수 있다. 그러나 그
사실들은 역사교육의 목표에 따라 교과서 집필자나 검정기관에 의해
취사선택되는 등 일정한 영향을 받을 수 있다. 그러므로 역사교과서
의 검정을 책임지고 있는 정부 당국은 올바른 역사 교과서를 편찬하
여 미래를 책임질 청년 학도들에게 전해야 한다. 올바른 역사교육은
한일 양국의 바람직한 미래를 건설하는 대전제이기 때문이다. 한일양
국의 역사인식 상 공통점과 차이점이 무엇인지를 밝히려는 진지한
연구는 결국 올바른 역사교육으로 이어질 것이다. 이러한 기대의 일
부로 우리는 이 《한일관계사연구논집》을 간행했다.

이 연구논집에 수록된 영문초록은 남태우 선생의 지원을 받아,
UCLA 동아시아 학과의 손민서, 손희주, 김 소피아 님 등의 수고를 통
해 작성되었다. 그동안 연구에 참여해 준 공동연구원들 및 이 책의
간행에 도움을 준 모든 분들에게 감사를 전한다.

2005년 6월 1일
한일관계사연구논집 편찬위원회 위원장 조 동 걸

<목 차>

통신사에 관한 한국학계의 연구성과와 쟁점사항

조 광*

Ⅰ. 머리말

역사학계에서는 임진왜란 이후 조선후기 한일양국의 상호관계에 관한 연구를 적지 않게 진행해 왔다. 이 연구를 통해서 당대에 관한 여러 사실들이 밝혀졌고, 이러한 연구는 양국의 역사이해에 적지 않은 도움을 주었다. 그러나 이 연구의 과정에서 일부 상이한 의견들이 露呈되었고, 이에 대한 점검이 요청되기에 이르렀다. 특히 공동의 역

---

* 고려대학교 한국사학과 교수

사사실에 대한 일방적인 견해나 학설이 제도교육의 현장에서 강의될 때, 적지 않은 문제가 발생할 수 있는 가능성은 恒存하고 있다.

이로 인해 2001년 10월 15일 및 10월 20일에 개최된 한일양국 정상회담에서는 역사인식에 대한 문제가 논의되었고, 한일양국정부는 역사공동연구위원회의 설치를 통해 "학설이나 역사 인식에 있어서 공통점을 도출하기 위해 노력함과 동시에 차이점은 차이점으로 정확히 파악함으로써 상호 이해와 인식의 심화를 지향"하도록 결정했다. 이 결정에 따라 朝鮮後期 / 德川幕府 시기의 양국관계에서 제기되는 주요 역사적 사항들을 검토하면서, 그 사항에 대한 한국측 연구성과와 의견을 종합해야 하는 요청이 제기되었다. 이 요청에 부응하기 위해서는 우선 양국의 관계사에 있어서 주요 역사적 사실이 무엇인지를 확인하고, 여기에서 드러나는 학설이나 해석상의 공통점과 차이점을 명확히 해야 하게 되었다.

조선후기에 전개된 한일관계에 있어서 가장 중심이 되는 연구과제는 몇 가지로 나누어 볼 수 있다. 즉, 첫번째의 연구과제는 전란으로 인해 단절된 양국간의 국교 재개에 관한 문제이다. 두 번째로는 조선이 일본에 파견한 통신사의 파견 목적과 그 역할 및 당시 조선과 일본 양국인들이 가지고 있었던 통신사에 대한 인식에서 드러나는 특성을 규명하는 작업이다. 그리고 이에 이어서 부산 초량에 설치되었던 倭館의 기능과 역할을 밝혀야 하는 과제도 있다. 또한 이른바 書契問題의 특성과 원인을 정확히 인식해야 한다. 이 여러 주제들은 아마도 통신사 파송이라는 주제와 직접적이거나 간접적으로 관계를 가지고 있다. 따라서 본고에서는 통신사 문제를 중심축으로 하여 이에 부수될 수 있는 諸問題들에 관한 양국학계의 공통점과 차이점을 확인해 보고자 한다.

이를 위해서는 당연히 그 연구 방법론이 논의되어야 한다. 조선후기 한일관계사에 대한 이해에는 우선 역사적 사건 자체에 대한 정확한 파악이 전제되어야 한다. 객관적으로 존재하는 역사적 사실은 그 역사의 이해 내지는 해석의 가장 중요한 기본이 되기 때문이다. 그리고 사건에 대한 정확한 인식에 따라 양국의 학계에서 나타나는 이견의 일부가 해소될 수도 있다. 따라서 조선후기 / 德川幕府 시대 양국관계사의 주요 사실을 객관적으로 올바르게 확인해야 한다.

그리고 이에 이어서 당대에 존재하던 한일양국간 상호인식 내지는 이해의 특성을 파악하고자 한다. 조선후기 한일관계사와 관련된 한일양국간의 상호이해에서 드러나는 문제점은 사건 자체에 대한 이견보다는 역사인식론과 관련된 문제가 많다고 생각된다. 조선후기 朝鮮과 日本 양국간의 관계를 설명하던 歷史認識論은 당시 동아시아 정신계에서 일반적으로 경향이었던 전통적 화이관의 극복현상 및 이에 수반한 自國中心主義와 긴밀한 관계를 가지고 있었다. 따라서 본고에서는 이러한 자국중심주의적 인식이 양국 관계의 상호인식에 미친 영향도 함께 검토하고자 한다.

또한 일반 역사연구자들의 경우에 있어서도 해당 분야의 전문연구자가 진행시켜온 연구 성과를 충분히 인식하지 못하는 경우도 간혹 발생했다. 이와 같은 상황에서 본고는 조선후기 한일관계에 대한 이해를 증진시키기 위해서 國交再開 및 通信使의 派送, 相互認識 등에 관한 연구 성과들을 중점적으로 점검하고, 기존의 연구에서 드러나는 공통점과 차이점을 밝히며, 앞으로의 연구와 서술에 있어서 바람직한 이해의 방향을 모색해보고자 한다.

그런데 이와 같은 주제에 관한 연구는 구체적이고 개별적 사실에 대한 穿鑿的 연구와는 달리 기존의 연구성과에 대한 총괄적 검토가 되어야 하며 Review article적 성격을 갖추게 된다. 따라서 본고에서도 이러한 주제의식 및 연구방법에 충실하고자 한다. 이 점이 본고가 가지고 있는 특성이자 한계점이 될 수 있다. 그러나 이 연구가 조선후기 / 덕천시대 한일 양국간의 상호관계를 이해하는 데에 도움이 될 수 있기를 기원해 본다.

Ⅱ. 연구 방법론의 확인

전통사회의 대외관계를 논할 때는 대략 다음의 네 단계를 설정할 수 있다. 즉, 그 첫 번째로는 역사적 사건 즉 史實 자체를 객관적이고 구체적으로 밝혀내는 일이다. 그리고 두 번째로는 그 객관적 사실이 처해 있던 역사적 context를 확인하는 작업이다. 세 번째로는 그 context 위에서 성립된 '黨派的 解釋'을 확인하고 그 해석에 대한 특성을 찾아내는 작업이 요청된다. 이에 이어서 네 번째로는 당파적 해석이 가지고 있는 문제점을 확인하고 앞으로의 연구방향을 모색해 나가는 일이다. 이와 같은 연구방법론의 적용을 통해서 조선후기 / 德川幕府 시대에 전개된 한일양국 간의 상호관계에 대한 올바른 이해에 도달할 수 있을 것이다.

그렇다면 우선 첫 번째로 조선후기 / 德川幕府 시대의 양국관계에 관해 현재까지 학계의 연구 결과로 확인된 객관적 사실들은 다음과 같은 정리될 수 있다. 즉, 조선후기 對日本關係史에서는 1607년 回答兼刷還使를 통해 조선과 일본 막부정권과의 국교 재개가 이루어졌다. 그리고 조선은 1609년에 체결된 己酉約條를 통해 대마도와의 교역관계를 회복시켰고, 1611년부터는 歲遣船이 도항해 옴으로써 외교 및 무역관계가 모두 재개되어 交隣體制가 다시 시작되었다.[1] 조선은 부산에 왜관을 설치해 주고, 대마도 내지는 일본과 통상적인 외교·무역 업무를 전개하고 있었다. 또한 조선국왕이 일본 막부장군에게 파

---

1) 孫承喆, 2003 <조선시대 '통신사' 개념의 재검토> ≪朝鮮時代史學報≫ 27 (朝鮮時代史學會, 서울) 16

견하는 외교사행으로는 通信使行이 있었고, 조선의 禮曹參議가 對馬島主에게 파견하는 問慰行이 있었다. 조선은 對馬를 통하여 대마도주 및 막부정권과 외교교섭에 임하고 있었다. 한편, 일본의 경우에도 年例送使나 差倭 등을 통해 조선과의 외교교섭을 추진했다. 우리는 우선 이상과 같은 사실을 조일 양국관계에서 확인할 수 있다.

한편 두 번째로 확인해야 하는 점은 이상에서 확인된 사실들이 자리 잡고 있던 역사적 맥락을 주목하는 일이다. 한일관계에 관한 史實 (text, fact)은 한일양국이 처해있던 역사적 맥락인 context 안에서 형성된 일들이다. 그러므로 이 史實의 특성을 올바로 이해하기 위해서는 그 史實이 자리 잡은 역사적 context에 대한 정확한 파악이 요청된다. 여기에서는 한일양국간의 외교 교섭에 있어서 그 主體와 對象의 성격에 관해 주목할 필요가 있다.

조선이 전개하던 대일외교의 주체가 되었던 조선국왕이나 예조참의의 경우는 중앙집권적 통치구조 아래에서 중앙정부를 대표하는 성격을 가지고 있었다. 조선정부는 對馬島主를 창구로 하여 對日外交를 전개했고, 대마도주를 조선의 參議 즉 정3품 당상관에 대등한 관직으로 파악했다. 그러나 당시 일본은 조선의 중앙집권적 왕조국가와는 달리 幕藩體制에 놓여 있었다. 일본의 막부 정권은 대마도주를 통해서 조선과의 외교 교섭에 임하고 있었다.

이 역사적 조건 아래에서 대일외교와 관련된 조선의 禮曹參議나 堂上譯官 또는 地方官 등은 조선의 조정에 의해 철저히 統括되던 존재였다. 반면에 대마도주는 일본의 막부에 대해서 일정한 자율성을 가지고 있었다. 대마도주는 일본 막부의 대표였다기보다는 막부가 조선과 교섭하던 창구였다. 대마도주는 동시에 독자적으로 조선과 외교를 추진했고, 교역을 주도하고 있었다. 對馬 내지 日本이 처해있던 이러한 역사적 조건으로 인해, 일본측에서는 조선의 官人으로서는 상상할 수도 없었던 國書僞造나 僞使와 같은 사건을 일으킬 수 있었다.

대외관계를 논하는 과정에서 유의해야 할 세 번째 사실은 역사적 사실에 대한 '黨派的 解釋'에 관한 문제이다. 조일 양국은 상호 다른 역사적 context를 가지고 있었다. 이러한 context의 차이점은 동일한 하나의 사건이나 사실(fact)이라 하더라도 각자의 정치·사회적 context 위에서 독자적으로 해석될 수 있는 가능성을 胚胎하게 되었다. 그리고 各者가 내리는 특정 사건에 대한 독자적 해석이나 의미부여는 일종의 '黨派的 解釋'으로[2] 나타났다. 그리고 하나의 동일한 사건이라 하더라도 사건의 중요성에 대한 인식이나 사건에 대한 집착의 정도 및 평가가 다를 수밖에 없었다.

여기에서 '객관적 사실'은 '해석된 사실'의 성격을 띠게 된다. 이 '해석된 사실' 자체도 하나의 역사적 현상으로 이해되고 있다. 따라서 조선후기에 전개된 양국관계를 정확히 이해하기 위해서는 각자가 가지고 있던 사건에 대한 해석의 틀이 무엇인지를 파악해야 한다. 사실, 조선후기 / 德川幕府 시대에 있어서 조선과 일본은 하나의 역사사건에 대해서 각기 다른 해석의 틀을 가지고 있었다. 그 예로는 '통신사행의 성격'에 관한 양국간의 異見을 수 있다. 조선에서는 이를 交隣體制 내에서 善隣友好를 다지기 위한 對等抗禮의 일종으로 보았다. 물론 조선의 朝野에서는 日本島夷觀 등이 일부에서 발견된다. 이는 조선이 가지고 있던 일종의 '당파적 견해'였다.

한편, 일본에서도 조선과의 관계를 對等抗禮의 교린체제로 이해하고 있었고, 이 견해가 양국관계를 규정하는 지배적 경향이었다고 생각된다. 그러나 일본의 일부 세력에서는 朝鮮藩國觀을 전제로 하여 通信使를 일종의 朝貢使로 파악하고자 시도하기도 했다. 이러한 해석은 독자적 틀에 입각한 '당파적 견해'로서, 과연 이 견해가 당대 일본에서 공식적 견해였는지에 대해서는 면밀히 검토해 보아야 한다. 만

---

2) '黨派的 解釋'은 史實에 대한 認識에 있어서 Ranke(1795~1886)的 客觀主義와는 다른 Gevinus(1805~1871)的 主觀主義에 입각한 해석을 뜻한다.

일 이 당파적 견해의 공식적 성격에 하자가 있다면, 이를 對等抗禮論과 동일한 수준의 이론으로 인식될 수는 없을 것이다.

또한 德川幕府 당시 일본이 인식했던 대조선관계는 당시 조선이 인식하고 있었던 對日本 인식과는 차이가 있었다. 당시 조선은 대외관계에 있어서 중국을 중심으로 하여 思考했고 일본과의 관계는 부차적으로 취급했다. 더군다나 당시 조선의 일반 사회에서는 대일 교섭의 창구였던 종3품급 대마도주에 대한 관념이 幕府를 대하면서도 은연중에 확대 적용된 면이 없지 않았다. 당시 조선과 일본은 모두가 상대를 멸시하던 相互蔑視觀을 가지고 있었다. 이렇게 조선이나 일본의 一角에서는 모두가 주관주의적 입장에서 상대와의 관계를 이해하고 규정하고자 했던 측면이 있다. 그러므로 여기에서 파생된 相互蔑視論의 존재를 확인할 수 있다고 하더라도, 이 상호멸시론이 당대의 상호인식에서 어떠한 비중을 차지하고 있었는지를 검토해야 한다.

마지막 네 번째 단계로는 양국관계에 관한 당파적 해석의 문제점을 지적하여 가치판단을 내리고, 연구의 목적과 관련하여 연구의 방향을 정립하는 일이다. 대외관계사 내지는 외교사 연구의 기본 목적은 對方에 대한 이해에 있다. 이를 위해서는 사실에 대한 당대의 당파적 인식이나 기존의 연구시각에 대한 그침 없는 검토가 요청된다. 또한 양국관계에 관한 기존의 서술에서 간과되었거나 왜곡된 부분에 대한 보완이 이루어져야 한다.

예를 들면, 조선후기 통신사에 관한 설명에 있어서는 양국은 자국의 문화나 외교적 지위가 상대방보다 우월함을 밝히려는 듯한 경향이 있었다. 일본의 통신사연구자들 가운데 일부는 바로 이 입장에서 통신사를 해석하고자 하기도 했다. 한국의 일부 연구자들도 통신사가 일본에 선진문화를 일방적으로 전달해 주었다는 방향의 해석을 시도하기도 했다. 그러나 이와 같은 당파적 해석으로는 통신사 외교의 진면목을 파악할 수는 없다.

통신사는 조선과 대마도를 포함한 일본 兩國의 강한 의지와 노력
으로 진행되었던 측면이 있기 때문이다. 오늘의 연구자들은 이 측면
을 간과해서는 안 되며, 이 부분에 관한 연구를 통해 상호 왜곡시키
기도 했던 양국관계의 실제상황을 밝혀나가야 된다. 또한, 양국간에
존재하고 있던 相互蔑視論에 대한 반성적 평가가 진행되어야 한다.
이러한 부분에 대한 연구와 상호이해가 진행됨으로써 당대 朝日關係
에 관한 올바른 이해나, 오늘날 한일 양국관계의 바람직한 관계의 설
정이 가능할 것이다.

요컨대, 조선후기 韓日關係의 연구는 그 연구방법론에 관한 거듭된
확인을 기초로 하여 사건 자체에 대한 정확한 파악과 그 사건의 역사
적 맥락에 대한 이해가 중요하다. 그리고 그 사건의 해석에 대해서는
價値判斷을 새롭게 정립해야 한다. 또한 조선시대 한일관계사의 이해
에 있어서 간과되어 왔던 부분에 관해서도 관심을 강화시켜 나가야
한다.

Ⅲ. 國交再開의 과정에 대한 검토

임진왜란 이후 통신사가 일본에 다시 파견되는 계기는 국교재개를
통해서 이루어졌다. 따라서 조선후기에 전개된 통신사에 관한 문제를
이해하기 위해서는 임진왜란 이후의 국교재개 과정에 대한 확인이
먼저 요청된다.3) 국교재개는 전란에 대한 講和를 뜻한다. 그리고 이
국교재개 문제에 대한 이해에는 임진왜란 이후에 朝日兩國에서 조성
되고 있었던 역사적 조건 및 전쟁상태를 종결시키려 했던 목적에 대

---

3) 孫承喆, 1994 <朝鮮後期 脫中華의 交隣體制> ≪講座 韓日關係史≫ (玄
音社, 서울) 343~345 참조.

한 검토가 전제된다. 朝日兩國의 역사적 조건과 국교재개의 목적에서 드러나는 相異性은 국교재개의 과정과 특성을 이해하는 데에 필수적 전제가 된다.

임진왜란 이후 조선과 일본의 국내사정은 각기 달랐다. 조선은 전란의 피해를 극복하기 위한 國家再造論의 집행과정에서 기존의 지배층을 중심으로 한 중앙집권적 경향이 강화되어 가고 있었다. 반면에 당시 일본은 幕藩體制 아래에 놓여있었고, 조선과의 교역을 통해 존속해 왔던 대마도의 경우에도 이와 같은 일본의 정치체제에 편입되어 있었다. 또한 조선에 대한 침략 전쟁을 단행했던 豊臣秀吉의 사후 德川家康에 의해 德川幕府가 성립되어 있었다.

이 德川幕府는 조선과의 전쟁에서 전투 당사자가 아니었다. 그럼에도 불구하고 德川幕府는 조선과의 강화 내지 국교재개에 임해야 했던 입장이었다. 한편, 조선후기에 있어서 幕府도 대마도에 대한 경제적 지원관계를 유지하며, 대마도에 조선과의 교섭을 위임해서 지원하고 있었다. 물론 막부의 對朝鮮政策은 시대에 따라 차이가 있었지만, 막부는 대체적으로 대마도를 중심으로 한 교린체제의 회복과 유지에 동의했고, 대마도는 이 역할을 수행했다.

이와 같이 각자가 처한 상황의 상이성 때문에 국교재개를 추진하던 각자의 목적에서도 차이가 드러나게 되었다. 즉, 임진왜란이 종료된 1598년 이후 조선은 일본의 침략군을 격퇴시켜 국가를 성공적으로 방어했다고 판단했다. 그러나 조선은 일본과의 전쟁상태를 공식적으로 종결하여 교린체제를 복구하고, 임진왜란 과정에서 발생한 被納者들을 刷還해야 하는 과제를 가지고 있었다. 한편, 전쟁으로 인한 국교단절의 상황에서 對馬의 경우에는 경제적 피해가 심각했고, 對馬島主는 조선과 通交貿易을 시급히 회복해야 했다. 그리고 豊臣秀吉의 뒤를 이어 성립된 德川幕府도 草創의 政權을 안정시키고 조선과의 전쟁상태를 완전히 종결할 필요가 있었다고 판단된다.

이상과 같은 목적 아래에서 對馬島主가 조선에 대하여 국교재개를 위한 교섭을 처음으로 요청했다. 일부 자료에 따르면, 임진왜란이 종료된 다음해인 1599년에 대마도주는 德川家康의 명에 따라 강화교섭을 위한 사신을 보냈다는 기록이 있다.4) 이 이후 대마도주는 幕府政權의 대리인임을 자처하면서 和好가 德川家康의 뜻임을 강조했고, 대마도와의 通交가 막부정권과의 수교회복이라는 점을 명백히 했다.

그리하여 조선에서도 국교재개를 위한 교섭에 응하게 되었다. 조선은 국교재개를 통해서 일본의 幕府政權에 대해 許和하여 對等抗禮를 수행하고, 對馬에 開市를 허락하여 조선과의 羈縻秩序를 복원시켜 보고자 했다. 그러나 조선은 국교재개의 전제조건으로 德川幕府에 대해서 日本國王號를 사용한 國書를 요구했다. 國王號는 明의 册封을 전제로 한 것이었다. 조선은 이를 통해서 德川幕府를 中華的 交隣體制, 즉 당시 중국을 중심으로 한 동아시아의 국제질서 안에 일본을 편입시켜서, 조선 주변의 국제관계를 안정시켜 보려던 의도를 가지고 있었다. 또한 조선이 國書를 요구한 것은 일종의 침략행위에 대한 사죄를 뜻하는 것이었다.5) 또한 조선은 犯陵賊에 대한 인도를 강화의 조건으로 제기했다. 이는 조선왕실의 존엄성에 대한 일본 막부정권의 태도를 확인하려던 목적에서 제기된 조건이었다.

조선은 대마도주를 매개로 한 국교재개 교섭에서 일본의 德川幕府政權을 최종 대상으로 삼았다. 그러나 앞서 언급한 바와 같이, 德川幕府政權은 조선에 대한 침략전쟁에 직접적 책임이 없었던 정권이었다. 따라서 일본의 德川幕府는 이러한 조선의 요구에 응하기에는 난점이 있었다. 물론 조선도 자신이 설정한 강화의 조건을 양보할 리가 없었다.

---

4) 松浦允任, 1978 ≪朝鮮通交大紀≫ 卷4, <萬松院公> (名著出版, 東京) 147
5) 孫承喆, 1994 <앞 논문> 346

이 상황에서 조선과 德川幕府를 연결하던 對馬島主는 조선측이 요구한 국교재개의 조건은 타협의 대상이 될 수 없었고, 德川幕府도 이 조건을 수용하기에는 문제가 있다고 판단했다. 이에 對馬島主는 조선측이 제기한 문제를 수용함과 동시에 德川幕府의 국교재개 의사에도 부합하는 방안을 찾게 되었다. 즉, 對馬는 이 平行 並進하던 양측 입장의 중간에서 조선과 막부의 요구를 모두 충족시켜야 했고, 여기에서 일종의 苦肉策을 구사하게 되었다. 이에 對馬島主는 國書를 僞造하고, 犯陵賊을 造作하여 조선에 보냄으로써 국교재개의 형식적 조건을 詐僞的 방법으로 충족시켜 주었다.

이 과정에서 조선은 국서위조와 범릉적 조작을 알아차렸으나, 일단 조선이 요구한 형식을 일본측이 충족시켜 주었다고 판단했다. 이에 조선은 일본이 보낸 '國書'에 대한 回答使의 성격과 戰時 被納者를 쇄환하는 쇄환사의 성격을 결합한 사행을 일본에 보내게 되었다. 이 사행의 공식명칭을 통해서 드러나는 바와 같이 조선은 국교재개의 주요목적 가운데 하나는 피납자의 쇄환에 있었다고 판단된다.

그리하여 조선에서 1607년에 막부에 파견했던 回答兼刷還使가 宣祖의 回答國書를 전달하고 德川秀忠 명의의 回答書를 받아오게 되었다. 즉, 일본의 막부정권은 조선의 '回答兼刷還使'에 대해 '回答書'라는 형식의 외교서신을 보냈다. 이로써 임진왜란으로 단절되었던 조선과 일본의 외교관계가 재개될 수 있었다. 그리고 對馬와의 교역관계는 1609년의 己酉約條를 통해 회복되었다. 이 기유약조는 조선측 선위사 李至完과 일본측의 외교승 玄蘇 사이에 체결되었다. 이 기유약조는 조선이 15세기 이래 일본과의 교섭과정에서 획득했던 경험과 대책을 집약한 내용으로 되어 있었다.

한편, 임진왜란 이후 朝日兩國間의 국교재개에 관한 문제를 이해하기 위해서는 조선왕조가 취하고 있던 일본의 幕藩體制에 대응하는 외교정책을 확인하고 넘어가야 한다. 주지하는 바와 같이, 조선은 일본의 막부정권에 대해서는 교린관계를 전제로 한 對等抗禮를 의도하고 있었다. 그리고 일본과의 교섭 창구인 對馬島에 대해서 조선은 朝貢的 교역관계를 통한 羈縻秩序를 유지해 나갔다. 그러면서 조선은 양국 관계에 있어서 우위의 입장을 견지하면서 일본의 도발을 사전에 차단하고자 했다.

對馬는 조선측이 요구한 국교재개의 조건을 詐僞的 방법으로 충족시켰고, 조선은 이를 默認看過하여 回答兼刷還使를 파견하게 되었다. 또한 대마는 1607년의 경우에도 國書를 改作하여 국교재개를 추진했다. 대마는 이로써 '臣下의 禮'를 취하는 교역관계를 부활시켰고, 이 취약한 기반 위에서 조선과 德川幕府의 국교 재개가 苟且하게나마 이루어졌다. 德川幕府는 이 苟且性에 의존하여 조선과의 외교관계에서 將軍의 존재를 '국제적'으로 확인시키고, 대내적으로는 그 정권의 권위를 강화하는 데에 활용하고 있었다.

그러나 17세기에 접어든 이후 청조의 등장이라는 대륙정세의 변동에 따라 朝日關係는 脫中華的 交隣關係로 점차 전환되어갔다.[6) 또한 조선에서 성립되었던 朝鮮中心主義의 영향과 일본 막부정권을 배경으로 하여 형성되었던 日本型 華夷觀으로 인해 朝日 양국은 상호인식에 있어서 상당한 편차를 드러내고 있었다. 조선에 대한 일본의 외교 교섭 과정에서는 이와 같은 詐僞性과 苟且性이 介在될 수 있는 여지가 항상 존재했다. 僞使나 國書改作에 대한 문제가 그 詐僞性을 대표적으로 나타낸다면, 조선통신사에 대한 朝貢使的 인식이나 이른바 朝鮮藩國觀과 같은 견해는 그 苟且性을 집약하고 있었던 견해였다. 한편, 조선측도 일본의 대마도주가 조선과의 교섭과정에서 사용하고 있던 부적절한 방법에 대한 규명과 그 시정을 끝까지 요구하기보다는 그러한 형태의 교섭을 일종의 관행으로 수용하며, 일종의 惰性에 젖어 있었다.

---

6) 孫承喆, 1994 <앞 논문> 357, 이하 참조.

이 과정에서 조선과 일본은 使行을 교환했다. 임진왜란 이후 조선
의 조정에서는 통신사를 일본 에도에까지 파견하여 덕천정권과의 교
섭에 임하고 있었다. 그러나 당시 조선은 일본측 사행의 入京을 엄격
히 금지했다. 대마도주는 朝貢的 교역관계를 수행하기 위해 使送船의
책임자로 正官을 파견했다. 일본의 正官은 進上使節의 형식을 갖추었
다. 그러나 조선은 그들의 上京謁見을 금지했고, 그들은 上京하는 대
신 부산 현지에서 동래 부사 및 부산 첨사와 茶禮儀를 거행했고, 殿
牌 앞에서 조선의 국왕을 향해 肅拜했다. 조선의 관료들은 일본측 正
官이 부산에서 행하는 殿牌에 대한 숙배를 일본 幕府政權과의 공식
적 외교의례로 파악했다. 이와 같은 상황에서 조선과 일본 사이에 진
행된 외교교섭 중 일부의 사례에서는 상대의 말이나 주장을 의도적
으로 무시하고 자신의 주장만을 전달하려는 일종의 '귀머거리식 대
화'(Dialogue of deaf)와 같은 현상이 진행되어나갔다.

요컨대, 임진왜란 이후 조선과 일본과의 외교관계는 1607년 回答兼
刷還使의 파견을 통해서 이루어졌고, 1609년의 己酉約條를 통해서 대
마도와의 통상교역이 재개될 수 있었다. 그러나 대마를 창구로 하는
일본측은 조선과의 국교재개를 詐僞的 방법으로 苟且하게 추진한 측
면이 있다. 또한 조선도 이와 같은 방법을 부분적으로 인지하고 있었
지만, 이를 일종의 관행으로 인정하여 점차 묵인되어 갔다. 그러나 임
진왜란 이후 양국관계에서 드러나는 이 詐僞性과 苟且性은 조선과의
외교교섭을 추진하려던 일본측의 적극성을 부분적으로 반영하는 일
이기도 했다. 그러나 이 과정에서 일본측이 드러내 주었던 적극성은
대마도의 통교교역을 위한 노력이나 국교재개를 덕천막부의 국내정
세 안정에 활용하고자 했던 의도에서 확인된다. 이 적극성으로 인해
일본은 조선과 국교재개를 이루고 통상교역관계를 회복하여 지속할
수 있었다. 현재의 일부 논자들은 한일간의 국교재개를 가능케 했던
이 일본측의 적극성을 간과하기도 하는 바, 이에 대한 정확한 사실

확인 및 균형적 이해가 요청된다. 조선후기에 전개된 양국간의 국교 교섭 내지 통신사에 관한 문제는 이러한 외교 관행과 특성에 대한 이해를 전제할 때 올바로 서술될 수 있다.

Ⅳ. 통신사의 파견목적과 역할

조선왕조는 일본과의 외교관계를 추진하는 데에 있어서 通信使와 問慰行을 파견했다. 통신사의 字義는 '信義를 通하는 使臣'이라는 의미를 가지고 있다. 조선왕조에서 사용하던 통신사라는 단어의 개념에는 隣國間에 유교적 信義와 禮道를 다지는 交隣의 이념을 실천하기 위한 외교사절이란 의미를 가지고 있다. 따라서 통신사의 경우에는 기본적으로 재화나 무역의 이윤을 추구하는 행위는 배척되었고, 조일 양국 관계에 있어서 조선국왕이 일본 막부 장군에게 파견하는 사절을 의미한다.[7]

그런데, 상당수의 연구자들은 조선시대 일본에 파견된 사행의 명칭을 '朝鮮通信使'라는 명칭으로 부르고 있다. 그런데 조선측 官邊史料에서는 일본에 파견된 使行을 '日本通信使' '日本國通信使' 혹은 간략히 '通信使'만으로 부르고 있다. 그리고 丁未通信使나 己亥通信使와 같이 통신사가 파견된 해의 간지를 붙여서 그 통신사행의 명칭으로 삼아 왔다. 반면에 일본에서는 일본의 연호를 사용하여 慶長通信使 혹은 享保通信使 등으로 불렀다. 그렇다면 현재 많이 사용되고 있는 '朝鮮通信使'라는 용어는 '조선에서 온 통신사'라는 의미를 함축하고 있는 일본사 중심의 용어로 볼 수 있다. 따라서 '조선통신사'라는 용어는 양국을 왕래하던 使行이라는 국제적 학술용어로는 부적절

---

7) 孫承喆, 2003 <조선시대 통신사 개념의 재검토> ≪朝鮮時代史學報≫ 27 (朝鮮時代史學會, 서울) 5

하다. 이 사행의 명칭은 당시의 사료에서 확인되고 있는 바와 같이
단순히 '通信使'라는 명칭으로 불려짐이 더 타당하다고 생각된다. 한
편, 朝日關係史에서 등장하는 問慰行은 조선의 예조참의가 대마도주
에게 보내는 사신이었다.[8]

이와 같이 조선이 일본의 막부정권에 대해 通信使를 파견했고, 대
마도에 問慰行을 파견하는데 대하여, 일본에서는 기유약조에 의해 정
기적으로 年例送使를 파견했고, 막부가 행해야 하는 외교적인 현안을
대마도주가 대신하여 大差倭를 조선에 파견했다. 특히 관백이나 대마
도주의 죽음·승습·통신사행이나 문위행의 요청·호행·호환 등이
발생했을 때에 파견한 일본의 대조선사행을 별차왜라고 했다.[9] 그러
나 국서개작사건(柳川一件)에 의해 대마도의 전황사실이 드러나자,
以酊庵輪番制를 실시하여 막부가 대조선 외교문서를 직접 관장하게
된다. 한편 조선에서는 일본에서 오는 사절을 遠人厚待의 입장에서
부산에 왜관을 설치해 주고, 여기에서 이들을 접대하며, 이 왜관을 통
해 통교업무를 진행시켜 나갔다.[10] 조선이 일본국왕사를 비롯하여 각
종 차왜의 상경을 금지했던 사실의 배경에는 군사적 이유 이외에도
대중국외교와는 달리 대일본외교의 비중을 상대적으로 輕忽히 생각
했던 결과였다.

또한 조선은 이미 1413년부터 통신사라는 명의의 사신을 일본에
파견하기 시작하여, 조선전기에는 모두 9회에 걸쳐 통신사의 파견이
시도되었다. 그러나 임진왜란의 勃發로 인해 양국간의 외교관계가 破

---

8) 洪性德, 1990 <朝鮮後期 問慰行에 대하여> ≪韓國學報≫ 59 (一志社,
   서울)
9) 洪性德, 1992 <十七世紀 別差倭 의 渡來와 朝日關係> ≪全北史學≫ 15
   (全北大學校 史學會, 전주) 109
10) 조선에 설치된 倭館은 비슷한 시기의 日本史에 등장하는 '出島'와 상당
   한 유사성을 가지고 있다고 생각된다. 그리고 '出島가 '和蘭人의 出島'
   라거나 '동인도회사의 出島'라고 부를 수 없듯이, 조선정부에서 설치해
   준 倭館은 '宗氏의 倭館'으로 불릴 수는 없을 것이다.

綻에 이르자 통신사의 파견도 중단되었다. 조선측 사행이 다시 막부
에 파견된 때는 1604년이었다. 이때 조선은 일본에 探賊使를 파견했
다. 그리고 1607년 이후 3회에 걸쳐 回答兼刷還使가 파견되었다. 通
信使의 일본 파견은 1636년부터 정례화되어 1860년까지 모두 9회에
걸쳐 막부정권에 파견되었다.11)

  이 가운데 임진왜란 직후인 1604년에는 探賊使라는 명칭으로 四溟
堂이 일본국정의 탐색을 목적으로 하여 파견되었다. 이에 이어 1607
년에 파견된 사행의 정식명칭은 '回答兼刷還使'였다. 이와 같은 명칭
은 국교재개를 요청하는 막부장군의 요청에 회답한다는 명분과 함께
戰時 被擄人을 송환해 온다는 실리적 목적을 함축한 명칭이었다. 그
리고 국교가 정식으로 재개되지 아니했으므로 通信使라는 명칭 대신
에 '回答兼刷還使'라는 명칭을 사용했다. 이 명칭은 1617년의 사행에
도 사용되었다. 그리고 1624년에도 파송된 사행은 回答使로 지칭되었
다. 그러나 조선정부의 기록에서는 이 사행에 참여했던 인물들은 이
를 조선전기의 통신사와 동일하게 파악하고 있었다. 따라서 이상의
回答兼刷還使나 回答使도 그 성격에 있어서는 통신사와 다르지 않으
므로 이를 통신사의 범주에 포함시켜 설명하고 있다.

  그런데 통신사라는 명칭의 使行이 재개된 때는 1636년이었다. 당시
는 明을 중심으로 한 冊封體制가 붕괴되고, 조선과 일본의 국내사정
도 상당한 변화를 겪고 있었다. 이 이후 조선은 일본과의 외교관계에
있어서 脫中華的 교린체제를 지향하면서 일본을 '通信之國'으로 인정
하여 통신사의 파견을 정례화시켜 갔다. 통신사의 파견 목적은 표면
적으로는 '將軍襲職의 祝賀'였다. 그러나 통신사는 단순히 축하사절
만으로 파견되지는 않았다. 17세기의 조선정부는 통신사 파견에 특별
한 정치적 목적을 부수적으로 부여하고 있었다.

  예를 들면, 1643년에 파견된 통신사는 淸의 압력에 대한 견제를 의

---

11) 孫承喆, 2003 <앞 논문> 21·26

도하면서, 兼帶制度와 島源의 亂 등과 같은 일본 국정탐색을 목적으로 하고 있었다. 그리고 1655년의 통신사는 일본이 '假道朝鮮'하려 한다는 정보를 확인하기 위해서 파견되었다. 1682년의 통신사는 대마도와의 무역통제를 위한 7개조의 朝市約定 등 현안문제의 해결에 목적이 있었다. 한편, 18세기에 이르러 조선과 일본 양국 관계는 다른 시기에 비하여 평온함을 유지하고 있었다. 따라서 이 시기의 통신사는 외교적으로 의례화되면서 그 문화적 기능이 강화되기에 이르렀다. 통신사의 파견이 가지고 있는 이와 같은 정치적, 문화적 측면은 통신사의 서술과정에서 충분히 고려되어야 한다.

조선후기 대일 통신사는 1811년 이후 대마도에서 易地通信을 하게 되었다. 역지통신이 진행된 배경에는 조선정부와 막부정권 모두가 통신사의 가치를 새삼스럽게 평가절하했던 결과였다. 우선 조선정부에서는 통신사의 파견으로 인한 정치적 경제적 부담을 감수하던 문제에 대한 재검토가 시도되었다. 그리고 일본의 경우에도 德川幕府의 지배체제가 확립된 이상 통신사의 내방이 막부의 권위를 높여주기보다는 경제적 부담을 강박하는 행사로 인식되고 있었다. 그리고 양국을 중개하던 대마도의 입장에서도 경제적 실익보다는 손실이 증가되고 있었다.[12] 이와 같은 상황에서 통신사는 1811년의 사행을 끝으로 하여 더 이상 파견되지 않았다.

한편, 모든 외교행위는 양국간의 상호관계를 뜻하며, 조선왕조와 일본과의 외교도 쌍방간의 관계였다. 그런데 일부 논저에서는 조일 양국의 외교관계가 갖는 이러한 엄연한 사실을 간과하고 통신사의 일본 파견만을 강조하여 서술되는 경우가 있다. 이러한 서술방법은 서술자의 의도와는 무관하게 조일관계의 서술에 있어서 일본의 상대적 우위를 간접적으로 강조하려는 의도로 간주될 수도 있다. 즉, 통신

---

12) 金文植, 2002 <조선후기 통신사행의 대일인식> 《대동문화연구》 41 (성균관대 대동문화연구소) 132~133

사의 일본 파견만을 강조하여 서술하는 태도는 조선은 국가적 차원
에서 일본에 사절을 파견했지만 일본은 조선에 국가적 차원의 사절
을 보내지 않았다는 시실로 잘못 해석될 여지가 있다.

　그러나 이는 역사적 사실과는 다른 서술이다. 사실, 통신사는 일본
의 요청에 의해 파견되었으며 비용도 일본에서 부담했다. 그리고 통
신사 초빙에는 장군 권위를 고양시키고 일본의 국제적 지위 향상을
도모했던 일본 내정 상의 이유 등이 있다. 그렇다면 조선에서 통신사
를 파견했다는 점만을 강조하는 것은 이러한 雙方向的으로 진행되었
던 외교관계를 망각하게 하고 엄연한 역사적 사실을 은폐하는 행위
일 수 있다.

　요컨대, 조선후기 朝日關係史를 서술하는 과정에서 '朝鮮通信使'라
는 용어가 많이 사용되고 있다. 그러나 이 용어는 단순히 '朝鮮後期
/ 德川幕府 시대 조선에서 일본에 파견된 사신'이라는 뜻을 함축하고
있다. 그러나 이는 사실에 대한 정확한 설명으로 볼 수 없다. 조선은
왕조가 개창된 이후 일관되게 일본에 대한 교린정책을 수행해 왔고,
이 기본 입장에서 조선의 國王使로서 通信使를 파견해 왔기 때문이
다. 또한 이 통신사의 파견은 조일양국간의 쌍방향적 외교관계에서
조선의 국왕사를 지칭한다. 따라서 당시의 조일관계사를 서술하는 데
에는 일본이 조선에 파견한 使行에 대해서도 균형적 관심을 기울여
야 한다. 한편, 조선이 일본에 파견한 통신사가 '장군습직의 축하사
절'로 한정하여 서술되어서도 곤란하다. 조선이 통신사를 파견할 때
에는 일본 국정탐색이라는 정치적 목적이 있었기 때문이며, 통신사
파견이 가지고 있던 문화교류라는 측면을 간과할 수 없는 까닭이다.
그렇다 하더라도, 조선이 일본에 파견한 통신사가 일방적으로 조선의
문화를 선양하기만 했다는 식의 서술태도도 문제로 제기되어야 할
것이다. 문화교류의 경우에도 쌍방향적 특성을 파악하기 위한 노력이
좀더 요청된다. 즉, 이 시기 조일외교관계사는 이른바 '조선통신사'에

대한 일방적 서술이 되어서는 곤란하고, 日本幕府의 '襲職祝賀論'이나 朝鮮使行의 '文化宣揚論'이라는 특정사실의 강조에만 그쳐서는 안된다고 생각한다.

V. 상호인식의 기반 - 自國中心主義

조선후기 당시 한일관계사를 이해하는 데에 전제해야 할 사항은 朝日 양국에서 각기 자국중심주의적 인식이 강화되고 있었다는 점이다. 조선후기 사회에 있어서는 전통적 화이관이 극복되고 자국중심주의가 출현하고 있었다. 조선후기 사회에 나타난 이와 같은 경향을 편의상 조선중심주의로 지칭할 수 있다. 이 조선중심주의는 대륙정세의 변동과 관련하여 나타났고, 당대 사회를 주도하고 있던 성리학 계열의 인물 및 실학자 그리고 일반 민중에게서 공통적으로 드러나던 하나의 시대 사조였다.

반면에 일본의 경우에도 日本型 華夷意識의 출현을 통해서 자국중심주의가 강화되어 가고 있었다. 이와 같은 自國中心主義的 경향은 당대 동아시아 사상계가 가지고 있던 공통적 특성의 일부로 간주된다. 이러한 思潮 아래에서 당시 朝日 양국은 상호의 외교관계를 규정하고자 했고 통신사의 성격에 대해서도 각기 독자적 이해를 시도하기도 했다.

이 경향 가운데 우선 조선측의 입장에서 전개되었던 조선중심주의의 경우를 간략히 검토해 보면, 조선중심주의는 당시의 사상계를 지배하면서 왕조의 통치이념으로 기능했던 성리학계에서 먼저 발견된다. 그들은 明淸 교체라는 대륙정세의 변동에 대한 합리적 대답을 구하고자 했다. 그리고 그들은 병자호란 때 당했던 城下之盟의 羞恥를 극복하고 자신의 존재와 역할을 규정하고자 고민하고 있었다. 이에 그들은 조선과 그 문화를 小中華로 파악했다.

조선의 소중화론은 청조의 등장으로 중국에서 단절되어 버린 중화 문화의 전통이 오직 조선에만 남아 있다는 주장이었다. 그들의 小中華論은 中華가 멸망 소멸된 상황에서 유일하게 남아 있는 중화적 요소로 朝鮮 자신만을 지칭하는 주장이었다. 이 주장에 의하면 조선은 중화문화의 정통 계승자가 되어, 中華文化를 부흥시켜야 할 문화적 사명을 가진 존재로 부각된다. 그리고 이러한 역할은 夷狄인 淸國에게 양보할 수 없는 조선의 고유한 사명으로 인식되었다. 그리하여 당시 조선의 소중화론은 중화문화의 '本山'인 淸國을 거부하고, 조선자신의 역사적 사명을 확인하는 이론으로 기능하고 있었다.

성리학계에서 조선중심주의를 제시한 사례로는 韓元震(1682∼1751)을 들 수 있다.[13] 한원진은 문화적 측면에서의 華夷觀을 주장하고 있으며 夷狄의 華로의 변화 가능성을 인정하고 있다. 그가 '地에는 內外의 구별이 없으며 人에게는 華夷의 구별이 없다(地無內外之分 人無華夷之別)'라고 한 것을 보면 지리적, 종족적 화이관을 완전히 극복한 것처럼 여겨지기도 한다. 이런 夷狄의 華로의 변화 가능성에 근거하여 箕子 이래 우리나라를 小中華로 간주하며 특히 조선왕조에 들어와서는 풍속과 예의의 측면에서, 삼대이후의 중국보다 앞선 점이 있다고 평가하였다.

더욱이 韓元震은 중국이 청나라의 지배 하에 들어가서는 조선만이 유일하게 중화의 정치를 보존하게 되었으며 나아가 조선이 중국에 진출하여 천하를 소유할 수도 있다는 생각까지 표명하였다. 한원진이 가지고 있던 이러한 인식은 문화적 화이관이라 하더라도 북벌론과 연결되면서 폐쇄적, 독존적인 입장이 될 수 있으며 심지어는 침략적 방향으로까지 나아갈 수 있음을 보여준다. 그렇다 하더라도 한원진과

---

13) 趙誠乙, 2004 <南塘 韓元震의 華夷觀과 對外認識> 《韓國思想史學》 22 (韓國思想史學會, 서울) 參照.

같은 문화적 화이론에 입각한 조선중심주의적 사고방식은 성리학계의 일반적 조류를 이루고 있었다. 이러한 사실은 蔡濟恭(1720~1799)이나 丁範祖(1723~1801) 등 南人系 學人들이 주장했던 '同中國之義'를 통해서도 함께 확인되고 있다.[14)

한편, 실학자들의 경우에도 조선문화의 고유성에 대한 인식을 강화시켜 갔다. 또한 漢族이라는 혈연과 中原이라는 지연을 기준으로 한 기존의 정통론에 반발하여 문화를 기준으로 한 정통론을 강하게 제시했다. 즉, 그들은 '禮樂文物'을 기준으로 하여야 중화를 논할 수 있다는 판단을 내리게 되었다. 실학자들은 조선이 禮樂文物의 精髓를 보존하고 있는 중심적 문화국가임을 선언하고 있었다. 이와 같이 정통의 기준이 변하는 현상은 조선 성리학자에게서도 함께 나타났었다. 그러나 배타적 성격을 지닌 성리학자들의 소중화론과는 달리 실학자들은 정통의 문화적 기준을 더욱 명백히 제시했고, 조선의 역사전통이 중국과 대등함을 강조했고, 중국과는 다른 東夷 문화 그 자체에 대해서 자부심을 가졌다. 또한 그들은 자국 이외의 지역에 대해서도 소중화로 변화할 수 있는 가능성을 인정하고 있었다. 그들은 개방성을 통해서 조선의 문화가 더욱 강화된다고 여겼다. 따라서 實學의 조선중심주의는 北學論과 배치되는 이론이 아니라 北學論의 일부를 이룰 수 있었다. 여기에서 제시되고 있는 그들의 견해도 조선중심주의로 표현될 수 있다.[15)

실학자들에게서 조선중심주의가 확인되던 당시 민간에서는 ≪鄭鑑錄≫을 비롯한 秘訣信行이 성행하고 있었다. 이는 조선왕조는 500년밖에 지속될 수 없다고 주장하는 '李氏五百年說'을 제시하면서 새로

---

14) 趙珖, 1973 <樊巖 蔡濟恭의 西學觀研究> ≪史叢≫ 17·18 (高麗大學校 史學會, 서울) 311 등.
15) 조광, 2000 <실학의 발전> ≪한국사≫ 35 (국사편찬위원회, 과천) 207, 이하.

운 수도로의 遷都를 논하고, 十勝地를 논하면서 세상의 변혁을 바라던 사상이었다. 여기에서는 山太極, 水太極 등 地理圖讖的 설명이 시도되었다. 당시의 일반적 관념에 있어서 태극은 우주 생성의 중심이요 기원이었다. 山太極 水太極을 논하며 새 도읍지를 결정하고자 했던 민인들도 새로운 세계의 중심을 그곳에 설정하고자 시도한 것이다. 그들은 우주와 세계의 중심축을 新都에 두었다. 새롭게 건국될 조선의 鄭氏 왕조가 세계의 중심, 문화의 중심이 되리라는 사실을 이와 같은 민중의 사고와 언어로 표현했다. 당시의 감결사상에서는 民間型 朝鮮中心主義가 확인되고 있다.16)

이상의 세 가지 경향에서 확인되는 바와 같이 조선후기에 이르러 조선중심적 사유방식이 강화되고 널리 확대되었다. 조선중심적 사유형태의 출현은 조선의 대외관계에 대한 새로운 해석의 가능성을 제시해 주었다. 우선 그들은 對淸關係에 있어서도 優位性 내지는 對等性을 정신적으로 견지해 나가고자 했다. 그리고 이러한 조선중심주의는 일본에 대한 인식에도 일정한 영향을 미쳐주었던 것으로 생각된다. 그들은 夷狄에 대한 재인식을 통해 夷狄의 中華化를 논했고, 이 원칙을 夷狄이었던 일본에도 適用할 수 있었다.17) 이와 같은 지적 분위기에서 조선후기의 學人들은 '脫中華的 交隣體制'의 형성을 시도하면서,18) 일본과의 수교와 선린우호의 길을 다지고자 하였다.

물론 임진왜란 직후 집권층들은 일본에 대한 '通信'에 짙은 의문을 표현하기도 했다. 여기에서 그들은 일본에 파견하는 使行에 통신사라는 명칭 대신에 探賊使나 回答使, 刷還使 등의 명칭을 사용하게 되

---

16) 조광, 2003 <조선후기 지도제작의 역사적 배경> ≪하늘·땅·사람≫ (서울歷史博物館, 서울) 참조.

17) 河宇鳳, 1989 <丁若鏞의 日本觀> ≪朝鮮後期實學者의 日本觀研究≫ (一志社, 서울) 196 이하.

18) 孫承喆, 1994 <朝鮮後期 脫中華的 交隣體制> ≪講座 韓日關係史≫ (玄音社, 서울) 367 이하 참조.

었다고 생각된다. 그러나 통신사라는 전통적 명칭이 얼마 아니 가서 복원되었다. 이는 일본을 선린우호의 대상인 교린국가로 인정함을 뜻한다. 그리고 그 교섭과정에 있어서도 신의와 예 및 도리를 지켜야 함을 인정하고 있는 말이었다. 이러한 인식은 실학자 단계에 이르러 일본을 문화적 차원에서 小華的 존재로 인정해 주는데 이르렀다. 여기에서 정약용과 같은 인물은 일본을 긍정적으로 평가하면서 그들이 더 이상 조선을 침략하지 못하리라고 전망하기도 했다.

그러나 조선중심주의의 강화는 일본을 假想敵으로 설정하고 이에 대한 적대적 인식을 강화시켜 나가도 했다. 예를 들면, 정약용은 ≪民堡議≫에서 일본에 대한 假想敵國的 인식을 드러내기도 했다. 그리고 壬辰錄類의 한글 소설이나, 당시의 四溟堂說話 등에서 등장하는 對日 敵對意識은 이와 같은 사상적 맥락에서 이해될 수 있다. 일본을 島夷로 규정하는 日本島夷觀도 조선후기 사회에서 결코 약화되지는 않았다. 그러나 조선의 자기중심주의는 침략적 측면의 강화보다는 자기존재에 대한 확인이라는 측면에서 주로 전개되어 나갔다. 따라서 조선의 자기중심주의는 대일본관에 있어서도 부정일변도로만 작용하지는 않았다.

한편, 일본 국내에서도 일본중심적 사고방법이 강화되어 가고 있었다. 일본의 사상계에서는 일본형 화이의식에 입각한 새로운 천하관이 전개되면서 이의 연장에서 朝鮮藩國觀이 등장하기도 했다. 예를 들면, 일본 古學派의 대표자인 荻生徂徠는 중국의 先秦儒學을 존중함과 동시에 일본 고대 天皇과 神道를 높게 평가했다. 그는 고대 중국 선왕의 道가 중국에서는 이미 소멸되었고, 德川幕府가 이를 갖게 되었다는 일본 중심적 華夷觀을 갖고 있었다.

그리고 일본주자학의 대표자 가운데 하나인 林羅山도 荻生徂徠와 비슷하게 통신사에 대한 판단을 내리고 있었다. 林羅山은 조선이 주자학을 일본에 전해준 사실에 입각하여 조선을 문화적 선진국으로

파악했고 조선의 李滉 등 성리학자들을 높게 평가하기도 했다. 그러
나 그는 조선을 일본의 藩國으로 파악했고, 당시 조선이 일본에 파견
되었던 통신사를 朝貢使로 이해했다. 이러한 그의 생각은 조선의 政
治力과 文化力을 분류하여 사고한 결과로 생각된다.

그리고 이와 같은 사고방식은 德川幕府의 현실정치를 담당하던 인
물들에 의해서도 정권의 위상을 강화하기 위한 목적으로 표출된 바
도 있었다. 그러나 조선을 번국으로 인식하고 통신사를 조공사로 파
악하는 견해는 일본 國內用 思考方式이었지 동아시아 국제관계에 대
한 정당한 해석은 되지 못했다.

이에 반하여, 조선 및 통신사에 대한 긍정적 인식이 雨森芳洲에 의
해서 제시되었다. 그는 朝鮮 藩國觀에 대해서 비판적 입장을 취했다.
물론 그에게는 당시 성행하던 日本型 華夷觀에서 완전히 자유로웠던
인물은 아니었다. 그러나 그는 상대국 조선의 문화를 제대로 이해하
고 존중하면서 외교를 해야 한다고 생각했다. 즉, 그는 "일본과 조선
은 풍속, 습관, 기호가 다르기 때문에 일본의 예의 범절을 가지고 조
선과 사귀려 해서는 안된다."고 말한 바 있다.[19] 이는 조선에 대한 외
교의 기본이 誠信에 있음을 밝히고 있는 주목할 만한 견해였다.

요컨대, 조선후기 사상계에서는 조선중심주의가 활발히 일어나고
있었다. 이 사유형태는 성리학계나 실학자들에게서 그리고 일반 민중
에게서도 동시에 발견되는 요소였다. 한편, 이 시기 자국중심주의적
사고는 동아시아 세계에서 드러나는 공통적 현상으로 지적될 수 있
다. 조선뿐만 아니라 중국에서도 자국중심적 사유가 강화되고 있었
다. 그리하여 조선의 경우에 일본에 대한 부정적 인식이 도처에서 발
견되고 있다. 그러나 이러한 편향적 대외 인식은 조선의 경우에는 국
가의 공적 입장에서 강조되지는 않았다. 조선이 취하고 있었던 일본

---

19) 雨森芳州, 한일관계사학회편, 2001 ≪譯註 交隣提醒≫ (국학자료원, 서
   울) 26

에 대한 기본적 입장은 善隣友好를 다지는 交隣政策의 구현에 있었
다. 이는 조선이 공적 입장에서는 균형적 사고를 견지하고자 의도적
으로 노력한 결과였다. 한편, 일본의 경우에도 천하관의 변화에 따라
조선에 대한 인식에서 편향성이 드러나 朝鮮藩國觀이 출현했고, 통신
사를 조공사로 폄하하려던 시도가 부분적을 전개되기도 했다. 그러나
이와 같은 자국중심적 사고방법이나 대외인식은 코페르니쿠스
(Copernicus) 以前의 天動說的 自己認識이며, 그 한계가 뚜렷한 것이었
으므로 이에 대한 긍정적 평가에 신중해야 한다. 이 천동설적 자기
인식에 침잠되어 있는 한, 지동설이 상징하는 객관적 인식에서 스스
로를 소외시키기 때문이다. 그러나 양국이 가지고 있던 부정적 상호
인식은 공식적 입장이었거나 지배적 談論으로 규정될 수는 없었다.
朝日 양국은 상호존중을 전제로 한 외교관계의 지속을 願望하고 있
었으므로 이를 위해 일정한 형태의 노력을 기울려 왔고, 그 결과로
조선후기 대일본 관계는 다른 시기에 비하여 상대적으로 순탄하게
전개될 수 있었다. 조선후기의 통신사 문제를 비롯하여 朝日兩國關係
에 대한 상호인식에 있어서는 바로 이 점에 대한 인식을 통해 相互蔑
視觀의 現狀에서 드러나는 특성과 한계를 이해할 수 있을 것이다.

VI. 맺음말

조선왕조는 전통적으로 일본에 대해 교린관계를 설정하고 있었다.
이 교린관계는 임진왜란을 계기로 하여 파탄에 이르렀다. 그러나
1607년의 回答兼刷還使의 파견을 통해 일본에 대한 교린관계가 복원
될 수 있었다. 임진왜란 직후 대마도주는 조선과의 통교 재개에 대한
급박한 필요성을 느끼고 있었다. 그리고 일본의 幕府政權도 일본 국
내정치에서 자신의 위상을 강화시키기 위하려는 정치적 의도를 조선

과의 국교재개를 통해 이루어 보고자 했다. 이와 같은 일본측의 사정
에 따른 요청이 있었고, 조선은 이에 응답하여 국교재개가 이루어졌
다. 그러나 일부 書册에서는 기유약조가 체결되는 과정에서 드러나는
이러한 일본측의 노력이 충분히 설명되지 못하고 있다.

한편, 조선과 일본은 조선전기부터 사신이 교류되고 있었다. 조선
의 전통문헌에서는 일본에 파견된 사행을 日本通信使 등으로 불렀다.
그러므로 이를 '조선통신사'로 부르는 것은 부적절하다고 판단되며
'通信使'라는 역사 용어가 더 적절하다고 판단된다. 조선통신사라고
할 경우에는 조선과 일본의 상호관계가 雙方向의 교류관계가 아닌
偏方向의 일방적 관계라는 오해의 여지가 있기 때문이다. 또한 통신
사의 파견목적도 '將軍襲職에 대한 祝賀使節'로만으로 설명될 수는
없다. 쌍방향적 외교관계에서 일본측 一方만에 限한 해석은 그 의미
가 약할 수밖에 없다. 조선이 통신사를 파견한 데에는 일본국내 정세
의 조사나 문화교류라고 하는 목적을 가지고 있었다. 이러한 엄연한
사실에 대한 객관적 서술이 요청된다. 이와 함께 조선측의 통신사행
을 통해 일본문화에 대한 이해가 提高되던 측면에 대한 연구와 서술
도 이우러져야 하리라 판단된다.

이에 이어서 조일양국의 상호인식에 대한 문제도 충분히 검토되어
야 한다. 이 상호인식에서는 공식적 입장과 주류적 입장이 무엇이었
는지를 파악하고 이에 입각하여 양국관계가 논의되어야 한다. 그러나
조선후기에 이르러 조선과 일본을 비롯한 동아시아에서는 자국중심
적 사고방식이 강화되고 있었다. 이 자국중심적 사고방식은 조선과
일본의 상호 이해에도 일정한 영향을 미쳐주었다. 이 인식은 자신과
상대방에 대한 객관적 인식을 강화시켜 준 측면도 있다. 그러나 이와
동시에 相對方에 대한 부정적 인식의 출현 배경을 이루기도 했다. 예
를 들면, 日本島夷觀이나 朝鮮藩國觀은 모두가 자국중심주의의 부정
적 기능에서 유래한 自國用 自尊意識 내지는 상대에 대한 경계심과

열등의식의 또다른 표현에 지나지 않았다. 이와 같은 부정적 측면을 극복하고자 하던 노력이 조선후기 사회와 德川幕府下 일본에서 일어나고 있었음을 확인하게 된다.

이와 함께 조선후기 일본과의 관계에서는 왜관의 문제도 주목해야 한다. 조선은 前期부터 일본 通交者를 접대하기 위해서 倭館을 설치하여 운영했다. 그리고 조선후기에도 조선의 조정에서는 왜관의 설치를 허가하고 왜관에 대한 각종 규정을 정하여 관리 · 감독하면서 대일교섭의 창구로 활용하고 있었다. 즉, 조선후기에 이르러 일본에 대한 외교와 무역 관계의 업무는 왜관을 통해서 이루어졌다. 그런데 일부 論著에서는 이를 '宗氏의 倭館' 등으로 기록하여 왜관설립의 주체를 모호하게 만들고 있다. 이는 왜관 설립에 관한 엄연한 사실을 왜곡할 우려가 있는 표현이다.

이외에도 통신사와 관련된 조선후기 한일관계의 연구에 있어서는 몇 가지 중요한 문제들도 함께 논의되어야 한다. 예를 들면, 1811년 易地交聘時 朝日양국이 여기에 동의했던 이유와 함께, 그 이후 朝鮮과 幕府政權과의 외교관계에 대한 구체적 이해가 요청된다. 그리고 19세기 중엽에 발생한 서계문제의 근본 원인에 대해서도 새로운 각도에서의 인식이 요청된다. 이와 같은 주제에 대해서는 추후 본고의 보완과정에서 언급하고자 한다.

조선후기 한일관계사에 대한 연구는 상당부분에 있어서 그 연구결과가 합치점을 찾아가고 있다. 그러나 이상에서 간략히 언급한 약간의 문제에 있어서는 약간의 이견이 존재하고 있다. 이와 같은 이견은 학계의 연구가 진행되어 가는 과정에서 충분히 극복되어 갈 수 있을 것으로 생각된다. 그리고 조선후기 한일관계에 관한 학계의 건강한 의견들은 오늘의 한일 양국 관계를 더욱 건강하고 바람직하게 이끌어 줄 것으로 판단된다.

ABSTRACT

Korean Research Findings and Points of Dispute concerning Korean delegates to Japan

Cho, Kwang

The Joseon dynasty had traditionally established neighborly relations toward Japan. However, the Hideyoshi Invasions (1592~1597) broke these relations apart. Soon after the invasions, Tsusima Island urgently needed to resume exchange with Joseon. At the same time, Japanese bakafu government attempted to strengthen their own position and had this political aim in mind as they reopened official ties with Joseon. The Japanese intensions were characterized in this way, and Joseon responded to Japan's request and resume exchange in 1607. However, such Japanese requests that played an important part in the process of concluding the pledge of exchange are not fully explained in a number of existing studies.

From early Joseon period, Joseon and Japan had sent and received diplomatic envoys. According to Joseon's traditional records, those envoys that were dispatched to Japan were called *tongsinsa* (Korean delegates to Japan). Therefore, it seems most appropriate to use the proper historical term "*tongsinsa*" rather than the inappropriately used term "Joseon *tongsinsa*." This is further the case since the concept of

Joseon *tongsinsa* may be misused to refer to the practice of unilateral relations, not international relations of mutual Joseon-Japanese exchange in both directions. The dispatched *tongsinsa* was furthermore in charge of carrying out investigations of Japan's domestic situation and cultural exchange. Such aspects of the *tongsinsa* from Joseon that had led to a stronger understanding of Japanese culture also need to be examined in research and writings on this topic.

There is dire need to examine the problems stemming from both Joseon and Japan's understandings of each other's history. After deciphering exactly what are the official and popular standpoints of both sides' understanding, can there be debates concerning the two countries' relations based upon these clearly-stated differences. However, since the late Joseon period, there has been an increase in nation-centered thought in East Asia including both Joseon and Japan which directly affected how both countries' understood each other's positions. On the one hand, such tendencies have reflected a strengthening of objective understanding between oneself and the other. On the other, they have also brought about a recognizable shift in negative attitudes toward the other country.

In addition to such issues dealing with *tongsinsa*, there are still other contentious issues in light of studies concerning Korean Japanese relations in the late Joseon period. For example, to find out the reason why both Korea and Japan had agreed in 1811 to change *tongsinsa*'s (Korean delegates to Japan) place of exchange from Edo to Tsusima, further concrete understanding of foreign relations between Joseon and Bakufu governments need to be carried out.

For the most part, studies and research findings on the history of

Korean-Japanese relations in the Joseon period are in search of commonalities. What has been briefly introduced above is only but a bit of opinion on a few of the problems surrounding these issues. It is the author's opinion that such problems can thoroughly be overcome in the process of carrying out academic research. Furthermore, the healthy academic debates surrounding issues of Korean-Japanese relations from the late Joseon period can only be regarded as leading to fruitful discussions toward better relations between Korea and Japan.

Keywords: Koreanckugawa Bakufu, Korean Japanese relations, Japanese culture

朝鮮時代 通信使 研究의 現況과 課題

-한국측 연구성과를 중심으로-

장 순 순*

Ⅰ. 머리말

통신사의 왕래는 양국의 중앙정부(朝鮮國王 ↔ 幕府將軍)간에 있었던 직접적인 교류였기 때문에 그것이 가지는 관계 내지 의의도 양국의 정치·경제·문화 및 상호인식 등 거의 전반적인 분야에 걸쳐 있었다. 이러한 점에서 볼 때 통신사의 왕래에 의한 양국의 交聘은 조선시대 한일관계에서 중요한 부분을 차지한다고 하겠다.

그럼에도 불구하고 우리나라에서의 통신사에 대한 연구는 일본과 비교해 볼 때 양적인 측면에서만 보더라도 아직은 미미한 수준이라

---

* 전북대학교 사학과 강사

고 할 수 있다.[1] 이러한 연구의 차이는 통신사가 어느 한 나라의 입장을 강조하는 것이 아니라, 한일 두 나라가 함께 연출한 국제적 행위였던 만큼 양국의 입장이 냉정하고 사실적으로, 그리고 상호보완적인 입장에서 다루어져야 할 것임에도 불구하고 일본 중심의 시각을 일반화시키는 문제점을 안고 있다.

본 논문에서는 이러한 점을 염두에 두고 그 동안 한국측에서 이루어진 연구현황을 총체적으로 점검하고, 앞으로의 과제와 전망을 살펴보고자 한다. 논의의 범위는 지역적으로는 한국에 한정하는 만큼, 한국에서 발표된 외국인의 연구물도 함께 포함한다. 그것은 외국인들의 연구물이라 하더라도 여전히 국내에서의 연구성과를 반영하는 것이기 때문이다.

Ⅱ. 통신사의 범위와 성격 규정

通信使란 조선시대 朝鮮國王의 명의로 일본의 최고통치자인 幕府將軍(足利·德川幕府)에게 보낸 공식적인 외교사절로 幕府將軍에 대한 慶賀나 弔問, 기타 두 나라의 긴급한 현안문제를 해결하기 위하여 파견된 사절을 말한다. 이들은 조선국왕의 國書와 禮單을 지참한 중앙 관리 3인을 비롯하여 총 470~500여명으로 편성되었다.[2]

통신사가 일본에 파견된 시기는 조선시대 全時期에 해당되며, 일본에서는 室町時代 초기부터 戰國時代를 거쳐 江戸時代에 해당되는 시

---

1) 손승철에 의하면 일본에서 통신사 관련 연구논문이 한국의 10배 이상 발표되었다고 한다(2002 <조선시대 通信使硏究의 회고와 전망> ≪한일관계사연구≫ 16, 53~54).
2) 통신사의 개관에 대해서는 손승철, 2002, <조선시대 通信使硏究의 회고와 전망> ≪韓日關係史硏究≫ 16, 42~47에 잘 정리되어 있다.

기이다. 그리고 그 성격이나 형태는 양국의 독자적인 정치양상과 넓
게는 동아시아의 국제적 양태를 반영하고 있고, 또한 매우 다양하기
때문에 획일적으로 유형화하는 것은 곤란한 면도 있다. 그러나 正使
朴瑞生, 副使 李藝, 書狀官 金克柔를 三使로 한 사절로 통신사의 명칭
을 가지고 처음으로 일본에 파견된 1429년(세종 11) 통신사행에 의하
면 조선이 파견한 통신사는 다음과 같은 조건과 목적을 갖추어야 한
다. 첫째, 朝鮮國王으로부터 日本國王(幕府將軍)에게 파견된다. 둘째,
일본국왕의 吉凶 또는 양국간의 긴급한 문제를 해결하는 목적을 갖
는다. 셋째, 조선국왕이 일본국왕에게 보내는 國書와 禮單을 지참한
다. 넷째, 사절단은 중앙의 고위관리인 三使 이하로 편성한다. 다섯
째, 國王使의 칭호를 갖는다.3)

조선전기 통신사 명칭으로 일본에 파견된 사절은 1413년(태종 13),
1429년(세종 11), 1439년(세종 21). 1443년(세종 25), 1460년(세조 5),
1479년(성종 10), 1590년(선조 23), 1596년(선조 29) 총 8차례가 시도되
었다. 그러나 사절의 發病과 일본측 국내 사정으로 인하여 1413년,
1460년, 1479년 사행은 실행되지 못하였고, 1429년, 1439년, 1443년,
1590년, 1596년 5차례의 사행만이 시행되었다.4) 그리고 임진왜란의
발발로 인하여 두 나라의 국교가 단절되면서 통신사의 왕래도 자연
히 중단될 수밖에 없었다.

---

3) 三宅英利(김세민 외 옮김), 1996 ≪조선통신사와 일본≫ (지성의 샘) 42
4) 이현종은 1964 ≪朝鮮前期對日交涉史研究≫ (한국연구원)에서 조선에서
   일본에 파견한 사신을 모두 '통신사'라고 하였다. 손승철과 三宅英利은
   조선전기에 조선사절의 일본파견은 18회에 달하였는데, 통신사의 호칭
   으로 장군에게 간 것은 8회(1428·1439·1443·1460·1475·1479·1590·1596
   년)에 달한다고 하여 통신사의 횟수를 8회로 잡고 있다[손승철, <위 논
   문> 34 ; 三宅英利, 1986 ≪近世日朝關係史の研究≫ (文獻出版)]. 그러
   나 실제로 1460·1475·1590년의 사행은 正使의 發病이나 조난 등으로 실
   행에 옮겨지지 못하였으므로 조선전기의 통신사의 일본파견은 5회였다
   고 할 수 있다.

통신사가 다시 등장하게 된 것은 임진왜란 종식 후 새롭게 일본의 정권을 장악한 德川幕府 초기의 일이다. 임진왜란으로 인해 단절되었던 두 나라의 講和交涉은 조선과 德川幕府, 對馬島의 實利가 맞물려 있었으므로, 의외로 빨리 진척되어서 전쟁이 끝난 후 수년만인 1604년(선조 37)에 승려 惟政과 孫文彧이 探賊使로 대마도를 거쳐 京都로 가면서 시작되었다. 德川家康과 德川秀忠을 만난 통신사는 일본의 國情을 살피고 귀국했다. 한편 조선정부는 조선에서 제시한 德川將軍의 國書와 犯陵賊 소환이라는 조건이 이행되자 1607년에는 正使 呂祐吉 일행을 回答兼刷還使로 江戶에 파견하였는데, 이는 조선후기 통신사의 파견의 시작이다. 그리고 2년 후인 1609년(광해군 1)에는 양국간의 國交 정상화 조약인 己酉約條가 체결되고, 1611년에는 세견선이 정식으로 도항해옴으로써 비로소 양국간의 외교관계와 교역이 공식적으로 회복되었다.[5]

1607년부터 시행된 조선후기 통신사는 12차례 파견되었다. 그러나 임란직후인 1607・1617・1624년에 파견된 사행의 정식 명칭은 '回答兼刷還使'였다. 따라서 사행의 공식 명칭이 '回答兼刷還使'로 새로운 외교체제가 정립되지 않았던 과도기적 단계에서 파견되었다는 점을 들어 일반의 통신사행과는 구별되어야 한다거나[6], 아예 이를 통신사의 범주에서 제외할 것[7]을 주장하기도 한다.[8] 실제로 당시에도 '回答兼

---

5) 임진왜란 이후 국교재개를 위한 조일양국 강화사의 왕래 및 교섭과정에 대해서는 손승철, 1994 <임란 이후 중화적 교린체제의 부활> ≪朝鮮時代 韓日關係史研究≫ (지성의 샘)에 잘 정리되어 있다.

6) 하우봉, 1992 <壬亂以後의 釜山과 日本關係 > ≪港都釜山≫ 9 (부산직할시사편찬위원회) 85

7) 이원순, 1994 <조선통신사의 올바른 이해> ≪조선통신사≫ (신성순・이근성 저, 중앙일보사) ; 홍성덕, 1998 ≪十七世紀 朝・日 外交使行 硏究≫ (전북대학교 박사학위논문) 97~99 ; 홍성덕, 1998 <통신사는 신의의 상징인가, 조공의 상징인가> ≪한국과 일본, 왜곡과 콤플렉스의 역사≫ 2 (자작나무) 156

刷還使'의 파견 여부와 명칭 문제를 두고 조정에서도 많은 논란이 거
듭되었다. 일본측에서는 화의를 맺는 交隣使節로 '통신사'의 파견을
요청하였으나, 당시 조선으로서는 정서상 용납하기 어려웠고, 일본내
德川幕府의 장래에 대한 의구심이 여전히 존재하였던 터였으므로 일
본의 요구를 그대로 들어줄 수 없었다. 결국 1607년 사행에 대한 명
칭을 정하는 과정에서 조정에서는 '通諭使', '回答使', '通信使' 등 논
의가 분분하였으나9) 결국은 국교재개를 요청하는 幕府將軍의 國書에
회답한다는 명분과 함께 전쟁시 잡혀갔던 피로인 송환이라는 임무를
더하여 '回答兼刷還使'라고 하였던 것이다.10)

─────────────

8) 물론 '회답겸쇄환사'를 통신사의 범주에 넣어 파악하는 학자도 있다. 대
   표적인 경우가 三宅英利와 中村榮孝이다. 中村榮孝는 조선후기 조일관
   계의 전개 양상을 1607년 회답사파견과 1609년 기유약조 체결을 조선후
   기 조일관계의 전개양상을 1607년의 回答使 파견과 1609년 기유약조 체
   결을 기점으로 하여 그 이래 큰 성격변화 없이 일관되게 파악하였다. 즉
   1607년의 회답겸쇄환사의 파견을 '교린관계의 복구'로, 기유약조의 체
   결을 '교린체제의 갱신'으로 설명하였다. 한편 통신사에 대해서도 초기
   3회의 회답겸쇄환사와 그 후 9차의 통신사를 포함하여 12회의 통신사행
   으로 파악하였다[中村榮孝, 1969 <江戸時代의 日鮮關係> ≪日鮮關係史
   의 硏究≫ 下 (吉川弘文館)]
   三宅英利는 통신사제의 변화에 따른 시기구분을 시도하였다. 그는 조선
   후기(江戸時代)의 통신사에 대해 ① 막번체제확립기의 통신사(3차의 회
   답겸쇄환사), ② 막번체제안정기의 통신사(1636, 1643, 1655, 1682년의 사
   행) ③ 新井白石의 制度改變과 통신사(1711년 사행) ④ 막번체제전개기
   의 통신사(1719·1748·1763년의 사행) ⑤ 막번체제동요기의 통신사(1811
   년의 사행)로 구분하였다[三宅英利, 1986 ≪近世日朝關係史의 硏究≫ (文
   獻出版)]. 그의 연구는 통신사에 대해 주목할 만한 성과를 많이 제시하
   고 있다. 특히 통신사행의 실제적인 목적을 밝혀낸 점과 시기구분, 개념
   정의의 제시 등은 통신사행의 연구 수준을 한 단계 높인 것이라 평가할
   만하다. 그러나 시기구분 기준은 일본 국내의 政情變化에 초점을 맞추
   고 있기 때문에 객관적인 이해 틀로서는 부적당한 면이 있다.
9) ≪宣祖實錄≫ 39년 8월 23일(기미)
10) ≪宣祖實錄≫ 40년 1월 5일(기사)

국교재개 이후 통신사행(1607년, 1617년, 1624년), 곧 回答兼刷還使
의 파견이 일본으로서 德川幕府의 국제적 위용 과시와 국내 제후에
대한 지배 강화 등 幕藩體制의 존립에 통신사를 활용하는 등 정치적
의도를 내포한 실리외교의 결과물이었다면, 조선으로서는 초기 3차
의 통신사를 '回答兼刷還使'로 개칭함으로써 국교재개를 위한 명분과
전쟁포로의 쇄환이라는 실리를 함께 얻으려 목적이 있었던 것이다.
즉, 당시 조선의 국가적 명분으로서는 비록 사절이 통신사의 성격을
취한다 하더라도 그 명칭은 통신사가 아닌 '回答兼刷還使'로서의 파
견만이 가능하였던 것이다. 이후 이러한 성격의 回答兼刷還使는 1617
년과 1624년 두 차례 더 파견되었다.

　그러나 회답겸쇄환사의 사절단 편성이나 여정이 통신사행과 유사할
뿐만 아니라, ≪朝鮮王朝實錄≫·≪通信使謄錄≫·≪增正交隣志≫·
≪通文館志≫등 조선정부의 기록이나 사행에 참여하였던 사행원들의
기록을 보면 당시인들도 초기 '回答兼刷還使'를 조선전기의 통신사와
동일하게 이해하고 있다.[11] 한편 2차·3차 회답겸쇄환사의 기능이 1
차에 비하여 현저하게 떨어지고 있다는 점이나, 조선후기 처음으로
통신사라는 명칭으로 일본에 갔던 1636년 사행의 경우도 국제적으로
명 중심의 册封體制가 붕괴되고 조선과 일본 양국 모두 국내적으로
큰 변화를 겪은 상황 속에서 중국대륙에서의 급격한 정세변화에 적
응하기 위한 외교정책의 결과물이라는 점을 감안한다면 초기 回答兼
刷還使와 通信使는 그 성격에 있어서는 별다른 차이가 없다.

　통신사파견이 정례화 된 이후 통신사의 파견목적은 표면적으로 대
부분이 '장군습직의 축하'였다. 그러나 내면적으로는 그때마다 초기
의 통신사(회답겸쇄환사)와 마찬가지로 정치적인 목적이 있었다. 예

---

11) ≪光海君日記≫ 2년 3월 6일(임오), 14년 1월 22일(무오)
　　1607년 제1차 回答兼刷還使의 隨行文官 蔣希春은 자신의 사행록 ≪海
　　東記≫에 스스로를 '三信使'라고 기재하고 있다.

를 들면 1636년은 물론이거니와 1643년은 淸의 압력에 대한 견제와
兼帶制度와 島源의 亂에 대한 國政探索, 1655년의 통신사는 일본이
'假道朝鮮'한다는 정보를 확인하기 위함이었고, 1682년은 對馬島와의
무역통제를 위한 7개조의 朝市約定 등의 현안문제가 있었다. 즉 청나
라를 중심으로 동북아시아 국제정세가 다시 균형을 이루는 17세기
후반까지도 통신사는 回答兼刷還使와 같은 정치사절의 성격을 가지
고 있었던 것이다. 따라서 초기의 회답겸쇄환사와 통신사는 조선후기
통신사로 함께 이해해야 할 것이다. 그러나 18세기에 들어오면서 통
신사는 양국의 외교적인 현안문제해결보다는 장군습직축하로 의례화
되면서 정치사절에서 문화사절로 그 성격의 전환이 있게 되었다.

  1811년 이후에는 통신사의 여정을 바꾸어 對馬島에서 易地通信을
하게 되었다. 그것은 통신사의 파견이 양국 어디에도 유리하지 않은
국면이 조성되었기 때문이었다. 조선정부로서는 처음부터 정치적 경
제적으로 부담이 많은 행사였고, 德川幕府도 지배체제를 확립한 이상
통신사의 힘을 빌어 幕府의 권위를 높여야 할 상황도 아니었다. 또한
양국을 중계하는 對馬島의 입장에서도 경제적 실익보다 손실이 늘어
나고 있었다.12) 한편 19세기 중반 동아시아 세계가 서구세력의 위협
을 받게 되면서 결국 통신사는 1811년 사행을 끝으로 더 이상 파견되
지 않게 되었다.

  일반적으로 통신사라 하면 '조선후기 조선에서 일본에 파견한 사
절'이라는 전제 하에 논지를 전개하고 있다. 즉, 조선후기 對日本外交
使節로 인식하고 조선후기 또는 일본의 江戶時代로 한정하여 논의하
고 있는 것이다. 그러나 위에서 살펴보았듯이 통신사는 조선 후기에
만 파견된 것이 아니라, 조선시대 전 기간에 걸쳐 일본에 파견된 조
선의 국왕사라고 할 수 있다. 그럼에도 통신사가 조선후기 대일본 외

---

12) 金文植, 2002 <조선후기 通信使行員의 對日認識> ≪大東文化研究≫ 41
    (성균관대 대동문화연구소) 132～133

교사절로 인식되었던 이유는 조선시대 통신사가 日本의 足利政權·
豊臣政權·德川政權의 최고통치자에게 보내졌음에도 불구하고, 일본
사의 틀 속에서 중세에서 근세로의 변화에 주목한 일본의 연구자들
이 德川政權의 근세적 특성만을 강조한 결과이다. 이러한 일본학계의
연구경향이 우리 학계에 그대로 수용된 감이 없지 않다.

그러나 對日本外交에 있어서 조선은 전기와 후기의 조일관계와 외
교체제를 일관되게 파악하고 있었고, 信義로서 이웃나라를 대한다는
'交隣政策'을 일관되게 시행하였다. 물론 임진왜란을 계기로 상당한
변화가 있었지만, 조선은 동일 왕조 하에서 事大交隣이라는 외교정책
의 근본을 유지하였으며, 通交體制와 對日認識도 기본적으로 같은 입
장이었다.13) 따라서 조선시대 통신사는 전기와 후기를 연속선상에서
이해하여야 할 것이다. 이렇게 본다면 조선시대 통신사를 조선후기의
對日使行만으로으로 규정해서는 안된다.

Ⅲ. 한국에서의 통신사 연구

1960년부터 2002년까지 발표된 조선시대 통신사 관련 논저는 발표
시기와 연구주제별로 나누어 정리해보면 다음 <표 1>과 같다.14)

---

13) 하우봉, 1997 <朝鮮後期 韓日關係에 대한 再檢討> ≪東洋學≫ 27-1 (단
　국대학교 동양학연구소) 365
14) 한국에서의 통신사관련 연구현황은 ≪韓國史研究彙報≫ (국사편찬위원
　회) ; ≪한일관계사논저목록≫ (한일관계사학회) ; ≪한국사논저 분류총
　목≫(김동수 편) ; 한국사서지검색(www.hongik.ac.kr/~khc) ; 2002 ≪한일
　관계사연구의 회고와 전망≫ (한일관계사학회)의 한문종, <조선전기의
　회고와 전망>·민덕기, <조선후기의 회고와 전망>·손승철, 2002 <조
　선시대 通信使研究의 회고와 전망> ≪韓日關係史研究≫ 16 (한일관계
　사학회)을 참고하여 작성하였다.

〈표 1〉한국에서의 통신사연구 현황

	외교체제	상호인식	제도	기록	문학	문화교류	경제(무역)	왜관	복식	선박	음식	회화	계
1960			1		2								3
1970	2		2		1							1	6
1980		2	6	2	4	4			2				20
1990	6	17	13	5	12	10	1	2		1	1	3	71
2000	1	8	8	1	2	2			2		1	2	26
계	9	26	30	8	20	16	1	2	4	1	2	6	127

　한국에서의 통신사 연구에 대한 논문이 나오기 시작한 것은 1960년대 이후로 일본에 비한다면 연구의 역사가 대단히 짧다고 할 수 있다. 이후 현재까지 약 120여편이 넘는 논문이 나왔으며, 1990년대 이후 그 수가 급증하고 있다. <표 1>에 의하면 분야는 제도분야가 가장 많고, 상호인식·문학·문화교류·외교체제·기록류 順이다. 한국에서의 통신사행 연구를 보면 처음에는 국문학자들을 중심으로 이루어졌다. 주로 일본 현지에서 통신사행원들이 행한 詩文交流 및 筆談唱和 등을 문학 내지 문화교류적 측면에서 접근한 것이 많았다.

　그리고 시기적으로 보면 한일관계 내지 교류사의 연구가 그렇듯이 통신사에 대한 1960년 이전의 연구성과는 全無한 실정이다. 이러한 현상은 기본적으로 당시 한국사회가 한국 이외의 타지역에 눈을 돌릴만한 여유가 없었던 시대적 사정에 기인한 것으로 보인다. 그리고 일제의 강점 경험에 대한 반감뿐만 아니라 일본과 국교가 단절된 상태에서 ‘反日政策’이 지속된 시대적 상황 등에서도 원인을 찾을 수 있겠다. 그러나 1960~70년대에 들어와서는 ‘韓日修交’와 ‘경제개발’ 및 ‘냉전구도’에 따른 협력 구축 등의 면에서 국내의 일본에 대한 관심과 연구의 필요성이 의식되기 시작하였고, 특히 재일한국인 학자들을 중심으로 이루어진 통신사연구가 자극이 되면서 국내에서도 통신사 연구를 비롯한 한일관계사에 대한 연구가 진행되기 시작하였다.15)

1980년대에 들어오면서 통신사 연구가 본격적으로 이루어지기 시작했는데, 이 시기의 특징은 상호인식 · 문학 · 문화교류 등 문화적인 측면에 관한 연구가 중심이 되었다는 점이다. 이는 일본의 1982년에 있었던 '교과서 문제 파동' 에 대한 대응방식으로 통신사 연구에 있어서 문화적인 측면에서의 접근이 용이하였던데 기인한 것으로 보인다.

1990년대에 들어와서는 다양한 분야에서의 통신사연구의 접근이 이루어졌고, 연구의 양적 증가도 괄목할만하게 성장한 시기였다. 그 배경으로는 1980년대 들어와 사회 전반적으로 反日 분위기가 완화된 것을 비롯하여, 1986년 아시안게임 · 1988년 서울올림픽의 개최 등으로 한일 양국관계가 우호적으로 발전하면서 일본에 대한 관심이 고조된 것을 들 수 있다.[16] 특히 해외여행의 자유화로 한국사회가 다양성을 추구하게 되었고, 더불어 역사학 분야에서도 기존의 틀을 벗어나려는 노력이 맞물리면서 통신사 연구에 있어서도 다양한 접근이 시도되었기 때문으로 보인다. 이는 1990년대 이후 국제적인 냉전구도의 해체와 한국의 국제적 위상의 향상, 경제발전과 국내기업의 해외

---

15) 1970년대 중반 이후 일본에서는 통신사연구의 붐이 일기 시작하였는데, 그것은 李進熙 · 姜在彦 · 辛基秀를 비롯한 재일한국인 연구자들의 事蹟 發掘과 계몽활동에 의해서였으며, 이들에 의해 통신사의 존재가 일반 일본인에게 인지되는 기반이 만들어지게 되었다. 이들은 개별적인 연구나 저서들을 통해 통신사를 朝貢使節로 파악하였던 기존의 일본학계에 反論을 제시하며 통신사의 올바른 이해와 대중화를 시도하였으며, 한국에서의 통신사 연구에도 자극을 주었다. 이들 연구의 특징은 대부분 문화교류에 초점이 맞추어져 있다는 점과 일본 현지에 소장되어 있는 자료들에 관한 소개이다. 이것은 그들의 활동 공간이 일본이라는 점과 무관하지 않을 것이다. 참고로 일본에서의 통신사 연구는 손승철, 2002 <조선시대 通信使研究의 회고와 전망> ≪韓日關係史研究≫ 16 (한일관계사학회)와 米谷均, <일본에 있어서 근세 日朝關係史의 회고와 전망> ≪한일관계사연구의 회고와 전망≫)에 잘 정리되어 있다.

16) 이훈, 2001 <韓國에 있어서의 韓日交流史 研究와 現狀과 課題> ≪日本學≫ 20 (동국대학교 일본학연구소)

진출, '세계화(Globalization)'의 요인 등에 힘입어 나타난 현상으로 보
인다. 그리고 무엇보다도 1992년의 '韓日關係史學會'와 1994년의 '日
本歷史硏究會'라는 對日關係 전문학회의 창립과 학회지의 창간으로
으로 전문연구자들이 상호간의 공동연구와 정보교환을 통하여 보다
조직적이고 체계적인 연구를 하게 됨으로써 연구가 활성화 되었기
때문이기도 하였다.

1. 조선전기 통신사 연구

조선전기 통신사에 관한 연구는 李鉉淙, 河宇鳳, 韓文鍾, 金聲振,
李自揖, 김문자, 田中敏昭의 논문이 있다.[17] 이 가운데 몇 몇의 논문
을 제외하고는 본격적인 연구라기보다는 사절왕래에 관한 논문이나
조선후기 통신사를 다루는 과정에서 간략하게 다루어지고 있는 형편
이어서 후기의 그것에 비해 연구성과가 극히 빈약하다. 따라서 통신
사의 초기 형태를 파악하기 위해서는 앞으로 많은 연구가 필요한 실

---

17) 李鉉淙, 1964 <조선전기 대왜사절파견의 종별과 의의> ≪史學硏究≫
17 (한국사학회) ; 1964 ≪조선전기 대일교섭사연구≫ (한국연구원)에 <對
倭使節派遣>으로 수록됨) ; 韓文鍾, 1989 <조선초기 李藝의 對日交涉
活動에 대하여> ≪全北史學≫ 11·12 (전북대 사학회) ; 河宇鳳, 1990 <朝
鮮初期 對日使行員의 日本認識> ≪國史館論叢≫ 14 ; 韓文鍾, 1992 <朝
鮮前期 對馬島敬差官> ≪全北史學≫ 15 (전북대 사학회) ; 韓文鍾, 1996
<朝鮮前期 對日外交政策 硏究-對馬島와의 관계를 중심으로-> (전북
대 박사학위논문) ; 김문자, 1994 <島井宗室과 1590년 通信使 派遣問題
에 대해서> ≪詳明史學≫ 2 ; 田中敏昭, 1996 <壬亂前의 豊臣政權과 對
馬島主宗氏의 朝鮮外交: 總無事令을 中心으로> (단국대 석사학위논문)
金聲振, 2000 <朝鮮前期 通信使의 不傳行錄에 對하여> ≪문창어논문
집≫ 37 (문창어문학회) ; 이자연, <朝鮮前期 朝鮮通信使와 日本使臣 間
의 交易品을 통하여 본 服飾文化硏究-일본으로부터의 收入品을 중심
으로-> ≪服飾≫ 52-4 (한국복식학회)

정이다. 먼저 이현종은 조선에서 일본에 파견하는 사절을 파견목적과 구성, 파견지역, 往還路, 사절의 종별 및 성격, 접대, 사절의 왕래에 따른 영향 등으로 나누어서 고찰하였고, 한문종은 조선전기 대일사절의 파견실태를 각 왕대별, 명칭별로 개관하고 대마도에 파견한 사행(通信官·回禮使·報聘使·賜物管押使·體察使·敬差官·致尊致慰官·宣慰使(官)·垂問使)의 종류와 연원, 임무와 역할 등을 분석하여 조선과 대마도간의 외교관계가 어떻게 형성 전개되었는가를 고찰하였지만, 이들 논문들은 모두 조선에서 파견한 사절의 종류와 역할 등을 다룬 글들로 본격적인 통신사 논문이라고 말할 수 없다.

한편 하우봉은 대일 사행원 가운데 李藝, 宋希璟, 申叔舟 등의 일본인식을 살펴봄으로써 조선초기 지식인의 일본관을 규명하고 있다. 그는 이들 對日使行員들의 일본인식은 조선의 對幕府政策 및 對對馬島政策의 결정에도 일정한 영향을 끼쳤는데, 한 예로 '多元的 通交體制'라는 조선전기 대일정책 또한 그 결과물의 하나라고 파악하였다. 김성진은 조선전기 통신사를 중심으로한 조일 양국간 문학적 교섭 형태를 조망하고, 현전하는 기록들에 대한 다각적인 검토를 통해 《中順堂集》이나 《朴判事日本行錄》 등 不傳使行錄의 성격을 究明하였다. 본 연구는 조선후기에 집중되었던 통신사행에서 이루어진 문화교류에 대한 연구가 조선전기로 연구영역이 확장되었다는 점에서 의의가 있다고 할 수 있다. 이자연은 조선전기 통신사와 일본사신 간의 교역품 가운데 일본으로부터의 수입품을 중심으로 양국간의 복식문화 교류에 대하여 고찰하였다. 그리고 김문자와 田中敏昭는 임진왜란이 일어나기 전야에 었던 풍신정권의 통신사 파견요청에 관한 연구인데, 이들 연구는 임진왜란의 원인 분석에 좋은 자료가 된다. 이상에서 살펴보았듯이 조선전기 통신사가 일본에 간 것은 5회나 됨에도 불구하고, 연구는 내용이나 양적인 면에 있어서 후기의 그것에 훨씬 미치지 못함을 알 수 있다. 따라서 통신사에 대한 올바른 이해를 위해서는 보다 많은 사료의 발굴과 다양한 연구가 요망된다.

더구나 조선정부가 일본정부에 파견한 사절에 대한 연구에 비해서 幕府將軍이 조선국왕에게 파견한 日本國王使에 대한 연구는 이지선의 연구가 유일하다.[18] 따라서 조선전기 통신사에 대한 연구가 제대로 이루어지기 위해서는 일본국왕사의 연구도 병행되어야 할 것이다.

2. 조선후기 통신사 연구

조선후기 통신사에 대한 연구는 1970년대에 비로소 시작되는데, 李元植 · 李俊杰 · 崔博光 · 김종운 등에 의해서이다.[19] 그러나 이들 연구는 1811년 통신사나 통신사의 여정 등 단편적인 주제를 다룬 것이다. 그후 1980년대에 들어와서 통신사에 대한 관심이 높아짐에 따라 통신사의 발자취를 더듬은 金義煥 ≪朝鮮通信使의 발자취≫(1985, 正音文化社)가 발간되었고, 金龍善이 번역한 中村榮孝 外 著 ≪朝鮮通信使; 일본은 우리가 키웠다≫ (1982, 東湖書館), 孫承喆이 三宅英利를 비롯한 일본 연구자들의 논문을 번역하여 편집한 ≪近世韓日關係史≫가 출간되면서 비로소 통신사의 전체 모습을 조명하려는 시도가 이루어지게 되었다. 아울러 다양한 측면에서 통신사를 조명하려는 새로운 시도가 이루어지기 시작하였는데, 문학쪽에서는 김용숙 · 송민 · 蘇在英 · 李慧淳 · 朴昌基 · 崔博光 등에 의해서였다.[20] 이경자 · 弓民峰은

---

18) 이지선, 2002 <朝鮮前期 日本國王使 硏究> (강원대학교 석사학위논문)

19) 이원식, 1973 <純祖11年 辛未日本通信使差遣에 대하여 – 對馬島易地聘禮을 중심으로 –> ≪史學硏究≫ 23 ; 김종욱, 1973 <朝鮮後期 通信使點描> ≪국회도서관보≫ 9·10 ; 이준걸, 1973 <日本派遣 朝鮮通信使의 歷程> ≪도서관≫ 28-2 (국립중앙도서관)

20) 김영숙, 1986 <朝鮮時代 通信使 및 隨行員의 服食> ≪문화재≫ 19 (문화재관리국) ; 송민, 1986 <朝鮮通信使의 日本語體驗> ≪어문학논총≫ 5 (국민대) ; 1987 <朝鮮通信使의 母國語體驗> ≪어문학논총≫ 6 (국민

<朝鮮通信使 服飾의 一研究>(1983 ≪服飾≫ 7)에서 통신사행원들의 복식에 대한 연구를 시도하였고, 하우봉은 통신사관련 기록물에 대한 접근을 시도하였다.

특히 1990년에 들어와서는 통신사를 독립된 주제로 한 저서들과 일본측 저서의 번역이 활발해졌다. 이원식은 문화교류적 측면에서 통신사를 검토하였으며,[21] 손승철의 ≪朝鮮時代 韓日關係史研究≫(1994), 홍성덕의 ≪17世紀 朝日外交使行研究≫(1998)은 대일외교체제론 및 국교재개 교섭과정과 관련하여 통신사의 성격을 검토한 것이다. 한편 손승철은 통신사에 일반에 대한 본격적인 저서라고 할 수 있는 三宅英利의 ≪근세한일관계사연구≫를 번역하였고,[22] 三宅英利의 또 다른 저서인 ≪近世アジアの日本と朝鮮半島≫는 趙學允과 金世民·姜大德·柳在春·嚴燦鎬 등에 의해서 각각 ≪近世日本과 朝鮮通信使≫(1994, 경인문화사)와 ≪조선통신사와 일본≫(1996, 지성의 샘)이라는 제목으로 번역·출간되었다.

1) 對日外交體制

조선의 대일외교정책은 전시기에 걸쳐 '交隣'이라는 용어로 표현되고 있다. 1990년에 들어오면서 한일관계사에 있어서 논의는 교린의 상대 내지 범위를 확대하여 조일 양국의 중앙 정부에 국한시키지 않

대) ; 소재영, 1988 <18세기의 日本體驗-≪日東壯遊歌≫를 중심으로-> ≪논문집≫ 18 (숭실대학교) ; 이혜순, 1988 <申維翰의 ≪海遊錄≫研究> ≪논문집≫ 18 (숭실대학교) ; 이혜순, 1996 ≪朝鮮通信使와 文學≫ (이화여대출판부) ; 박창기, 1989 <朝鮮時代 通信使와 日本의 文壇> ≪일본학보≫ 23 ; 최박광, 1973 <18世紀 韓日間의 漢文學 交流-淸泉 申維翰과 新井白石-> ≪전통문화연구≫ 1 (명지대 한국전통문화연구소)
21) 李元植, 1991 ≪朝鮮通信使≫ (민음사)
22) 三宅英利, 1986 ≪近世日朝關係史の研究≫ (文獻出版)

고 변경지역까지도 포함하여 보게 되었다. 그 결과 對馬島 및 琉球와
의 관계를 염두에 둔 대일외교체제에 대한 논의가 검토되기 시작하
였으며, 현재 몇 가지의 관점과 쟁점이 제기되어 있는 단계이다.[23) 이
러한 논의는 교린정책을 바탕으로 구축된 조일관계를 동아시아 국제
관계 속에서 어떻게 볼 것인가라는 '통교 틀'에 대한 문제라고 할 수
있다.

외교체제에 관련된 연구로는 壬亂後 강화교섭 과정과 回答兼刷還
使에 관한 연구가 다수를 차지한다. 그중 全海宗·金文子·李敏昊의
논문들은 임란직후의 강화교섭과정과 回答兼刷還使가 파견되는 과정
을 상세히 서술하고 있다.[24) 특히 김문자는 조일명간에 이루어진 삼

---

23) 구체적으로는 임란 후 국교재개 과정에서 시도된 대일외교정책과 외교
    문서를 소재로 한 것인데, 크게 두 가지의 흐름이 있다. 하나는 민덕기
    의 설로 조선후기의 대일외교가 중국 중심의 책봉체제에서 유래하는 것
    이 아니라 조선전기 이래의 독자적 대외정책에서 비롯된 것이라고 보는
    견해이다. 그에 따르면 조일관계는 조선의 주변국 및 지역 사이에 이미
    존재해 있던 '대등'관계, 또는 '상하'관계를 바탕으로 구축되었으며, 막
    부에 대해서는 '적례적 교린'으로, 對馬島에 대해서는 '기미적 교린'으
    로 대응하였다는 소위 '교린'의 이중성을 제시하였다.
    다른 하나는 손승철에 의해서 제기된 것으로 그는 1403년 室町幕府의
    足利義滿이 명의 책봉을 받아 중국 중심의 동아시아 질서에 편입되면서
    조선국왕과 幕府將軍과의 관계가 비로소 국가 대 국가간의 대등관계,
    다시 말하면 중화적 교린관계에 놓이게 되며, 막부 이외의 통교자에 대
    해서는 羈縻的 交隣關係에 편입시킨 二重的인 交隣이었다는 것이다. 조
    선은 임진왜란 직후의 조일 국교 회복 때에도 역시 中華的 교린체제를
    부활시키려 했지만, 17세기 중엽 명청 교체로 幕府將軍에 대한 명의 책
    봉이 불가능하게 되자, 청을 배제한 채 모색된 새로운 외교관계가 탈중
    화적 교린체제였다는 견해를 제시하였다.
24) 손승철, 1994 ≪朝鮮時代 韓日關係史硏究≫ (지성의 샘) ; 전해종, 1977
    <壬亂後의 對日關係> ≪한국사≫ 12 (국사편찬위원회) ; 李元植, 1973
    <純祖十一年 日本通信使差遣에 對하여-對馬島易地聘禮를 중심으로>
    ≪史學硏究≫ 23 ; 김문자, 2000 <임진왜란에 있어서 명·일 강화교섭
    과 조선> ≪사명당유정≫ ; 이민호, 1993 <壬亂과 한·중·일의 外交

국간의 교섭에 관해 언급하였다. 이에 손승철은 회답겸쇄환사에서 통신사로 넘어가는 과정을 中華的 交隣體制에서 脫中華的 交隣體制의 변화로 해석하고 있는데 주목할 만하다. 유재춘은 1~3차 통신사행의 일본 파견시 조선국왕과 막부장군간에 교환된 국서와 외교마찰을 개괄하고, 통신사의 파견을 둘러싸고 논의된 국서개작 논쟁에 있어서 1606년의 德川家康의 서계는 애초부터 對馬島에서 위조한 것이라고 한 것은 잘못된 견해이며, 이 서계는 위조한 것이 아니라 비공식적으로 德川家康이 보내 온 것을 대마도에서 개작한 것이라는 견해를 제시하였다.25) 따라서 그에 따르면 임진왜란 이후 국교재개는 조선전기의 다원적 외교관계와는 다른 성격으로서 朝鮮國王과 幕府將軍간에 성립되었다는 것이다. 그리고 최종일에 의해 1636년, 43년, 55년 등 세 차례에 이루어진 日光山 致祭에 관한 연구가 있는데, 통신사를 통한 양국 외교의례에 관해 많은 시사를 제공해준다. 또한 장용걸은 통신사가 가지는 의례적 의미가 양국의 국경을 넘어서 양면적 의미 - 의례적 양의성 - 을 가지고 있음을 밝히고 있다.26)

關係> ≪壬亂水軍活動硏究論叢≫ (해군군사연구실) ; 이민호, 1998 <孝宗朝의 對日外交> ≪東西史學≫ 4 ; 이민호, 1997 <임진왜란과 대일국교재개의 서막> ≪황산 이홍종박사화갑기념사학논총≫ ; 유재춘, 1987 <국교 재개와 국서 개작사건> ≪근세한일관계사≫ (강원대학교 출판부) ; 최종일, 1998 <조선통신사의 日光山致祭 연구> (강원대 석사학위논문)

25) 1606년 덕천가강의 국서의 진위에 대해 종래 일본인 학자의 상당수는 이 국서가 덕천가강과는 전혀 상관없이 쓰시마가 임의로 위조한 것으로 기술하고 있다. 그러나 이러한 주장은 한일관계사를 연구하는 기본시각으로 볼 때도 문제점을 내포하고 있다. 왜냐하면 쓰시마의 독단적인 행위냐 아니냐에 따라서 당시 일본과의 외교 성격이 전혀 다른 입장에서 해석되기 때문이다. 만약 이들이 주장하는 것처럼 쓰시마의 독단인 경우, 강화교섭 자체가 막부 즉, 일본 중앙 정권의 뜻이 아니기 때문에 조선이 제시한 조건을 만족시킨 것은 막부가 아니고 쓰시마라는 의미가 되므로, 막부의 체면과 명분에 전혀 관계가 없다는 입장을 갖기 때문이다.

26) 장용걸, 1999 <조선통신사의 의례성에 관한 고찰> ≪교육이론과 실천≫

2) 外交使行

1990년대에 들어오면서 통신사를 독립된 주제로 하여 검토한 연구들이 나왔다. 이원식에 의해 통신사와 선린외교에 관한 개괄적인 소개가 있으며, 1811년 통신사에 관한 연구가 있다. 통신사 편성과 노정에 관한 개설적인 논문으로는 이민호의 연구가 있으며, 張舜順의 製述官과 姜信沆의 譯官에 관한 연구논문이 있다.[27] 특히 장순순은 제술관이 명·청에 파견되는 중국사행에는 없는 직책으로 통신사행에만 보이는데, 이것은 통신사행 중 일본의 문인 및 관리들과의 筆談唱和에 대비하기 위한 임무 때문이었다고 서술하고, 통신사행의 성격이 초기의 정치적인 목적에서 점차 문화사행으로서 전환되었음을 강조하였다. 강신항은 倭學譯官과 日本通事의 기능을 비교 소개하고 있다.

최근의 연구 경향은 조선후기 외교사행의 접근 방법에 있어서 기존의 통신사라는 범주에만 한정하지 않고 日本國王使(大差倭);막부의 국서를 소지한 대마도 사행)·문위행·年例送使·別差倭 여타의 사행 등으로 논의를 확장하여 상호 비교 연구하는 경향이 두드러진다. 통신사와 여타의 외교사행에 관련한 종합적 논의로서는 河宇鳳, 洪姓德의 연구가 주목된다.[28] 아직까지는 제도적 검토 단계에 있기는 하

---

9 (경남대학교 교육문제연구소)

27) 이민호, 1984 <조선후기의 통신사행 연구> (단국대 석사학위논문) ; 장순순, 1990 <조선후기 통신사행의 製述官에 대한 일고찰> ≪전북사학≫ 13 ; 강신항, 1993 <韓日兩國 譯官에 대한 비교연구> ≪인문과학≫ 23 (성균관대학교 인문과학연구소) ; 강재언, 2000 <1764年度의 朝鮮通信使의 日本使行에 대하여> ≪亞細亞文化研究≫ 4 ; 金瑞蘭, 1998 <朝鮮後期 通信使隨行 倭學譯官 研究> (단국대 석사학위논문) ; 小林幸夫, 1991 <朝鮮通信使와 民衆> ≪일본학연보≫ 3 ; 김성진, 2000 <1711년 통신사와 조선의 대응> ≪日語日文學研究≫ 40 (한국일어일문학회)

지만 홍성덕은 임진왜란 이후 국교재개교섭 과정・기유약조 이후 외교사행의 개편・외교사행의 확립 과정에 대해서 17세기 조일관계를 중심으로 한 전반적인 외교사행을 다루었다. 그는 통신사・문위행・연례송사・別差倭에 대하여 분석함으로써, 조선에서 일본에 파견한 사행과 일본에서 조선에 파견한 사행의 기원과 확립과정에 대하여 살피고 사절의 왕래에 따른 조일 양국의 정책변화에 대해서도 다루었다.

아울러 그는 조선후기 일본국왕사에 대한 검토를 시도하였는데, 이 연구는 조선후기 일본국왕사 연구의 유일한 논문이라고 하겠다. 하우봉은 사절왕래를 중심으로 조선후기 한일관계에 대한 재검토를 시도하였다. 그는 먼저 조선후기 한일관계사를 교린관계 회복기, 교린체제의 확립 및 안정기, 교린관계 쇠퇴기로 3단계로 나누고, 通信使行과 問慰行, 差倭와 같은 사절단의 실상에 대하여 재검토를 시도하였다. 또한 홍성덕과 이훈은 문위행에 대해서 개괄적인 검토를 시도하였다.29) 對馬島이 조선에 파견하는 외교사절, 소위 '差倭'는 홍성덕의

---

28) 하우봉, 1991 <朝鮮後期 韓日關係에 대한 再檢討-사절왕래를 중심으로> ≪東洋學≫ 27-1 (단국대학교 동양학연구소) ; 홍성덕, 1990 <朝鮮後期 問慰行에 대하여> ≪韓國學報≫ 59 (일지사) ; 1992 <17世紀 別差倭의 渡來와 朝日關係> ≪全北史學≫ 15 ; 1996 <朝鮮後期 日本國王使 檢討> ≪한일관계사연구≫ 6 ; 1998 ≪十七世紀 朝・日 外交使行 研究≫ (전북대 박사학위논문) ; 1999 <조선후기 對日외교사절 問慰行의 渡航人員 분석> ≪한일관계사연구≫ 11 ; 2000 <조선후기 對日外交使節 問慰行 研究> ≪國史館論叢≫ 93 ; 1998 <통신사는 신의의 상징인가 조공의 상징인가> ≪한국과 일본-왜곡과 콤플렉스의 역사≫ 2 (자작나무) ; 仲尾宏, 1995 <朝鮮朝日本通信使の意義と日韓の將來> ≪日本學報≫ 2 (경상대 일본문화연구소) ; 신성순・이근성, 1994 ≪조선통신사≫ (중앙일보사)

29) '問慰行'이란 조선이 倭學譯官(일본어 통역관)을 정사로 삼아 막부와는 별도로 對馬島에 파견하는 외교사행으로써 일본에서는 '譯官使'라고 불렀다.
이훈, 1991 <朝鮮譯官使와 對馬島> ≪韓日關係學術會議要旨≫ (韓國史

논문 외에 이훈에 일본에 표착한 조선인 표류민을 송환해 오는 대마도 사자인 漂差倭의 성립과 도항실태에 대해서 검토하였으며 이혜진은 '裁判差倭'의 성립과 조선의 경제적 대응에 대해서 살핀 바 있다.30)

통신사와 관련한 이들 사행들의 연구는 아직 제도적 검토의 단계에 있기는 하지만, 이들 연구를 통해 통신사의 성격 구명에 좀 더 접근할 수 있게 되었다. 그러나 아직도 여전히 많은 과제들이 남아 있는 것 또한 사실이다. 예를 들면 통신사를 독립된 주제로 하여 인적 구성이나 파견 배경, 도항 실태 등 통신사 자체에 대한 기초적 연구가 미흡한 상태이다. 특히 한국사 안에서 통신사 파견과 국내정세 및 정치세력과의 연관성, 경제적 부담과 파급 효과, 대중국외교와의 관련성 등, 통신사의 정치·외교·경제적 비중을 검토한 연구가 요망된다고 하겠다.31)

3) 경제(무역)와 倭館

통신사 및 조선시대 한일관계를 이해하는데 있어서 경제분야는 앞으로의 연구가 절실히 요구되는 대표적인 분야이다. 통신사가 파견되면 幕府와 일행이 통과하는 일본의 여러 藩들은 많은 재정적 피해를 감수해가면서 통신사의 접대에 최선을 다하였고, 통신사를 접대하는데 필요한 막대한 경비는 막부나 여러 번에 있어서 확실한 부담으로

學會)

30) 이훈, 1991 <朝鮮後期 對馬島의 漂流民 送還과 對日關係> ≪國史館論叢≫ 26 ; 李惠眞, 1998 <17世紀 後半 朝日外交에서의 '裁判差倭' 성립과 조선의 대응> (梨花女大 석사학위논문)
31) 이훈, 2001 <韓國에 있어서의 韓日交流史 연구의 現狀과 課題> ≪日本學≫ 20, 151

작용하였다. 1811년 신미통신사 이후 통신사 중단의 중요한 원인이
경제적 부담에 기인한 것만 보아도 알 수 있다.

통신사와 경제(무역)관련에 관한 연구로는 정성일의 논문이 있을
뿐인데, 그는 먼저 통신사의 경제적인 측면에 주목하여 역지빙례가
실시된 1811년 辛未通信使을 중심으로 통신사와 무역에 초점을 맞추
었다. 그는 먼저 통신사가 조선후기 對日貿易에 끼친 영향을 살펴보
기 위한 전제로서 1811년 당시 사행에 참여하였던 구성원의 수와 명
단, 그리고 일정 등을 한일 양국의 사료를 종합해서 정리하였다.[32] 먼
저 빙례에 참가한 336명 전원의 명단을 찾아내서 분석함으로써 역지
빙례의 실시가 양국의 재정긴축이라는 측면에서는 비교적 성공했음
을 밝혔으며, 또한 1811년 역지빙례통신사 단절의 원인을 구명하고
있다.[33] 한편 그의 연구에 의하면 易地通信의 실시가 조선측에게는
對日公貿易의 만성적 적자를 보충하는데 도움이 되었다고 한다.

일본측에서는 통신사행 당시 일본내에서 이루어진 경비조달에 관
한 연구가 많이 이루어진 반면, 한국측에서는 조선정부의 통신사 파
견 결정과 준비과정, 그리고 부산까지의 여정에 소요된 조선측 경비
의 조달에 대한 연구가 전혀 없는 실정이다. 따라서 통신사의 성격
및 위상을 좀 정확하게 파악하기 위해서는 사행을 둘러싼 두 나라의
경비조달 및 그것이 국가재정에 미치는 영향 등이 함께 논의되어야
할 것이다. 따라서 새로운 사료의 발굴과 다양한 연구가 요망된다.

한편 왜관을 독립 주제로 한 연구는 이미 1960년부터 있었지만,
1990년대에 들어오면서 조일 양국의 교류에 場에 대한 관심이 높아
지면서 제도사·교섭사·지역사·생활사적인 관점에서 접근한 다양
한 연구들이 나왔다. 그 결과 왜관을 둘러싼 한일 교류의 모습이 밝
혀지고 있는데, 그럼에도 불구하고 통신사행과 관련된 연구는 없다.

---

32) 정성일, 1991 <對馬島易地聘禮에 참가한 通信使> ≪호남문화연구≫ 20
33) 정성일, 1991 <易地聘禮 실시전후 對日貿易動向> ≪經濟史學≫ 15

주지하다시피 왜관은 통신사행에 관한 모든 준비와 실무교섭이 이루
어졌던 곳이며, 통신사가 출발하고, 도착하는 공간이다. 통신사와 왜
관에 관한 연구는 최영희와 김의환에 의해서 시도되었지만[34], 이들
연구는 지극히 개설적일 뿐만 아니라 왜관의 기원과 변천, 草梁倭館
의 성립과 구조를 살핀 연구로 왜관 단독 연구의 성격이 짙어서 본격
적인 통신사 관련 연구라고 할 수 없다. 통신사와 관련하여 왜관에서
이루어지는 조일 양국의 외교교섭 형태 연구는 통신사의 올바른 이
해에 필수적인 요소임에도 불구하고 여전히 미개척분야로 남아 있으
며, 많은 연구가 요구된다.

4) 문화교류

  문화교류의 분야에는 이원식·하우봉·김태준 등의 연구가 있
다.[35] 李元植은 《朝鮮通信使》를 통하여 통신사행 중에 이루어진 筆

---

34) 최영희, 1991 <朝鮮後期 通信使와 倭館의 役割> 《조선후기 한일관계
    학술회의강연회 발표요지》 (한국사학회) ; 김의환, 1991 <釜山의 草梁
    倭館과 對日通信使 外交> 《한일교류사》

35) 이원식, 1991 《조선통신사》-대우학술총서 59- (민음사) ; 1991 <통신
    사가 남긴 문화> 《한일교류사》 ; 1991 <通信使行과 文化交流> 《韓·
    日關係學術會議 발표요지》 ; 1991 <조선통신사와 한·일 문화교류>
    《2001평화의 행진 한·일공동심포지엄기조강연문》 ; 1999 <한일선린
    외교와 朝鮮通信使> 《史學硏究》 58·59 (한국사학회) ; 임성철, 1985
    <朝鮮通信使往還における日本側の接待問題> 《論文集》 3 (부산외대) ;
    1985 <朝鮮通信使往派遣路交涉狀況의 展開> 《文化硏究》 1 (부산외
    대) ; 1987 <朝鮮通信使의 路程記硏究> 《釜山外大論叢》 5 (부산외대) ;
    하우봉, 1998 <조선후기 實學과 古學의 비교연구시론> 《한일관계사연
    구》 8 ; 1994 <조선사행을 통한 日本江戶幕府의 韓國儒學受容> 《韓國
    漢文學과 儒敎文化》-蒼谷金世漢敎授停年退職紀念論叢- ; 김태준,
    1988 <18세기 한일문학교류의 양상:江關筆談을 중심으로> 《논문집》
    (숭실대학교) ; Ronald P. Toby(朴銀順 역), 1988 <朝鮮通信使와 近世日本

談唱和에 관하여 풍부한 자료소개와 함께 문화교류의 양상을 면밀히
분석하고 있다. 그는 현지조사를 통하여 새로운 사료의 발굴과 수집
을 하였고, ≪海行摠載≫에 누락된 사료를 찾아내어 소개하고, 필담
내용 등을 분류 정리하였다. 이러한 그의 노력은 한일관계사 연구자
들이 관련 기초자료를 손쉽게 접할 수 있도록 큰 기여를 하였다. 또
한 하우봉은 조선후기 實學과 일본의 古學을 비교하고 있으며, 김태
준은 江關筆談의 분석을 통해 통신사행 중에 문화교류가 어떻게 이
루어지고 있는가를 사례를 들어 서술하였다. 박창기는 통신사와 일본
학계의 문학교류에 대해서 살펴봄으로써[36] 통신사가 일본의 사상계
와 문단에 끼친 영향에 대해서 살펴보았다. 한편 芳賀登은 통시사행
이 江戶時代 일본 문화에 끼친 의의에 대하여 강조하고, 이것이 18세
기 후기에 와서 일부 폐쇄론자의 주장에 따라 통신사 왕래가 두절되
었다고 보고, 일본에서의 國粹主義의 대두, 대륙침략의 국체 성립을
개관하여 다루고 있다.[37]

5) 상호인식

상호인식에 관한 분야는 1990년대에 들어와서 집중적으로 연구된
분야로,[38] 주로 통신사행에 참여한 사행원들이 귀국 후 남긴 사행록

의 庶民文化-회화; 민화; 제례재연> ≪동양학≫ 18 (단국대 동양학 연
　구소) ; 신기수, 1991 <통신사의 길에 비친 한일교류> ≪한일교류사≫
36) 박창기, 1989 <朝鮮時代 通信使와 日本의 文壇-1711년 使行時 林家 및
　木下順庵門과의 交流를 중심으로-> ≪日本學報≫ 23 (한국일본학회) ;
　박창기, 1991 <조선시대 通信使와 일본 荻生徂徠門의 문학교류-1711
　년 使行時의 交流를 중심으로-> ≪日本學報≫ 27 (한국일본학회)
37) 芳賀登, 1982 <朝鮮通信使의 발자취> ≪韓國學論集≫ 2 (한양대학교
　한국학연구소)
38) 이원식, 1997 <通信使記錄을 통해 본 對日本認識> ≪國史館論叢≫ 76 ;

을 소재로 한 분석이 많다. 예를 들면 이원식・하우봉・이성후・김정
일, 정장식 등이 그것이며 이외에도 5편의 석사학위논문이 있어 의욕
적으로 연구되는 분야임을 알 수 있다. 특히 이원식과 하우봉은 조선

하우봉, 1994 <元重擧의 日本認識> ≪韓國史學論叢≫ (李基白先生古
稀紀念論文集) ; 李成厚, 1992 <金仁謙의 歷史認識> ≪韓國學論叢≫
(香山卞廷煥博士華甲紀念論叢刊行委員會) ; 김정일, 1993 <1636년 通信
使와 조선의 대마도인식> ≪淑明韓國史論≫ 창간호 ; 정장식, 1999
<1636년 通信使의 日本認識> ≪韓日關係史硏究≫ 11 ; 1998 <1655년
通信使行과 日本硏究> ≪日本學報≫ 44 (한국일본학회) ; 2001 <癸未
(1643년)通信使行과 日本認識> ≪日本文化學報≫ 10 ; 2001 <1636년 通
信使의 日本認識> ≪문명연지≫ 2-2 (한국문명학회) ; 2001 <壬戌使行과
朝日關係> ≪日本學報≫ 47 (한국일본학회) ; 2002 <1711년 通信使와 朝
鮮의 對應> ≪일어일문학연구≫ 40 (한국일어일문학회) ; 김성진, 1996
<조선후기 통신사의 기행시문에 나타난 일본관연구> ≪도남학보≫ ;
김영규, 1990 <조선후기의 대일항례외교와 대마동번의식-通信使行錄
을 중심으로-> (서울대 석사학위논문) ; 황창윤, 1991 <조선통신사인식
에 대한 재검토> (강원대 석사학위논문) ; 이재원, 1995 <18세기 일본지
식인의 조선인식에 관한 일고찰: 雨森芳洲와 新井白石의 조선인식을 중
심으로> (경성대 석사학위논문) ; 배수영, 1997 <趙曮의 ≪海槎日記≫
를 통해 본 일본인식> (성신여대 석사학위논문) ; 김윤향, 1987 <18세기
申維翰의 일본인식에 관한 고찰-통신사기록 '海遊錄'을 중심으로> (이
화여대 석사학위논문) ; 한태문, 1997 <李彦瑱의 文學觀과 通信使行에
서의 세계인식> ≪國語國文學≫ 34 (문창어문학회) ; 한태문, 1995 <통
신사행록에 반영된 대일 민속관> ≪초전장관진교수정년기념 국문학논
총 ; 한태문, 2000, <[海行摠載]소재 使行錄에 반영된 일본의 通過儀禮와
사행원의 인식> ≪한국문학논총≫ 26 (한국문학회) ; 방기철, 1999 <鶴
峯 金誠一의 日本觀> (서울대 석사학위논문) ; 손승철, 1995 <조선시대
日本天皇觀의 유형적 고찰> ≪史學硏究≫ 50 ; 李慧淳, 1993 <室鳩巢
의 賦三韓事蹟詩 小考-18세기 문사의 한국사인식> ≪冠嶽語文硏究≫
18 ; 원재연, 2000 ≪조선후기 서양인식의 변천과 대외개방론≫ (서울대
박사학위논문) ; 이성후, 1992 <金仁謙의 歷史認識> ≪향산변정환박사
화갑기념 韓國學論叢≫ ; 한승희, 2002 <己亥通信使의 儀式改正에 대한
새로운 검토> ≪韓日關係史硏究≫ 16 (한일관계사학회) ; 김문식, 2002
<조선후기 通信使行員의 對日認識> ≪大東文化硏究≫ 41 (성균관대
대동문화연구소)

인의 일본인식을 다루었고, 반면 이재원은 일본지식인의 조선인식을
다루어, 이들의 논문을 통하여 양국인의 상호인식을 단적으로 비교할
수 있다.

한태문은 1763년 통신사행에 역관으로 참여한 이언진을 중심으로
삼사를 제외한 사행 구성원들의 문학관과 의식이 통신사행에 미친
영향에 대해서 살펴보고, 사행 이후 委巷人을 비롯한 실학자들에게
對日認識의 전환과 근대적 자각의 단초를 제공하였음을 밝혔다(1997
년). 金文植은 먼저 조선후기 對日交涉의 추이를 개관하고, ≪海行摠
載≫에 수록된 사행원들의 일기를 이용하여 일본의 執政者 및 文物
에 대한 통신사행원의 인식을 검토하였다. 정장식은 南龍翼의 사행록
을 분석하여 통신사들의 일본에 대한 시각이 국제정세의 변화에 따
라 달라지고 있음을 밝히고 있다(2000년). 그는 통신사가 일본의 번
성함을 보고 겉으로는 화이관에 입각하여 이적시하면서도 다른 한편
으로 일본의 자연과 경제력을 긍정적으로 인식한 것은 사행의 성과였
다고 보았다. 한편 손승철은 통신사행원을 비롯한 조선지식인들의 천
황관을 살펴봄으로써, 조선시대 日本天皇觀이 어떻게 변화하고 있는
가를 통시적으로 고찰하였다. 그의 연구에 의하면 조선초기에는 천황
에 대한 관심보다는 오히려 일본내 실질적인 외교교섭대상으로서 막
부장군에게 관심이 컸던 반면에 임진왜란 이후 조선후기에는 천황의
무력함에 대한 비판과 천황의 복권가능성에 대한 시사 등으로 천황관
에 커다란 변화가 나타난다고 밝혔다. 그리고 원재연은 개항기 서양
문화의 수용을 통신사들의 서양인식과 연관하여 파악하고 있다.다.

6) 문 학

통신사 사행문학에 관한 본격적인 연구는 1980년부터라고 할 수 있

다. 소재영·김태준이 엮은 ≪여행과 체험의 문학·일본편≫(민족문
화문고간행회, 1985)이 가장 대표적인 연구성과로 꼽히고 있으며, 주
로 통신사의 사행록과 그들이 남긴 시문들을 문학적으로 분석한 글들
이 대부분이다.[39] 1990년대에 들어오면서 이혜순과 한태문·김성진의
연구가 주목된다. 이혜순과 한태문의 연구는 통신사문학을 본격적으
로 분석한 것으로서 이 분야 연구의 초석이 되었다고 할 수 있다.

  이혜순은 문화교류의 상징인 필담창화집과 서신에 대한 검토와 분
석을 통해 통신사 사행문학의 성립배경과 형성·각 시기별 창화집에
반영된 한일문사교류의 특성·통신사 문학의 한일문학사적 의의 등
을 살펴보았다(1996년). 한태문은 1990년대 후반부터 문학에 관한 통
신사 관련 논문을 다수 발표하여 조선후기 통신사문학이 갖는 특징

---

39) 장덕순, 1962 <日本紀行의 日東壯遊歌> ≪현대문학≫ 95 ; 김용기,
   1969 <壬辰倭亂의 被擄人 刷還關係 新資料 ≪海東記≫考> ≪대구사학≫
   1 (대구사학회) ; 이혜순, 1996 ≪조선통신사의 문학≫ (이대출판부) ; 이혜
   순, 1994 <17세기 통신사행집단의 문학과 의식세계-南龍翼의 <壯遊>
   를 중심으로> ≪한국한문학구≫ 17 ; 김성진, 1996 <朝鮮後期 通信使의
   日本文學認識> ≪韓國文學論叢≫ 18 ; 1996 <南玉의 生涯와 日本에서의
   筆談唱和> ≪한국한문학연구≫ 19 (한국한문학회) ; 한태문, 1996 <朝鮮後
   期 通信使 使行文學의 特徵과 文學史的 意義> ≪동양한문학연구≫ 10 ;
   1997 <甲子 通信使行記 ≪東槎錄≫ 研究> ≪人文論叢≫ 50 (부산대학
   교) ; 1995 ≪朝鮮後期 通信使 使行文學 研究≫ (부산대박사학위논문) ;
   1993 <委巷文人의 壬戌使行 研究-≪東槎錄≫과 ≪東槎日錄≫을 중심
   으로> ≪국어국문학≫ 30 (부산대 국어국문학과) ; 1997 <朝鮮後期 對日
   使行文學의 實證的 研究-釜山 永嘉臺 海神祭와 祭文을 중심으로->
   ≪東洋漢文學研究≫ 11 ; 1998 <≪東槎錄≫所載 書簡에 반영된 韓日文
   士의 교류양상 연구> ≪韓國文學論叢≫ 23 (한국문학회) ; 2001 <17세
   기 通信使 使行文學의 전개와 문학사적 의의> ≪인문논총≫ 57 (부산
   대학교 인문학연구소) ; 이동찬, 1996 <癸未 通信使行 記錄의 장르選擇:
   <海槎日記>와 <日東壯遊歌>를 중심으로> ≪韓國文學論叢≫ 18 ; 송
   민, 1996 <朝鮮通信使의 日本語體驗> ≪어문학논총≫ 5 ; 1997 <조선
   통신사의 母國語體驗> ≪어문학논총≫ 6 ; 管宗次, 2000 <朝鮮通信使
   の殘した發口短册にちぃて> ≪日本文化學報≫ 9 (한국일본문화학회)

을 밝혔다. 아울러 1682년 사행(壬戌使行)에 참여한 두 역관의 사행
록을 작가·서술체제·서술태도로 나누어 비교하고, 委巷文學的 특
질로서 문화적 우월감의 현실적 한계 인식과 사대부와의 갈등을 고
찰하였다.(1993년) 김성진은 통신사의 일본문학에 대한 인식 등에 대
해서 연구하였다. 특히 송민은 개별적인 사례연구를 통해 통신사행에
서 만난 조선피로인의 모국어 능력에 관한 연구를 시도하였다. 菅宗
次는 1748년(영조 24) 통신사행에 참여한 수행원 朴德源이 일본에 남
긴 發口短册을 소개하고 통신사행원들이 사행중 시도하였던 외국어
습득에 관하여 연구하였다.

7) 기록류

기록물에 관한 연구는 주로 蘇在英, 河宇鳳, 柳鐸一, 韓文鍾, 孫承
喆에 의해 이루어졌다.[40] 조선시대의 통신사 연구 내지 한일관계사
연구에 있어 사행을 통해 일본을 직접 見聞한 통신사 일행의 日本使
行錄은 제1차적인 기본사료임에 분명하다. 하우봉은 이들 사행록 가
운데 1970년대 출간된 ≪국역 海行摠載≫에 수록되지 않은 사행록
18편을 새롭게 발견하여 소개하였고, 한문종은 조선시대 예조의 典客
司에서 편집한 각종 謄錄類의 사료적 성격에 대하여 고찰하였다. 그
리고 손승철은 ≪朝鮮王朝實錄≫에 나오는 일본관계기사의 내용을

---

40) 하우봉, 1986 <새로 발견된 日本使行錄들: ≪海行摠載≫의 보충과 관련
   하여> ≪歷史學報≫ 112 ; 하우봉, 1991 <通信使謄錄의 사료적 성격>
   ≪韓國文化≫ 12 ; 蘇在英, 1991 <≪海行摠載≫의 檢討> ≪韓日文化交
   流史≫ (민문고) ; 한문종, 1999 <조선후기 일본에 관한 著述의 조사연
   구-對日關係 謄錄類를 중심으로-> ≪國史館論叢≫ 86 ; 柳鐸一, 1984
   <한국고서적 일본간행고: 조선조를 중심으로> ≪한국문화논총≫ 6·7
   (한국문학회) ; 손승철, 2000 <조선왕조실록 일본관계기사 내용분석>-
   조선후기편- ≪朝鮮時代史學報≫ 15 (조선시대사학회)

왕대별로 분석함으로써 통신사를 포함한 조선후기 한일관계사 연구
의 기초자료를 제공하고 있다. 소재영은 ≪海行摠載≫에 들어있는 사
행록들을 전체적으로 소개하고, 통신사의 역사가 한일 外交史임과 동
시에 文化交流史라고 보고, 사행록를 통한 비교연구를 수행하는데 있
어서 민족주의적 한계를 벗어나 편견없는 연구가 되어야 할 것을 역
설하였다. 이들 연구는 통신사 연구의 가장 기초가 되는 사료들에 관
한 소개라는 점에서 의의가 있다고 하겠다.

8) 기 타

이외에도 통신사에 대한 다방면의 연구가 시도되었다. 우선 통신사
에 수행원의 참여하여 그림을 통하여 문화사절로서의 모습을 과시하
는데 주된 역할을 한 畵員과 그들의 역할에 관한 연구가 있다[41]. 그
리고 통신사행원들의 服飾에 관한 연구[42]도 있고, 그들이 타고 갔던
船舶에 관한 연구[43], 일본에서 통신사접대에 사용된 음식에 관한 연
구[44] 등이 있다. 이것들은 통신사 연구의 다양한 측면을 보여줄 뿐만

---

41) 洪善杓, 1979 <17·18세기의 한·일간의 繪畵交涉> ≪考古美術≫ 143·
144 ; 1995 <조선후기 통신사 隨行畵員의 파견과 역할 > ≪美術史學硏
究≫ 205 ; 1997 <조선후기 한일간 畵蹟의 연구> ≪미술사연구≫ 11 ;
1998 <조선후기 통신사 隨行畵員의 繪畵活動 > ≪미술사논단≫ 68 ; 김
선화, 2001 <조선통신사의 회화 교류> ≪동북아문화연구≫ 1 ; 유홍준,
2002 ≪화인열전≫ 1·2 (역사비평사)
42) 李京子·弓民峰, 1983 <조선통신사 服飾의 一硏究> ≪服飾≫ 7, 83~
102 ; 金英淑, 1986 <조선시대 通信使 및 隨行員 服飾의 通時的 考察>
≪문화재≫ 19 ; 곽정숙, 2002 <에도시대의 조선통신사가 본 京都의 服
飾文化> (동서대 석사학위논문)
43) 김재근, 1994 <朝鮮後期通信使船: 船型과 構造> ≪學術院論文集≫ 33
(자연과학편)
44) 김상보·장철수, 1999 <朝鮮通信使를 포함한 韓·日관계에서의 飮食文

아니라 繪畵나 服飾史 등 각 분야의 연구에도 도움이 된다.

Ⅳ. 통신사연구의 과제와 전망
- 맺음말을 대신하여

이상에서 한국에서 이루어진 통신사의 연구현황을 정리해보았다. 이제 통신사 연구가 갖고 과제와 전망을 정리함으로써 맺음말을 대신하고자 한다.

첫째, 통신사행의 명칭 문제이다. 먼저 명칭론에 대한 제기는 이원순과 하우봉에 의해서 제기되었는데, 통신사라는 외교사행 명칭에 대한 혼란이 통신사를 막부 장군 즉위를 축하하는 정치사절('조공사절') 고 보려는 일본측 연구를 무비판적으로 수용한 때문이라는 반성에서 비롯된 것이다. 통신사 연구들이 연구자의 의도에 따라 부분적으로 편의적으로 검토되다 보니 통신사의 파견 배경이나 명칭 등이 제각각이다.[45] 즉, 한일 양국의 많은 연구자들이 조선시대 일본의 幕府將軍에게 파견된 사절을 '朝鮮通信使'라는 명칭으로 부르고 있는데 그것이 과연 객관적이고 타당한 용어인가 하는 문제이다. ≪朝鮮王朝實錄≫이나 ≪通信使謄錄≫ 등 관련사료들을 보면 조선에서 일본에 파견된 사신을 '日本通信使', '日本國通信使' 아니면 그냥 '通信使'라고 칭하고 있다. 사신 파견의 목적을 반영하여 '回禮使', '通信官', '報聘',

---

化교류> ≪경영학연구≫ 18-4 (한국경영학회) ; 2002 <조선통신사를 통해 본 한일 음식문화> ≪조선통신사 한일학술대회≫ (한일관계사학회)
45) 이에 이원순과 하우봉은 조일간에 정치 · 외교적 상황에 따라 외교사행의 명칭을 구별해서 사용해야 한다는 명칭론을 제기한 바 있다[하우봉, 1991 <朝鮮後期 韓日關係에 대한 再檢討-사절왕래를 중심으로> ≪東洋學≫ 27-1 (단국대학교 동양학연구소) ; 李元淳, 1991 <朝鮮後期(江戶時代) 韓日交流의 位相> ≪水邨朴永錫敎授華甲紀念韓國史學論叢≫].

'客人護送官' 등의 다양한 칭호를 사용하였다고 하더라도, 일본에 보내는 사신을 '日本通信使' 또는 '通信使'로 부르는 것이 조선시대의 일반적 흐름이었던 것이다. 그리고 통신사 각각의 명칭에 대해서도 조선에서는 干支를 붙여 丁未通信使·己亥通信使 등으로 불렀고, 일본에서는 年號를 써서 慶長通信使, 享保通信使라고 사용하였다. '日本通信使'가 조선에서 일본에 파견하는 사절 이라는 의미라면 '朝鮮通信使'는 '조선에서 온 통신사'란 뜻이다. 즉, '조선통신사'는 일본측 학자들에 의해서 쓰여지기 시작한 용어로 지극히 일본사 중심의 용어라고 할 수 있다. 따라서 '조선통신사'는 양국을 왕래하던 사절에 대한 국제적인 학술용어로는 부적당하며, 특히 국내에서의 사용은 대단히 적절하지 못하다. 따라서 양국에서 통용될 수 있는 새로운 용어의 성립이 요구된다.

둘째, 통신사를 朝貢使로 간주하려는 시각의 문제이다. 일본은 江戶時代 초기부터 통신사를 內政에 이용하기 위하여 은연중 朝貢使節로 선전하였다. 18세기 중엽이래 國學이 발전하고, '日本書紀的 史觀'이 다시 고개를 들면서 통신사의 조공사절관이 일부에서 대두되었고, 이것이 海防論者와 侵韓論者들에게 계승되어 植民史觀의 일환으로 자리를 잡아 갔다. 제2차 세계대전 이후 이 논의는 주춤하였으나 최근 일부 연구자에 의해서 다시 제기 되고 있다. 이 주장의 근거로 일본의 통신사가 幕府將軍의 즉위를 축하하기 위한 목적으로 파견되었다는 표면적인 使命에 집착한 入貢性과, 통신사에 비견되는 일본의 사절(日本國王使)가 조선에는 파견되지 않았다는 一方性을 들 수 있다. 그러나 이러한 견해는 조선시대 양국간에 있었던 사절 왕래의 실태를 완전히 도외시한 것이다.

조선전기 조선국왕사의 일본 막부 파견은 10회 내외인 반면, 일본국왕사의 來聘은 61회나 되고, 일반 통교자를 합하면 5,000여회에 달하고 있다.46) 한편 조선후기에 와서 전기와 같은 일본국왕사의 파견

이 이루어지지 않은 것은 일본측 사절의 상경이 금지되고, 조선측이
접대를 거부하였기 때문이었다. 즉 이러한 조치는 조선전기 일본사절
의 上京路가 임진왜란 당시 침공로로 이용된 것에 대하여 취해진 전
쟁 도발에 대한 응징책의 일환이었던 것이다. 이에 幕府는 對馬島로
하여금 大差倭를 보내 조선왕실의 경조사 등을 問慰하였는데, 그 점
은 조선전기의 일본국왕사와 다름이 없다. 1636년 이후 외교사행에
관한 제도가 개편된 후 일본의 외교사행은 對馬島에서 전담하여 파
견하였고, 그 횟수는 총 696회에 달한다. 이를 別差倭라고 하며, 그
가운데 통신사와 장군의 경조사에 관한 업무를 담당한 大差倭는 102
회 도항하였다.[47] 반면에 일본에 파견한 외교사행은 통신사 12회, 문
위행 54회에 불과하다.

셋째, 통신사에 대한 시대구분의 문제이다. 三宅英利는 그의 저서
에서 크게는 室町幕府期와 豊臣政權期 그리고 德川幕府期로 나누었
다. 그리고 조선후기(德川幕府期)의 통신사행에 대해서는 일본 幕藩
體制의 추이를 기준으로 하여 國交再開期(1회~3회), 전기안정기(4
회~7회), 개변기(8회), 후기안정기(9회~11회), 쇠퇴기(12회)의 5期로
구분하여 파악하였다. 이는 통신사에 대한 최초의 시대구분일 뿐만
아니라 통신사행의 역할과 성격변화를 잘 보여준다. 그러나 이것은
일본의 국내상황을 결부시켜 만들어진 것으로 한국사에 그대로 채용
하기에는 적절하지 못한 면이 있다. 따라서 통신사의 변화에 따른 시
기구분을 한국사의 전개 속에서 재론할 필요가 있다. 한 예로 한태문

---

46) 최근 일본학자들의 논의 가운데 幕府將軍이 조선에 파견한 외교사절이
   나 일본에서 도항해 온 통교자 가운데 僞使가 다수 포함되어 있었다고
   보고, 일본측의 對朝鮮外交使節과 通交者의 일부를 僞使로 간주하려는
   경향이 있다. 이에 대해서는 보다 객관적이고 자세한 연구가 요구된다.
47) 別差倭와 조선후기 日本國王使에 관해서는 홍성덕, 1992 <17세기 別差
   倭의 渡來와 韓日關係> ≪全北史學≫ 15와 1996 <朝鮮後期 日本國王
   使 檢討> ≪韓日關係史研究≫ 6 참고.

은 통신사 사행문학의 통시적 고찰을 시도하면서 交隣體制 摸索期 (1607~1624), 交隣體制 確立期(1636~1655), 交隣體制 安定期(1682~ 1764), 交隣體制 瓦解期(1811)로 구분하였다.48) 그러나 한태문의 통신사 시기구분은 조선후기에 한정한 것으로, 조선전기 통신사를 함께 아우르지 못했다는 한계가 있다.

네째, 다양한 사료의 발굴과 충실한 사료의 이용이 요구된다. 각종 일본사행록, 규장각 소장의 對日關係 謄錄類 등의 史料들이 있음에도 불구하고 한국쪽의 통신사관련 사료가 충실히 이용되고 있지 않다. 또한 국사편찬위원 소장 對馬島宗家文書도 마찬가지이다. 이들 사료에 대한 면밀한 분석과 검토를 바탕으로 우리의 입장을 체계적으로 정리한 연구들이 본격화되어야 할 것이다.49)

다섯째, 통신사 연구에 있어서 연구자의 저변확대와 주제의 편식성을 벗어날 것이 요구된다. <표 1>에서도 잘 나타나듯이 주로 상호인식·문화교류 등에 편향되어 있어서 '통신사=文化使節'이라는 도식을 만들게 된다. 그러나 통신사는 '幕府將軍襲職'이라는 외교의례를 표면에 내세울 뿐 양국의 외교적 현안들을 해결하는 매체이기도 하였다. 따라서 통신사에 대한 올바른 이해를 도모하기 위해서는 다양한 측면의 연구성과가 요구된다. 특히 '善隣友好'의 상징이었던 통신사의 역사성이 주로 일본인에 의해서 평가되었다는 것 자체가 왜곡과 편향의 우려를 낳고 있다. 평가의 불균형은 곧 연구의 불균형에 기이한 만큼, 통신사에 대한 역사적 평가를 바로 잡기 위해서는 무엇보다도 연구자의 저변을 확대하는 것이 요구된다.

아울러 주제의 확대도 요구된다. 즉, 조선시대 통신사가 지닌 여러

---

48) 한태문, 1995 ≪朝鮮後期 通信使 使行文學 研究≫ (부산대 박사학위논문)
49) 손승철, 2002 <조선시대 通信使研究의 회고와 전망> ≪韓日關係史研究≫ 16, 58

가지 측면과 의의를 생각해볼 때 보다 깊이 있고 종합적인 연구가 요구된다고 하겠다. 예컨대 통신사의 시행에 참여함으로써 ①통신사의 종말과 근대성에 관련된 문제로, 18세기까지는 통신사를 중심으로 善隣友好 관계 및 문화교류가 강조되다가 갑자기 19세기에 들어 양국관계가 침략과 갈등구조로 변화하게 된 원인과 과정에 대한 이해가 요구된다. 즉, 1811년 對馬島 易地通信 이후에 전개되었던 大阪 易地通信을 비롯한 일련의 통신사 교섭과정과 조선침략론(征韓論)의 대두라는 일본국내의 정치상황 속에서 통신사가 단절하게 된 원인을 규명할 필요가 있다. 더욱이 조선침략론에 대한 성격규명이 이루어질 때 침략과 피침략이라는 19세기 이후 양국관계의 갈등구조가 설명될 수 있을 수 있을 것이며, 통신사 단절도 재평가될 수 있을 것이다.

나아가 ② 조선의 對淸使節인 燕行使·일본에서 조선에 파견된 大差倭·琉球使 등과의 다양한 측면에서의 비교(사행파견 과정에서 이루어지는 諸 절차와 외교의례, 정치적 비중·경제적 영향의 차이 등)가 요구된다. ③ 통신사의 시행과정에서 교섭에 참여하였던 구성원들에 대한 연구가 요구된다. 그 가운데 역관은 통신사행 파견에 관련된 사전 업무협의를 주도하였고, 통신사행 시에는 三使의 일정 및 업무협의를 위한 통역 및 실무조정을 담당하였다. 따라서 사행을 통한 양국의 외교적 현안 업무를 추진하는 과정에서 이루어지는 譯官의 기능과 역할은 무엇이었는지도 밝혀져야 할 것이다. 또한 수행역관들의 사회·경제적인 배경도 다루어져야 할 것이다. ④ 통신사를 둘러싸고 사절의 파견 준비와 실무 교섭하던 공간인 왜관에 대한 고찰도 요구된다. ⑤ 통신사로 참여한 일행들이 귀국한 후에 일본에서 보고 경험한 것이 조선사회의 對日認識과 정책결정에 얼마나 영향을 미치는가에 대한 연구가 그것이다. ⑥ 양국의 천하관(華夷觀)과 조선 지식인들의 일본인식에 대한 고찰도 시도되어야 할 것이다. 특히 조선후기에 있었던 화이관의 변화가 실학의 근대성에 초점이 맞추어져 논의가 되어 있을 뿐 당시 일본 내에서 전개된 화이관의 변화와 비교하여 진행된 연구는 없다. 따라서 통신사행이 양국의 문화발전이나 화이관 등의 사상적 변화에 끼친 영향도 함께 논의되어야 할 것이다. ⑦ 문화교류의 측면에 관한 고찰에 있어서 기존의 筆談唱和를 통한 문화교류 뿐만 아니라 타 분야 예컨대, 종교·음악·미술·무용·생활습속·과학기술 분야 등에서 이루어진 양국교류의 양상과 특징 및 그것들을 통한 상호인식의 변화과정의 객관적 고찰도 필요하다고 하겠다. 그리고 ⑧ 통신사행의 준비와 시행과정에서 소요되는 경비의 조달과 더불어 경제적인 측면의 연구(경제적 부담과 그 효과)도 선행되어야 할 것이다. 더불어 한국사 안에서 국내 정세와 통신사 파견의 관계, 지배세력과의 연관성, 對중국외교와의 관련성 등의 검토가 요망된다.

그러나 무엇보다 중요한 것은 통신사가 조선과 일본 양국이 연출한 국제적 행위였던 만큼, 통신사의 연구도 자국 중심에서 보다는 양국사 입장에서 객관적이고, 사실적으로, 그리고 상호보완적으로 다루어야 할 것이다.

한국내의 연구목록

저서 및 번역서

金泰俊 外編, 1991 ≪韓日文化交流史≫ (민문고)

中村榮孝 외저·金龍善 역, 1982 ≪朝鮮通信使;일본은 우리가 키웠다≫
      (東湖書館)

李元植, 1991 ≪朝鮮通信使≫-대우학술총서- (민음사)

李慧淳, 1996 ≪朝鮮通信使의 문학≫ (이화여대출판부)

三宅英利(趙學允 역), 1994 ≪近世日本과 朝鮮通信使≫ (경인문화사)

金義煥, 1985 ≪朝鮮通信使의 발자취≫ (正音文化社)

신성순·이근성, 1994 ≪朝鮮通信使≫ (중앙일보사)

朴贊基, 2001 ≪朝鮮通信使と日本近世文學≫ (보고사)

三宅英利(김세민 외 옮김), 1996 ≪조선통신사와 일본≫ (지성의 샘)

_____(손승철 역), 1991 ≪근세한일관계사연구≫ (이론과 실천)

논 문

곽정숙, 2002 <에도시대의 조선통신사가 본 京都의 服飾文化> (동서대
      산업경영대학원 석사학위논문)

강신항, 1993 <韓日兩國 譯官에 대한 비교연구> ≪인문과학≫ 23 (성균
      관대 인문과학연구소)

강재언, 2000 <1764年度의 朝鮮通信使의 日本使行에 대하여> ≪亞細亞
      文化研究≫ 4

김경숙, 1995 <18세기 朝鮮通信使 製述官 및 書記의 文學世界; 서얼의
      신분과 문학관을 통해> ≪溫知論叢≫

김문식, 2002 <조선후기 통신사행의 대일인식> ≪대동문화연구≫ 41
      (성균관대 대동문화연구소)

김문자, 1994 <島井宗室과 1590년 通信使 派遣問題에 대해서> ≪詳明
　　　史學≫ 2

＿＿＿, 2000 <임진왜란에 있어서 명·일 강화교섭과 조선> ≪사명당
　　　유정≫

金瑞蘭, 1997 <조선후기 通信使隨行 倭學譯官 硏究> (단국대 석사학위
　　　논문)

김상보·장철수, 1999 <朝鮮 通信使를 포함한 韓·日관계에서의 飮食文
　　　化 교류> ≪경영학연구≫ 13-4 (한국경영학회)

＿＿＿, 2002 <조선통신사를 통해 본 한일 음식문화> ≪조선통신사 한
　　　일학술대회≫ (한일관계사학회)

김선화, 2001 <조선통신사의 회화 교류> ≪동북아 문화연구≫ 1 (동북
　　　아시아문화학회)

김석희, 1991 <조선후기 通信使에 대하여> ≪조선후기 한일관계학술회
　　　의강연회발표요지≫ (한국사학회)

김성진, 1996 <朝鮮後期 通信使의 紀行詩文에 나타난 日本觀研究> ≪陶
　　　南學報≫

＿＿＿, 1996 <조선후기 通信使의 日本文學認識> ≪韓國文學論叢≫ 18

＿＿＿, 2000 <1711년 通信使와 朝鮮의 對應> ≪日語日文學研究≫ 40
　　　(한국일어일문학회)

김영규 1990 <朝鮮後期의 對日抗禮外交와 對馬東藩意識－通信使行錄을
　　　中心으로> (서울대 교육대학원 석사학위논문)

김영숙, 1986 <조선시대 通信使 및 隨行員 服飾의 通時的 考察> ≪문화
　　　재≫ 19

＿＿＿, 1986 <朝鮮時代 通信使 및 隨行員의 服飾> ≪문화재≫ 19 (문
　　　화재관리국)

김용기, 1969 <壬辰倭亂의 被擄人 刷還關係 新資料≪海東記≫考> ≪대
　　　구사학≫ 1 (대구사학회)

김윤향, 1987 <18세기 申維翰의 일본인식에 관한 고찰-통신사기록 '海遊
　　　錄'을 중심으로> (이화여대 석사학위논문)

金義煥, 1991 <부산의 草梁倭館과 對日通信使外交> ≪韓日文化交流史≫

(민문고)

김재근, 1994 <朝鮮後期通信使船:船型과 構造> ≪學術院論文集≫ 33 (자연과학편)

김정일, 1988 <朝鮮後期對日交隣政策硏究-1936年 通信使와 朝鮮의 對馬島認識을 중심으로> (숙명여대 석사학위논문)

_____, 1993 <1636년 通信使와 조선의 대마도인식> ≪淑明韓國史論≫ 창간호

김종욱, 1973 <朝鮮後期通信使點描> ≪국회도서관보≫ 9·10

김태준, 1988 <18세기 한일문학교류의 양상:江關筆談을 중심으로> ≪논문집≫ (숭실대학교)

박창기, 1989 <朝鮮時代 通信使와 日本의 文壇-1711년 使行時 林家 및 木下順庵門과의 交流를 중심으로-> ≪日本學報≫ 23 (한국일본학회)

_____, 1991 <조선시대 通信使와 일본 荻生徂徠門의 문학교류-1711년 使行時의 교류를 중심으로-> ≪日本學報≫ 27 (한국일본학회)

방기철, 1999 <鶴峯 金誠一의 日本觀> (서울대 석사학위논문)

芳賀登, 1982 <朝鮮通信使의 발자취> ≪한국학논집≫ 2 (한양대 한국학연구소)

배수영, 1997 <趙曮의 海槎日記를 통해 본 일본인식> (성신여대 석사학위논문)

小林幸夫, 1991 <朝鮮通信使와 民衆> ≪일본학연보≫

소재영, 1988 <18세기의 일본체험-≪日東壯遊歌≫를 중심으로-> ≪논문집≫ 18 (숭실대학교)

蘇在英, 1991 <≪海行摠載≫의 檢討> ≪韓日文化交流史≫ (민문고)

손승철, 1995 <조선시대 日本天皇觀의 유형적 고찰> ≪史學硏究≫ 50

_____, 1994 <조선후기 脫中華的 交隣體制의 독립성과 허구성> ≪國史館論叢≫ 57

송 민, 1987 <朝鮮通信使의 母國語體驗 > ≪어문학논총≫ 6 (국민대 어문학연구소)

_____, 1886 <朝鮮通信使의 일본어 접촉> ≪어문학논총≫ 5 (국민대

어문학연구소)

辛基秀, 1991 <通信使의 길에 비친 韓日交流>韓日文化交流史≫ (민문고)

원재연, 2000 ≪조선후기 서양인식의 변천과 대외개방론≫ (서울대 박사학위논문)

柳鐸一, 1984 <한국고서적 일본간행고:조선조를 중심으로-> ≪한국문화논총≫ 6·7 (한국문학회)

유홍준, 2002 ≪화인열전≫ 1·2 (역사비평사)

이경자·弓民峰, 1983 <조선통신사 服飾의 一研究> ≪服飾≫ 7

이동찬, 1996 <癸未 通信使行 記錄의 장르選擇:<海槎日記>와 <日東壯遊歌>를 중심으로> ≪韓國文學論叢≫ 18

이민호, 1993 <壬亂과 韓·中·日의 外交關係> ≪壬亂水軍活動研究論叢≫ (해군군사연구실)

_____, 1984 <조선후기의 통신사행 연구> (단국대 석사학위논문)

_____, 1998 <孝宗朝의 對日外交> ≪東西史學≫ 4

이성후, 1992 <金仁謙의 歷史認識> ≪韓國學論叢≫ (향산변정환박사화갑기념논총간행위원회)

_____, 1986 <조엄과 김인겸의 대일관 연구> ≪금오공대 논문집≫ 7 (금오공과대학)

이원식, 1973 <純祖11年 辛未日本通信使差遣에 중심으로> ≪史學研究≫ 23

_____, 1991 <通信使行과 文化交流> ≪韓·日關係 學術會議 발표요지≫ (한국사학회)

_____, 1985 <조선통신사의 遺墨-일본에 남아 있는 書畵를 중심으로> ≪여행과 체험의 문학·일본편≫ (민족문화문고간행회)

_____, 1991 <朝鮮通信使의 訪日과 문화교류-使行錄과 필담창화집을 중심으로> ≪보산학보≫ 2 (모산학술연구소)

_____, 1991 <통신사가 남긴 문화> ≪한일교류사≫ (민문고)

_____, 1999 <한일선린외교와 조선통신사> ≪史學研究≫ 58·19합집 (한국사학회)

_____, 1997 <通信使記錄을 통해 본 對日本認識> ≪國史館論叢≫ 76

이자연, 2002 <朝鮮前期 朝鮮通信使와 日本使臣 간의 交易品을 통하여 본 服飾文化硏究-일본으로부터의 收入品을 중심으로-> ≪服飾≫ 52-4 (한국복식학회)

이재원, 1995 <18세기 일본지식인의 조선인식에 관한 일고찰: 森芳洲와 新井白石의 조선인식을 중심으로> (한성대 석사학위논문)

이준걸, 1973 <日本派遣 朝鮮通信使의 歷程> ≪도서관≫ 28-2 (국립중앙도서관)

이지선, 2002 <조선전기 일본국왕사연구> (강원대 석사학위논문)

이현종, 1964 <朝鮮前期 對倭使節派遣의 種別과 意義> ≪史學硏究≫ 17 (한국사학회)

_____, 1964 ≪조선전기 대일교섭사연구≫ (한국연구원)

이혜순, 1994 <17세기 통신사행집단의 문학과 의식세계-南龍翼의 <壯遊>를 중심으로> ≪한국한문학연구≫ 17

_____, 1988 <申維翰의 ≪海遊錄≫연구> ≪論文集≫ 18 (숭실대)

_____, 1991 <18세기 한일문사의 교류양상-己亥使行시 한일문사의 <唱酬集>을 중심으로> ≪大東文化硏究≫ 26 (성균관대 대동문화연구소)

_____, 1999 <室鳩巢의 賦三韓事蹟詩 小考-18세기 문사의 한국사인식> ≪冠嶽語文硏究≫ 18

이 훈, 1991 <朝鮮譯官使와 對馬島> ≪朝鮮後期 韓日關係史學術講演會 發表要旨≫ (한국사학회)

_____, 1992 <朝鮮後期 對日外交文書의 사료적 특징> ≪水邨朴永錫教授華甲紀念韓國史學論叢≫ 下

_____, 1993, <朝鮮後期 對日外交文書-書契式의 定着을 중심으로> ≪古文書硏究≫ 4 (한국고문서학회)

임성철, 1985 <朝鮮通信使往還における日本側の接待問題> ≪論文集≫ 3 (부산외대)

_____, 1985 <朝鮮通信使派遣路交涉狀況의 展開> ≪釜山外大文化硏究≫ (부산외국어대)

임성철, 1987 <朝鮮通信使路程記研究> ≪釜山外大論叢≫ 5 (부산외국
　　　어대)

임형택, 1994 <계미통신사와 실학자들의 일본관> ≪창작과 비평≫ 가
　　　을호

장덕순, 1962 <日本紀行의 日東壯遊歌> ≪현대문학≫ 95

장순순, 1990 <조선후기 통신사행의 제술관에 대한 일고찰> ≪전북사
　　　학≫ 13

장용걸, 1999 <조선통신사의 의례성에 관한 고찰> ≪교육이론과 실천≫
　　　9 (경남대학교 교육문제연구소)

전중민소, 1996 <壬亂前의 豊臣政權과 對馬島主宗氏의 朝鮮外交:總無事
　　　令을 中心으로> (단국대석사학위논문)

전해종, 1977 <壬亂後의 對日關係> ≪한국사≫ 12 (국사편찬위원회)

정성일, 1991 <對馬島易地聘禮에 참가한 通信使> ≪호남문화연구≫ 20

＿＿＿, 1991 <易地聘禮 실시전후 對日貿易動向> ≪經濟史學≫ 15

정장식, 1999 <1636년 通信使의 日本認識> ≪일본문화학보≫ (한국일
　　　본문화학회)

＿＿＿, 2000 <1655년 通信使行과 日本研究> ≪日本學報≫ 44 (한국일
　　　본학회)

＿＿＿, 2001 <1636년 通信使의 日本認識> ≪韓日關係史研究≫ 11 (한
　　　일관계사학회)

＿＿＿, 2001 <癸未(1643년)通信使行의 日本認識> ≪일본문화학보≫ 10
　　　(한국일본문화학회)

＿＿＿, 2001 <임술사행과 조일관계> ≪일본학보≫ 47 (한국일본학회)

＿＿＿, 2002 <1711年 通信使와 朝鮮의 對應> ≪일어일문학연구≫ 40
　　　(한국일어일문학회)

정현재, 1980 <朝鮮初期의 敬差官에 대하여> ≪慶熙史學≫ 6·7·8

지두환 1992 <世宗代 對日政策과 李藝의 對日活動> ≪韓國文化研究≫
　　　5 (부산대)

진해옥, 2002 <조선통신사와 조일관계> (인제대 교육대학원 석사학위
　　　논문)

최박광, 1973 <18世紀 韓日間의 漢文學 交流－淸泉 申維翰과 新井白
    石－> ≪전통문화연구≫ 1 (명지대학교 한국전통문화연구소)

최영희, 1991 <조선후기 通信使와 倭館의 역할> ≪조선후기 한일관계
    학술회의강연회발표요지≫ (한국사학회)

최종일, 1998 <朝鮮通信使의 日光山致祭 연구> (강원대 석사학위논문)

하우봉, 1989 <元重擧의 和國志에 대하여> ≪全北史學≫ 11・12 (전북대
    사학회)

_____, 1994 <元重擧의 日本認識> ≪韓國史學論叢≫ (이기백선생고희
    기념논문집) 1994

_____, 1991 <通信使謄錄의 사료적 성격> ≪韓國文化≫ 12 (서울대 한
    국문화연구소)

_____, 1986 <새로 발견된 日本使行錄들: ≪海行摠載의 보충과 관련하
    여>> ≪歷史學報≫ 112

_____, 1994 <元重擧의 日本認識> ≪韓國史學論叢≫ (이기백선생고희
    기념논문집)

_____, 1994 <조선후기 實學과 古學의 비교연구시론> ≪한일관계사연
    구≫ 8 (한일관계사학회)

_____, 1991 <朝鮮後期 韓日關係에 대한 再檢討－사절왕래를 중심으로>
    ≪東洋學≫ 27-1 (단국대학교 동양학연구소)

_____, 1991 <朝鮮初期對日本使臣の日本認識> ≪コリアナ≫ 4-1

한문종, 1989 <조선초기 李藝의 對日交涉活動에 대하여> ≪全北史學≫
    11・12 (전북대사학회)

_____, 1996 ≪조선전기 對日外交政策 硏究－對馬島와의 관계를 중심
    으로≫ (전북대 박사학위논문)

_____, 1992 <조선전기의 對馬島敬差官> ≪全北史學≫ 15 (전북대 사
    학회)

_____, 1999 <조선후기 일본에 관한 著述의 조사연구－對日關係 謄錄
    류를 중심으로－> ≪國史館論叢≫ 86

한승희, 2002 <己亥通信使의 儀式改正에 대한 새로운 검토> ≪韓日關
    係史硏究≫ 16 (한일관계사학회)

한태문, 1995 ≪朝鮮後期 通信使 使行文學 研究≫ (부산대박사학위논문)

_____, 1997 <甲子 通信使行記 ≪東槎錄≫연구> ≪人文論叢≫ 50 (부산대학교)

_____, 1997 <朝鮮後期 對日 使行文學의 實證的 研究−釜山 永嘉臺 海神祭와 祭文을 중심으로−> ≪東洋漢文學研究≫ 11

_____, 1998 <≪東槎錄≫所載 書簡에 반영된 韓日文士의 교류양상 연구> ≪韓國文學論叢≫ 23 (한국문학회)

_____, 1996 <조선후기 通信使 使行文學의 特徵과 文學史的 意義> ≪동양한문학연구≫ 10

_____, 2000 <「海行摠載」소재 使行錄에 반영된 일본의 通過儀禮와 사행원의 인식 > ≪한국문학논총≫ 26 (한국문학회)

_____, 2001 <17세기 通信使 使行文學의 전개와 문학사적 의의> ≪인문논총≫ 57 (부산대 인문학연구소)

_____, 1997 <李彦瑱의 文學觀과 通信使行에서의 세계인식> ≪國語國文學≫ 34 (문창어문학회)

_____, 1995 <통신사행록에 반영된 대일 민속관> ≪초전장관진교수정년기념 국문학논총≫

홍선표, 1979 <17·18세기의 한·일간 繪畫交流> ≪考古美術≫ 143·144

_____, 1995 <조선후기 通信使 隨行畫員의 파견과 역할> ≪미술사학연구≫ 205

_____, 1998 <조선후기 통신사 隨行畫員의 繪畫活動> ≪미술사논단≫ 6

_____, 1997 <조선후기 한일간 畫蹟의 연구> ≪미술사연구≫ 11

홍성덕, 1990 <朝鮮後期 問慰行에 대하여> ≪韓國學報≫ 59 (일지사)

_____, 1998 ≪十七世紀 朝·日 外交使行 研究≫ (전북대 박사학위논문)

_____, 1999 <조선후기 對日외교사절 問慰行의 渡航人員 분석> ≪한일관계사연구≫ 11

_____, 2000 <조선후기 對日外交使節 問慰行 研究> ≪國史館論叢≫ 93

_____, 1998 <통신사는 신의의 상징인가 조공의 상징인가> ≪한국과 일본−왜곡과 콤플렉스의 역사≫ 2 (자작나무)

황창윤, 1991 <조선통신사인식에 대한 재검토> (강원대 석사학위논문)
Ronald P. Toby(朴銀順 역), 1988 <朝鮮通信使와 近世日本의 庶民文化 -
　　　　회화; 민화; 제례재연> ≪동양학≫ 18 (단국대 동양학 연구소)
管宗次, 2000 <朝鮮通信使の殘した發句短册について> ≪일본문화학보≫
　　　　9 (한국일본문화학회)
仲尾宏, 1995 <朝鮮朝日本通信使の意義と日韓の將來> ≪日本學報≫
　　　　(경상대일본문화연구소)

ABSTRACT

Situation and Task of the Study of Korean Delegates to Japan (*tongsinsa*)during the Joseon Period: Focus on Korean Perspectives

Chang, Soon-soon

During the Joseon period, *tongsinsa* were considered the highest government delegates who were sent in the name of the Joseon as official foreign diplomats to Bakufu military government (Asikaga Bakufu,Tokugawa Bakufu) in order to pay respects or condolences to Bakufu generals. More importantly, they were sent to resolve urgent official pending problems between the two countries.

Studies on the *tongsinsa* first emerged in Korea starting in the 1960s and up until 2002, some 120 dissertations have been written. The number of studies on this topic increased manifold after 1990 with the end of the Cold War and its rise in international position as social changes took place within globalization such as its economic development and the entry of Korean companies into the international spectrum. Moreover, such an increase is also related to the founding of academic societies and academic journals that specialize in Korea-Japan relations such as the Academy of Korean-Japanese relations (established in 1992) and the Academy of the Study of Japanese 」 History (established in 1994).

Although studies on the *tongsinsa* take on various perspectives, research on the system itself has been most numerous, followed by studies on mutual understanding, literature, cultural exchange and system of foreign relations, and the records concerning both peoples. Nevertheless, more research needs to be realized in the future on the topic of *tongsinsa*. For one, the name *tongsinsa* itself needs to be further examined. That is, as much as the *tongsinsa* is recognized historically, both countries need to distance themselves away from their own nation-centered perspectives and work toward establishing a uniform name that can be recognized by both countries. Further, issues concerning problems of periodization, unearthing various related archival documents, and sincere use of such materials must be considered. It is hoped that other aspects related to this topic can also be explored such as Joseon's domestic situation based upon Korean history, since it was related to the dispatch of these *tongsinsa*. It was also connected both to the ruling (domestic) powers at that time and also Chinese foreign presence. Finally, more research is also needed on the special forms of ceremonial exchanges that took place in the early modern period between Korea and Japan as part of the operation of *tongsinsa*.

Most importantly, as much as diplomatic envoys were in effect sent and received between the two countries, this research topic must be carried out objectively, according to the fact, without focusing on nationalistic tendencies but rather with mutual care and accord.

Keywords: Joseon Dynasty, Japan, Waegwan or Japanese Residency in Busan, Korean Delegates to Japan

통신사와 연행사의 비교연구

이 철 성*

Ⅰ. 머리말

이 논문은 임진왜란 이후, 조선이 일본에 보냈던 通信使와 청으로 파견했던 燕行使를 다각적으로 비교하여, '통신사'의 의미와 성격을 객관적으로 파악하려는 데 목적을 두고 있다. '通信使'를 둘러싼 한일 학계의 가장 큰 쟁점은 「통신사의 성격」 규정 문제이다. 일본 역사학계는 통신사를 조선이 德川幕府 장군의 즉위를 축하하기 위해 파견한 朝貢使節로 이해하려는 경향을 띠어왔다. 조선으로 파견한 일본 國王使가 한차례도 없었던 점, 실질적인 외교주체는 대마도주라는 점을 강조하는 목적도 일본학계의 주장을 뒷받침하기 위한 이해방식에

---

* 건양대학교 교양학부 교수

서 비롯된 것이다. 이에 비해 한국 학계는 통신사를 일본측의 요청에 따른 善隣外交的 차원의 文化使節團이란 점을 부각시켜, 조선 측의 정치 문화적 우월성을 강조하는데 초점을 두어왔다.[1]

한일 간의 이와 같은 귀머거리식 대화(Dialogue of deaf)는 통신사의 성격이해에 있어서 만나지 못할 평행선이 되고 있다. 따라서 이 논문에서는 동아시아 조공체제에 대한 열린 비판(Open Critique)을 전제로 하여, 조선이 청으로 파견한 연행사와 일본으로 보낸 통신사를 비교하려 한다. 이를 통해 양국 간 외교체제 이해의 지평을 넓힐 수 있는 단서를 찾을 것으로 기대한다.

전근대 동아시아의 조공체제는 중국의 강요에 의한 '일방적 수용'이 아니라 '상호 규정성'에 기반하고 있었다. 즉 전근대 조선·중국·일본의 대외관계사는 自國의 실용성과 능동성을 전제로 정책적으로 선택하고 유지해 나간 결과였다.

그런데 조공의 형식을 빌린 외교적 의례는 사신의 정기적·비정기적 파견과 외교문서 교환을 매개로 실현되었다. 이를 통해 상대국은 정치적인 승인과 함께 평화적 대외관계를 유지할 수 있었고, 경제·문화적 교류를 이끌어 낼 수 있었다. 따라서 외교사절의 정기적 파견 여부와 외교문서 정리 방식은 각국의 외교적 비중과 인식의 경중을 가늠할 수 있는 척도가 될 것이다. 또한 외교 사절에 드는 비용은 정치·군사·경제·문화적 효용을 내기 위한 기회비용이자 국가의 경상재정이었다. 기회비용은 효용성을 전제로 하며 그만큼 외교적 비중과 인식의 정도를 간접적으로 반영한다.

외교 사절단 파견의 정례성 문제와 외교문서의 정리방식 속에 나

---

1) 손승철, <일본역사 교과서 고려·조선시대 기술의 왜곡실태 분석> ≪한일관계사의 제문제≫ (한일관계사학회 심포지움) ; 장순순, <조선시대 통신사 연구의 현황과 과제-한국측 연구성과를 중심으로> (한일역사공동연구위원회 통신사분과) ; 홍성덕, <조선후기 대일외교사행과 왜학역관> (한일역사공동연구위원회 통신사분과) 참조.

타난 인식 및 외교비용의 비교 검토는 이런 점에서 통신사의 위치를
규명하는 기본 작업이 될 것이라고 기대한다.

Ⅱ. 조선의 외교체제와 사절단

조선은 건국 이후 중국에 대해서는 事大 정책을 펴는 한편, 倭나
여진에 대해서는 交隣 정책을 펼쳐 왔다. 이를 두고 조선과 明·淸의
사대외교를 '전형적 조공관계'로 유형화하는 연구가 큰 영향력을 미
쳐 왔다.[2] 조공체제(Tribute System)에 대한 연구는 중국 중심의 세계
질서를 문화주의적 관점에서 접근한 고전적 견해로부터[3] 정치·군
사·경제를 비롯한 다양한 측면에서 해석한 견해도 있다.[4] 이들 연구
는 조공체제의 전개과정, 성격과 역할 및 그 운영 논리가 주된 관심
대상이었다. 그러나 그 논의 속에 중국 중심적 관점(the sinocentric
point of view)이 스며들어 있음을 부인하기 어렵다.

조선의 외교정책은 분명 조공체제 속에서 이루어지고 있었다. 그러
나 조선은 조공체제 속에 피동적으로 구속된 것이 아니라 이를 능동
적으로 수용하면서 실리적 외교를 지향하고 있었다.[5] 대외관계에 있
어 이념적인 측면을 무시할 수는 없지만, 일반적으로 대부분의 국가
들은 대외정책의 결정에 있어서 급변하는 복잡한 정치상황에 대처하

2) 全海宗, 1970 ≪韓中關係史硏究≫ (일조각)
3) Franke, W.,1967, ≪China and the West≫, Harper & Low, N.Y. ; 金源模 역,
   1977 ≪동서문화교류사≫ (단국대학교 출판부)
4) 서구학계의 조공제도에 대한 경향과 그 비판적 검토에 대해서는 피터 윤
   (윤영인), 2002 <서구학계 조공제도 이론의 중국 중심적 문화론 비판>
   ≪아세아연구≫ 45권 3호(통권 109)가 참조된다.
5) 박원호, 2002 <15세기 東아시아의 정세> ≪明初朝鮮關係史硏究≫ (一
   潮閣, 서울)

기 위해 실용주의적인 원칙을 따랐다는 지적은 주목할 만 하다.[6]

15～16세기 조선은 明과의 사대외교를 통해 정치적 · 경제적 · 문화적 실리를 추구하고, 조선-여진 · 조선-일본이라는 교린정책을 통해 사회적 군사적 안정을 얻었다. 외교적 실용성에 입각한 조선의 사대교린 정책은 이후에도 계속되었다. 16세기 말 임진왜란과 17세기 초 後金의 성장은 조선의 대외정책에 커다란 변화를 가져왔다. 홍타이지(Hongtaiji)의 稱帝建元과 함께 북방으로부터 닥쳐온 전쟁에 대한 위기감은, 조선과 일본의 단절되었던 외교관계를 급속히 정착시키는 배경이 되었다. 또한 병자호란이 종결되면서 조선과 청은 형식상 明과 조선 사이에 이루어지던 외교적 의례를 준용하는 국교를 맺게 되었다.

17세기 중반 조선에서는 反淸 · 小中華의 사상적 기류가 강하게 존재했다. 그럼에도 불구하고 조선은 연행사를 파견하여 對淸 事大外交를 펼쳐 평화를 유지했다. 반면 통신사와 문위행을 통해 일본과의 외교적 군사적 불안 요소를 제어하였다. 이점은 일본도 마찬가지였다. 德川幕府는 조선통신사를 초빙하여 대내적 위신을 높이고, 정권의 합법성을 과시함으로써 대내적인 권력을 공고히 했던 것이다.[7]

조선이 형성한 일본과의 외교 정책을 좀더 구체적으로 살펴보자. 조선의 대일본 외교정책은 조선국왕과 일본장군 사이의 '대등교린'과 대마도주를 정점으로 하는 '기미교린'이란 독특한 이중구조를 가졌으며, 이는 조선 전 시기를 통해 그 내용적 함의를 달리하면서 두 나라의 기본 외교 형식이 되었다.[8] 조선전기 중화적 교린체제는 중국의 책봉체제를 전제로 해서 조선국왕과 일본장군의 敵禮關係를 지향하는 '대등관계'와 조선중심의 기미질서에 대마도주를 편입시키는 朝聘

---

6) 피터 윤, 2002 <위 글>, 270

7) Ronald p. Toby, 1991 *State and Diplomacy in Early Modern Japan, Asia in the Development of the Tokugawa Bakufu*, Stanford Univ. Press

8) 손승철, 1994 ≪조선시대 한일 관계사 연구≫ (지성의 샘)

應接의 형식을 띤 '기미관계'였다. 이러한 교린외교 정책은 豊臣秀吉의 조선침공으로 종막을 고했다. 임란 직후 조선은 전쟁이전 중화적 교린체제의 부활을 꾀하였다. 그러나 對馬島에서 발생한 국서개작 폭로사건[柳川一件] 이후 조선은 일본과의 통교제도 개편을 기도했다. 그 결과 조선후기 조선과 일본사이에는 탈중화 교린체제가 성립되어 갔다.[9]

인조 14년(1636) 병자통신사 전후에 개편되기 시작한 조·일간 통교제도는 크게 외교관계와 무역관계로 구분해 생각해 볼 수 있다. 그 중 외교관계는 조선국왕이 일본 막부 장군에게 파견하는 '通信使'[10]와 예조참의 명의로 대마도주에게 파견하는 '問慰行'[11]이 있었다. 조선국왕이 일본 막부 장군에게 보내는 외교사절의 명칭은 '報聘使', '回禮使', '回禮官', '通信官', '通信使', '敬差官' 등으로 다양했다.[12] 그러나 인조 14년(1636) 이후에는 통신사의 명칭, 파견목적, 편성 등이 정례화되었다. 통신사는 정사·부사·종사관이 조선의 국서를 지참하고 일본막부의 중심지인 江戶를 왕래했으며, 그 규모도 300~400명을 상회했다. 이런 점에서 통신사는 연행사와 좋은 비교의 대상이 된다.

---

9) 손승철, ≪위 책≫, 199~217
10) 통신사에 대한 기존의 연구성과는 장순순, <위 글> 참조.
11) 문위행에 대한 연구는 洪性德, 1990 <朝鮮後期 問慰行에 대하여> ≪한국학보≫ 59 및 홍성덕, <위 글> 참조.
12) 이런 의미에서 통신사의 개념을 덕천막부로 보낸 조선의 사절단이라는 협의의 개념으로 이해하기보다는 조선국왕이 足利政權·豊臣政權·德川政權에게 보낸 사절로 이해해야 한다는 주장이 있다(장순순, <위 글>). 이는 일본사의 틀에서 덕천정권의 근세적 특성만을 강조하는 일본의 연구경향을 경계하려는 시각이다. 이 견해를 따를 경우, 임진왜란 이후 선조 40년(1607)과 광해군 9년(1617) 및 인조 4년(1624)의 탐적사 혹은 회답 겸 쇄환사도 광의의 범위에서 통신사의 범주에 해당된다. 따라서 외교체제상 이들 사절이 갖는 내용적 함의는 '탈중화적 교린체제'의 前史로 이해될 수 있겠다.

한편 문위행이란 예조참의의 명의로 대마도주에게 파견하는 사절이었다. 대마도주가 江戶에서 돌아왔거나, 대마도주가 죽고 후계자가 습직한 경우에 위문을 위해 파견하는 사절을 말한다. 문위행에는 당상역관을 문위관으로 임명하는데, 이를 渡海譯官이라고 했다. 이들은 예조참의의 명의로 대마도주를 위로하는 서계와 별폭을 휴대하도록 했다. 역관이 중심이 되고, 실무적인 일이 이들을 통해 처리되었다는 점에서 문위행은 청나라로 갔던 賫咨行에 비교할 수 있지 않을까 한다. 물론 이들이 본고의 중심 대상은 될 수 없을 것이나, 외교체제의 형태와 특성을 밝히는 데에는 도움을 줄 것으로 생각한다.13)

이처럼 17세기 중반이후 조선의 사대교린 정책을 이해하기 위해 통신사와 연행사, 문위행과 재자행이 위상과 역할 면에서 좋은 비교의 대상이 되는 것은 사실이다. 그러나 조선의 그 위상과 역할을 단순 비교하는 데에는 무리가 따르는 것이 사실이다. 따라서 다음에서는 조선의 외교체제 속에서 통신사와 연행사가 갖는 내용과 의미는 무엇이며, 조선은 연행사와 통신사에 대한 필요성을 어떻게 이해하고 있었는가를 먼저 살핀다. 그리고 두 사행에 투입된 경비와 그에 따른 기대 효과는 구체적으로 무엇이었는가 하는 점을 분석하려고 한다.

---

13) 1637년 이른바 "겸대제" 실시 이후 연례송사 제도는 8개의 사절단으로 나뉘어 매년 1, 2, 3, 6, 8월 중에 각각 순번에 의해 규칙적으로 도항하게 되었다. 이 연례팔송사 외에 양국간에는 외교적인 현안이 있을 때 수시로 파견하는 差倭가 있었다. 차왜는 파견 목적과 내용 그 중요도에 따라 예조참판 또는 예조참의와 대마도주 사이에 서계를 주고받았는데, 참판에게 오는 차왜는 '대차왜'라고 하여 중앙에서 접위관을 파견하여 접대했다. 참의에게 오는 차왜는 소차외라고 하여 차등을 두었다(손승철, ≪위책≫, 221~223). 이들 중 대차왜를 조선전기의 일본 국왕사를 갈음하는 것으로 이해하여, 일본의 정치경제적인 요인에 따른 막부 외교사절 파견 사실을 강조하려는 시각도 외교체제를 살피는데 음미해야할 대목이다(홍성덕, 1996 <조선후기 일본국왕사 검토> ≪한일관계사연구≫ 6).

Ⅲ. 통신사와 연행사의 외교적 위상과 비중

1. 외교사절의 종류와 정례성

통신사와 연행사는 조선의 '사대교린' 외교정책을 수행하는 중요한 매개고리이자, 동북아시아의 '조공체제'를 유지해 가는 기능을 띠는 외교사절단이었다. 그러나 통신사와 연행사의 정치적 비중, 경제적 부담 및 기대되는 정치 경제 군사 문화적 효과 등은 서로 다를 수밖에 없었다. 따라서 통신사와 연행사의 단순 비교는 자칫 연구자체의 목적성을 잃고 사실 나열에 그칠 우려가 있다. 이에 여기서는 사절단의 명칭과 사절 파견의 정례성을 비교의 대상으로 양자에 대한 외교적 비중과 인식의 경중을 살피는데 초점을 둔다.

정묘호란과 병자호란 이후 조선과 청 사이의 외교관계는 정기사행과 임시사행에 의해 양국의 현안문제가 처리되었다. 특히 인조 22년(1644) 청나라가 연경으로 천도한 후 양국 간의 외교관계는 진정 국면으로 접어들기 시작했다. 다음 <표 1>은 17세기 이후 조선이 청에 파견한 사절단의 명칭을 정리한 것이다.

정기사행은 정례화된 三節年貢行과 皇曆賚咨行이다. 삼절연공행은 冬至行·正朝行·聖節行을 말하는데, 호란 직후부터 청나라의 요구에 따라 파견하기 시작했다. 동지행과 정조행은 각기 冬至와 正朝를 경축하기 위한 것이며, 성절행은 청 황제의 생일을 축하하기 위한 사행이었다. 한편 年貢行은 歲幣를 내는 사행인데 삼절행과 연공행을 통합한 것이 삼절연공행이다.

삼절행과 연공행이 통합된 것은 청나라가 연경으로 천도 다음해인 인조 23년(1645)이었다. 정조행·동지행·연공행 세 가지 사행을 본래의 일자에 구애받지 말고 正朝 때 맞추어 오도록 하며 여기에 성절

사를 합쳐서 파견한 것이다.14) 삼절연공행은 대부분의 역사서에 冬至
行으로 기록되어 있다.15) 동지행은 매년 음력 11월에 출발하여 이듬
해 4월에 귀국하였다.16)

〈표 1〉연행사행의 종류와 목적

사행 \ 내용		파견목적	비고
정기사행	동지행	동지 축하사신	1645년 이후 삼절행(동지·성절·정조) 연공행을 동지행이라 함
	성절행	청나라 황제의 생일 축하사신	
	정조행	새해 축하사신	
	연공행	세폐를 바치는 사신	
	역행	중국의 시헌력을 받아오는 사신	
임시사행	사은행	청의 외교정책에 감사의 뜻을 표하는 사신	
	진하행	청 황제의 등극과 같은 경사에 대한 축하사신	
	진주행	청에 요청하기 위한 사신	
	주청행	청에 요청하기 위한 사신	
	진위행	청의 황실의 상고(喪故)때 파견하는 사신	
	진향행	청의 황실의 상고(喪故)때 파견하는 사신	
	고부행	조선 왕실의 부고를 알리는 사신	
	문안행	청의 황제가 심양으로 왔을 때 파견하는 사신	
	응련행	사냥하는 매를 받치던 사신	1660년 폐지
	변무행	조선에 대한 오해를 풀기 위한 사신	
	참핵행	특정한 범법사실을 밝히기 위한 사신	
	재자행	외교문서를 가지고 가는 사신	
	재주행	외교문서를 가지고 가는 사신	

정기사행인 황력재자행은 중국의 책력을 받아오는 사행이었다. 병
자호란 직후 조선은 正朝行이 중국의 책력을 가져왔고, 인조 25년
(1647)부터는 進鷹行이 받아왔다. 그러나 현종 1년(1660) 사냥하는 매
새를 바치던 鷹貢制가 혁파된 뒤 황력재자행을 별도로 파견하게 되

---

14) ≪通文館志≫ 권3, 事大
15) ≪通文館志≫ 권3, 事大 赴京使行 ; ≪同文彙考≫ 補編 권7, 使行錄
16) ≪通文館志≫ 권3, 事大 赴京使行 ; ≪同文彙考≫ 補編 권7, 使行錄

었다. 황력재자행은 약칭하여 曆行이라 하였고 매년 음력 8월에 출국
하여 10월 燕京에 도착해 청의 時憲曆을 받아 왔다.[17]

　임시사행으로는 다음과 같은 종류가 있었다. 謝恩行은 청의 정책이
나 외교적 처사에 대한 감사의 뜻으로 파견했다. 進賀行은 청 황제의
등극이나 칠순절 같은 경사가 있을 때 보냈다. 陳奏行과 奏請行은 중
국에 임시로 알려야 할 일이 있을 때 파견했으며, 陳慰行과 進香行은
청 황실에 喪故가 있다는 연락이 왔을 때 보냈다. 辨誣行은 청나라에
오해나 曲筆이 있을 때 사실을 밝히려는 사절이었다. 問安行은 청의
황제가 제 선조의 무덤이 있는 盛京 등지로 거동했을 때 임시 거처로
문안을 묻기 위해 파견했다. 參覈行은 특별한 사안이 있을 경우 청측
이 지정한 장소로 사신을 특파하는 사절이었다. 告訃行은 조선의 왕
이 죽었을 때에 그것을 알리기 위하여 청에 보내던 사절이었다. 賫咨
行은 사건의 내용이 중요치 않은 경우, 정사와 부사를 파견하지 않고
역관 중에 인품과 재질을 보아 파견했는데, 특히 청에 올리는 奏文을
가지고 가는 사행을 賫奏行이라 했다.[18] 그러나 임시사행은 사건의
비중과 파견시기에 따라 정기 사행편에 관계문서와 방물을 부송하는
兼行制를 적용하였고, 때로는 비중이 높은 임시사행 편에 겸행하도록
하는 경우도 있었다.

　조선과 청의 조공관계는 정치적 직접지배를 의도하는 것이 아니라
조공의 형식성이 중요한 것이었다.[19] 형식성은 정치·경제적 사안이
포함되지만 주로 의례적 사안이 대부분이었다. 이를 좀더 구체적으로
살피면, 정치적 차원에서는 청 연호 채용·역서의 채택·정치적 중요
사안에 대한 보고가, 경제적 차원에서는 방물·세폐 그리고 進貢이,
의례적 차원에서는 封典·告哀·進賀·陳慰·謝恩 등의 문서와 사신

17) ≪通文館志≫ 권3, 事大 賫咨行 ; ≪同文彙考≫ 原編 권42, 曆書
18) ≪通文館志≫ 권3, 사대
19) 전해종, <중국과 한국> ≪위 책≫, 23 참조.

왕래가 그 골자를 이룬다.[20]

결국 사절단 파견은 조공체제의 형식성을 충족시키는 중요한 과정으로서 외교사절 파견의 정례성·항속성이 필요했다. 이런 점에서 조선은 1645년 이후 동지행과 역행을 정기적·연례적으로 청으로 파견해 왔다. 특히 삼절연공행이었던 동지행은 매년 빠짐없이 보내졌다.[21]

〈도표 1〉 1645~1876 사행의 명목별 횟수 통계표

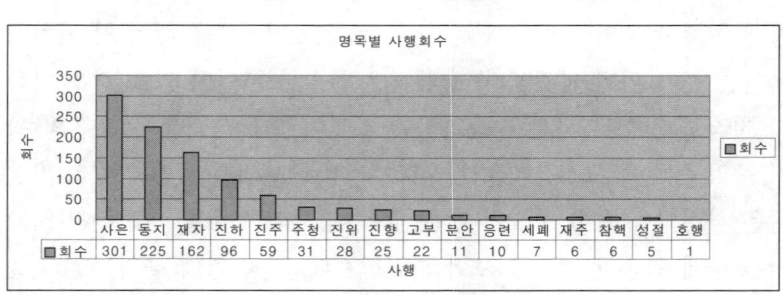

자료 : ≪동문휘고≫ 보편 권7, 사행록
삼절연공행은 동지행으로 하고 주로 고부행과 겸행하는 시호 및 왕위 승계에 따른 사행 명목은 주청행으로 계산.

<도표 1>은 1645년 이후 1876년까지 조선이 청에 보낸 사행을 명목별로 구분해 제시한 것이다. 이 시기 조선에서는 총 612회의 사행을 청으로 보냈다.[22] 이는 대략 매년 2.65회의 사행이 파견되었음을

20) 전해종, <한중관계 개관> ≪위 책≫, 28~34 및 50~55
21) 동지사는 三節年貢行 혹은 歲幣使로도 불렸다. ≪동문휘고≫ 보편 권7, 사행록에 따르면 1679년부터 1681년까지의 기록에서 동지사의 기록을 찾을 수 없다. 그러나 ≪조선왕조실록≫을 통해 이 해에도 동지사가 파견되었음이 확인된다. ≪동문휘고≫ 보편 권7, 사행록에 대한 자료는 유승주·이철성, ≪위 책≫, 부록 <조선사행 일람표>, 269~286에 정리되어 있다.
22) ≪동문휘고≫ 보편 권7, 사행록

의미한다. 이에 비해 청은 인조대(1637~1649)부터 숙종대(1675~1720)까지는 연평균 1.6회의 淸使를 조선으로 파견했다. 그러나 동북아의 정세가 안정되는 18세기 중반 이후로는 연평균 0.7회로 급격히 줄어들었다.[23] 조선의 의례적 외교행위의 적극성에서 오는 정치·경제적 실효성의 여부는 별도로 살펴야 할 문제이다. 단지, 형식상으로는 조선의 대청 외교가 상대국인 청보다 적극적이었다는 사실만은 분명하다.

반면 조선과 일본의 외교체제는 광해군 1년(1609) 己酉約條 이후 1630년대 겸대제가 시행되면서 외교적 형식에 안정성을 보이게 된다. 조선은 통신사행과 문위행을 파견했다. 일본은 大差倭와 差倭 및 대마도주 세견선·受圖書船·受職人船 등의 연례 8송사를 1월·2월·3월·6월·8월에 보내 왔다.[24]

이상의 외교사절단을 정기사행과 비정기사행으로 나누어 보자. 조선의 통신사행은 주지하듯 덕천막부 장군의 襲位를 축하하기 위해 일본의 江戶를 왕래한 사신으로 총 12회가 파견되었다.[25] 조선후기 대마도주 및 관백의 경조사를 문위하기 위해 대마도에 파견된 문위행은 조선후기 전 기간 모두 54회 파견되었다. 이는 4년에 한 번 꼴로 대마도를 왕래한 셈이 된다.[26] 그런데 조선이 파견한 통신사와 문위행은 모두 일본측의 요청이 있을 때 파견되었다. 결국 통신사와 문위행이 조선과 일본의 교빙체제로 定式化 되기는 했지만, 조선이 청으로 보낸 동지사와 역행과 같은 定例 사행은 아니었다. 이런 점에서

---

23) 권내현, 2003 ≪조선후기 평안도 재정운영 연구≫ (고려대학교 대학원 박사학위론문) 99
24) ≪통문관지≫ 권5, 교린 상 ; ≪통문관지≫ 권6, 교린 하
25) 장순순, <위 논문> 참조
26) 문위행에 대한 연구로는 洪性德, 1990 <朝鮮後期 '問慰行'에 대하여> ≪韓國學報≫ 59 ; 홍성덕, 2000 <朝鮮後期 對日外交使節 問慰行 硏究> ≪國史館論叢≫ 93

통신사의 성격이 연행사와의 그것과는 차이가 있다.

이에 비해 겸대제가 적용되는 대마도주 세견선과 만송원·이정암 송사 등은 조선으로 파견되는 정기적인 송사였으며, 大差倭와 小差倭는 비정기 사행이었다. 다음 <표 2>는 ≪통문관지≫와 ≪증정교린지≫를 바탕으로 일본측이 파견한 중요 차왜의 명칭을 정리한 것이다.

〈표 2〉 차왜의 구분과 종류

구분	명칭	내용	비고
대 차 왜	관백고부차왜	관백의 죽음을 알리는 차왜	대부사
	관백승습고경차왜	관백의 승습을 알리는 차왜	대경사
	도주승습고경차왜	대마도주가 새로 섰음을 알리는 차왜	
	도서청개차왜	새로 선 대마도주의 도서를 요청하는 차왜	
	통신사청래차왜	통신사의 파견을 요청하는 차왜	
	통신사호행차왜	통신사행을 호위하기 위한 차왜	영빙사
	통신사호환차왜	통신사가 귀국할때 호위하는 차왜	송빙사
	내세당송신사차왜	내년 통신사를 파견해 달라고 요청하는 차왜	
	관백퇴휴고지차왜	관백의 자리에서 물러난 사실을 알리는 차왜	
	퇴휴관백고부차왜	물러나 있던 관백의 죽음을 알리는 차왜	
	도주퇴휴고지차왜	대마도주가 물러나 쉼을 알리는 차왜	
	관백생자고경차왜	관백이 아들을 낳은 것을 알리는 차왜	경탄사
	관백입저고경차왜	관백이 후계자를 세운 사실을 알리는 차왜	
	관백생손고경차왜	관백이 손자를 얻은 사실을 알리는 차왜	경탄사
	통신사청퇴차왜	통신사 파견 연기를 요청하는 차왜	
	통신사의정차왜	통신사 파견문제를 의논하기 위한 차왜	의빙사
소 차 왜	진하차왜	조선의 국왕 즉위를 축하하기 위한 차왜	
	조위차왜	왕실을 조문하기 위한 차왜	진위사
	표인영래차왜	조선 표류민을 데리고 온 차왜	표차사
	도주고부차왜	대마도주의 죽음을 알리는 차왜	
	퇴휴도주고부차왜	물러난 대마도주의 죽음을 알리는 차왜	
	관백저사고부차왜	관백 후계자의 죽음을 알리는 차왜	
	도주고환차왜	대마도주가 江戶에서 돌아옴을 알리는 차왜	
	문위관호행차왜	문위관을 호송해 가는 차왜	
	재판차왜	두 나라의 공적인 일을 담당하는 차왜	

자료 : 1. ≪통문관지≫ 권5, 교린 (상) 차왜
    2. ≪증정교린지≫ 권2, 차왜
    3. 비고의 명칭은 일본에서의 명칭을 나타낸다.

대차왜의 종류는 관백의 부고를 알리는 關白告訃差倭, 관백의 승습을 알리는 關白承襲告慶差倭, 대마도주의 승습을 알리는 島主承襲告慶差倭, 도서를 바꾸기를 간청하는 圖書請改差倭, 통신사를 간청하러 오는 通信使請來差倭, 통신사를 호위하여 가는 通信使護行差倭, 통신사를 호위하여 돌아오는 通信使護還差倭 등이 있었다. 소차왜에는 대마도주의 부고를 알리는 島主告訃差倭, 대마도주가 강호에서 돌아온 것을 알리는 島主告還差倭, 弔慰를 위해 오는 弔慰差倭, 진하를 위한 陳賀差倭, 문위관을 호송하여 가는 問慰官護行差倭 등이 있었다. 이밖에도 두 나라의 공적인 일을 담당하는 裁判差倭, 왜관업무와 관련되는 館守倭, 代官倭, 禁徒倭, 書僧倭, 通詞倭 등 사안에 따른 차왜가 있었다.[27]

<표 3>은 ≪동문휘고≫를 통해 일본측의 문서가 접수된 상황을 왕대별로 구분해 본 것이다. 이를 보면 일본측의 연례송사는 곧 進獻으로 파악되며, 이는 매해 빠짐없이 지속되었다는 사실을 충분히 짐작할 수 있다. ≪동문휘고≫의 대일관계 문서 기록은 대청관계 기록에 비해 완벽하지 않은 약점을 가지고 있다. 그러나 인조 8년(1630)부터 영조 1년(1725)까지는 총 179회의 문서가 정리되어 있어, 자료가 충실하다고 판단된다. 이를 보면 약 100년 동안 일본으로부터 조선으로 온 각종 사절이 정기사절이 아니었음에도 불구하고 매해 약 1.9회 정도에 도달할 만큼 정례적이고, 적극적으로 오고갔다는 사실을 말한다.[28] 이러한 사실은 인조 1년(1623) 이후 철종 14년(1863)까지를 대상으로 할 경우에도 평균 매년 1.1회 이상의 수치로 나타난다.

---

27) ≪通文館志≫ 권5, 交隣 上 差倭 ; 차왜에 대한 설명과 자료에 대해서는 홍성덕, 1995 <17세기 별차왜의 渡來와 朝日關係> ≪전북사학≫ 15 및 홍성덕, 1999 <朝鮮後期 日本에 관한 著述의 조사연구-對日關係 謄錄類를 중심으로-> ≪國史館論叢≫ 86
28) 이러한 사실은 1623년(인조 1) 이후 1863년(철종 14)까지를 대상으로 할 경우에도 매년 같은 1.1회 이상의 수치로 나타난다.

〈표 3〉 ≪동문휘고≫에 나타난 일본측 문서 접수 현황

	진헌	고환	고경	고부	진위	통신	진하	체대	체대관수	표풍	변금	총계	비고
인조	24	6	1	1	1	3						36	
효종	10	5	2	2	1	1	1					22	
현종	15	7			1		1					24	
숙종	46	19	10	8	4	3	2					92	
경종	4	2			1		1					8	
영조	1	19	11	5	3	2	1					42	※진헌기록미비
정조	14	2	5	4	1	1	1	3	7	15		53	※진헌기록미비
순조	36	7	7	2	3	5		7	11	38		116	
헌종	6	1	7	4	3	2	1	1	2	10	1	38	※진헌기록미비
철종			7	1	1	5	1			1	1	17	※진헌기록미비
합계	156	68	50	27	19	22	9	11	20	64	2	448	

자료 : ≪동문휘고≫ 附編 권1, 및 ≪동문휘고≫ 附編續을 바탕으로 작성

요컨대 조선측이 일본으로 파견한 통신사와 문위행은 모두 비정기 사행이란 점이 주목된다. 조선은 정기사행인 동지사와 역행을 해마다 빠짐없이 청으로 파견하였다. 이런 점에서 조선이 대청외교에 적극적이었음이 설명된다면, 일본의 경우는 그 반대의 경우라고 할 수 있다. 대마도주는 정기사행으로서의 연례송사를 보내는 적극성을 보이며, 비정규사행인 대차왜와 소차왜를 보내 그들의 정치적 경제적 목표를 달성하려 했음을 알 수 있다. 그리고 이때의 대마도주는 德川幕府로부터 권한을 위임받은 일본 정권의 대리자였다. 조선이 파견한 외교 사절단 파견 횟수의 통계 수치는 이러한 구조 위에서 보아야 더 의미가 있다.

2. 외교문서 정리 방식과 비중인식

조선이 청과 일본을 상대로 수행했던 외교관계의 위상을 비교 인식하는 또 다른 방법은 조선의 외교문서 정리 방식을 살피는 것이다. 외교사절단은 조선－청, 조선－일본의 외교체제를 유지하는 매개고리였다. 그러나 "人臣無外交"의 원칙에 따라 외교의 형식과 내용을 규정하는 것은 상대국간에 오고간 외교문서였다.

≪同文彙考≫는 조선후기 외교문서를 집성한 것으로, 그 규모에 있어 다른 자료들을 압도하고 있다.[29] 이에 따르면 조선은 청과의 외교문서를 25가지 종류[30]로 분류 정리했다. 반면 대일외교 관련 문서는 11가지 종류로 정리했다. 이는 "交隣事體 輕於事大"[31]하다는 인식에서 기인된 것이다. 그러나 조선-일본 사이의 외교행위는 그 자체가 일본측에 의해 촉발된 것이었다. 따라서 외교문서의 분류 방식이 다른 것은 어쩌면 자연스러운 결과이기도 하다.

대청관련 문서는 우선 조선측의 建儲·嗣位·册妃·追崇 등의 내용이 중심을 이루는 封典과 告訃·請諡·賜祭·賜諡 등의 내용이 중심이 되는 哀禮 항목이 있다. 또 登極·尊號·尊諡·册立·討平 등과 관련된 양국간 문서를 모은 進賀와 陳慰 항목을 그리고 동지사를 비롯한 節使 항목 등으로 분류된다.[32]

---

29) ≪攷事撮要≫·≪通文館志≫·≪增正交隣志≫ 등이 대청·대일관계에 참고가 될 수 있는 사항을 편찬한데 비해 동문휘고는 외교문서의 원본을 집성한 것이란 점에서 특징을 지닌다(全海宗, 1978 <동문휘고 해설> ≪동문휘고≫ 1, 국사편찬위원회).

30) 문서분류에 대해서는 洋舶情形까지 넣어 26가지로 보는 견해가 있다(전해종, ≪위 책≫, 29) 여기서는 ≪동문휘고≫ <범례>에 따라 25가지로 했다.

31) ≪同文彙考≫ <同文彙考凡例>. "交隣事體輕於事大 而書契往來 尤爲頻繁 故屬之附編"

이에 비해 대일관련 문서에서 주목되는 것은 일본막부의 대리자인
대마도주가 보내는 외교문서를 기본으로 하여 분류하고 있다는 점이
다. 조선은 이들 외교문서를 陳賀, 陳慰, 告慶, 告訃, 告還, 通信, 進獻,
邊禁, 替代, 替代舘守, 漂風 등으로 분류하고 있다.[33] 그 내용을 살펴
보면, 진하는 조선 국왕의 등극을 축하하기 위한 大差倭 파견이 발단
이 되어 양국 간에 왕래했던 문서를 모은 것이다. 등극을 축하하는
대차왜가 오면 조정에서는 侍從官을 파견하여 接慰케 했다.[34] 등극을
축하하기 위한 대차왜는 효종부터 고종까지 빠짐없이 파견되었다.

진위는 조선에 大喪과 王妃喪이 있을 때 파견한 差倭와 관련된 문
서를 모은 것이다. 조정에서는 대상인 경우 중앙에서 관리를 파견하
고, 王妃喪의 경우는 동래 인근 고을의 문관 수령이 접대케 했다. 진
위는 인조부터 철종 때까지 모두 19차례 파견했다.

고경은 關白과 관련된 일로 관백의 新立이 주종을 이루며 통신사
파견과 관련이 있다. 대마도주가 고경해 온데에 따른 왕복 문서를 모
은 것으로 인조부터 철종 때까지 50차례가 있었다. 告訃는 그 내용상
관백과 대마도주의 일로 구분되어 정리되었는데, 서계가 접수되지 않
은 경우를 포함하여 모두 27차례 파견했다. 고환은 대마도주가 습직
하고 강호에 入覲 했다가 대마도로 돌아 온 후 이 사실을 통고하면
조선에서 문위행을 보내는 것이 관례였다. 고환은 68회가 있었다.

통신은 임란이후 通信使 파견과 관련된 왕래문서로 초기의 기록은
많이 散逸되었으나, 인조 19년(1641) 이후의 기록은 자세하다. 대마도
주가 관백의 新立에 따른 告慶과 通信好音 문서를 예조참판·예조참

---

32) 대청관련 ≪同文彙考≫의 문서 분류는 다음과 같다. 封典·哀禮·進賀
　·陳慰·問安·節使·陳奏·表箋式·請求·錫賚·蠲弊·飭諭·曆書
　·日月食·交易·疆界·犯越·犯禁·刷還·漂民·推徵·軍務·賻恤
　·倭情·雜令
33) ≪동문휘고≫ 附編 권1, 및 ≪동문휘고≫ 附編續
34) ≪동문휘고≫ 부편 권1, 진하

의·동래부사·부산첨사 앞으로 보낸 문서와, 그에 따른 각종 답서와 문서를 모았다. 진헌은 연례송사와 관련된 문서들을 모은 것이다.

다음 <도표 2>는 ≪同文彙考≫ 附編 및 附編續의 문서 분류 방식을 바탕으로 정리한 것이다. 이를 보면 우선 조선은 대마도주의 연례송사의 문서를 進獻으로 인식하였는데, 이것이 수적으로 가장 많았다. 그 다음은 대마도주의 환도를 알리는 고환 명목의 사절, 대마도주가 각종 애경사를 알리는 고경, 고부 명목의 사절이 많았음을 한 눈에 볼 수 있다. 이렇게 보면 진헌으로 인식되던 일본의 정례적 연례송사를 제외하면, 그 이외의 것은 모두 비정기 사행이었다. 일본측은 연례송사 이외 각종 명목의 비정기 사행을 늘려 조선과 통교하고자 노력한 것이다. 반면 조선은 대마도주를 통한 외교문서를 進獻으로 파악하였고, 자연히 일본과의 외교관계에 '비적극적'이었다. '비적극적'이었다는 실제적 의미는 곧 조선이 대청외교에 대단히 적극적이었던 것과 입장을 바꾸어 음미해 보아야 한다. 다시 말해 조선은 대마도주의 외교 문서를 교린체제의 범주에서 정리하되, 그 성격은 일본이 조선으로 보낸 조공문서로 인식하여 분류, 정리했던 것이다.

〈도표 2〉 ≪동문휘고≫에 나타난 문서 정리 방식과 회수

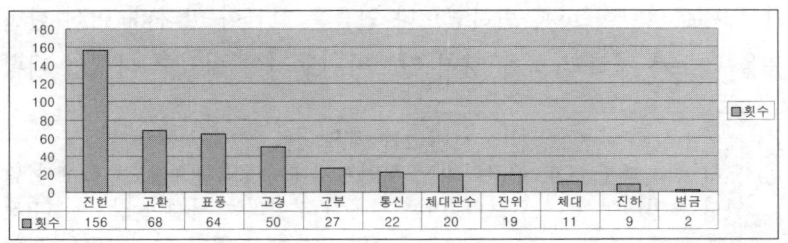

	진헌	고환	표풍	고경	고부	통신	체대관수	진위	체대	진하	변급
횟수	156	68	64	50	27	22	20	19	11	9	2

그러면 燕京과 江戸로 가는 조선의 사신은 그들의 임무를 어떻게 인식했으며 또 조선정부의 인식은 어떠했는가를 살펴본다. 이는 연행

사와 통신사에 대한 조선측의 총체적인 인식과 위상을 가늠하는데
도움을 줄 것이기 때문이다. 우선 병자호란이후 청은 조선에 대해 군
신의 예를 적용할 것과 增幣·借兵·助船을 요구했다.35) 전쟁에 진
조선은 명과의 통교를 끊고 명의 연호 사용을 폐지하며, 명으로부터
받은 誥命과 册印을 내놓았다. 그리고 명에게 했던 것처럼 聖節·正
朝·冬至·中宮千秋·太子千秋 및 慶弔에 사절을 보내게 되었다. 따
라서 청으로 가는 사절은 황제와 황태후·황후·황태자에게 바칠 방
물과 세폐를 마련해 가야 했고, 이것의 부담이 한때 조선에게 큰 부
담으로 작용했던 것이 사실이다.36)

　이에 明으로 가는 사행을 朝貢이란 의미가 담긴 '朝天使'라 불렸던
데 비해 淸으로 가는 사신은 燕京으로 간다는 단순한 의미를 지닌
'燕行使'라고 불렀다.37) 이는 조선의 정신적 내면에 소중화 의식에서
배태된 자존의식과 적개심이 깔려 있었기 때문이었다. 그러나 청에
대한 인식도 점차 바뀌어 18세기 사행원역들은 연행길이 순탄치 못
한 기후와 험난한 노정으로 이루어지는 고단한 길이었음에도 불구하
고, 한번쯤 가 볼만한 가치가 있다고 여기고 있었다.

　정조 22년(1798) 삼절연공겸사은행으로 연경을 다녀온 서유문은 서
울을 떠나기 전 "연경은 천자의 도읍이니 문물이 비록 다르나 산천은
의구하고, 의관이 비록 변하였으나 인물은 고금이 없나니, 어찌 한번
몸을 일으켜 천하의 큼을 보지 않으며, 내 나이 젊었고 다행이 태평

---

35) ≪인조실록≫ 권28, 인조 11년 2월 계유
36) 흔히 朝貢과 回賜로 이루어지는 무역관계에서 회사품이 조공품보다 많
　　았다는 인식이 있어 왔으나, 이는 잘못된 것이라는 사실이 알려 졌다(전
　　해종, 1970 ≪위 책≫). 그러나 조선의 대중국 무역이 발전하면서 방물
　　과 세폐의 부담은 실상 그리 크지 않아 조선의 무역 전체를 적자무역
　　혹은 조공체제에 부수된 경제외적 무역으로 보는데 대한 반론도 제기되
　　었다(Chul-Sung Lee, 2002, Reevaluation of the Choson Dynasty's Trade
　　Relationship with Ch'ing Dynasty, *International Journal of Korean History* 3).
37) 유승주·이철성, 2002 ≪조선후기 중국과의 무역사≫ (경인문화사)

무사시를 당하여 한번 멀리 높이 또한 남아의 쾌사 아니리오."[38]라고
자신의 심정을 적었다. 천자가 사는 중국 그리고 연경을 보는데 대한
설레임이 담겨져 있다.

이에 비해 영조 39년(1763) 8월 3일, 일본의 제10대 장군 德川家治
의 습직을 축하하기 위해 서울을 떠난 趙曮의 경우를 보자. 통신사로
떠나는 정사 조엄, 부사 李仁培, 종사관 金相翊이 입시하자 영조는 친
히 "二陵松栢"의 글귀를 읊고 목이 메고 눈물을 흘리면서 감개 어린
뜻을 전했다. 그리고 이윽고 친히 잘 갔다가 오라는 뜻의 "好往好來"
네 글자를 써서 내어 주었다.[39]

두 릉[二陵]이란 임진왜란 때 파헤쳐진 宣陵과 靖陵을 말하는 것이
다. 통신사의 파견은 일본측의 요청에 따른 정례화된 관례로, 통신사
파견을 통한 기대효과는 다른 곳에 있음을 암시하는 대목이다. 이에
대한 해답을 조엄의 기록에서 찾을 수 있다. 즉 조엄은 ≪九經≫에
"먼 나라 사람을 편안하게 하고[綏遠人]" ≪周易≫에 "두텁게 주고
박하게 받는다[厚往薄來]"라는 글귀를 인용하면서, 큰 나라가 일을
처리하는데 있어 마땅히 大體를 보아야 하지 어찌 작은 이해 관계를
따지겠는가[40] 라고 했다. 조선이 일본에 비해 큰 나라[大邦]라는 인
식이 분명히 깔려 있었던 것이다.

조선에서 일본을 지칭하는 대명사는 "倭"였다. 差倭 · 倭使 · 倭酋
· 倭學 · 倭奴 · 倭賊이란 말이 공공연히 사용되었다. 그리고 이는 일
본측으로부터 강한 반발을 불러일으키기까지 했다.[41] 이에 조엄도 일
본인들을 절대로 업신여기거나 비웃지 말고 忠信과 성심으로 대하며
"日本人"이라고 부르도록 주의를 환기시켰다.[42] 일본과 일본인에 대

---

38) 서유문, ≪무오연행록≫
39) ≪海槎日記≫ 계미년 8월 3일
40) ≪해사일기≫ 계미년 10월 28일
41) 申維翰, ≪海遊錄≫, 見聞雜錄
42) 조엄, ≪해사일기≫, 曉諭員役文

한 조선사람들의 증오와 우월감은 임진왜란에 대한 감정과[43] 조선의 유교적 관념에서 기인한 것이었다.[44] 조선통신사가 청의 칙사가 조선에 올 때 했던 대로 그들의 행차에 淸道旗·巡視旗·令旗를 사용하여 일본을 모욕했다던가, 조선인은 일본인을 야만시하고 경시했다는 등[45] 근세 일본의 朝鮮蔑視觀도 역으로 보면 당시 객관적인 외교상 조선의 지위를 나타내는 것이었다.

한편 연경에 도착한 사행은 주로 會同館[46]에 머물면서, 表文과 咨文을 청나라 예부에 제출하는 의식인 表咨文呈納, 정사 이하 모든 正官이 鴻臚寺의 牌閣[47] 앞에서 3궤 9고두를 연습하는 鴻臚寺演儀, 사행 정관이 청의 황제를 알현하는 朝參, 방물과 세폐를 바치는 方物歲幣呈納, 숙소인 회동관에서 열리는 下馬宴, 청나라가 왕과 삼사신 및 원역에게 下賜하는 回送禮物을 받는 領賞, 떠나는 사신일행을 위해 마련하는 上馬宴 등 사행의 각종 의식을 치렀다.

외교적 의례와 관련하여 의미 있는 행사는 홍려시 연의와 조참이 었는데, 황제 앞에서 이루어지는 절은 三跪九叩頭였다. 특히 홍려시 패각 앞에서 하는 演儀는 비록 그것이 연습이었음에도 불구하고, 삼사신 이하 압물관에 이르기까지 부연사행의 정관 모두가 3행렬로 서

---

43) "萬歲不忘之讐"·"萬歲必報之讐" 혹은 "有不共載天之義" 등의 표현은 임진왜란 이후 일본에 대한 적개심과 복수심을 반영한다(≪광해군일기≫ 권116, 광해군 9년 6월 기미, ≪선조실록≫ 권37, 선조 26년 4월 을유).
44) 趙絅, ≪東槎錄≫ <重答林道春書> ; 李景稷, ≪扶桑錄≫ 1617년 8월 21일 ; 조엄, ≪해사일기≫ 권3, 1764년 2월 10일
45) 이원순, 1997, <통신사기록을 통해 본 대일본인식> ≪국사관논총≫ 76, 282~283
46) 옥하관이다. 자금성에서 흘러 나온 냇물이 옥하요 옥하 물가에 있다하여 붙여진 이름이다. 정식명칭은 四譯會同館인데, 명나라 때부터 변방 국가 사신 숙소로 사용되었다. 청에서는 조선 사신의 전용 객관으로 사용되었다.
47) ≪통문관지≫ 권3, 사대 홍려시연의 '堂金皇帝 萬歲萬歲萬萬歲'라고 쓴 위패가 봉안된 누각이었다.

서 일시에 삼궤구고두를 하였다. 만약 조금이라도 틀리면 시간이 늦더라도 연습을 더한 뒤에야 끝낼 정도였다. 그러나 이에 대한 사신들의 평가는 쉽게 발견되지 않는다.

이에 비해 통신사행원은 일본의 천황을 가짜 황제라는 의미의 僞皇·假天皇라고 기록하거나, 혹은 山城主·山城君이란 용어를 썼다. 천황이란 용어 사용을 의식적으로 피하려고 한 것이다.[48] 關白은 형식적으로는 천황의 신하이지만, 실질적으로는 일본을 통치하는 지배자였다. 이에 조선은 관백을 일본 국왕으로 규정했다. 따라서 통신사가 관백을 접견할 때 거행하는 빈례는 민감한 사안이었다. 조선 통신사가 관백에게 올리는 예는 조선 국왕의 위상에 직결되는 문제였기 때문이다.

문제의 핵심은 절의 횟수와 장소였다. 조선과 일본의 외교관계가 정상화되면서 관백을 접견하는 의례는 직급에 따라 달리 규정되었다. 삼사신은 관백이 위치한 上堂에서, 상상관은 楹外에서, 군관 원역은 영외마루에서, 중관 소동은 조금 낮은 자리에서, 취수 사령은 마당에서 절을 올렸다.

관백의 궁성은 세 겹으로 되어 있었고 문은 아홉 문으로 되어 있었다. 접견의 예를 보면 다음과 같다.

> 관백이 나와 정전의 정당에 앉으면, 국서를 받든 수역당상이 국서를 받들고 들어가 서쪽을 향하여 무릎을 꿇는다. 대마도주가 무릎을 꿇고 이를 받아 집정에게 전해준다. 집정이 이를 관백의 자리 오른쪽에 두면, 장관 등이 공경히 받들어 들어간다. … 집정 2명이 대마도주에게 말을 전하여 삼사를 인도해 들어가 예물을 올리기 전에 공례 4배를 행하게 하고 끝나면 外堂에 나와 앉는다. … 그런 후에 상상관은 기둥 안에서 사배례를 하고, 상관은 기둥밖에서 하며, 중관과 소동은 조금 내려가서 대나무를 엮은 곳에서 한다. 취수와 사령은 뜰 가운데

---

48) 김문식, 2002 <조선후기 통신사행원의 대일인식> ≪대동문화연구≫ 41, 135

서 한다.[49]

그런데 통신사행원들은 관백에게 사배례를 올리는 것이 수치스러워 심장이 찢어지는 것 같다고 비분강개했다. 1764년 조엄도 그날의 비감한 심정을 시로 남겼다.[50]

임금도 신하도 아닌데 권능을 마음대로 하니	匪辟匪臣作威福
관백이란 직책은 이 어떤 관직이란 말인가	不知關白是何官
임금 편지 다시 전하니 심장이 찢기는 듯	新傳御札心如碎
임진년 돌이켜 생각하니 눈물이 쏟아지네	追憶壬辰淚欲瀾
왜관의 인삼과 호초는 부질없는 교역이라	萊市蔘椒徒日易
파헤친 두 릉의 松柏은 봄에도 추위에 떠니	喬陵松栢尙春寒
교린 정책 임금이 품은 본래 뜻은 아니리라	和戎本自非王意
한 권의 춘추 의리를 밤 깊도록 되새기느니	一部麟書乙夜看

요컨대 조선의 연행사는 17세기 이후 팽배한 소중화 의식을 가지고 있음에도 불구하고, 청의 천자에 대한 권위를 받아들이고 외교적 의례를 성실히 수행하려고 했다. 이에 비해 통신사행은 일본측의 요청에 따른 부득이한 외교사절로써 큰 나라의 입장에서 먼 나라의 사람을 편안하게 한다는 인식을 갖고 있었다. 일본에 대한 이러한 인식이 있었기에, 조선은 자연스럽게 일본측의 외교문서를 조공문서로 간주하고, 조공문서의 양식을 빌려 정리한 것으로 보인다.

그렇다면 조선은 왜 정기적이고 적극적으로 연행사를 파견하려 했던 것일까. 반면 조선은 통신사 파견이 비정기적인 것이었음에도 불구하고 이를 부득이한 차원의 외교로 이해했던 것일까. 외교는 이념적인 측면을 무시할 수 없지만, 실용주의적 차원에서의 정책결정이었

49) 김건서 저, 하우봉·홍성덕 역, 1998 ≪국역 증정교린지≫, 임금의 명령을 전하는 의례[傳命儀], 208∼209 (민족문화추진회)
50) ≪해사일기≫ 酬唱錄, 江戶傳命

다. 따라서 조선은 대청외교를 통해 정치적, 군사적 안정이외에 다른
효과를 기대했을 것이다. 이는 일본과의 외교에도 마찬가지의 논리가
적용될 것이다. 다음 장에서는 이점을 조선이 부담하는 통신사와 연
행사의 재정적 부담차원에서 검토해 보고자 한다.

Ⅳ. 통신사와 연행사의 비용과 경제적 효과

1. 계미년 세폐·방물과 별폭 예단 비교

조선의 연행사와 통신사를 경제적 측면에서 고찰한다는 것은 매우
중요한 문제이다. 전근대 외교와 무역은 불가분의 관계를 지니고 있
었기 때문이다. 사대교린 정책 속에 이루어진 무역도 양국의 실리적
인 이해관계가 전제되어 있었다. 조선과 청, 조선과 일본의 무역 범주
에는 朝貢과 回賜로 대변되는 조공무역과 이를 전제로 이루어지는
공무역·사무역·밀무역 등의 교역이 모두 포함된다.[51]

사대 정책 속에서 조선은 淸에 매년 각종 명목의 연행사를 파견했
으며, 그에 따른 각종 세폐와 방물의 비용을 부담해야 했다. 청은 이
에 대응해 회사와 증급을 내렸다. 조선의 조공품 가치에 비해 청이
회사하는 물품의 가치가 훨씬 크다는 통념은 잘못된 것이나, 조선의
조공무역은 물론 공무역 및 민간무역도 큰 이득을 남기지 못한 적자

---

51) 무역에 대한 개념은 조청무역과 조일무역에 서로 차이가 있어, 이를 비
   교하기에 다소 무리가 있다. 그러나 조선을 중심에 둔 각종 해외무역의
   형태적 분류가 필요하다면, 조공과 회사의 형태로 이루어지는 조공무
   역, 각급 관아의 공무역, 사행원역에게 인정된 사무역, 불법적인 밀무역
   의 형태로 나눌 수 있을 것이다.

무역이었음을 강조한 연구가 있다.[52] 조선의 조공관계에서는 경제적 실리를 찾을 수 없다는 주장이다.

그러나 조공체제라는 정치적 의례성을 외피로 이루어졌던 조선의 무역활동은 조선의 국내 경제를 변동시키는 중요한 요인 중 하나였다.[53] 마찬가지로 교린 정책을 전제로 이루어진 조선과 일본사이의 무역에서도 그 기능은 명백하다.[54] 물론 이때 조공-회사는 일본측의 進獻과 조선측의 回賜로 역규정 된다. 같은 차원에서 공무역은 대마도주가 가져온 물품을 조선의 교환기준에 따라 댓가를 지급하는 무역으로, 사무역은 조선상인과 대마도 상인 사이의 무역으로, 밀무역은 이외의 불법적인 무역으로 규정된다.

그러므로 조선의 입장에서 볼 때, 청에 대한 세폐와 방물 그리고 일본에 대한 별폭예단의 贈給은 외교체제를 유지해 가는 국가의 경상비 명목에 해당했다. 이를 위해 조선은 평안도 재정과 경상도 재정을 특별히 분리하여 외교비용에 충당하는 체제를 구축했다.[55] 따라서 연행사의 세폐·방물 규모와 통신사의 별폭 예단 비교는 조선의 외교적 비중과 의미를 나타내는 간접 지표가 될 것이다. 나아가 이를 기회로 이루어지는 무역은 사행 파견에 따른 경제적 영향을 비교 가늠하는 척도가 될 것이다. 하지만 이러한 비교도 시대적으로 일치하

---

52) 전해종, 1979 <중세 한중무역 형태 소고> ≪한국과 중국≫ (지식산업사) ; 전해종, 1970 <淸代 韓中朝貢關係考> ≪위 책≫ 참조.

53) 조선과 청과의 조공체제 속에서 이루어진 무역적 기능을 강조하는 연구로는 Chul-Sung Lee, 2002, Reevaluation of the Choson Dynasty's Trade Relationship with Ch'ing Dynasty. *International Journal of Korean History 3*

54) 조선과 일본과의 교린체제 속에서 무역적 기능을 강조하는 연구로는, 鄭成一, 2000 ≪朝鮮後期 對日貿易≫ (신서원)이 있다. 한편, 논리는 다르지만 조공체제속 일본의 무역적 기능을 강조하는 연구로는 浜下武志, 1997 ≪朝貢システムと近代アジア≫ (岩波書店) ; 田代和生, 1981 ≪近世日朝通交貿易史の研究≫ (創文社) 등이 참조된다.

55) 평안도 재정에 대해서는 권내현, 위의 논문이 참조된다. 경상도 재정에 대해서는 정성일, ≪위 책≫이 참조된다.

고 자료가 존재할 경우에 한해 가능하다. 결국 현재로서는 통시대적 양상을 밝힐 수 없다는 한계가 분명하다. 그러나 그 시도 자체만으로도 의미가 없지는 않을 것이다.

따라서 여기서는 조선의 대청·대일외교가 안정기에 접어든 18세기 후반에 통신사와 동지사가 동시에 파견되었던 1763년을 사례로 하여 비교가능한 외교비용을 추산해 보고자 한다.56) 그 가운데 청으로 가져갔던 동지사의 세폐방물과 통신사의 별폭 비용은, 둘 다 조선이 국가의례로 준비하는 물품이며 외교비용이라는 차원에서 비교가 가능하다.

〈표 4〉 세폐·방물 물목과 수량

세 폐			방 물				
품목	단위	수량	품목	단위	동지행	정조행	성절행
호대지	권	2,000	황세저포	필	10	10	10
호소지	권	3,000	백세저포	필	75	75	75
백상목	필	1,000	황세면주	필	20	20	30
생상목	필	2,000	백세면주	필	50	50	50
녹피	장	100	용문렴석	장	2	2	2
수달피	장	300	황화석	장	50	45	50
각색주	필	400	만화석	장	50	45	30
백저포	필	200	만화방석	장	20	15	20
오조용문석	장	2	잡채화석	장	50	45	50
채화석	장	20	백면지	권	1,800	1,800	1,900
호요도	병	10	나전류함	사	2	2	1
점미	석	40	홍세저포	필	20	20	20
			자세면주	필	40	40	60
			수달피	장			20
			후유둔	부			10

자료 : 1. ≪만기요람≫ 재용편 ; ≪통문관지≫ 권3, 사대 ; ≪동문휘고≫

---

56) 통신사와 동지사는 1763년 길을 떠나 이듬해인 1764년에 귀환했다. 이에 조엄의 통신사를 갑신년 통신사라 부르기도 한다. 그러나 통신사행에 필요한 준비는 1763년 계미년에 이루어 졌다.

2. 세폐와 방물은 1711년(숙종37) 이후의 내용으로 정리.

조선이 조공체제 속에서 청으로 가져가야 할 세폐와 방물의 수량은 사행의 횟수가 아니라 사행의 명목에 따라 전체 규모가 결정되었다. 영조 39년(1763)에 조선에서는 겸행으로 사은겸삼절연공행이 삼절연공행으로 연경에 파견되었다. 정사는 順悌君 李烱, 부사는 洪名漢, 서장관은 李憲黙이었다. 이 경우 방물과 세폐의 물목과 비용은 얼마나 될까. 《통문관지》와 《만기요람》에 나타난 삼절연공행 즉 동지사의 방물과 세폐의 물량 물목은 앞의 <표 4>와 같다.

이를 바탕으로 18세기 후반·19세기 초 《度支志》·《度支準折》과 《萬機要覽》에 나타난 折價를 대입하여 세폐와 방물가를 정리한 것이 다음의 <표 5>이다.[57]

<표 5> 사행에 따른 세폐와 방물(단위: 냥)

내용 \ 문헌		탁지준절	만기요람	비고
세폐	동지	70,145		동지행이 정조·성절을 겸함
	정조			
	성절			
방물	동지		26,004	황제·황후에 대한 방물가임
	사은		10,135	상동(上同)
	주청		10,135	상동(上同)
	진주		10,135	상동(上同)
	문안		6,800	상동(上同)
	진향		27,008	상동(上同)

이를 통해 영조 39년(1763) 동지겸사은행에 따르는 세폐 방물의 비용은 세폐와 방물로 106,284냥(동지세폐+동지방물+사은방물) 정도의 경비가 필요했던 것으로 추산할 수 있다.[58]

---

57) 세폐와 방물가를 추정한 연구로는 전해종, 《위 책》과 이철성, <위 논문>이 참조된다.

〈표 6〉 영조39년(1763) 통신사 별폭 물단 내용

국서별폭		서계별폭			
일본국대군		집정		백면주	10필
인삼	50근	호피	2장	백목면	20필
대유자	10필	백저포	10필	흑마포	5필
대단자	10필	백면주	10필	화석	5장
백저포	30필	흑마포	5필	장로	
생저포	30필	화석	5장	인삼	3근
백면주	50필	유둔	5부	백저포	5필
흑마포	30필	응자	1연	백면주	5필
호피	15장	근시		황모필	20지
표피	20장	호피	1장	진묵	10홀
청서피	30장	백저포	5필	이정암	
어피	100장	청서피	2장	호피	1장
색지	30권	황필	20지	백저포	5필
채화석	20장	진묵	10홀	화석	3장
각색필	50병	표피	1장	유둔	1부
진묵	50홀	대마도주		만송원	
황밀	100근	인삼	5근	호피	1장
청밀	10항	호피	2장	백저포	5필
응자	20연	표피	3장	백면주	5필
준마	2필	백저포	10필	화석	3장
				유둔	1두

이제 조엄이 정사로 파견되었던 영조 39년(1763) 통신사[59]의 국서

---

58) 19세기 기록에 세폐절가는 70,154냥, 방물은 절행일 경우 23,636냥으로 기록되고 있다(≪탁지준절≫ 잡록 연행). 세폐방물 절가가 크게 틀리지 않음을 확인할 수 있다.

59) 1764년 갑신 통신사는 조선의 사대교린체제가 안정되어 한일간에 별다른 현안 문제가 없고, 관례에 따라 德川家重이 죽은 후 德川家治가 장군직을 세습한데 대한 축하사절단임과 동시에 일본 본토를 방문한 마지막 통신사라는 점에서 의미를 갖는다. 통신사의 구성과 일정 및 崔天宗 피살사건 등에 대해서는 이원식, 1991 <갑신년 사행> ≪조선통신사≫ (민음사) ; 강재언, 2000 <1764년도(영조40) 조선통신사의 일본사행에 대하여> ≪아세아문화연구≫ 4 참조.

별폭과 서계별폭에 대한 가치를 산출해 보자.[60] 영조 39년(1763) 통신
사의 국서 별폭과 서계별폭의 물목명은 앞의 <표 6>과 같다.[61]

<표 6>에 나타난 물종의 가격을 ≪탁지준절≫에 나타난 折價를 대
입하여 환산해 보자. <표 7>은 <표 6>의 물종과 단위가 일치하는
물품을 대상으로 환산한 가격[A]이며, <표 8>은 물종과 단위가 <표
6>과는 서로 다르지만 자료를 통해 비교 가능한 선에서 추정한 가격
[B]이다.

<표 7> 통신사 별폭 물목 환산값[냥]

해사일기			추정절가						
물종	단위	수량	추정물종	수량	단위	절가		환산절가	근거
백면주	필	80	예단백면주	1	필	하지목	3	필 480	탁지준절
백목면	필	20	예단백목	1	필	하지목	1	필 40	탁지준절
백저포	필	70	예단백저포	1	필	하지목	4	필 560	탁지준절
대유자	필	10	대유자	1	필	은	0.6	냥 30	탁지준절
생저포	필	30	생저포	1	필	은	1.9	냥 285	탁지준절
어피	장	100	백어피	1	장	하지목	6	필 1,200	탁지준절
인삼	근	58	예단삼	1	근	은	70	냥 20,300	탁지준절
채화석 (화석)	장	36	채화석	1	장	공목	2.5	필 225	탁지준절
청밀	항	10	청밀	1	근	돈	0.75	냥 7.5	탁지준절
황밀	근	100	황밀	1	근	돈	1.8	냥 180	탁지준절
흑마포	필	40	흑마포	1	필	하지목	5	필 400	탁지준절
총계[A]								23,707.5	

비고 : 1. 환산식은 하지목 1필 = 2냥(탁지준절), 은 1냥=전 5냥
　　　　쌀 1석=쌀 15두=전 5냥(증정교린지), 貢木=2냥 5전
　　　2. 하지목·은·쌀·공목 각각의 품질은 같은 것으로 간주함.

---

60) 별폭의 개념과 종류 및 교환과 무역규모에 대해서는 정성일, <무역과
　　외교> ≪위 책≫이 참조된다.
61) ≪海槎日記≫ 各處書契를 바탕으로 작성한 것이다. 이는 ≪통문관지≫
　　의 별폭과 비교하여 물품의 기재순서와 종류 및 수량에 사소한 차이를
　　보인다.

〈표 8〉 통신사 별폭 물목 추정 환산값[냥]

해사일기			추정절가							근거
물종	단위	수량	추정물종	수량	단위	절가			환산절가	
대단자	필	10	각종대단	1	필	은	1	냥	50	탁지준절추정
표피	장	24	예단표피	1	령	하지목	25	필	1,200	탁지준절
호피	장	22	예단호피	1	령	하지목	15	필	660	탁지준절
유둔	부	7	육장부유지	1	부	쌀	5	두	11.7	탁지준절추정
준마안구	필	2	마안	1	부	하지목	25	필	100	탁지준절추정
진묵	홀	70	중진묵	1	동	쌀	3	두	23.3	탁지준절추정
청서피	장	32	예단초피	1	령	은	2	냥	320	탁지준절추정
황필	지	40	대황필	1	병	돈	1.6	냥	64	탁지준절추정
색지	권	30	예단백면지	1	권	쌀	5	두	50	탁지준절추정
각색필	병	50	양모백필	1	병	돈	1	냥	50	탁지준절추정
총계[B]									2,529	

    〈표 7〉의 환산값과 〈표 8〉의 추정값을 따를 경우, 통신사행에 들어가는 예단 물목은 약 26,237냥 내외로 추정할 수 있겠다. 여기에 환산 값을 찾지 못한 응자 20연의 값을 추가한다 하더라도 30,000냥 내외가 소용되었으리라 생각된다. 여기에 더해 倭人禮單 年例入送 절가는 23,834냥, 接慰官이 가지고 가는 예단 절가는 2,286냥이라는 기록이 있다.[62] 결국 조선측의 통신사 별폭비용은 동지사행의 1/3수준인 30,000냥 정도였으며, 이를 통해 대일 외교관계의 한 축을 유지하고 있었다고 할 수 있다.

    물론 통신사에 소용되는 별폭 비용은 통신사 경비 중 일부에 지나지 않으며, 대일외교에 들어가는 경상비용의 규모는 이보다 훨씬 크다는 것은 두말할 나위가 없다. 그러나 여기서는 통신사와 연행사의 양자간 외교 의례비용을 비교한 것으로, 조선의 외교체제에서 통신사 파견의 재정적 부담 정도와 그에 따른 통신사의 위상을 가늠하는 데에는 손색이 되지 않는다고 생각한다.

---

62) 《탁지준절》 잡록

2. 세폐·방물과 대청무역 규모

세폐·방물과 별폭 비용을 비교하는 것만으로 연행사와 통신사의
비중을 판단하는 작업은 매우 단순한 논리라는 지적을 면하기 어렵
다. 이러한 지적을 피하기 한 또 다른 방법은 대청·대일 외교 과정
에서 이루어지는 무역의 규모를 서로 비교하고 그 영향을 살펴보는
것이다. 세폐와 방물 그리고 별폭예단 등은 외교적이고 의례적인 것
으로 조선이 그대로 떠 안아야할 부담이었지만, 사행을 통해 이루어
지는 무역은 물품의 수입을 통해서 국내 경제를 자극하고 산업의 발
전으로 이어지기도 했기 때문이다.

그러나 외교체제가 다른 대청·대일관계 속에서 이루어지는 무역
의 규모를 계량화하여 상호 비교하기란 쉬운 작업이 아니다. 일차적
으로는 무역 규모를 밝히고 비교할 수 있는 동일 시대의 자료가 없기
때문이다. 가능한 경우라도 물가 변동 및 무역 특성이 충분히 고려되
어야 한다. 또한 연행사 중 동지사의 경우는 사행의 전 과정에서 폭
넓게 무역이 행해지고 있었지만, 통신사의 경우는 상황이 크게 달랐
다. 따라서 여기서는 18세기 후반 연행사를 통해 이루어지던 무역의
경제적 효과를 부각시키는데 일차적 목적을 둠으로써, 조선이 연행에
보다 적극적이었던 배경을 설명하고자 한다. 이는 결국 통신사와의
차이를 이해하는 데에도 도움을 줄 것이다.

주지하는 바와 같이 18세기 전반 조선의 국제무역은 청·일간의
직교역으로 일시적인 침체를 맞이하였다.63) 이 상황을 타개하기 위해
조선정부는 영조 34년(1758) 역관무역을 부양하고 사행에 필요한 公
用銀을 마련하기 위하여 官帽制를 시행하였다. 관모제는 조선정부가
역관에게 官銀 4만냥을 내주어 그 가운데서 公用銀을 우선 제하여 쓰

---

63) 이철성, 2000 ≪조선후기 대청무역사 연구≫ (국학자료원)

고, 남는 銀을 무역자금으로 삼아 중국산 방한용 모자를 수입케 한 사무역의 일종이었다. 이렇게 수입된 모자는 서울의 帽子廛民·義州商人·開城商人에게 국내 판매를 위임시켰는데, 정부는 이들에게 모자 값과 이익의 일정량을 銀으로 받아들임으로써 원금을 재확보하고 이윤을 남겨 별사의 비용으로 비축하였다.

그러나 이 시기 조선사회는 왜관무역의 침체로 倭銀의 유입이 단절됨으로써 은화의 부족 상태에 빠져 있었다. 따라서 관은의 출급을 전제로 이루어지는 관모의 수입과 관모의 국내 판매를 맡은 상인으로부터 모자 값을 되돌려 받는 일은 원활하게 이루어지지 않았다. 또한 관모제는 정부가 직접 무역에 참여하는 것이라는 명분론도 강력하게 대두되면서 영조 50년(1774)에 폐지되었다.

관은을 역관에게 빌려주는 문제와 정부가 무역을 한다는 명분상의 논란을 극복하면서 동시에 공용은 확보라는 현실적인 요청을 모두 충족시킬 수 있는 방안으로 마련된 것이 정조 1년(1777)에 제정 시행된 稅帽法이었다.[64] 세모법은 정부가 銀을 마련해 주었던 관모제와는 달리 사상층이 직접 그들의 자본으로 모자의 수입과 국내 판매를 전담케 한 것이다. 그 대신 조선정부는 수입 모자에 과세하여 공용은을 마련하고자 하였다.

조선이 수입한 모자는 중국 요동 中後所의 帽子廠에서 양털을 이용하여 만든 방한용품으로서, 주로 사대부나 부유층이 三冬을 나는데 사용하고, 다음 해에는 버리는 소비재성 사치품이었다. 이에 모자무역은 천년을 가도 헐지 않는 은을 가지고 삼동을 쓰면 내버리는 물품을 바꾸는 어리석은 짓이며,[65] 經史의 어느 곳에서도 찾을 수 없는 모자를 무역하는 것은 金을 연못에 던지는 것과 같다[66]는 비판이 쏟

---

64) 세모법에 대해서는 이철성, 2000 ≪위 책≫ 참조.
65) ≪열하일기≫ 일신수필, 7월 22일
66) ≪정조실록≫ 권16, 정조 7년 7월 정미

아질 만큼 은화의 유출이 심한 물품이었다.

어떻든 연행사의 경제적 영향력을 가늠해 보기 위해 동지행 편에 수입되던 모자의 규모를 살펴보자. 다음 <도표 3>는 1781년부터 1790년까지 세모법하에서 수입된 모자의 수량을 나타낸 것이다.

〈도표 3〉 1781~1790년 모자수입량 변동

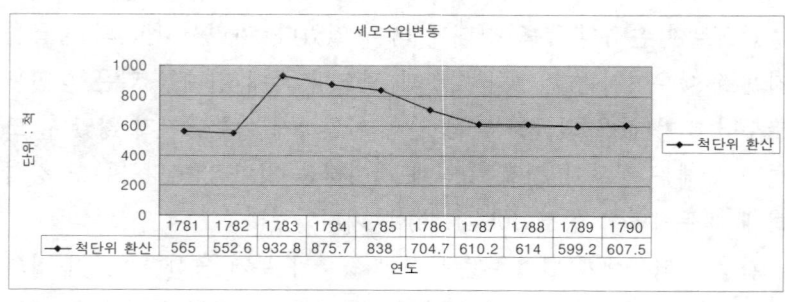

비고 : 《비변사등록》 177 정조 14년 7월 26일

짧은 시기지만 모자수입의 총 규모를 알려주는 소중한 자료이다. 18세기 중반 자료에 의하면 모자 1척의 은환산가는 50냥이었으며,[67] 조선정부가 국내 상인에게 팔 때는 은 80냥 정도를 받았다.[68] 그런데 《동문휘고》에 따르면 같은 시기에 조선에서는 총 20회의 사행이 있었던 것으로 나타나고 있다. 이에 해당 연도 조선 사행에 소용된 세폐와 방물의 총비용을 계산하고, 같은 시기 들여온 모자의 수량을 1척당 50냥으로 계산하여 양자를 비교한 것이 <도표 4>이다.

이를 보면 세폐와 방물을 준비하기 위해 쓴 비용과 사무역의 한가지 물종의 무역가가 큰 차이가 나지 않는다. 사무역의 규모가 적지 않았음을 알 수 있다.

---

67) 《용만지》 관해 수검소 (1768년, 영조 44)
68) 《비변사등록》 135, 영조 34년 11월 초6일

〈도표 4〉 방물·세폐 비용과 모자 사무역의 규모 비교

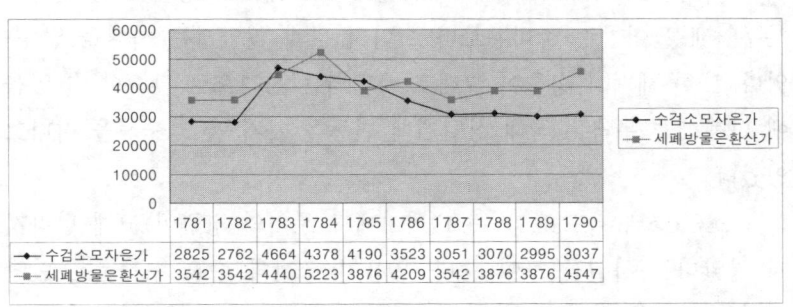

	1781	1782	1783	1784	1785	1786	1787	1788	1789	1790
수검소모자은가	2825	2762	4664	4378	4190	3523	3051	3070	2995	3037
세폐방물은환산가	3542	3542	4440	5223	3876	4209	3542	3876	3876	4547

그런데 수입된 모자를 정부가 국내의 모자전민, 의주상인, 개성상인에게 넘길 때 1척당 은 80냥을 받았기 때문에 약 30냥 이상의 판매차익이 있었다고 생각된다. 당연히 국내 상인인 서울, 개성, 의주상인도 이 정도의 이익을 남겼으리라는 것은 쉽게 짐작이 간다. 이를 나타낸 것이 <도표 5>이다.

〈도표 5〉 모자 판매가와 수검소 은환산가 및 세폐방물가 비교표

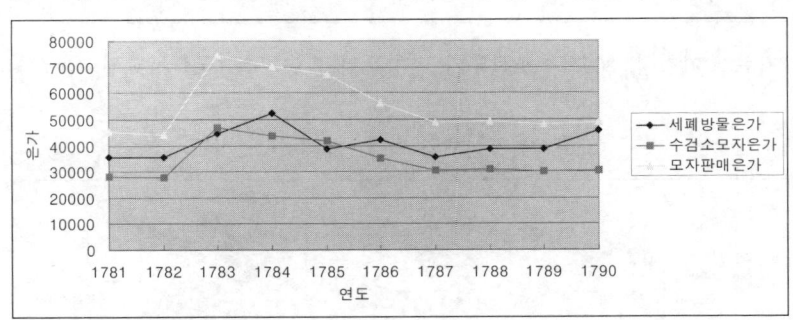

<도표 5>를 보면 의주부 수검소의 모자 은가와 모자 판매은가에 따른 이득 이상으로 상인의 자본 축적이 가능성 했던 것으로 생각할 수 있다. 물론 <도표 5>에는 사행경비와 관련하여 고려되지 않은 여

러 가지의 변수가 있다. 그럼에도 불구하고 세폐와 방물은 한 물품의
사무역에 들어가는 총비용보다 그다지 많지 않았다는 사실을 알 수
있다. 또한 세폐와 방물이 그대로 소비되는 성격으로 간주할 수 있음
에 반해 모자무역은 국내 상업계에 변동을 가져 올 가능성을 지니고
있었다.

    <도표 6>과 <도표 7>는 19세기에도 무역의 경향이 크게 달라지
지 않았다는 사실을 보여 준다. 19세기 조선의 주요 수출품은 단연
재배한 가삼을 쪄서 말린 홍삼이었다. <도표 6>은 조선정부의 포삼
제 실시 이후 홍삼무역량의 변동을 나타낸 것이다.

〈도표 6〉 19세기 포삼무역량 변동표

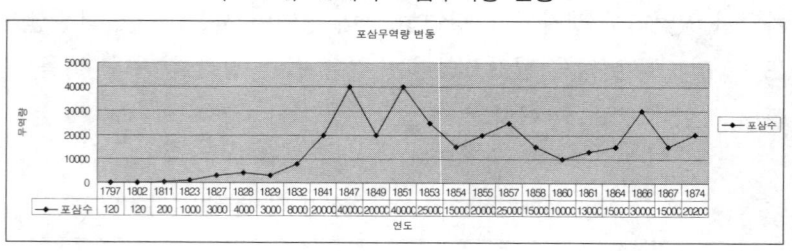

자료 : 이철성, 2000 ≪조선후기 대청무역사 연구≫ (국학자료원) 참조

〈도표 7〉 포삼세와 방물·세폐 규모 비교

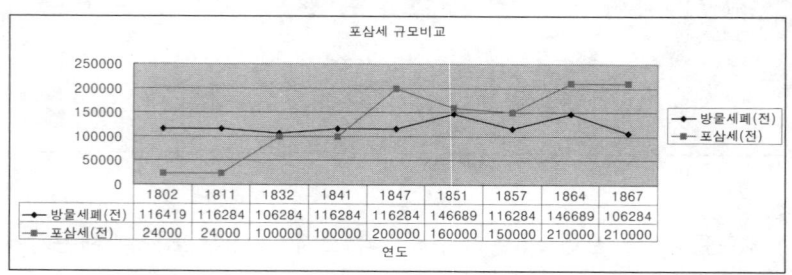

자료 : 이철성, 2000 ≪조선후기 대청무역사 연구≫ (국학자료원) 참조

<도표 7>는 홍삼의 수출량과 조선 정부가 포삼 1근 당 부과한 포삼세액을 바탕으로 계산한 포삼세 규모와 해당 년도 방물세폐의 규모를 비교한 것이다.

이를 보면 조선의 홍삼무역은 무역량이 늘어감에 따라서 한 품목에서 거두는 세금만으로도 방물·세폐의 규모를 크게 능가하였다. 따라서 홍삼무역의 총 규모는 방물·세폐 비용과는 현격한 차이가 날 만큼 방대한 규모였다고 생각된다. 대청외교에 드는 기회비용 이상의 경제적 효과를 낳고 있었던 것이다.

요컨대 18세기 후반 조선정부는 모자 하나의 물종만으로도 사행 경비인 공용은을 충당할 수 있을 정도의 稅收를 기대할 수 있었다. 또한 19세기에는 홍삼무역에서 거두는 세금의 규모가 세폐·방물에 들어가는 경비보다 많은 경우도 있었다. 대청관계에 있어서 외교적 의례가 정치 차원을 넘어 경제적 효과를 발휘했던 것이다. 이는 조선이 대청외교에 적극적이었던 이유의 하나이기도 했다. 이와는 달리 통신사행은 상대적으로 이해 득실을 계산치 않는 대국적인 차원으로 받아들여지는 상황이었다.

V. 맺음말

이 논문은 통신사와 연행사를 비교하여 '통신사'의 의미와 성격을 객관적으로 위치 지우기 위해 다음과 같은 기본 전제와 논점을 가지고 접근하였다. 첫째 전근대 동아시아의 조공체제는 중국의 강요에 의한 '일방적 수용'이 아니라 '상호 규정성'에 기반하고 있다. 둘째 조선의 외교문서 분류와 정리 방식은 외교적 비중과 인식의 경중을 가늠할 수 있는 척도이다. 셋째 외교 사절에 드는 비용은 정치·군사·경제·문화적 효용을 내기 위한 기반 재원으로써 외교사절의 실

용성을 판단할 수 있는 지표이다. 이상의 전제와 논점을 바탕으로 전
개한 내용을 정리하면 다음과 같다.

조선과 청의 조공관계는 정치적 직접지배를 의도했던 것이 아니라
조공의 형식성 유지가 중요한 사안이었다. 형식성은 정치·경제적 사
안이 포함되지만 의례적 사안이 대부분이었다. 이를 좀더 구체적으로
살피면, 정치적 차원에서는 청 연호 채용·역서의 채택·정치적 중요
사안에 대한 보고가, 경제적 차원에서는 방물·세폐 그리고 進貢이,
의례적 차원에서는 封典·告哀·進賀·陳慰·謝恩 등의 문서와 사신
왕래가 그 골자를 이룬다. 조선은 이상과 같은 조공의 형식성을 중요
한 과정으로 인식하여 정기사행과 비정기사행을 정례적이고·항속적
으로 파견해 왔다. 1645년 이후 1876년까지 조선은 총 612회의 사행
을 청으로 보냈다. 이는 대략 매년 2.65회의 사행이 청으로 파견되었
음을 의미한다. 청은 인조대(1637~1649)부터 숙종대(1675~1720)까지
는 연평균 1.6회의 淸使를 파견했다. 그러나 동북아의 정세가 안정되
는 18세기 중반 이후로는 연평균 0.7회로 급격히 줄어들었다.

이에 비해 조선측이 일본으로 파견한 통신사와 문위행은 모두 비
정기 사행이었다. 반면 대마도주는 정기사행으로서의 연례송사를 보
내는 적극성을 보이며, 대차왜와 소차왜를 보내 그들의 정치적 경제
적 목표를 달성하려 했다. ≪동문휘고≫를 통해 일본측의 외교문서가
접수된 상황을 살펴보면 인조 8년(1630)부터 영조 1년(1725)까지는 총
179회의 문서가 접수되었다. 이는 일본으로부터 온 각종 사절이 정기
사절이 아니었음에도 불구하고 매해 약 1.9회 정도에 도달할 만큼 정
례적이고, 적극적으로 오고갔다는 사실을 말한다.

조선이 청과 일본을 상대로 수행했던 외교관계의 비중을 인식하는
또 다른 방법은 조선의 외교문서 정리 방식을 살피는 것이다. "人臣
無外交"의 원칙에 따라 외교의 본질은 문서의 왕래를 통해 궁극적으
로 실현되었기 때문이다. ≪同文彙考≫에 의하면 조선은 청과의 외교

문서를 25가지 종류로 분류 정리한 반면, 대일외교 관련 문서는 11가지 종류로 정리하였다.

대청관련 문서는 우선 조선측의 建儲・嗣位・册妃・追崇 등의 내용이 중심을 이루는 封典과 告訃・請諡・賜祭・賜諡 등의 내용이 중심이 되는 哀禮 항목이 있다. 또 登極・尊號・尊諡・册立・討平 등과 관련된 양국간 문서를 모은 進賀와 陳慰 항목, 그리고 동지사를 비롯한 節使 항목 등으로 분류된다.

이에 비해 대일관련 문서는 일본막부의 대리자로써 대마도주가 보내는 문서가 기본이 된다. 조선은 이들 문서를 陳賀・陳慰・告慶・告訃・告還・通信・進獻・邊禁・替代・替代舘守・漂風 등으로 분류하고 있다. 그 내용을 살펴보면 연례송사인 대마도주의 進獻이 수적으로 가장 많았음을 알 수 있고, 대마도주의 환도를 알리는 사절, 대마도주가 각종 애경사를 알리는 명목의 사절이 많았음을 알 수 있다. 곧 조선은 일본과의 정기사행을 進獻으로, 그 이외의 것은 모두 사안에 따른 비정기 사행으로 인식했다. 이에 일본측은 각종 명목의 비정기 사행을 늘려 조선과 통교하고자 노력했다. 결국 조선은 대마도주가 가지고 오는 외교 문서를 교린체제의 틀에서 인식 분류하는 한편 그 성격은 일본이 조선으로 보낸 조공문서로 정리하고 있었던 것이다.

조선의 연행사는 17세기이후 팽배한 소중화 의식을 가지고 있음에도 불구하고, 청의 천자에 대한 권위를 받아들이고 외교적 의례를 적극 수행하려고 했다. 이에 비해 통신사행은 일본측의 요청에 따른 부득이한 외교사절로써 큰 나라의 입장에서 '먼 나라의 사람을 편안하게 한다는 인식'이 내면에 흐르고 있었다. 일본에 대한 이러한 인식 때문에 조선은 일본측의 외교문서를 조공문서로 간주하고, 조공문서의 양식을 빌려 정리했던 것이다. 이는 조선이 청과의 외교관계를 통해 정치적 군사적 경제적 문화적 효과를 기대하고 있었던 반면, 통신사와 문위행을 비롯한 조선측의 사행은 비정기적 사행이었음에도, 이를 부득이한 실용적 차원으로 이해하고 있었던 사실과 무관하지 않다.

그러면 외교체제를 유지하기 위한 연행사와 통신사의 기본비용 즉 세폐와 방물 그리고 별폭예단의 贈給은 어느 정도의 규모일까. 많은 한계에도 불구하고 그 윤곽이 드러난다면 국가의 경상비 명목의 외교비용이 어느 정도의 기대 효과를 가져올 지에 대한 판단의 근거가 될 것이다. 또한 사행의 왕래를 계기로 이루어지는 각종 형태의 무역은 사행의 경제적 효용성을 가늠하는 척도가 될 것이다.

18세기 후반 통신사와 동지연행사가 동시에 파견되었던 영조 39년(1763)을 사례로 하여 외교비용을 추산해 보면, 동지연행사의 세폐와 방물의 비용은 약 106,284냥인데 비해 통신사행의 별폭예단은 대략 30,000냥 정도로 추산된다.

물론 연행사와 통신사에 소용되는 전체 경상비용이 이보다 훨씬 클 것이라는 점은 두말할 나위가 없다. 그러나 조선의 외교체제에서 통신사와 연행사의 위상을 살피는 데에는 큰 손색이 없다고 생각한다. 즉 조선측은 비정기적인 통신사의 별폭예단 30,000냥 정도의 지출로 대일관계의 정치 · 외교적 효과를 얻고 있었던 것이다.

이에 비해 대청 사무역의 영역에서 얻는 조선의 경제적 효과는 매우 컸던 것으로 판단된다. 조선정부는 18세기 중반 중국으로부터 수입한 帽子 하나의 물종만으로도 사행 경비인 공용은을 충당할 수 있는 정도의 稅收를 거둘 수 있었다. 대청관계에 있어서 외교적 의례가 정치 · 군사 차원을 넘어 경제적 실용성이 전제되고 있었음을 감지할 수 있다. 반면, 통신사를 포함한 대일관계는 18세기 중반 이후 점차 이해 득실을 계산치 않는 대국적인 차원의 외교로 받아들여지는 상황이었다.

이 연구는 조선의 외교정책 속에서 통신사와 연행사의 외교적 위상과 비중 그리고 그에 따른 비용 및 경제적 효과 등 살피려고 했다. 그러나 동일 시기 통계 자료의 부족과 대청 · 대일외교의 특성을 일

률적으로 비교할 수 없는 난점으로 인해, 많은 제약과 한계를 남기게
되었다. 특히 외교비용에는 京外의 路費, 中路宴享, 私禮單 및 각종
잡비도 전체적으로 계산되어야 하나, 본고에서는 이를 포괄하지 못했
다. 또한 18세기 이후 왜관에서 이루어진 사무역과 밀무역의 양상도
구체적으로 서술하지 못한 채, 대청무역의 전개과정으로 그 대략만을
추론하였다. 이런 점은 앞으로 더욱 철저히 보완되어야 할 것이다.

ABSTRACT

Comparative Study of the Korean Delegates to Japan and Korean Delegates to Ching China

Lee, Chul-sung

By comparing the (Korean) delegates to Ching China (*yeonhaengsa*) and the deleages to Bakufu Japan (*tongsinsa*), this paper raises the basic premise and points of debate in an objective consideration of the meaning and characteristics of the *tongsinsa*. First, the tribute system that existed in East Asia in the early Joseon period was not a "unilateral appropriation" enforced by the Chinese but rather a system of "mutual rites." Second, the states of Joseon, China, and Japan maintained foreign relations and chose their policies to fit each country's needs and activities, resulting in the dispatching of delegates and exchanging of diplomatic documents. The number of diplomatic envoys dispatched and the method in which diplomatic documents were organized were in measure with that which suited the particular country's diplomatic standards and its relative importance of recognition. One can also use the funding of foreign delegates as an index to measure how important these missions were considered, as their base budgets were configured alongside the political, military, economic, and cultural expenditures. Given the above points of debate, the following presents a premise of considerations.

Joseon government recognized the formality of diplomatic envoys as an important aspect of the tribute system and thus dispatched missions regularly and irregularly by boat and according to custom. From 1645 to 1876, Joseon dispatched around 2.65 envoys per year to Ching China. Compared to these regular envoys, Joseon sent *tongsinsa* delegates and cultural missions to Japan on an irregular basis. However, Joseon did sent regular and active envoys to Tsusima Island as part of yearly laudatory address. Yet, if one examines the situation as far as Joseon was concerned and as recorded in Japanese diplomatic documents entitled "Rememberance of Eastern Visits" (Dongmun Hwigo), from 1630 to 1725, there were but a mere 1.0 customary and active visits (to Tsusima Island) per year.

In a comparison of the cost of diplomatic missions of Korean delegates to Ching as compared to delegates to Japan, according to the records from 1764, the former amounted to around 106,284 *nyang* compared to the 35,000~40,000 *nyang* expended on the delegates to Japan. Joseon foreign missions to Ching China, in effect, represented how relations with Ching extended beyond just the political and military sphere, perceiving it more than as just economic utility. However, starting in the late 18th century, Joseon's international relations with Japan including the *tongsinsa* gradually came to be carried out on a greater scale, without calculating its advantages and disadvantages.

Keywords: tribute system, Ching China, Bakufu Japan, Korean delegates to Ching China, Korean delegates to Bakufu Japan

17세기 후반~18세기 초두 왜관통제와 한일교섭

윤 유 숙*

Ⅰ. 머리말

조선후기(에도시대) 한일관계에 있어 통상적인 외교, 무역업무는 왜관을 통하여 전개되었다. 에도시대의 일본이 자국인의 해외도항을 금지하는 이른바 '鎖國'을 대외정책의 기저로 표방하고 있었던 점에 비추어 보면 對馬藩이 직접 왜관에 도항하여 통교활동을 영위했던 것은 일본의 대외관계 속에서 대단히 이례적인 형태였다. 양국통교의 실질적인 장으로서 기능했던 왜관은 조선후기 한일관계의 특성을 상징하는 존재라 할 수 있다. 왜관은 이미 조선전기부터 일본인 통교자

---

* 고려대학교 일본학연구센터 연구조교수

의 접대소로서 설치되었고, 조선후기의 왜관도 기본적인 기능과 역할에 있어서는 전시대의 성격을 계승하고 있었으나 조선후기 특유의 면모 또한 적지 않게 발견할 수 있다. 왜관의 조선후기적인 특성 중의 하나로, 조선전기에 비해 한층 강화된 왜관의 통제방침을 꼽을 수있다. 조선은 17세기 중반 이후부터 각종 통제정책을 적극적으로 제정하기 시작하여 왜관을 중심으로 발생하는 양국인의 마찰과 각종불법행위를 방지, 해결하는 데 주력하였다.

통교업무와 양국인의 접촉 속에서 파생되는 불법행위와 마찰은 밀무역을 비롯하여 상해·살인·도난 등 상당히 다양했는데 그중 특별히 중점적인 통제의 대상이 되었던 것으로 潛商(밀무역), 闌出(在館일본인이 무단으로 통행범위를 이탈하는 행위), 交奸(일본인 남성과 조선여성의 성관계)을 들 수 있다. 특히 조선측이 잠상, 난출, 교간을 주요한 통제의 대상으로 취급했던 만큼 이러한 행위가 공적인 사건으로 표면화될 경우 조선과 대마번간에 분쟁으로 확대되기 일쑤였고, 따라서 통교가 재개된 당초부터 해당 행위의 금압과 해결은 중대한과제로 부각되고 있었다. 이에 조선은 위에서 언급한 특정행위의 금지 및 해결을 위시하여 상행위와 외교업무 일반을 통제하기 위한 방법으로 다양한 규정을 제정하게 되는데 양국의 문헌에는 이러한 제규정이 約條, 禁條, 節目 등의 명칭으로 수록되어 있다. 특히 약조의경우 17세기 중엽에 성립된 것은 통제사항을 나열하는 수준에 그쳤으나 점차 위반자에 대한 처벌과 형량까지 제시하는 약조가 등장하게 된다.

왜관의 통제를 내용으로 하는 약조는 주로 17세기 중엽에서 18세기 초두에 걸쳐 집중적으로 성립되었다. 약조는 대체로 양국인의 무역행위일반, 재관일본인의 행동과 통행범위, 조선인의 왜관출입, 조선측 관리의 왜관경비와 감시에 관한 내용이 주를 이룬다. 따라서 이시기에 성립된 제약조에 대한 체계적인 검토는 조선후기 왜관통제와 관리의 구체상을 파악하는데 있어서 주요한 단서가 되며 한일관계의 실상을 해명하는 작업으로 연결될 수 있다. 종래 조선후기 한일관계의 연구에서 약조에 관한 연구는 여타 분야에 비해 비교적 등한시되어 온 감이 없지 않으나, 근래에 들어 약조의 내용과 운용실태를 개별적, 실증적으로 천착한 성과가 나오고 있는 상황이다.

본고는 기존의 연구성과에 기초하여 17세기 중엽부터 18세기 초두까지 체결된 약조를 일람하고, 왜관통제를 위한 대표적인 약조라고 할 수 있는 癸亥約條(1683)와 辛卯約條(1711)를 중점적으로 검토하고자 한다. 계해약조와 신묘약조의 검토에 있어서는 새롭게 발굴한 관련사료의 분석결과를 첨가하여 양국(또는 한쪽)이 통제규정과 현실적인 적용의 실상 사이에서 어떠한 괴리를 느끼고 있었는지, 약조의 체결이 확정되기까지 어떠한 교섭이 전개되었는지, 등을 고찰한다. 특히 계해약조와 신묘약조는 모두 조선통신사와 대마번의 직접교섭에 의해 성립되었다는 공통점을 지니므로 왜관의 통제와 약조의 체결이라는 통교행위에서 통신사가 차지하는 역할도 일정부분 부각시킬 수 있을 것으로 생각된다.

Ⅱ. 선행연구의 재검토

조선후기 왜관연구는 일본에서 먼저 시작되었는데, 戰前의 선구적인 연구로는 高橋章之助, 1920 <和館設置と其の經營>・<和館敷地占有の根本義> ≪宗家と朝鮮≫ (高橋章之助發行, 京城) ; 武田勝藏, 1922 <日鮮貿易史上の三浦と和館> ≪史學≫ 113 ; 小田省吾, 1925 <釜山の和館と設門とに就て> ≪朝鮮≫ 125 ; 小田省吾, 1929 <李氏朝鮮時代における倭館の変遷―就中絶影島倭館に就て> ≪朝鮮支那文化の研究≫ (辺江書院, 東京) ; 淺川伯敎, 1930 ≪釜山窯と對州窯≫

(彩壺會, 東京) 등을 들 수 있다. 이들 전전의 논문에서는 조선후기 왜
관의 규모, 구조, 絶影島왜관의 존재 등이 개략적으로 소개되었다.

이후 왜관연구는 長正統, 1968 <日鮮關係における記錄の時代> ≪東
洋學報≫ 50-4에 의해 현격한 진전을 보이게 된다. 이 논문은 현재 일
본국립국회도서관에 가장되어 있는 이른바 '倭館記錄'을 분석재료로
사용하여 대마번측 倭館役人의 구성, 職掌, 집무기록의 현존상황에
이르기까지를 상세하게 검토한 논문으로, 비단 왜관문제뿐만 아니라
당시 일본에서 대조선관계를 전담했던 대마번宗家의 방대한 기록을
최초로 본격적으로 분석하여 그 실태를 해명함으로써 새로운 연구방
향을 제시한, 대단히 중요한 성과로 평가되고 있다. 이후 왜관연구는
대마번 宗家記錄을 주요한 사료로 활용하게 되었고 종가기록에 의거
한 제성과는 왜관연구를 질적인 면에서 비약적으로 도약시켰다고 하
겠다.

또한 田代和生, 1981 <草梁倭館の設置と機能> ≪近世日朝通交貿
易史の硏究≫ (創文社, 東京)에서는 조선후기 왜관의 변천과 이전, 왜
관의 규모와 경관, 대마번의 倭館役員 등에 대해 논하고 있는데, 田代
의 이 논문은 일본측 연구자의 기존의 성과를 종합하고 한층 발전시
킨 것이라 하겠다. 그 밖에도 田代는 1992 <日朝交流と倭館> ≪日本
の近世≫ 6 (中央公論社) ; <鎖國時代の日本町—朝鮮半島の倭館> 月
刊 ≪しにか≫ 4-12(1993年 12月号) ; <近世倭館の食生活> ≪季刊
ヴェスタ≫ 26, (1996年 9月) 등의 논문을 발표하여 왜관을 일본근세
쇄국체제하의 日本町에 비유하고, 왜관에 체재하는 일본인의 생활이
나 왜관에서 전개된 양국의 다양한 교류양상을 소개하는 등, 왜관의
실태를 다각도로 해명하였다. 田代和生, 2002 ≪倭館—鎖國時代の日
本人町—≫ (文藝春秋, 東京)은 중세에서 근세왜관으로의 변천, 왜관
무역의 양상, 왜관에 체재했던 일본인의 각종 생활상(식생활을 포함),
왜관 건물의 구조 등을 종합적으로 다루고 있으며, 이는 왜관을 단독

주제로 삼은 단행본으로서는 가장 최신의 연구성과이다. 그외 荒野泰典, 1992 <小左衛門と金右衛門-地域と海禁をめぐる斷章-> ; 網野善彦他編, ≪海と列島文化≫ 10 (小學館, 東京)는 1668년 이후 시도되었던 대마번의 이관교섭을, 寬文年間의 밀무역사건(拔船)이후 시행된 일본측의 왜관무역에 대한 통제강화의 결과로 풀이하였다. 鶴田啓, 2003 <釜山倭館> 荒野泰典編 ≪日本の時代史14江戸幕府と東アジア≫ (吉川弘文館, 東京)는 초량왜관을 出島, 唐人屋敷, 横浜居留地 등과 비교하고 초량왜관으로의 이전교섭과정을 검토하였다.

한편 한국에서는 1960년대에 金容旭, 1962 <釜山倭館考> ≪韓日文化≫ 1-2, (釜山大韓日文化研究所, 부산) ; 李完永, 1963 <東萊府 및 倭館의 行政小考> ≪港都釜山≫ 2 (釜山市史編纂委員會, 부산) ; 崔永植, 1970 <釜山倭館의 職官考> ≪鄕土文化≫ 3 (釜山鄕土文化研究會, 부산)가 발표되었다. 이들 논문은 조선의 사료에 기초하여 왜관의 변천, 구조, 조선측의 왜관관리, 왜관과 관련된 조선의 禁制 등을 다루었고, 왜관을 포함하여 대일통교에 있어서 조선측의 제규정을 제도사적인 관점에서 설명하고 있다는 점이 공통된 특징이다. 그러나 일부 한정된 조선측 사료만을 사용하고 있으며 내용면에서는 사료상의 기사를 그대로 해석하여 평면적인 나열에 그치고 있는 감이 없지 않다.

그 후 1970년대에서 80년대에 걸쳐 발표된 논문으로는 金義煥, 1977 <李朝時代における釜山倭館の起源と変遷> ≪日本文化史研究≫ 2 (帝塚山短期大學日本文化史學會, 奈良) ; 金義煥, 1983 <釜山倭館の職官構造とその機能について> ≪朝鮮學報≫ 108 (朝鮮學會, 天理) ; 金義煥, 1988 <釜山倭館貿易の研究-15世紀から17世紀にかけての貿易形態を中心に-> ≪朝鮮學報≫ 127 등이 있다. 金義煥씨의 일련의 논문은 조선사료를 풍부하게 구사하여 17세기 초두에서 19세기말 조선개항에 이르기까지의 왜관변천을 개관하고 있다는 점이 특징이며, 내용면에서는 양국의 왜관役員의 구성과 역할, 규모와 경관, 대마번

役員의 집무기록 등을 해명하는 작업이 중심이 되어 있다.

1990년대로 들어서면서부터 현재에 이르기까지 왜관의 연구경향은 종래의 제도사적인 시점에서 탈피하여 왜관 그 자체와 관련된 특정 사항을 보다 구체적으로 규명하는 연구와, 왜관이 개재된 통교무역상의 문제를 다루는 연구로 이분되어 전개되는 양상을 보인다. 이와 같은 연구동향 속에서 사회사 내지는 생활사적인 접근방법을 도입하는 새로운 시도가 눈에 띄며, 분석에 사용되는 사료의 다양성에 있어서도 종래 주로 조선측 사료에 의존하던 경향에서 벗어나 일본측의 사료도 폭넓게 이용하여 내용의 구체성과 실증도를 한층 높였다는 점을 지적할 수 있다. 1990년대 이후 한국인 연구자에 의한 왜관연구는 내용의 다양성과 심도, 양적인 측면 등에 있어서 괄목할 만한 진전을 보였다고 하겠다.

왜관의 역할이나 기능에 대해 포괄적으로 언급한 논문으로는 李進熙, 1991 <草梁倭館의 役割> ≪韓日關係學術會議要旨≫ (한국사학회) ; 崔永禧, 1991 <朝鮮後期通信使와 倭館의 役割> ≪韓日關係學術會議要旨≫이 있다. 생활사적 접근을 통한 연구로는 왜관에 거류하는 대마도인과 東萊府 관리 및 조선 주민들간의 접촉 내지는 마찰, 나아가서는 마찰을 계기로 형성되는 상대편에 대한 인식을 소재로 한 연구를 들 수 있다. 손승철, 1993 <≪倭人作拏謄錄≫을 통하여 본 倭館> ≪港都釜山≫ 10은 交奸事件에 대한 양국간의 인식차이 및 처리과정을 통해 마찰이 양국간에서 차지하는 외교사적인 의미와 부산지역의 사회사 내지는 생활사적인 의미를 추구하였다. 제임스 루이스는 1996 <朝鮮後期 釜山倭館의 기록으로 본 朝日關係-'폐·성가심(迷惑)'에서 相互理解로-> ≪韓日關係史硏究≫ 6 ; 1997 <釜山倭館을 중심으로 한 朝日交流-交奸事件에서 나타난 權力·文化의 갈등-> ≪정신문화연구≫ 20-1[통권66호] ; 1997 <釜山倭館における日朝交流-賣春事件にみる權力文化の相克-> 中村質編 ≪鎖國と國際

關係≫ (吉川弘文館, 東京) ; 1998 <近世韓日兩國人의 相互認識－倭館에서 일어난 蘭出事件을 중심으로－> ≪한일양국의 상호인식≫ 등과 같은 일련의 논고들을 통해 교간사건과 蘭出事件을 둘러싸고 양국간에 존재하는 인식의 차이와 마찰, 갈등을 검토하였다.

또한 尹裕淑, 1997 <近世癸亥約條の運用實態について－潛商・蘭出事例を中心に－> ≪朝鮮學報≫ 164 ; 尹裕淑, 1998 <約條にみる近世の倭館統制について> ≪史觀≫ 138은 조선후기에 체결된 한일간의 약조가 왜관통제를 주된 목적으로 한다고 규정하고, 일련의 약조의 교섭과정, 내용, 의의를 재검토한 위에, 왜관에서 발생한 양국인의 불법행위(잠상, 난출, 교간)를 처리하는 데 있어서 약조의 규정사항이 어떻게 이행되었는지를 실증적으로 해명하였다. 허지은, 2001 <17세기 조선의 왜관통제책과 조일관계－계해약조(1683)의 체결과정을 중심으로－> ≪한일관계사연구≫ 15 에서는 계해약조(1683년)의 체결과정이 검토되었다.

그리고 왜관을 매개로 한 양국간의 문화적인 접촉에 관한 고찰도 시도되고 있는데, 金聲振, 1998 <釜山倭館과 韓日間文化交流> ≪韓國文學論叢≫ 22 ; 金聲振, 1998 <19세기초 金海人의 生活을 침식한 倭風> ≪地域文學研究≫ 3 (慶南地域文學會) 등이 그것이다. 이들 논문에서는 조선문인의 개인문집류를 분석하여, 왜관의 존재가 왜관 주변지역에 거주하는 조선인의 일상생활에 미친 문화적인 영향에 대해 언급하고 있어 종전에 보지 못했던 새로운 접근을 시도했다고 하겠다. 金東哲, 2001 <十七~十九世紀の釜山倭館周辺地域民の生活相> ≪年報都市史研究9 東アジアの伝統都市≫ (山川出版社, 東京)은 초량왜관설치에 의한 草梁村의 변모, 朝市와 초량촌민의 생활, 초량촌 小通事의 생활 등 초량촌민의 생활상을 왜관과 관련지어 고찰하였다.

왜관의 변천에 관한 논고로는 豆毛浦倭館에서 草梁倭館으로의 이전문제에 착목한 것을 들 수 있다. 왜관의 이전문제에 대해서는 전술한 일본인 연구자의 논문에서 전전부터 개략적인 서술은 있어 왔으며, 한국인 연구자로서는 金義煥, 1977 <李朝時代における釜山倭館の起源と変遷>(앞 논문)·金義煥, 1988 <釜山單一倭館成立의 研究 -17,8世紀의 對日關係의 究明을 위해-> ≪봉산고승제박사 고희기념논문집≫ ; 金容旭, 1962 <釜山倭館考>(앞 논문) ; 金鍾旭, 1974 <移館考·草梁倭館의 成立始末> ≪日本研究≫·金鍾旭, 1974 <移館考-釜山豆毛浦倭館에서 草梁倭館까지-상·하> ≪國會圖書館報≫ 11-1 [통권97, 98호] 등이 조선전기부터 초량왜관의 성립까지의 변천과정을 다루었는데 다소 평면적인 서술에 그치고 있다. 그 후 張舜順, 1996 <朝鮮後期 倭館의 設置와 移館交涉> ≪韓日關係史研究≫ 5에서 처음으로 이관문제를 단독주제로 설정하였고, 윤용출, 1999 <17세기중엽 두모포왜관의 이전교섭> ≪韓國民族文化≫ 13 (부산대학교 한국민족문화연구소, 부산)이 발표되었다. 이 두 논문은 조선측 사료를 분석하여 왜관의 이전교섭과정을 상세히 밝혔고, 특히 이관에 대한 조선측의 대응 및 왜관의 이전이 양국의 외교적인 협상카드로 이용되었다는 점을 밝히고 있다. 그러나 주된 분석재료로 조선측 사료가 활용된 탓에 상대적으로 대마번의 입장이 명확하게 조명되지 못한 측면이 있다. 尹裕淑, 2003 <一七世紀における日朝間の倭館移轉交涉> ≪史觀≫ 149도 왜관이전 교섭과정을 다루었다.

또한 최근의 연구동향 가운데 주목할 만한 것은 왜관을 상당수의 상주인구가 거주하는 주거공간으로 인식하게 되면서 왜관 내외의 건물에 대한 연구가 매우 활발히 이루어지고 있다는 점이다. 尹裕淑, 1999 <近世倭館の造營·修補について> ≪歷史評論≫ 595 (校倉書房, 東京)는 초량왜관의 조영 및 두모포왜관과 초량왜관에서 실시된 건물의 修理와 改建의 실태, 수리 담당자와 비용의 부담 등을 검토하고 있는데, 근세왜관의 물리적인 관리실태를 밝힌 專論으로는 최초의 성과이다. 그 외에도 왜관의 건물에 관한 논문으로는 왜관에 부속된

조선측 公館(譯官執務所, 柔遠館)의 설영, 연혁, 구조, 기능을 검토한
金東哲, 2000 <柔遠閣先生埋案感古碑와 부산의 譯官건물> ≪港都釜
山≫ 16 이 있으며, 왜관건물의 구조, 조영, 수리를 다룬 것으로는 鄭
禮晶, 2001 <草梁倭館의 造營에 관한 연구> (부산대 건축공학과 석
사학위논문), 張舜順, 2001 ≪조선시대 왜관변천사연구≫ (전북대학교
박사학위논문)등이 있다. 張舜順의 ≪조선시대 왜관변천사연구≫는
조선전기부터 조선후기 및 개항기(明治時代)에 이르기까지 왜관의 변
천과정을 다룬 것으로 각 시대의 왜관의 기능을 해명하였다.

　마지막으로 왜관에 관한 인식에 있어서 한일간의 연구자들에게서
드러나는 차이점 내지는 문제점에 관해 간단히 언급하고자 한다. 오
늘날 왜관이란 "조선왕조가 일본인 통교자를 통제, 접대하기 위해 설
치한 시설 내지는 거류구역"으로, 使者의 응접소, 무역소, 숙박소를
겸하는 시설로 정의되고 있다. 당초 조선전기 조선정부의 대일교역통
제정책의 일환으로 설치된 왜관의 가장 본질적인 성격은 일본측 통
교자를 수용하기 위한 '客館'기능에 있으며, 일본측 통교자가 대마번
으로 축소된 조선후기에 있어서도 이 점에는 변화가 없다는 점 등이
지적되고 있다. 현재 한일 양국 연구자는 대체로 위와 같은 왜관인식
을 공유하고 있어서 적어도 전근대의 왜관에 대한 인식에서 근본적
인 상이점은 거의 찾아보기 어렵다고 할 수 있을 것이다. 단 일본측
에서는 부산의 왜관을 '조선의 日本町'이라고 하여 과거 동남아시아
지역에 존재했던 日本町에 비유하여 설명하는 경우를 종종 발견할
수 있다. 日本町이란 17세기 초두 일본인의 활발한 해외무역활동에
의해 동남아시아 각지에 형성되었던 일본인 거주지역으로써, 에도막
부의 쇄국령 발포로 일본인의 해외도항이 전면적으로 금지되자 본국
과의 유대가 단절되어 18세기에는 소멸한 것으로 알려져 있다. 동남
아시아 지역에 日本町이 형성된 요인 중 하나가 해당국가의 외국인
(일본인)통제였다는 점은 왜관설치와 유사한 부분이다. 그러나 日本

町은 그 주요 구성원이 상업이민자로 이루어진[1] 일본인 이주자의 집단거류지였다는 점에서 왜관과는 근본적으로 상이했다고 생각된다. 물론 왜관을 日本町에 비유하는 것이 양자를 동일시해서라기보다는 일본인의 해외도항이 금지됨으로써 해외의 日本町이 소멸해 버린 쇄국시대에 유일하게 조선에 일본인 거류구역인 왜관이 존재했다는 사실과 그만큼 에도시대 일본의 대외관계에서 한일관계가 예외적인 형태였음을 강조하기 위해 사용되고 있는 것으로 이해되지만 그러한 비유가 왜관의 성격에 대한 오해를 초래할 여지가 있다는 점도 부정할 수는 없을 것이다.

Ⅲ. 17세기 후반의 왜관관리

1. 17세기 후반의 왜관통제

己酉約條(1609년) 이후 조선측 기록에 이른바 '약조'라는 이름으로 처음 등장하는 것이 '禁散入各房約條'(1653년)이다. 조선후기 한일관계가 재개된 이래 17세기 전반의 양국통교에서는 大君號의 사용, 以酊庵輪番制의 실시, 兼帶制·換米制의 성립 등 외교체제와 무역방식에 있어 주요한 개혁들이 단행되었다. 한편 왜관에서는 무역의 융성과 더불어 각종 폐해도 점차 표면화되기 시작했는데 잠상도 그런 폐해 중의 하나였다. 1613년, 東萊府使 李昌庭은 狀啓를 통해 왜관주변에 거주하는 일반 조선인은 물론이거니와 불법행위를 감찰해야 할

---

1) 岩生成一, 1966 ≪南洋日本町の研究≫ (岩波書店, 東京) 328~32. 그 외 일본정의 주민은 浪人, 막부의 크리스트교 금압정책에 의해 추방되거나 도피한 크리스트교도, 외국인에게 고용된 자 등으로 구성되었다. 일반적으로 자치제가 유지되고 치외법권도 허용되었다고 한다.

開市監官조차 상인과 공모하여 잠상에 가담하고 있다는 사실을 보고하고 있다.[2] 동래부사는 날로 문란해져 가는 개시무역의 질서를 쇄신하기 위해 상행위 규정을 담은 규약을 제정해야 할 필요성에 직면했다.

1652년, 동래부사 尹文擧는 開市를 원래대로 開市大廳에서 시행해야 할 것을 재관일본인과 약속한다. 원래 개시무역이란 조선의 訓導・別差・戶曹收稅官・동래부의 開市監官, 대마번측 代官이 개시대청에 東西로 열좌한 가운데 그들의 감시하에 조선상인과 재관일본인이 교역품을 늘어놓고 매매하고, 매매가 끝나면 남은 물품을 가지고 대청에서 퇴거하는 형태였다.[3] 윤문거의 제의는 이같은 본래의 개시관례를 무시하고 감시원의 눈길이 미치지 않는 관내의 방에 들어가 매매하는 행태[4]를 근절하기 위한 것이었다. 대관들은 당초 대청개시에의 복귀를 약속했으나 그 후 對馬藩主가 에도에 체재중이어서 新規約에 따를 수 없다면서 개시참가를 거부했다. 동래부사가 이를 힐책하자 대관들은 90명 정도의 재관일본인을 이끌고 난출하였다. 그들은 조선군관의 저지를 돌파하고 부산진을 거쳐 동래부에까지 이르렀다가 이튿날 귀관했으나, 조선정부는 그들의 난출과 관청난입소동을 대마번에 통보, 항의하였다. 대관들은 조선정부가 개시무역에서 누적되

---

2) ≪春官志≫ 권3, 開市

3) ≪邊例集要≫ 권9, 開市 壬辰(1652) 9월조. 개시에 참가할 수 있는 조선 상인은 戶曹, 各道監司가 발급한 行狀을 지참한 자에 한정되어, 守門 앞에서 朝鮮軍官의 확인을 거쳐 入館했다.

4) ≪孝宗實錄≫ 孝宗3년(1652) 9월 辛卯條에 따르면 각 방에 산입하는 변칙적인 행위는 1637년 무렵부터 횡행하기 시작했다고 한다. 그 이유는 겸대제의 실시로 외교와 무역업무가 분리되자, 번잡한 進上이나 公貿易에서 해방된 대관의 업무가 보다 이윤이 높은 私貿易(개시무역)쪽으로 집중되어 각 방에 들어가 몰래 거래하는 경향이 자연스레 생겨났다고 풀이하기도 한다. 김동철, 1995 <17세기 일본과의 交易・交易品에 관한 연구-密貿易을 중심으로-> ≪國史館論叢≫ 61, 263~64

어 있던 조선인의 負債문제에 일절 관여하지 않을 방침을 표명한 것
에 난감해하고 있던 차에[5] 각방에서의 매매마저 금지되자 조선의 왜
관정책에 대한 불만을 난출로써 표현한 것으로 보인다. 동시에 수십
명 규모의 난출은 조선으로 하여금 왜관통제에 관한 禁制의 제정을
서두르게 하는 계기가 되었다. 이듬해인 1653년, 후임동래부사 任義
伯은 館守와 협의하여 '禁散入各房約條'[6]를 定約하였다.

　第一條에서는 개시대청에서 거래를 끝내지 못한 자는 中大廳으로
옮겨서 매매를 계속하도록 하며, 각 방에 들어가는 행위는 잠상으로
규정하고 있다. 第二條에서는 壬辰年(1652)正月을 기준으로[7] 하여 몰

_____

5) ≪邊例集要≫ 권9, 開市 壬辰(1652) 2월조
6) ≪增正交隣志≫ 권4, 約條에 의하면 '禁散入各房約條'의 전문은 다음과
　같다(傍線은 筆者).
　一. 大廳開市或有未盡計數　論価之事　則許令商賈更入中大廳　盡情論定
　　　即爲罷出　如前任意散入各房者　論以潛商
　一. 從前負債者　雖難一切置法　自壬辰正月爲始　潛用倭債者　毋論多少　論
　　　以極律
　一. 倭人相接時　買賣說話外　濫及我國事情者　隨現馳啓　論以漏泄機務之
　　　律
　一. 館門外東萊府使軍官·釜山僉使軍官各一員擇定　逐日輪直　訓導別差
　　　礼單譯官東萊釜山任使吏民　及受東萊標文者外　如有無端出入者　隨現
　　　馳啓　從重科罪
　一. 常時出入　浪說我國事情者　令渠輩互相譏察　明白査覈　所告眞的　則告
　　　者論賞　漏泄者啓聞科罪
　一. 館中譏察之人　除公私賤　皆以根着良民　擇定開市之日　軍官兩人守外
　　　門　東萊監市軍官戶曹計士東萊色吏等　皆守外大廳門　部將六人守中大
　　　廳內門　訓導別差率小通詞入館內　倭人出大廳　則同在其處　入中大廳
　　　則仍爲隨入　合力齊心　以防潛商及散入各房者　而見其犯禁者　不卽來
　　　告　現露者　則監守各人等一一馳啓　論以重律
　一. 留館倭雖出館門外　不得擅越前川　朝夕所食魚菜米升和賣外　如有濫及
　　　他物　而現露者　從輕重決棍　軍官小通詞部將等　馳啓科罪
　　≪邊例集要≫ 권5, 禁條에도 조문이 수록되어 있으나 ≪增正交隣志≫의
　　조문과 상이한 곳이 몇 군데 있다.
7) ≪春官志≫ 下, 開市 ; ≪增正交隣志≫ 권4, 約條에는 壬辰(1652年)으로,

래 倭債를 빌린 자는 極律(死刑)에 처함을 정하고 있다. 당시 개시무
역에서의 거래방식은 개시일 당일에 모든 결제가 완료되는 단순한
형태가 아니라 조선상인과 대마번측과의 사이에는 상호 일상적인 貸
借關係가 있었고, 이러한 대차관계는 결코 금지사항이 아니었다.[8] 금
지대상이 됐던 것은 不法倭債로, 구체적으로는 禁制品의 구입을 목적
으로 일본이 조선인에게 건네주는 前貸銀을 말한다. 조선이 이처럼
대청개시의 원상복구에 진력한 근본적인 이유는 官人의 눈 밖에서
이루어지는 매매의 증가-정규무역품 매매이건 금제품의 매매이건-
가 개시무역 매매량의 정확한 파악을 방해하여 그것이 결과적으로
동래부와 戸曹의 商業税 수입[9]감소를 초래하기 때문이었다. 第四條
에서는 東萊府使軍官, 釜山僉使軍官 각 한명을 왜관문밖에 경비원으
로 배치하고, 특정한 관리나 동래부의 標文을 발급받은 자 외의 왜관
출입을 금지하고 있다.

第三條, 第五條는 일본인에게 조선의 국내사정에 관한 정보를 제공

≪邊例集要≫ 권5, 禁條에는 癸巳(1653年)로 되어 있다.

8) 長正統, 1971 <路浮稅考―肅宗朝癸亥約條の一考察―> ≪朝鮮學報≫
58, 5. 대마번은 무역융성시기에 人蔘, 生絲, 견직물 등 특정상품의 수입
을 유지하기 위해 조선상인에게 銀을 할당(銀割り), 先渡하여 조선상인
으로 하여금 적극적으로 매입토록 하였다. 이것은 특정상품의 수입량을
유지하거나 혹은 계약에 의해 가격을 일정 수준으로 고정시킬 수가 있
었기 때문에 무역경영의 측면에서는 유효한 수단으로 도입되었으나, 반
면 貸借관계가 청산되지 않는 「未棒」이 누적되어 무역이 침체되는 양상
이 반복되었다. 이같은 방식은 개시무역에 있어서 대마번 수출품의 주
역이 銀에서 銅으로 교체된 근세후기에도 계속되어, 조선의 무역상인에
게 銅을 미리 건네주고 輸入四品目(牛皮・牛角爪・黃芩・煎海鼠)을 조
달받았다고 한다. 田代和生, 1989 <幕末期日朝私貿易と倭館貿易商人>
速水融外編, ≪德川社會からの展望≫ (同文館, 東京) 300~301, 320
9) 개시일에는 호조의 收税官・동래부의 開市監官이, 조선상인이 入館하고
出館할 때 물품을 조사 기록하여 세금을 징수하였다. 매년 연말에는 왜
관에서 거래된 물품의 수출입 내역이 호조에 보고되었다. 鄭成一, 2000
≪朝鮮後期對日貿易≫ (新書苑, 서울) 73

하는 행위를 漏泄罪로 벌한다고 정하고 있다. 조선정부는 국내에 왜
관을 설치함으로써 국내 실정이 왜관을 매개로 일본측에 전해질 위
험성을 매우 우려했는데, 반면 대마번에게 있어 왜관은 중국대륙의
정보를 입수하는 최적의 장소였다. 막부도 한반도나 대륙에 관한 정
보수집과 보고를 대마번에 기대하는 측면이 있어, 이와 관련된 정보
를 虛實, 大小에 상관없이 보고하는 것이 관수의 의무였다. 막부의 정
보망으로는 長崎(나가사키)나 琉球 루트도 있었으나 이쪽은 대부분
南方으로부터의 정보가 많았고 대마번 루트의 정보는 조선에서 중국
으로 정기적으로 파견되는 朝貢使節이 가져오는 공적인 것이었다.[10]
이러한 정보는 주로 개시를 통해 무역거래를 반복하는 사이에 면식
이 생긴 조선상인이나 평소 접촉이 잦은 역관으로부터 제공되었다.
실제로 1659년에는 동래부 주민과 상인이 서신으로 일본인에게 國情
을 알린 용의로 체포되어 邊邑定配處分을 받았다.[11]

또한 종가기록에 의하면 대마번은 때로 조선인 내통자를 통해 조
선조정에 관한 정보를 입수하기도 했던 것으로 보인다. 1671년, 왜관
이전 교섭차왜로 조선에 체류하고 있던 津江兵庫는 조선정부의 왜관
이전 불가결정에 항의하며 동래부에서 농성을 강행하고 있었는데 그
는 생존시에 수도 漢城에 조선인 내통자를 내밀히 파견해 놓고 있었
다.[12] 이관문제를 둘러싼 조선 조정내의 논의 내용을 탐색하는 것이
목적이었음은 말할 나위 없다. 津江兵庫와 내통하던 조선인이 누구인
지 왜관과 어떻게 관련된 인물인지는 알 수 없으나, 조선인 내통자는
조정에 관한 정보를 왜관측에 서신으로 알리고 있었다. 1672년 왜관
에 전해진 내통자의 서신에는 조정의 이관논의가 허가 쪽으로 기울

---

10) 田代和生, 1992 <日朝交流と倭館> ≪日本の近世≫ 6 (中央公論社, 東
    京) 116~7
11) ≪孝宗實錄≫ 10년(1659) 閏 3월 乙丑條
12) 宗家記錄, ≪分類紀事大綱23 移館一件≫ (일본국립국회도서관소장)

어지고 있다고 보고되어 있으며 이 정보는 대마번의 江戶藩邸에도
전달되었다. 사료에 따르면 조선인 내통자도 자신의 행위가 '매국행
위'에 해당한다는 것을 분명히 인식하고 있으며 때문에 이 정보제공
은 대마번측 내부에서도 통사에게도 알리지 않은 채 극소수의 관련
자를 중심으로 극비리에 추진되었다. 조선정부는 조정의 동향을 서면
등을 통해 일본인에게 알리는 행위 자체를 중죄로 취급하여 '禁散入
各房約條' 이후에도 이를 재삼 반복하여 천명했으나 위의 사례에서
도 증명되듯이 대마번측에 협력하여 은밀하게 정보를 제공하는 조선
인이 존재했던 것은 사실이었고, 대마번도 필요에 따라 정보수집을
위해 모든 수단을 동원했다는 것을 알 수 있다.

　弟六條는 개시일에 왜관내외의 감찰을 담당한 조선관리의 역할분
담에 관한 항목이다. 특히 역관은 개시대청뿐만 아니라 중대청에서의
거래에도 입석하여 잠상방지에 힘쓰도록 되어 있다. 第七條는 일본인
의 통행범위에 관한 최초의 규정으로 보이는데 일본인이 관외로 나
가는 경우 前川(佐自川)을 넘지 않도록 정하고 있다. 이 조항은 前年
에 있었던 대관 이하 90여 명의 난출사건의 영향으로 제정된 것으로
보인다. 그리고 朝市에서는 재관자가 식료용으로 구입하는 魚・野菜
類・약간의 쌀 이외의 물건은 매매를 금하고 있다.

　요컨대 이 약조는 잠상 금지, 국정누설 금지, 조선인의 왜관출입규
정, 조선관인의 왜관경비, 재관일본인의 통행범위 등 조선이 왜관을
운영하는 데 있어서 단골항목이라고 할 수 있는 문제의 대부분이 언
급되어 있다. 일본인의 통행범위에 관한 조항을 제외하면 기본적으로
왜관의 경비와 무역업무에 관여하는 조선측 관리, 그리고 재관일본인
과 접촉하는 조선인을 대상으로 하고 있으며, 不法倭債에 관계한 자
에 대한 처벌적용도 어디까지나 조선인에게 한정되어 있다는 점이다.

　한편 '禁散入各房約條'가 조선조정의 재가를 얻은 후 同年(1653)4
월, 왜관측도 관수, 대관 등이 협의하여 '倭人書納約條'13)를 제정했

다. 이것은 대마번이 왜관 체류자를 대상으로 해서 만든 것으로 木板
에 기입하여 館中에 걸었다고 한다. 여기에서는 불법적인 債銀給付,
武器판매, 送使의 불경한 태도, 일본사정의 누설, 銀子僞造 등의 금지
및 관내의 화재방지, 館門 출입시의 내부보고, 일본선박의 구조 등을
정하고 있어, 이국 조선에서의 통교활동을 행하는데 있어서 주의해야
할 행동지침의 성격을 띠고 있다. 특히 조선인에게 일본무기의 판매
를 금지하는 조항이 눈길을 끄는데 이 조항은 막부의 무기수출 정책
과 연관되어 있었다.

에도시대 일본에서 무기류의 해외수출 금지령이 처음으로 발포된
것은 元和7년(1621)이다. 그 최초의 금지령은 1621년 7월27일, 細川忠
利(小倉藩), 大村純信(大村藩), 松浦隆信(平戶藩)등의 九州大名들 앞으
로 발포된 幕府年寄(老中)連署奉書[14]로서, 해외로의 일본인 매매 · 무
기나 군수물자의 수출 · 일본근해에서 네덜란드와 영국의 해적행위
금지 등을 내용으로 한다. 이 금령은 히라도(平戶)에서 영국와 네덜란
드의 상관장에게 전달되었다.[15] 당시 일본을 비롯한 동남아시아, 南
洋諸島지역에서는 포르투갈 · 스페인 · 네덜란드 · 영국 등 각국이 무
역거점의 확보 및 이권쟁탈을 둘러싸고 치열한 무력충돌을 반복하였
고 병력과 노동력 부족을 보충하기 위해 일본인 兵員이나 노동자를
招致하여 종군시키곤 했다.[16] 이 법령은 일본에 내항하는 모든 異國

---

13) 倭人書納約條의 전문은 다음과 같다. "商賈買賣之外 一切不得給債, 館
   中禁火, 勿用輕重秤子, 勿爲仮作銀子, 勿許無手標倭 混同出入, 勿賣軍器
   禁物, 送使出來者 勿与朝鮮人爭語相較 凡倭相接朝鮮人 極其致敬, 館門
   出入 必告館守, 島中往來書札 勿及雜言[所謂雜言 乃日本事情], 倭船値
   風 極力往救". ≪邊例集要≫ 권5, 約條 癸巳(1653)4월조. ≪增正交隣志≫
   권4, 約條. ≪接待事目錄抄≫ 癸巳(1653)4월조

14) ≪大日本史料≫ 元和7년(1621) 7월 27일조

15) 永積洋子, 1999 <平戶に伝達された日本人賣買 · 武器輸出禁止令> ≪日
   本歷史≫ 611, 67

16) 예를 들어 몰루카, 필리핀 근해 등의 지역에서 스페인과 네덜란드가 격

船에게 교역의 안전을 균등하게 보장한다는 막부의 원칙을 보다 철저히 하려는 것을 의미하는 동시에 막부가 특정 이국인에게 군사적인 편의를 제공하는 것에 의해 일본이 외국간의 국제분쟁이나 전쟁에 말려들어 그 결과 도쿠가와 쇼군의 권위가 훼손되는 것을 우려했기 때문이었다.17) 봉서는 히라도와 나가사키를 우선적인 규제대상으로 상정한 것으로 생각되며 대마번에 이 봉서가 발급된 확실한 증거는 남아 있지 않다고 하나 대마번도 규제의 대상에 포함되었던 것으로 보는 것이 자연스러울 것이다.18) '倭人書納約條'의 軍器매매 금지 조항은 전술한 막부의 정책이 반영된 것이라 하겠다.

한편 대마번이 왜관 체류자들의 행동을 통제하기 위해 만든 규정으로는 '倭館壁書'19)와 '覺書'를 들 수 있다. 이는 약조라는 형식을

렬한 쟁탈전을 펼치던 1613년, 네덜란드 함대 사령관 쿤이 13척의 함대를 이끌고 티들섬 원정을 결행했을 시에는 일본병사 40명이 從軍했다. 그들은 히라도와 바타비아간 직항선으로 移民으로써 바타비아에 도착한 자들이었다. 네덜란드의 출동에 대항하여 1615년, 필리핀 총독 돈 후안 데 실바가 15척으로 구성된 함대를 이끌고 몰루카 원정에 나섰을 때 마닐라 주재 일본인 500명이 응모하여 스페인군으로 종군했다. 그러나 함대가 轉戰하여 말래카 근해에 이르렀을 때 전부터 이들 일본인의 제어에 고심하던 스페인은 싱가폴 해협에서 이들을 解雇, 육상으로 추방해 버렸다. 막부가 1621년, 금후 외국인이 전쟁을 위해 일본인을 해외로 수송하는 것을 엄금하고부터 네덜란드에 의한 일본인 해외 招致, 특히 몰루카 諸島 방면으로 일본인 兵員을 보충하는 일은 불가능해졌다고 한다. 岩生成一, 1987 《續南洋日本町の研究》 (岩波書店, 東京) 참조.
17) 加藤榮一, 1995 <オランダ連合東インド會社日本商館のインドシナ貿易> 田中健夫編 《前近代の日本と東アジア》 (吉川弘文館, 東京) 248~9
18) 막부의 무기수출 금지령이 발표되기 이전 조선은 간단히 일본의 무기류 (銃劍類)를 구입할 수 있었으며 일본측의 대응도 대단히 협조적이었다. 또한 수출 금지령 이후에도 대마번은 막부의 재가를 받지 않고 鳥銃·塩硝·鈆鐵·鑞子·硫黃 등을 진상품의 형식을 빌어 증정했다. 대마번이 조선에의 무기 수출에 소극적인 태도로 변하는 것은 柳川一件 이후이다. 米谷均, 2000 <一七世紀前期日朝關係における武器輸出> 藤田覺編, 《十七世紀の日本と東アジア》 (山川出版社, 東京) 48~63

취하지 않은 것으로, 대마번이 자체적으로 재관자들을 관리할 목적으로 왜관에 통달하던 것이었다. 벽서는 도박, 술과 관련된 추태, 언쟁과 다툼, 조선인과의 사적인 서신교환, 조선인에 대한 무기판매 등을 금하고 있어 왜관에서의 업무지침인 동시에 재관일본인의 생활과 행동을 규제하는 성격을 띠고 있었다. 대마번은 때로는 조선과 약조를 맺어 왜관을 공동으로 통제하는 한편 독자적인 규제조항을 작성하여 통교업무에 임했던 것이다.

1678년 豆毛浦에서 草梁으로의 왜관이전을 계기로 조선은 왜관의 통제강화와 전면적인 쇄신을 모색한다. 초량왜관이 완성되기 전인 1677년, 동래부사 李馥은 問慰行이 대마번 당국과 직접 협의해야 함을 조정에 진언하였고, 그 준비단계로 이듬해 관수와 논의하여 '朝市約條'[20]를 정하였다. 조시약조는 내용면에서 후의 癸亥約條의 전신이 되었다. 나아가 조선은 약조에 한층 강력한 강제력을 부여하기 위해 1682년의 통신사를 매개로 대마번 당국과 직접교섭을 통한 약조체결을 추진하게 된다. '癸亥約條'[21](1683년)는 그러한 노력의 성과였다. 계해약조는 재관자의 난출, 조선인 관리에 대한 재관자의 폭행, 잠상의 금지 등에 관한 규정을 담고 있다. 이는 근세의 왜관업무가 시작된 이래 조선측이 지속적으로 강구해 온 왜관통제책이 집약된 것이었다.

무엇보다도 종래의 약조들에 비해 획기적인 점은 잠상과 난출의 금을 위반한 자에 대한 처벌규정(死刑) 및 형의 집행 장소가 구체적으로 명시되어 있다는 점이다. 이는 양국인을 포괄하는 禁律위반규정이

---

19) 왜관벽서는 1671년 3월19일, 제15대 관수 唐坊忠左衛門 때에 시작되어 대대로 관수의 교대시에 통달되었다. 최초의 벽서는 19개조로 이루어졌다.
20) ≪增正交隣志≫ 권4, 約條. ≪肅宗實錄≫ 4년(1678) 9월 癸卯條
21) ≪辺例集要≫ 권5, 約條 ; ≪增正交隣志≫ 권4, 約條 ; 泉澄一編, 1984 <和交覺書> ≪續芳洲外交關係資料集 雨森芳洲全書四≫ (關西大學出版部, 京都) 248 등에도 약조문이 수록되어 있다.

라는 점에서 이후의 왜관통제가 일종의 국제법에 의거하여 전개되었음을 의미하는 것이었다.

2. 대마번의 '癸亥約條(約條制札碑)'수정계획

종가기록 ≪改建制札眞文貳通並和文≫[22]에 의하면 대마번은 한때 계해약조의 조문 일부를 변경하려는 계획을 세운 적이 있었다. 이에 따르면 계해약조의 일부수정을 조선측에 청원하는 陳文 및 새로운 조문의 草案을 修聘使(통신사파견을 요청하는 差倭)를 통해 接慰官·동래부사에게 제출하기로 되어 있었다. 초안에는 '戊戌'이라는 干支만이 기록되어 있는데, 1718년·1778년·1838년이 '戊戌'년에 해당된다. 이 중 수빙사가 조선에 도해한 것은 1718년뿐이므로 계해약조의 개정안은 1718년의 수빙사인 大浦忠左衛門에 의해 조선에 제출될 예정이었다고 추정할 수 있다. 대마번이 준비한 개정된 條文과 그것의 日譯文은 다음과 같다. 기존의 조문을 어떻게 수정하려 했는지를 명확히 하기 위해 수정이 가해진 조문에는 ( )안에 계해약조의 본래조문을 附記하였다.

【계해약조의 개정조문(초안)】
一. 禁標로 정한 定界 밖으로 大小事를 막론하고 함부로 나가 犯越한 자는 一罪로 다스린다.
一. 蔘貨五斤以上의 潛商 및 이에 준하는 가치(價銀)의 다른 물건의 잠상이 현장에서 발각되었을 때 피차 각각 一罪로 다스린다.
  (一. 路浮稅를 현장에서 잡았을 때는 준 자, 받은 자 모두 一罪로 다스린다)
  (一. 開市 때 몰래 각방에 들어가서 남 모르게 매매한 자는 피차 각각 一罪로 다스린다)

---

22) 한국국사편찬위원회소장, 기록류 No.5245

一. 조선인이 입관하면 절대로 도리에 맞지 않게 때리거나 다투지 않는다.
(一 五日雜物을 들여보내 줄 때 色吏·庫子·小通事 등을 왜인이 절
대로 끌어내어 때리지 않도록 한다)
一. 피차간에 죄를 범한 자는 모두 관문 밖에서 刑을 행한다.
一. 재관일본인이 일이 있어 외출할 때는 館司에게서 牌를 발급받아 출
입하여 증빙으로 삼는다.
(在館諸人이 만약 볼일이 있으면 館司에게 고한 후 通札을 지참하고
訓導, 別差의 집무소에 왕래할 수 있다. 各條制札을 館中에 써서 세워
明鑑으로 삼는다)

【改訂條文의 和文(日譯文)】

一. 際木の外 日本人不依何事 堅不罷出樣可仕候 縱ニ界を犯候者 於有之
者 斬罪 ニ可申付候事右者以前より之ヶ條を用申度候

一. 上セ銀互ニ差引相濟候後 又々上セいたし候者 於有之者 右之銀子相渡
候者 請取候者 双方同斬罪ニ 可申付候事右者除ヶ候樣ニ仕度候.

一. 潛商之儀 人蔘五斤以上 他物を相調候ニ いたし候而も 右人蔘五斤之
價ニ 相當候銀貨以上ニ而 科人卽時召捕之 吟味之上 相手相知候時ハ
彼此共ニ同然 斬罪ニ可行候事右以前之制札ニ者 開市之時 潛ニ房內
ニ入 商買仕候者 彼此一罪与有之候得共 潛商之仕置之儀者 何時茂同
然之儀ニ而 專開市之時而已ニ限り 申たる事ニ無之候處ニ 開市ニ限
り候樣有之段 不穩事ニ御座候 扨又潛商ニ茂 仕形之輕重 其品之多少
も 有之事ニ候處 斤數多少を以 仕置之次第を立不申 擡而彼此一罪与
斗り有之 備細之法式申含無之候故 潛商仕候節 仕置致樣之儀 ニ處置
難致樣ニ 相見候間 以來者右本文之通ニ 申含候樣ニ仕度候 且又潛商
之儀 人蔘五斤內ニ候歟 又ハ他物を 相調候ニ茂致候得 何ニ而も 人蔘
五斤代內之銀貨ニ候歟 或者人蔘五斤以上 人蔘五斤代之銀貨以上ニ候
共 右潛商人卽時ニ召捕不申 其後吟味之上致露見 旣ニ日を經候以 後
之儀ニ候者 彼此一罪ニ不及 互ニ銘々國法之通ニ 行候樣ニ可致候.

一. 擡而朝鮮人令入館候節 非道ニ打鄭口論等仕候儀 堅令停止候事右以
前之制札ニハ 五日次雜物持來候節 戶房其外小通事等 打擲不仕樣ニ
と 有之候得共 左候而者 五日次雜物持來候外者 致打擲候而も 不苦与
申樣ニも相聞 戶房小通事之外者 打擲仕候段 其通りと申樣ニも相聞
得と無之書付与被存候付 右本文之通ニ 相改り候樣ニ仕度候.

一. 彼此共ニ科を犯候者ハ 何茂館門之外ニ而 仕置可致候事右者以前之
通ニ仕度候.

一. 在館日本人用事二付 館外へ罷出候節者 館守江申届 往來札を以 出入
可仕候事右之儀 元來一ヶ條二立 書載不致候而不叶 重キ儀二御座候
處 以前之制札二者 ヶ條書之奧二 右之趣粗增二書込有之段 不穩事二
御座候間 此度より一ヶ條二立 書載仕候樣二致度候.[23]

개정조문에는 계해약조 원래의 조문이 그대로 유지된 부분도 있으
나 변경, 삭제되는 부분도 있었다. 上記한 日譯文을 바탕으로 하여 수
정이 가해진 조문의 내용과, 대마번이 수정을 필요로 하게 된 이유를
검토하고자 한다.

우선 두 번째 조문부터 살펴보자. 이 조문은 路浮稅를 행한 자 및
개시무역 때에 왜관의 방에 잠입하여 은밀히 매매한 자는 조선인과
대마인 양쪽을 死罪로 처벌한다는 잠상 처벌규정인데, 원래는 두 개
의 조문이었던 것이 개정조문에서는 하나로 단축되어 있다. 단축된
수정안에서는 "5斤 이상의 人蔘밀무역, 또는 인삼 5근 이상의 가치에
해당하는 銀價를 가지고 거래한 밀무역이 즉시 발각되어, 조사에 의
해 상대방이 밝혀졌을 경우에는 양자를 死罪로 다스린다"고 되어 있
다. 계해약조에서와 같이 잠상을 路浮稅와 개시무역에서의 부정행위
에만 한정하지 않고, 잠상행위의 판단기준을 '인삼잠상은 5근 이상'
'다른 물품의 잠상은 인삼 5근 이상의 가치에 상당하는 銀價'로 좀더
구체적으로 못박고 있다. 이것은 잠상의 거래형태나 그것이 발생한
상황에 관계없이 거래된 물품의 양을 처벌의 기준으로 삼는 것으로,
어떤 의미에서는 왜관 내외에서 발생하는 모든 형태의 잠상행위를
포괄한다고 볼 수 있다. 잠상이란 반드시 개시무역에서만 발생하는
것이 아니기 때문이라는 이유를 덧붙이고 있다. 뿐만 아니라 잠상의
罪質에도 輕重의 차가 있고 거래물품의 多少가 있는데, 계해약조에서
는 물품의 다소를 참작하지 않은 채 오직 死罪만으로 일괄처리하도
록 되어 있어 형량의 차별화가 전혀 이루어지지 않고 있는 점도 지적

23) 宗家記錄, ≪改建制札眞文貳通並和文≫

되고 있다. 때문에 막상 잠상이 발각되어도 처벌을 하는데 있어서 조선과 대마번 사이에 의견차이가 생겨 분쟁으로 발전하는 일이 적지 않았다. 또한 日譯文에 의하면 양국의 잠상인을 死罪로 처단할 수 있는 처벌 유효기간에 관한 규정도 삽입하려 했음을 알 수 있다. 즉 사죄에 해당하는 잠상이건 그보다 경미한 물량의 잠상이건, 그것이 즉시 발각되지 않고 시일이 경과된 후 발각되었을 경우에는 해당 잠상인을 각기 自國法에 의거하여 처벌한다는 것이다.

세 번째 조문은 계해약조의 "五日次雜物 入給時 관내 일본인은 조선의 色吏・庫子・小通事 등을 구타해서는 안된다"라는 부분이 "조선인이 入館할 때 일본인은 도리에 어긋나게 말다툼이나 폭력을 행사해서는 안된다"로 수정되어 있다. 계해약조에서는 폭력을 자제해야 할 상황과 대상이 '五日次雜物 入給時' '色吏・庫子・小通事'로 한정되어 있어 그 외의 상황이나 대상에 관해서는 폭행이나 언쟁이 용인되는 듯한 의미로 해석될 수 있기 때문이었다. 다섯 번째 조문은 "재관일본인이 용건이 있어 관외로 외출할 경우 관수에게 사전에 보고하고 給牌(往來札, 통행증)를 지참하고 출입해야 한다"고 하여 계해약조에서는 조문 말미에 附記되어 있던 부분을 한 개의 조문으로 독립시켰다.

이 개정안은 그간의 계해약조 시행경험을 통해서 대마번이 느꼈던 문제점을 반영하여 현실적인 통교업무에 보다 적합한 내용으로 수정하려는 의도에서 계획된 것으로 궁극적으로는 기존 조문내용의 합리화와 구체화를 꾀했다고 할 수 있을 것이다. 그러나 적어도 필자의 조사에 따르면 계해약조가 개정되었다는 사실을 전하는 기사는 조선과 대마번 양쪽의 문헌에서 찾아볼 수 없으며, 해당 수정안의 교섭담당자로 추정되는 修聘使大浦忠左衛門(1718년)과 관련된 종가기록에도 개정교섭의 진행이나 결과를 기록한 부분은 발견되지 않는다. 따라서 대마번이 무슨 까닭에선가 개정안의 제출 그 자체를 취소했을

가능성도 있으나 현재로서는 금후 관련사료의 발굴과 검토가 요구됨
을 밝혀 둘 뿐이다.

Ⅳ. 1711년 '辛卯約條(交奸約條)'

1. 問慰行(1708년)의 交奸문제 교섭

　　근세의 왜관은 일본인 여성의 체재나 조선여성의 출입이 금지된,
완벽한 남성들만의 공간이었다. 17세기 초두 한일 양국의 통교가 재
개되면서 왜관이 새롭게 발족한 이래 적어도 17세기 전반의 양국 문
헌사료에서 여성의 왜관 출입과 체류를 규제하는 법령이나 규정은
보이지 않는다. 따라서 여성의 왜관출입이 공식적으로 금지된 시점은
불분명하다. 그러나 문헌에는 이미 1661년의 교간사건 기록이 보이며
이 사건의 당사자인 조선여성과 조선인 공모자가 효시된 사실[24]이
확인되므로 이 무렵 또는 그 이전부터 조선여성의 왜관출입과 교간
행위에 대한 규제나 금령은 어떤 형태로든 있었을 것으로 추측된다.
왜관에 여성의 출입을 금하는 최초의 성문규정으로 보이는 것이 「朝
鮮人禁制」(康熙15년, 1676년)이다.

　　　　朝鮮人禁制
一. 무릇 宴享時에 불법을 행하는 자는 중함에 따라 처벌한다.
一. 관청의 사무로 입관하는 자로 訓導, 別差 외에는 牌를 발급받아 들어
　　간다. 사사로운 입관을 모두 엄금하며 이를 어긴 자는 守門軍官과 함
　　께 논죄한다.
一. 館門 근처를 女人이 왕래하는 것을 절대로 허락하지 않는다.
一. 매월 여섯 번의 開市에는 監官을 別定하여 牌를 검사하고 상인을 입

24) 尹裕淑, 1998 <約條にみる近世の倭館統制について> ≪史觀≫ 138, 28

관하게 한다. 訓導, 別差가 개시대청에 整座하고 교역한 후 퇴거한다.
각방에 산입한 자는 一罪로 논단한다.
一. 개시에서 다투고 실례를 범한 자는 경중에 따라 논죄한다
一. 일본인이 만약 標木 밖으로 濫出하면 즉시 보고하여 각별히 처치한다.
際
康熙十五年四月　日[25]

필자의 조사에 의하면 조선측 기록에서는 이 금제를 발견할 수가
없고 일본측 문헌인 ≪和館事考≫, ≪通航一覽≫, ≪草梁話集≫등에
서 그 존재가 확인된다. 단 위의 일본문헌에도 '康熙一五年'이라는 연
도와 함께 조문만이 기재되어 있어 이것이 어떠한 경위로 정해진 것
인지는 알 수 없다. 조선인의 왜관출입제한, 開市에서의 금지행위, 일
본인의 濫出(난출)統制 등을 내용으로 하고 있어, 이전에 제정된 왜관
관련 약조나 금제와 비교하여 크게 다를 바 없다. 관문 근처에 여성
의 왕래를 금지한 점, 일본인의 통행지역 한정에 대해 언급한 점 등
으로 미루어 朝鮮人禁制는 조선측이 제정한 규정일 가능성이 크다.
　여기에서 특히 주목하고 싶은 것은 조선여성이 왜관부근을 왕래하
는 것을 금하는 항목이다. 나가사키의 데지마에 체류하는 네덜란드인
이나 唐人屋敷의 중국인도 자국의 여성을 동반하고 입국하는 것이
금지되어 있었으나, 네덜란드 商館이나 唐人屋敷에는 遊女의 출입[26]

---

25) 宗家記錄≪和館事考≫(국사편찬위원회소장) ; ≪通航一覽≫ 권125, 467 ;
　　泉澄一編, 1984 <交隣大昕錄> ≪續芳洲外交關係資料集 雨森芳洲全書
　　四≫ (關西大學出版部, 京都) 157 ; ≪草梁話集≫(館中定式之事)이 「守門
　　內外制札」이라는 小題를 붙여 조선인금제를 계해약조와 함께 수록한
　　것으로 미루어, 조선인금제도 계해약조(약조제찰비)처럼 제찰의 형태로
　　守門에 세워져 있었을 가능성이 있다. 또한 일설에는 「耶蘇敎의 禁碑」
　　와 함께 이 금제가 「六개조 禁碑」로써 왜관 앞에 세워져 있었다고도 전
　　해진다. 淺川伯敎, 1930 ≪釜山窯と對州窯≫ (彩壺會, 東京) 96~7
26) 네덜란드 상관의 출입규정은 ≪通航一覽≫ 권242, 234의 禁制가 참고가
　　된다.
　　禁　制

이 허용되었던 반면 왜관의 일본인에게는 이것도 허락되지 않았다. 왜관에서는 조선인 여성이 왜관내로 잠입하여 일본인과 성관계(주로 매춘)를 갖는 일이 종종 있었고, 발각될 경우 조선정부는 이를 '交奸' 으로 규정하여 대개는 당사자인 여성과 중개인 역할을 한 조선인을 사형(梟示)이라는 극형에 처했다. 조선정부가 교간에 대해 이렇게까지 극단적인 엄형방침을 취했던 데에는 당시 조선사회를 지배하던 유교적인 윤리관의 관점에서 용서하기 어려운 행위였기 때문으로 풀이하는 시각이 일반적이지만, 한편으로는 이것이 단순히 도덕적인 이유에서 뿐만 아니라 혼혈인의 증가로 인해 초래될 수 있는 민족적인 위기를 예방하기 위한 지극히 정치적인 조치로 해석하는 견해도 있다.[27]

一. 傾城之外, 女入事. 一 高野聖之外, 出家山伏入事. 一 諸勸進之者並乞
食入事. 一 出島廻ぼうじより內 船乘入事. 附 橋之下船乘入事. 一 斷
なくして, 阿蘭陀人出島より外へ出事. 右條々堅可相守者也
일본인의 데지마 출입은 엄중히 관리되었다. 表門 番所에는 평상시 番人 4,5명이 경계를 섰고, 특히 네덜란드선박 입항 중에는 糸割符仲間이나 長崎內外町에서 임시 番人을 파견했다. 한편 네덜란드인 출입의 경우 商館長·次席·荷倉役·簿記役·下筆者·上醫師·下醫師·賄方 등 대개 9명에서 12,3명 정도가 일년에 한번 행하는 江戶參府나 長崎奉行所 방문(八朔), 諏訪神社祭禮에의 참가를 제외하면 일년 중 대부분을 데지마 안에서 생활했다. 平戶에 상관이 있던 시기에는 네덜란드로부터 부인을 동반하였고 일본여성과의 결혼도 허용되었으나 쇄국을 행한 寬永16년(1639), 막부는 네덜란드인 가족들 및 네덜란드인·영국인과 일본여성 사이에서 태어난 다수의 혼혈아를 바타비아로 추방했다. 명확한 법령은 없으나 이 때 외국인 여성의 일본거주를 인정하지 않는 방침이 세워진 것으로 보인다. 寬永10年(1633)부터 同16年(1639)까지 막부가 차례로 발포한 이른바 쇄국령에 외국여성의 입국에 관한 규정은 없으나 사실상 여성의 동반입국은 금지되었다. 그 대신 丸山의 遊女가 데지마로 들어가는 것을 허가했고, 유녀와의 사이에서 태어난 혼혈아가 부친과 함께 부친의 본국으로 연행되는 것은 금지되었다. 長崎縣史編集委員會編, 1986 ≪長崎縣史 對外交涉編≫ (吉川弘文館, 東京) 504~5
27) ジェイムス·ルイス, 1997 <釜山倭館における日·朝交流－賣春事件に

조선이 교간을 중대한 범죄로 취급했던 탓에 양국 문헌에는 교간
사건에 관한 기사가 적잖이 남아 있다. 필자의 조사에 따르면 문헌상
으로 확인되는 교간사건은 1661년의 사건에서 1859년의 사건까지 약
11건을 헤아린다. [28] 초기에 조선은 조선여성과 중개인만을 처벌하는
데 그쳤으나 숙종16년(1690)사건을 기점으로 하여 점차로 교간 상대
자인 재관일본인에게도 同律처벌, 즉 사형을 적용하도록 대마번측에
요구하게 되었다. 同年의 교간은 조선여인 3명이 왜관내에 잠입하여
井手惣左衛門을 비롯한 4명의 일본인이 상대가 된 사건이다.[29] 교간
정보를 입수한 조선관리로부터 조선여인의 입관여부를 추궁당한 館
守 深見彌右衛門은 입관사실을 부인하면서 비밀리에 조선여인들을
관외로 도망치게 했으나 3명 모두 조선관리에게 포박되어 사형에 처
해졌다. 조선은 교간일본인을 거명하면서 처벌을 촉구했으나 관수가
이런저런 핑계로 시간을 끌면서 거명된 일본인을 내어놓지 않는 사
이에 일이 종결되었는데, 대마번청에서는 관수 深見彌右衛門의 이같
은 대응을 적절한 대처라고 상찬하는 분위기였다.[30] 조선과는 대조적
으로 이런 종류의 사안에 대한 대마번의 통제는 조선만큼 열성적이
지 않아 교간을 일으킨 자에게 조선도항중지를 명하는 정도였다. 또
한 1707년 조선여인 甘玉과 중개인이 교간혐의로 체포되었을 때에도
번청은 재관자에게 교간금지의 엄수를 호소하는 한편, 관수 樋口久米
右衛門에게 관내조사를 통해 조금이라도 의심스러운 자는 엄밀한 조
사를 거쳐 조속히 귀국조처하도록 지시했다.[31] 조선이 교간문제에 지

みる權力 · 文化の相剋-＞ 中村質編, ≪鎖國と國際關係≫ (吉川弘文館,
　東京) 269~274

28) 尹裕淑, 1998 <위 논문>, 28

29) 宗家記錄, ≪分類紀事大綱31 交奸一件≫ (일본국립국회도서관소장)

30) 泉澄一 · 水田紀久編, 1982 <交隣提醒> ≪芳洲外交關係資料 · 書翰集
　雨森芳洲全書三≫ (關西大學出版部, 京都) 70

31) 宗家記錄, ≪分類紀事大綱31 交奸一件≫

극히 민감하게 반응하는 것을 대마번도 숙지하게 된 만큼 壁書를 통하여 교간행위를 금하고는 있었으나 위반자는 어디까지나 대마번의 내부문제로 처리되고 있었음을 알 수 있다. 甘玉의 교간사건 때에도 동래부사는 관수에게 교간 당사자를 색출하여 처벌해 달라는 요청을 넣었으나 관수 樋口久米右衛門은 진상이 불분명하다는 이유로 이에 응하지 않았다.

이처럼 관수가 조선측의 요구에 응하지 않는 사례가 거듭되자 조선은 대마번 당국과의 직접교섭에 착수하게 되었다. 甘玉사건 이듬해인 1708년, 최상집을 堂上官으로 하는 問慰行(渡海譯官使)은 사행임무 중의 하나로 번당국을 상대로 전년에 있었던 교간사건의 해결교섭에 임하게 되었다.[32] 최상집은 도해역관에 임명되기 전부터 왜관의 대마번 通詞들에게 "조선조정은 대마번이 생각하는 이상으로 교간을 심각하게 여기고 있다. 교간일본인이 조선측이 요구하는 처벌(교간조선인과 同罪)을 전혀 받고 있지 않으므로 문위행의 도해에 맞추어 교간문제에 관해 언급한 禮曹書簡이 발급될 것이다"라고 수차례 경고했다. 그러나 대마번 통사들은 "조선의 요구에는 응하기 어려우며 만약 그 같은 예조서간이 발급된다면 당신의 일신을 위해서도 좋지 않을 것이다"라며 협박조의 응대를 반복할 뿐이었다.

최상집은 자신이 예고한 대로 경계하는 대마번측의 눈을 피해 교간일본인의 이름이 기재된 예조서간을 지참하고 대마도로 건너갔다. 문위행과 함께 대마도에 도착하여 처음으로 이 사실을 전해들은 裁判과 家老들은 동요했다. 이 예조서간이 만약 공식적인 연회석상에서

---

32) 이 사행의 교섭현안에는 조선조정이 정식으로 下命한 교간문제 외에도 비공식 사안으로써「斛升一件」「通事拜領銀一件」 등이 포함되어 있었다. 斛升問題의 전말에 관해서는 田代和生, 1987 <對馬藩の朝鮮米輸入と「倭館枡」-宗家記錄≪斛一件覺書≫からみた朝鮮米の計量法-> ≪朝鮮學報≫ 124, 그리고「通事拜領銀一件」에 관해서는 大場生与, 1997 <對馬藩による朝鮮側小通事への援助>≪年報三田中世史研究≫ 4 참조.

정식으로 번청에 전달되면 대마번은 서간에 대한 答書를 내야 할 뿐
만 아니라, 문위행이 지참하는 예조서간은 막부에도 제출하도록 되어
있었다. 이것이 막부에 제출되면 왜관의 대마번 사람이 조선측이 違
法으로 규정한 교간행위를 반복한 결과 이에 격분한 조선정부가 외
교문서를 통해 자제를 호소하기에 이르렀다는 사실이 막부에도 알려
지게 된다. 대마번은 '교간과 같이 사소한'문제가 막부에까지 알려지
는 것을 우려했다. 그리하여 家老들이 토론을 거듭한 끝에 취한 대응
책은 우선 예조서간의 정식제출을 제지시킨 후 서간의 내용을 '口上
書'로 작성하여(교간범의 이름은 別紙에 기재) 번청에 제출하게 하고,
그 대신 대마번은 조선이 교간인으로 지목한 당사자를 색출, 시비를
가리어 외교교섭상의 성의도 선다는 것이었다.[33] 도해역관도 이 제안
에 동의했다.[34]

예조서간의 내용을 직접 확인하고서야 대마번은 조선이 교간범으
로 지목한 인물이 '白水源七'이라는 것을 알게 되었고, 곧 白水源七
(町六十人[35]白水甚兵衛의 아들)과 관련자에 대한 취조가 행해졌다.
白水源七은 "사건이 있었다는 1707년 10월경, 나는 痲疹에 걸려 館醫
筑城三伯의 약을 복용하며 침상에 누워 있는 신세였다. 그 당시 풍문
에 들기로는 久井伊左衛門, 志だけ忠兵衛라는 자가 여자를 왜관안으
로 끌어들이려 했으나 조선어를 몰라 伴七이라는 자에게 중개를 부
탁해서 여자를 입관시켰다고 들었다. 그러나 그 후 여자가 붙잡혀 伴
七과 나를 지목했다는 것을 알게 되었다. … 眞犯은 久井伊左衛門, 志
だけ忠兵衛, 伴七이다. 여자의 남동생은 坂の下에 거주하고 있었고
내가 왜관에 체재하던 무렵 그 남동생에게서 갖가지 물건을 조달받

---

33) 宗家記錄, ≪交奸一件記錄≫ (한국국사편찬위원회소장, No.5300)
34) 宗家記錄, ≪裁判記錄 瀧田權兵衛2≫ (일본국립국회도서관소장)
35) 중세로부터 근세를 통하여 존재했던 대마번의 특권상인 '六十人'(六十
    商人). '六十人'에 관해서는 田代和生, 1981 ≪近世日朝通交貿易史の硏
    究≫ (創文社, 東京) 420~432에 상세.

곤 했다. 여자는 수년 동안 왜관의 朝市에 나왔으므로 그녀를 알고
있는 사람이 비단 나 뿐만은 아니다"라고 供述했다. 白水源七이 진범
으로 지목한 志だけ忠兵衛는 1708년에 여행을 떠나 마침 대마도에
부재중이었다. 또한 伴七은 "나는 下目付가 되어 平左衛門이라 개명
하였다. 源七이 1707년 10월부터 와병 중이었던 것은 사실이다. 1707
년 10월, 志だけ忠兵衛와 함께 있었을 때 관내에 잠입한 조선여인과
남자를 우연히 발견하고 조선어를 아는 내가 두 사람을 내쫓았다. 12
월에 여자와 중개인 남자가 붙잡혀 두 사람이 源七과 나의 이름을 자
백했다고 들었다. 그래서 중개인의 남동생에게 두 사람이 나의 이름
을 거론한 이유를 캐묻자 그가 '당신은 두 사람(여자와 중개인)을 모
르지만 志だけ忠兵衛은 두 사람을 알고 있다. 만약 두 사람이 처형되
면 志だけ忠兵衛에게 木綿 1 疋이라도 우리에게 보내도록 말해 주게'
라고 서신으로 대답했다"고 자백했다. 번당국은 조선인이 伴七에게
보낸 서신을 입수하였으나 단서가 될 만한 문구는 발견되지 않았다.

관련자들의 공술이 뒤얽혀 별다른 진전이 보이지 않자 도해역관은
대마번측에게 전례대로 예조서간을 정식으로 수취하고 답서를 발급
해주던가 아니면 源七을 왜관에 송환하여 관수에게 재취조를 명하던
가 한쪽을 선택하도록 요구했다. 源七이 세 번의 拷問에도 불구하고
교간사실을 인정하지 않자, 대마번은 문위행의 귀국길에 편승해서 源
七을 조선으로 호송, 교간여인과 대면시켜 재차 취조하기로 했다. 또
한 번주종씨가 예조서간을 수취하지 않고 답서도 발급하지 않은 사
정을 별도의 서한으로 작성하여, 이것을 동래부사 앞으로 발송하기로
했다. [36) 대마번이 최상집에게 전달한 서한(短簡)에는 대마번의 입장
이 다음과 같이 기술되어 있다.

　　　… 타국 여성과 관계를 맺은 자를 처벌하는 것은 원래 일본의 법에

---

36) 宗家記錄, ≪交奸一件記錄≫

없는 일이다. 그러나 대마번은 귀국(조선)과 가까운 경계에 있으면서 대대로 誠信으로써 통교해 왔다. 귀국에서 大禁으로 정하고 있음을 잘 알고 있고, 일본의 법에 없기는 하지만 남녀간의 교류를 마음가는 대로 하도록 할수는 없는 까닭에 전부터 엄하게 금하기는 했지만 死罪로 처벌하기는 어려웠다. 대체로 그 나라의 풍속, 시세에 따라 형벌에는 경중, 대소가 있는 것이 천하고금의 도리이므로 타국의 사람까지도 반드시 그 나라(조선)의 법대로 처리해야 한다는 도리도 있을 수 없다. … 그러나 귀국과 대마번은 오랫동안 아랫사람들까지 왕래해 왔으므로 귀국의 大禁을 범한 자를 그대로 둔다면 귀국의 법도 서지 않을 것이고, 전부터 귀국의 마음을 고려하여 엄하게 금해왔던 취지에도 어긋나므로 그대로 두는 것은 도리가 아니다. 따라서 그 교간한 자를 대면시켜 죄상이 명백해지면 永永流罪에 처하고, 이를 이후의 정식규정으로 삼을 것이다. …[37]

여기에 의하면 일본에서는 薩摩藩 · 松前藩 사람이 琉球 · 蝦夷地의 사람과 남녀관계를 갖는 것에 관해 막부는 금제를 두고 있지 않으며 타국 여성과 성적인 관계를 가졌다고 해서 처벌되는 일도 없는데, 이러한 일본의 관습을 전혀 배려하려 하지 않은 채 여성을 사형에 처하고 나아가 조선의 刑慣習을 일본인에게까지 강요하려는 조선측의 자세를 부당한 처사로 단정하고 있다. 그러나 이와 동시에 오랜 통교상대로써 조선의 금제도 존중해야 하는 입장이므로 조선의 大禁을 위반한 자를 엄중하게 처벌해 나아갈 방침도 천명하고 있다. 즉 源七의 죄상이 명백해진 시점에서 '永永流罪'에 처함과 동시에 源七이 사실을 부인하면 그를 조선에 송환하여 상대편 여성과 대면시킬 수도 있음을 밝히고 있다. 대마번으로써는 양국의 문화적인 관습이나 刑量의 상이점에서 비롯되는 분쟁에 있어서 쌍방의 입장을 최대한 고려한 절충안이었다.

문위행은 교간문제를 언급한 예조서간을 대마번에 정식으로 제출하지 못했을 뿐만 아니라 대마번측의 답서도 수취하지 못한 채 귀환

---

37) 宗家記錄, ≪裁判記錄 瀧田權兵衛2≫ 2月 13日條

했다. 그리고 이 점을 이유로, 귀국 후 동래부사 權以鎭의 엄중한 문책을 받게 되었다. 또한 문제의 교간여인을 재차 조사하자, 뜻밖에도 여인은 이전에 源七을 만난 적도 없으며 고통스런 고문으로부터 벗어나기 위해 源七의 이름을 거론했을 뿐이라면서 종전의 증언을 번복했다. 이에 동래부사는 상당히 강경한 자세를 보이기 시작했다. 우선 대마번측이 정식답서 대신 발송한 서신의 수취를 거부하고, 일본측 교간인을 조선인과 동일하게 처벌한다는 번주종씨의 답서가 없는 한 죄인의 재결은 불가하다는 비변사의 令達을 근거로 들며, 源七이 왜관에 호송된지 2개월이 경과해도 그의 취조에 관해 아무런 지시도 내리지 않았다. 동래부사 권이진은 예조의 서간을 수리하지 않고 답서도 발송하지 않은 대마번의 변칙적인 대응이야말로 외교의례의 기본을 무시한 무례하기 짝이 없는 행위라고 비난했으며, 源七의 심문보다 오히려 대마번의 답서제출을 일관되게 요구하였다.[38] 그러자 대마번도 源七을 일부러 왜관에 송환했는데도 불구하고 조선측이 심문을 전혀 추진하지 않는 처사에 맹렬히 반발했다. 源七은 1709년 9월, 다시 대마번으로 보내진 후 "죄상은 불분명하지만 양국에 분쟁을 일으켰다"는 죄명하에 流罪처리되었다.[39] 이듬해 1710년, 조선에서는 교간여인 甘玉과 중개인이 처형되었다.[40]

2. 1711년 通信使와 '辛卯約條'

대마번의 答書不給과 白水源七의 처리에 불만을 품은 조선정부는 「彼此同律勘罪之意」의 約條化를 1711년 辛卯通信使의 임무로써 재차

---

38) ≪有懷堂先生集≫ 권5, 倭情狀啓五度(文集編纂委員會影仁文化社)

39) 宗家記錄, ≪交奸一件記錄≫

40) ≪邊例集要≫ 卷14, 潛商路浮稅幷錄附雜錄, 己丑(1709)9월조·庚寅(1710) 7월조

대마번에 요구하였다. 41) 장군 家宣의 襲職을 축하하기 위해 渡日한
신묘통신사는 新井白石에 의한 日本國王號復號 및 접대의례의 개변
으로 알려져 있다. 통신사는 에도 체재 중 대마번주 宗義方에게 금후
교간일본인을 死罪로 처벌하는 것이 조선조정의 뜻임을 밝히고 이를
정약해줄 것을 요청했다. 그러나 대마번측의 거부로 양자간의 교섭이
진척되지 않자, 통신사는 에도성 登城拒否 및 '辭見の儀'에서 장군 家
宣에게 교간인 처벌에 대해 직접 탄원하겠다는 의사를 밝혔다. 그러
나 대마번은 전부터 이같은 전개를 어느 정도 예상하고 있었던 듯 강
경한 자세를 굽히지 않았다. 그러자 통신사는 어쩔 수 없이 死罪처벌
요구에서 一步 양보하여 "약조사항에 强奸, 和奸의 차등을 두어서 죄
를 정한다면 …"이라는 대마번의 조건을 수용하기로 했다.42) 이렇게
해서 통신사는 대마번과 교간약조 체결에 성공할 수 있었다. 源廸子
惠編, 《交隣知津錄》 권3, 約條(嚴原町立鄕士資料館所藏)所收의 約
條文에 의하면, 조문의 奧書에 '對馬州太守御印'이라는 기재가 있다.
이것으로 보아 통신사가 제시한 삼개조의 조문에 번주종씨가 捺印했
음을 알 수 있다.

交奸約條
一. 對馬人이 왜관을 빠져나와 强奸을 행하는 경우, 律文(大明律)에 의거
하여 一罪(死刑)로 논단한다.
一. 여성을 誘引하여 和奸한 자 및 强奸未遂者는 永遠流配에 처한다.
一. 왜관에 잠입한 여성을 (조선측에)통보하지 않고 교간한 자는 次律(流
配)로써 벌한다.43)

종래 조선은 교간의 구체적인 상황에 관계없이 교간일본인에 대해
서는 일률적으로 사형적용을 주장했으나, 이 약조에서는 교간행위를

---

41) 《通信使謄錄》 2, 辛卯(1711) 5월 15일조
42) 宗家記錄, 《分類紀事大綱31, 交奸一件》
43) 《邊例集要》 권5, 約條 壬辰(1712) 2월조

세 종류로 분류하여 각기 형벌의 차별화를 꾀하였다. 적어도 사료상
의 교간사례로 보면, 조선인 중개자에 의해 여성이 왜관에 잡입하는
경우, 즉 약조의 세 번째 규정에 해당하는 사건이 압도적인 다수를
점하고 있어, 대마번 입장에서는 이전부터 자신들이 주장해 왔던 '流
罪'적용이 그대로 약조에 반영된 것이라 하겠다. 대체로 조선시대의
刑律은 公·私犯罪에 있어서 ≪大明律≫을 母法으로 삼아, 强姦범죄
의 처벌에 있어서도 ≪大明律≫을 준수했다고 한다. 따라서 조선국내
의 강간사건의 경우 강간범은 사형(絞刑), 강간미수범은 杖100·유배
3,000里刑, 相姦한 당사자들이 친척관계가 아닌 一般和姦犯일 경우는
杖80이 부과되었다.[44] 조선국내법상의 형량과 교간약조의 형량을 비
교해 보면, 강간미수와 화간은 확연하게 상이하지만 강간의 형량은
일치하고 있어 강간에 한해서는 조선국내의 처벌기준이 그대로 적용
되었다고 하겠다. 어쨌든 이렇게 해서 조선이 오랫동안 주장해 왔던
교간일본인의 사형은 강간의 경우에만 한정되었고, 왜관의 교간사건
에서 가장 일반적이었다고 여겨지는 화간 및 여성의 입관을 통보하
지 않고 간통한 자는 대마번의 주장대로 유배처벌이 확정되었다.

단 주목해야 할 점은 조선국내에서 일어나는 이런 성격의 사건에
서는 여성이 처벌대상에서 배제되었던 것에 비해, 일본인과의 교간은
그것이 강간이던 양자의 합의에 의한 행위이던 교간약조가 성립하기
전까지는 여성이 사형에 처해졌다는 것이다. 그러던 것이 교간약조가
성립되면서 여성은 杖100刑에 유배처벌을 받게 되어, 약조 이전 시기

---

44) ≪大明律≫ 刑律, 犯奸 犯奸條. 張炳仁, 1996 <조선전기의 강간범죄 - 처
　　벌사례에서 나타나는 위정자의 인식을 중심으로 - > ≪歷史學報≫ 150
　　참조. 조선정부가 강간범에 대해 일반폭력보다 훨씬 무거운 刑, 즉 살인
　　범에게 부과되는 絞刑이라는 극형으로 임한 것은 현대사회의 강간사건
　　처리와 비교해도 지극히 엄한 처벌이었다고 할 수 있으나 이것은 단순
　　히 폭력에 대한 응징이라기 보다는 여성의 貞節을 훼손했다는 점에 초
　　점이 두어졌기 때문으로 해석되고 있다.

보다 교간여성의 형량은 현저히 가벼워졌으나 중개인에게는 약조성
립 이후에도 여전히 사형을 고수하는 정책이 계속되었다. 이것은
1716년, 교간사건으로 포박된 季月이라는 여성이 자신은 강간당했음
을 강력하게 주장한 결과 사형결정을 면했던 것이 전례가 된 것으로
추측된다. 여성본인의 동의에 의한 교간인지 아니면 중개인 등에게
속아서 이루어진 강제적인 교간인지 하는 점에 관계없이 일률적으로
사형에 처해지던 여성쪽은, 1716년 季月의 사건 이후 극형을 면하게
된 것이다. ≪大典會通≫ 권5, 刑典 禁制에도 교간약조 이후 새로이
정해진 형벌규정이 보이는데, 왜인에게 뇌물을 받고 여자를 유인하여
潛入行姦한 자는 참형, 해당 여성은 杖一百徒配로 명시되어 있다.45)
≪通信使謄錄≫ 壬辰(1712) 5월조에 의하면 조선정부가 교간약조의
세 조항을 새겨서 館中에 세워두도록 하명했다고 하나, 약조제찰비처
럼 왜관에 설치되어 있었는지의 여부는 현재 확인되지 않는다. 한편
대마번청은 享保年間부터 '壁書'·'隣交書付'와 더불어 '交奸の書付'

---

45) 續大典의 규정이다. 그외에 속대전은 왜관에서 蔘貨를 잠상한 자, 商賈
로서 매매를 사칭하여 事情을 누설한자, 倭物을 훔친 자 등은 참형, 왜
관에 난입한 자는 一律(사형)로 규정하고 있다.
續大典
一. 倭館 [開市時, 訓導·別差·收稅算員·開市監官·監市軍官眼同 搜
檢公私物貨] 參貨潛商者 首從皆館前斬 [不入倭館而被捉者 受賂故
縱者 並嚴刑後 他道極辺定配 捕告人 參酌論賞 隨後現發則其 時訓·
別以下拿問嚴處 東萊府使亦拿問 訓·別以下知情 則與犯人同罪 鄉
通事及商賈等 與倭人期會 潛入絶島買賣者 依潛賣禁物例論 不檢擧
官員 罷職]
一. 商賈出入館中 托以買賣 漏通事情者 [爲從減等] 受賂倭人 誘引女子
潛入行姦者 [其女人則杖一百徒配] 倭人處負債者 倭物偸取者 並館
前斬
一. 倭館闌入者 以一律論 [官吏出入而不能禁斷 則訓·別重治]
一. 倭館朝市 各營邑及私商船 運米買賣者 [各衙門称以公貨 訓·別處成
送公文者 一切防禁] 倭人賚來雜物 浦口潛商者 [知情通事同罪] 並
杖一百徒三年

라는 것을 신임관수에게 교부하였는데[46] 이것으로 미루어 아마도 교
간약조의 성립과 때를 같이 하여 재관자를 상대로 한 '交奸嚴禁의 喚
起'가 관수의 공식적인 임무중의 하나로 첨가된 것으로 보인다. 이는
곧 대마번이 교간약조의 준수를 의식하여 재관자의 교간을 사전에
방지, 통제하는 데에 번청차원의 노력을 기울이게 되었음을 의미하는
것이라 하겠다.

V. 맺음말

조선후기 한일관계의 약조에는 왜관의 통제를 목적으로 체결된 것
이 다수 존재한다. 왜관통제에 관한 규정은 '禁散入各房約條'(1653)를
필두로 제정되기 시작하여, 대체로 잠상행위 금지, 잠상을 전제로 한
負債의 금지, 國情누설 금지, 조선인의 왜관출입규정, 조선관인의 왜
관경비, 재관일본인의 통행범위 등을 공통적인 내용으로 한다. 또한
대마번은 '倭館壁書'와 같은 독자적인 업무지침서를 제정하여 자체적
인 왜관통제를 꾀하였다.

1678년 두모포에서 초량으로 왜관이 이전된 후 조선은 왜관통제의
전면적인 강화와 쇄신을 모색하게 된다. 조선은 약조에 한층 강력한
강제력을 부여하기 위해 통신사를 매개로 대마번 당국과 직접교섭을
통한 약조체결을 추진하게 되는데 계해약조와 신묘약조는 그러한 노
력의 성과였다. 계해약조는 재관자의 난출, 조선인 관리에 대한 재관
자의 폭행, 잠상의 금지 등에 관한 규정을 담고 있다. 이는 근세의 왜
관업무가 시작된 이래 조선측이 지속적으로 강구해 온 왜관통제책이

---

46) 宗家記錄, ≪類聚書拔1, 館守≫ (長崎縣立對馬歷史民俗資料館所藏). ≪類
聚書拔≫에 나오는 <交奸の書付>는 정작 그 내용이 기재되어 있지 않
아 상세한 내용은 알 수 없다.

집약된 것이었다. 무엇보다도 종래의 약조들에 비해 획기적인 점은 위반자에 대한 처벌규정과 형의 집행장소가 구체적으로 명시되어 있다는 점이다. 더욱이 신묘약조가 체결됨으로써 교간한 일본인은 각각의 상황에 따라 死罪・流罪(流配)・永遠流罪 처벌이 확정되었다. 두 약조는 근세통교가 시작된 이래 가장 무거운 형률의 定約이 성립된 것을 의미하는 동시에 양국인을 포괄하는 禁律위반규정이라는 점에서 이후의 왜관통제가 일종의 국제법에 의거하여 전개되었음을 의미하기도 한다. 일련의 약조체결로 구체화된 통제정책의 정비, 강화는 신묘약조를 마지막으로 일단락되어 18세기 이후에는 두 약조를 기조로 하는 통제가 이루어지게 된다.

1718년 대마번은 계해약조의 내용을 일부 수정하려는 계획하에 새롭게 작성한 조문을 동래부사에게 제출하려 했다. 개정안은 현실적인 통교업무에 보다 적합한 내용으로의 수정을 의도한 것으로, 기존 내용의 합리화와 구체화를 꾀한 것이었다. 계해약조가 획기적인 성격의 약조이기는 했지만, 위반행위를 둘러싼 해석의 차이, 대마번의 의도적인 은폐와 협조거부 등으로 인해 현실적인 운용의 면에 있어서 약조가 엄밀하게 적용된 사례는 극소수에 지나지 않았다는 사실은 이미 선행연구를 통해서도 검증된 바 있다. 대마번이 조문의 수정을 시도했던 것은 적어도 조문적용의 可否에 대한 양자간의 견해차를 최소화시키기 위한 의도로 풀이되는데 수정안은 끝내 조선에 제출되지 않은 것으로 추측된다.

교간사건은 양국의 문화적인 차이가 분쟁으로 표면화된 대표적인 사례일 것이다. 초기에 조선은 조선여성과 중개인만을 처벌하는데 그쳤으나 1690년 사건을 기점으로 하여 대마번측에 교간 장본인인 재관일본인에게도 同律처벌, 즉 사형을 적용하도록 요구하게 되었다. 그리하여 1708년 문위행으로 하여금 대마번 당국과 직접교섭을 통한 약조체결을 시도하게 되었다. 그러나 대마번이 교간에 관한 예조의

서한을 접수하지 않는 등 파행적인 대응으로 맞선 결과 문위행의 약
조교섭은 실패로 끝나고, 결국 1711년 통신사의 교섭으로 신묘약조가
체결되기에 이른다. 종래 조선은 교간의 구체적인 상황에 관계없이
교간일본인에 대해서는 일률적인 사형적용을 주장했으나, 이 약조에
서는 교간행위를 세 종류로 분류하여 형벌의 차별화를 꾀하였다. 한
편 대마번은 享保年間(1716~1735)부터 '壁書'·'隣交書付'와 더불어
'交奸の書付'라는 것을 신임관수에게 교부하여 교간을 사전에 방지,
통제하는 데에 번청 차원의 노력을 기울이게 되었다.

ABSTRACT

Control of Japanese residency in Busan (Waegwan) and Korean–Japanese Negotiations in late 17th to early 18th Centuries

Yun, Yu-ssook

In the late Joseon period, numerous speedy treaties between Korea and Japan were concluded in order to control the Japanese residency in Busan. Such regulations over the control of Japanese Residency started to be enacted in 1653, and uniformly set into place various restrictions. Overall, they prohibited illegal trade, debts that accrued as a result of illegal trade, divulging of national affairs, and as well, they regulated Joseon peoples' visitation to the residency. Joseon official's expenditures that went toward the residency, and the flow of Japanese officials' traffic in and out of the residency. As for Tsusima Island, the authorities established an independent office of affairs and thus were able to plan its own control over their residency.

After the Japanese residency was moved to Choryang in 1678, Joseon's controls were further strengthened. In order to pass the stronger enforcements of the treaties, Joseon took their negotiations directly to Tsusima's authorities that acted as an intermediary to advance the conclusion of treaties. This resulted in the signing of the

Kyehae Treaty of 1683 and the Sinmyo Treaty of 1711. The Kyehae Treaty of 1683 was an intensification of the control policy that governed the Japanese residency and that which Joseon had continuously considered since the affairs of the residency first began. This intensification included the regulations of controls over residency officials' entry and exit, Joseon officials' management over violent acts against the Japanese residents, and prohibition against mercantilism and as well, concrete direction over violators' punishment and the place of punishment.

The Sinmyo Treaty of 1711 set into effect the punishment meted out to Japanese perpetrators of murder, crime and life-long crimes according to each situation. The examples of adulterous affairs were ostensibly debated due to cultural differences between the two countries. In the early period, only the guilty woman and man were published but after a precedent set in 1690, the Japanese resident official was also punished as the prime instigator of the affair. Although the Joseon delegates to Tsusima attempted to negotiate with the authorities a conclusion to the treaty in 1708, the Tsusima authorities did not receive the request for the clause related to adultery and as a result of their uncooperative reaction, the direct negotiation with Tsusima proved unsuccessful. In the end, the Sinmyo Treaty of 1711 was concluded through negotiations by Korean delegates to Japan (proper).

These two treaties represent the most severe contractual agreement of enforced punishment between the two countries that simultaneously included regulation of prohibitions. The maintenance and strengthening of a concrete policy of control that was concluded with consecutive treaties that ended with the Sinmyo Treaty in late 18th century, and with these two treaties, a system of control was put into effect.

Keywords: Waegwan or Japanese Residency in Busan, Korean delegates to Japan, Kyehae Treat of 1683, Sinmyo Treat of 1711, delegates of Joseon dynasty to Tsusima

通信使 往來를 通한 文化交流

韓 泰 文*

Ⅰ. 머리말

흔히 韓國과 日本의 숙명적 관계를 '가깝고도 먼 나라'라고 일컫는다. 이는 양국이 지닌 물리적 거리감과 심리적 거리감의 괴리를 정확하게 반영한 것으로, 오늘날 문화교류에 대한 양국의 인식차이에서도 확인된다. 곧 한국은 일본을 자신의 문화를 고스란히 물려받은 文化傳受國으로 여기는데 반해, 일본은 중국을 염두에 둔 '대륙문화'의 영향을 강조하면서 한반도의 영향을 애써 축소·부정하려는 입장을 견지하고 있다.

하지만 오늘날 문화교류에 대한 일반적인 시각은 다양한 인류문화의 기본적인 평등성을 인정하고 문화간 상호이해를 보다 심화시키는

─────────────

* 부산대학교 국어국문학과 교수

것이 전제조건이다. 따라서 양국의 이와 같은 인식은 서로에게 결코
도움이 되지 않는다. 그나마 다행인 것은 오늘날 양국 모두 15세기
초부터 19세기 초까지 일본을 왕래한 '通信使'에 대해 그 가치를 인
정하고 재조명하고 있다는 사실이다. 통신사는 좁게는 양국의 선린
우호관계를 증진시키고, 넓게는 동아시아의 항구적 평화를 정착시키
기 위한 상징적인 행사였다. 그것은 통신사가 양국의 공식적인 외교
창구로서의 역할 외에 경제·문화 등 다방면에 걸친 교류를 원활히
함으로써 상호 이해의 폭을 넓히는데 크게 기여했기 때문이다.

그동안 통신사에 대한 연구는 많이 이루어졌고,[1] 특히 통신사를 통
한 문화교류는 다른 분야에 비해 비교적 많이 연구된 편이다. 그것은
통신사 사행록에 빈번히 등장하는 筆談·唱和를 통한 양국 문사간
교류, 통신사가 남긴 遺墨이나 圖錄의 존재, 그리고 통신사의 영향을
받은 민중문화의 일본내 전승 등으로 통신사행은 곧 문화사행이라는
인식이 강했기 때문이다. 물론 통신사가 왕래하던 시기 중에 일어난
壬辰倭亂 때문에 더욱 문화사행으로서의 의미를 부여하려는 의식이
강하게 작용했다는 점도 부인할 수 없다.

통신사가 일본의 문예와 사상을 비롯해 문화 전반에 걸쳐 큰 영향
을 주었다는 것은 양국 연구자간에 공통된 시각이다. 다만 기존의 연
구에서는 문학을 통한 문화교류에 대하여는 연구가 집중[2]되어 있는
반면에, 학술이나 예능, 생활문화 및 기술문화 등의 문화교류에 대해

---

1) 연구사는 한국의 경우 孫承喆, 2002 <조선시대 通信使硏究의 회고와 전
   망> ≪한일관계사연구≫ 12, (한일관계사학회)에 의해, 일본의 경우 三
   宅英利, 1986 ≪近世日朝關係史の硏究≫ (文獻出版)에 의해 이루어졌다.
   그리고 연구사는 아니지만 仲尾宏·李元植 등에 의해 '有形文化財'와
   '文書'의 목록을 집대성한 2002 <朝鮮通信使關係資料目錄> ≪靑丘學
   術論集≫ 21 (韓國文化硏究振興財團)이 작성되어 통신사 연구에 활력을
   불어넣고 있다.
2) 通信使의 文學에 대한 연구사는 韓泰文, 2003 <通信使 使行文學 硏究의
   回顧와 展望> ≪국제어문≫ 27 (국제어문학회)에 의해 이루어졌다.

서는 그리 다양하게 이루어지지 못했다는 한계가 있다.

이와 같은 문제점을 염두에 두고 본고에서는 통신사 왕래를 통한 한일간 문화교류의 형성배경과 양상, 그리고 통신사의 한일문화교류 사적 의의를 자리매김해보고자 한다. 다만 통신사가 조선시대 全時期에 걸쳐 파견되었지만 조선전기의 통신사는 자료의 零星함으로 그 면모를 살피기 어려운 현실적인 문제가 있다. 따라서 부득이 대부분의 논의가 조선후기 통신사행을 중심으로 전개될 수밖에 없음을 미리 밝혀 둔다.[3]

본 연구는 통신사 왕래를 통한 문화교류의 성격을 재조명함으로써, 궁극적으로는 오늘날 양국간에 문제를 야기하고 있는 통신사에 관한 역사교과서 서술에 객관적 잣대를 제공하는데 그 목적이 있다.

Ⅱ. 조선시대 韓日 文化交流의 형성 배경

1. 문화사절로서의 통신사

使行은 '使臣行次'의 준말로 임금을 대신하여 남의 나라에 가는 신하의 전체 旅程을 일컫는다. 조선조 우리 민족의 공식적인 해외체험은 주로 사행을 통해 이루어졌다. 곧 '朝天使'(明)·'燕行使'(淸)로 대

---

3) 조선전기 통신사의 관한 연구로 村井章介, 1995 ≪東アジア往還-漢詩と外交≫ (朝日新聞社) 32~38)와 金聲振, 2001 <朝鮮前期 韓日兩國 文人의 詩文唱和에 대하여> ≪한국문학논총≫ 28 (한국문학회)가 있다. 특히 전자는 ≪朝鮮王朝實錄≫과 일본자료, 그리고 宋希璟의 ≪日本行錄≫을 통해 시문창화에 의한 조선전기 한일 문화교섭상황을 처음으로 밝혔다는 점에서 의의가 있다. 다만 이들 연구에서 보이는 문사의 교류가 回禮使나 日本國王使를 중심으로 한 것이어서 우리가 일반적으로 말하는 통신사와는 그 성격이 다른 점이 문제로 지적된다.

표되는 중국과, '통신사'로 대표되는 일본으로의 사행이 그것이다. 그 중 통신사는 조선왕조의 對日 기본정책인 交隣을 실현하기 위해, 1428년부터 1811년까지 조선의 왕이 일본의 실질적인 최고통치자 幕府將軍에게 보낸 信義의 외교사절이다.4)

이처럼 통신사행은 표면적으로는 교린 외교사절의 모습을 지니고 있었다. 하지만 그 이면에는 다양한 문화교류를 포함하고 있었는데, 우선 구성원의 면모가 단순히 정치적인 외교사절만의 모습이 아니었다. 대표적인 예를 成宗의 통신사 사행원 선발에서 엿볼 수 있다.

성종은 軍官을 간택함에 있어 "한갓 武才만으로 뽑지 말고 모름지기 詞章을 잘하는 자를 택할"5)것을 下命한다. 그리고 몸소 <觀射>라는 글제로 律詩를 지어 바치게 하여 뽑힌 趙之瑞에게, 재차 <奉使日本>이란 글제로 長篇을 짓게 한 뒤 그를 간택한다. 나아가 '일본인이 시를 요구할 때 수응하지 못하면 수치스런 일을 당할 수도 있어 詩文창작에 문제가 있는 書狀官 表沿沫을 교체해야 한다'는 신하의 諫言도 받아들여 蔡壽로 바꾸었다. 이밖에 1590년 사행의 正使 黃允吉은 이전 사행에 魚無迹·曹伸 등 문장에 탁월한 사람을 대동한 예를 들어 문장가인 車天輅를 대동할 수 있도록 청해 宣祖의 윤허를 받아내기도 했다.6) 이처럼 조선전기 통신사조차 구성원 선발시 일본인과의 교류를 염두에 두고 詩文창작 능력을 중시하였음을 알 수 있다.

특히 17세기 중반이후 朝日간 평화가 정착되고 외교현안의 절실성이 사라지면서 조선조정에서는 더욱 문화사절단으로서의 통신사의 기능을 강화하게 된다. 곧 寫字官 1인·畵員 1인·醫員 1인에 그친 赴京사행과는 달리, 통신사행은 詩文唱酬를 임무로 하였던 製述官·

---

4) 孫承喆, 2003 <조선시대 통신사 개념의 재검토−탐적사 사명대사 대일 사행의 외교사적 의미> 《2003 조선통신사 한일 국제학술심포지엄 발표집》 (조선통신사문화사업추진위원회) 58~59

5) 《成宗實錄》 卷100, 10年 1月 19日 丙子

6) 《宣祖實錄》 卷23, 22年 12月 3日 丙子

3인의 書記·良醫 1인·의원 2인·寫字官 2인·畵員 1인·樂隊(典樂, 吹手, 風樂手)·馬上才 등 文才와 技藝에 뛰어난 인원들이 대거 편제되었다. 이는 다음의 기록에서도 확인된다.

> 조정에서 文臣 중 三品 이하를 골라 뽑아서 三使를 갖추어 보냈다. 그들 수행원에 뽑힌 이도 모두들 대단한 문장과 함께 아는 것도 많았다. 천문, 지리, 算數, 卜筮, 醫術, 觀相, 武力으로부터 퉁소 부는 이, 거문고 뜯는 이, 농담 잘하는 이, 우스운 이야기 잘하는 이, 노래 잘부르는 이, 술 잘 마시는 이, 장기나 바둑을 잘 두는 이, 말타기와 활쏘기를 잘하는 이들까지 한 기술로 국내에서 이름 날리는 이는 모두 함께 따르게 되었다.[7]

일본 여행 경험이 전혀 없는 朴趾源조차 통신사를 명실상부한 朝鮮 최고의 藝能人들이 총망라된 文化使節團으로 파악하고 있다. 이처럼 다양한 재능을 가진 400~500여 명으로 구성된 통신사행은 이미 그 자체로 다양한 문화교류 역량을 내포하고 있었다고 할 수 있다.

2. 使行의 긍지와 재능의 과시

시대를 막론하고 사행은 王命을 수행한다는 점에서 대단한 긍지로 연결되었다. 1763년 사행의 正使 趙曮은 "오랑캐 나라에 가서 專對하는 임무란 예부터 어렵고 조심스러운 일로, 이 임무를 맡은 사람은 원래부터 굉장한 재주와 위대한 역량이 있는 사람이었으니 나와 같이 용렬한 사람이 그 자리에 충당되는 것도 과람한데, 하물며 이 上使의 임무이겠는가"[8]라고 하여 正使의 임무를 맡은 것을 과분하게

---

7) 朴趾源, ≪燕巖集≫ 卷8, <虞裳傳>
8) 趙曮, ≪海槎日記≫ 1, 癸未年 8月 3日, [國譯海行摠載](1975, 民族文化推進會) Ⅶ卷, 25. 이하 [國譯海行摠載] 소재 통신사 사행록은 모두 'Ⅶ, 25'

여긴다. 三房書記로 참여한 金仁謙도 <日東壯遊歌>에서 "예붓터 이 소임이 문장듕 극션(極選)이라/ 조ᄌ건(曹子建)의 칠보시(七步詩)와 온 정균(溫庭筠)의 필하직(筆下才)롤/ 겸ᄒ야 두엇셔야 비로소 담당ᄒ니" 라고 읊는다. 곧 통신사행의 四文士인 製述官과 書記는 曹子建과 溫 庭筠처럼 뛰어난 文才와 신속한 作詩능력의 소유자임을 강조한다. 이 들의 말 속에는 자신이 국내 최고의 文士로, 조선의 문화를 선양하는 직무는 자신이 적임자라는 강한 자부심과 긍지가 묻어있다.

게다가 渡日전 통신사들의 對日 인식관도 사행원들의 긍지를 북돋 우고 문화교류를 원활히 하는데 기여한 것으로 보인다. 곧 조선 儒者 들은 일본을 敎化를 통해 服屬시킬 수 있는 野蠻의 나라로 인식하였 다. 따라서 사행참여는 "詩 삼백 편을 외우되 政事를 맡겨 주어도 다 스리지 못하고, 사방의 이웃나라에 사신으로 가서 王命을 완수하지 못하면 비록 많이 왼들 무슨 소용이 있는가"[9]라는 공자의 가르침을 실천할 좋은 기회였다. 그 결과 1643년 사행의 趙絅은 漢의 馬援이 南越을 정복하고 왕 趙佗에게 신하의 禮를 취하도록 한 故事를 들어 "신하로 봉하지 않고선 내 아니 돌아오리"[10]라고 자신의 결연한 의지 를 드러내기도 한다. 또한 통신사행은 그동안 조선사회에서 소외되었 던 계층이 능력을 발휘할 수 있는 기회의 場이기도 했다. 통신사의 '꽃'이라 일컬어지는 제술관과 서기는 대부분 양반이 아닌 중인과 서 얼출신[11]이었다. 그리고 漢學譯官이나 子弟軍官으로 참여하여 이름 을 떨친 閭巷文人과 각종 技藝를 지닌 醫員·畵員·樂師 등도 대부 분 중인이하의 계층이었다. 事大관계의 中國使行보다 羈縻관계에 있 던 對日 사행은 한결같이 신분의 제약으로 자신의 포부를 펼칠 수 없

처럼 권수, 페이지만 기록하기로 한다.
9) ≪論語≫ 卷13, <子路>
10) 趙絅, ≪東槎錄≫ <社倉道中>, V, 31
11) 張舜順, 1990 <朝鮮後期 通信使行의 製述官에 대한 一考察> ≪全北史 學≫ 13 (全北大學校 史學會) 54~60

던 이들에게 자신의 재능을 마음껏 펼칠 수 있는 기회였고, 답답한 가슴을 틀 수 있는 유일한 탈출구였던 것이다.

3. 異國人에 대한 호기심과 先進文化에 대한 동경

조선후기 통신사의 방일은 琉球의 慶賀使와 謝恩使, 그리고 네덜란드 商館長의 江戶參府와 함께 일본인의 이목을 자극하는 가장 중요한 행사였다.[12] 그것은 1600년 關原전투에서 패권을 장악한 德川政權이 초기 50년간 안으로 幕府와 藩의 체제를 강화하는 한편, 밖으로는 朝鮮과 琉球를 '通信의 나라'로, 중국과 네덜란드를 '通商의 나라'로 구분한 데다, 자국인이 외국인과 접촉하는 것도 엄격히 금지한 鎖國體制[13]를 유지하고 있었기 때문이다.

조선의 통신사는 400~500여 명의 사행인원에다 수개월에 걸쳐 국내의 서쪽 20여 州 50여 개 都市를 왕복한 일대 이벤트였다.[14] 막부는 조선의 통신사가 강을 건널 때 舟橋를 가설하고, 막부 장군만이 다닐 수 있던 소위 '朝鮮人街道'를 다닐 수 있게 배려했다. 또 천황 친족의 별세로 京都市街와 인근지역의 작업이 일체 금지되었어도 통신사 관련 건설작업은 예외로 인정할 정도로[15] 그 준비와 대우를 극진히 했다. 막부는 통신사를 통해 외교권이 막부에 있음을 과시하고, 평화관계의 회복과 선진 문화의 도입을 기대하고 있었던 것이다.

또한 통신사는 노정에 포함된 각 지방의 영주와 문사, 그리고 일반

---

12) 李元植, 1991 ≪朝鮮通信使≫ (民音社) 51
13) 中村榮孝, 1982 <에도(江戶)시대의 조선통신사> ≪日本은 우리가 키웠다, 朝鮮通信使≫ (中村榮孝 외・金龍鮮 역, 東湖書館) 37
14) 西村毬子, 2000 ≪曹命采の日本見聞録にみる朝鮮通信使≫ (西濃印刷株式會社) 10
15) 小林幸夫, 1991 <조선통신사와 민중> ≪日本學年報≫ 3 (日本文化學會) 63~67

민중에게도 異國人에 대한 호기심과 先進문화에 대한 동경을 불러
일으켰다. 그 결과 일본의 문사들은 통신사의 客館을 찾아 筆談을 통
하여 조선과 중국의 정세 및 학문에 대한 문답을 즐겼고, 詩文唱和를
통해 감정의 交遊를 꾀했다. 그리고 일반민중들도 통신사의 방문이
각종 규제나 부담을 강요하는 행사였음에도 불구하고, 오히려 公認된
遊樂의 하나로서 인정하여 이국문화를 자신의 삶속에 반영하는 적극
성을 보였다. 특히 민중의 경우 통신사와의 접근이 엄격히 제한되고
있었지만, 통신사를 접대하는 인원에 차출되거나, 中官이하 신분의
통신사 사행원들이 民家에 分宿되면서 보다 자연스럽게 교류가 형성
될 수 있었다.

이처럼 통신사는 그 구성원 자체에서 이미 문화사절로서의 특성을
지니고 있는데다, 당사자에게는 사행참여의 자긍심을 바탕으로 능력
을 발휘하는 절호의 기회가 되었다. 또 쇄국체제하의 일본인에게는
선진문화에 대한 동경을 불러일으켜 사람과 사람의 교류16)가 엮어내
는 문화교류의 참모습을 연출할 수 있게 되었던 것이다.

Ⅲ. 通信使 往來를 통한 文化交流의 諸 樣相

'詩文唱和'와 '筆談'은 통신사가 일본에 파견될 때마다 행해진
것17)으로, 같은 漢字문화권을 형성하고 있던 양국 문사들에게 있어
의사소통의 수단이 되기도 한 談話樣式이다. 그런데 붙여서 '筆談唱

---

16) 李進熙·姜在彦은 江戶시대의 유교·한문학·조선의 관계는 직접적인
　　사람과 사람의 교류를 통해서 발전되었으며, 그 매개체를 통신사의 일
　　본방문으로 보고 있다. 李進熙·姜在彦, 1998 ≪한일교류사-새로운 이
　　웃나라 관계를 구축하기 위하여≫ (학고재) 148
17) ≪通航一覽≫ 第1 卷108, 朝鮮國部84 筆談唱和等 (1913 國書刊行會, 263)

和'라고도 부를 만큼 같은 장소에서 같은 사람에 의해서 행해지는 경우가 많았다. 특히 필담은 話題가 어느 분야에 국한됨이 없이 두루 걸치고 있는 것이 특징이어서, 사행처럼 서로 생소한 異國문화를 접하고 새로운 지식을 얻는데 가장 요긴한 역할을 하였다. 실제로 통신사 사행록에는 筆談을 통해 확보한 다양한 견문을 <聞見別錄>類의 명칭으로 따로 적어두어[18] 일본에 대한 이해를 돕고 있다.

이처럼 '시문창화'와 '필담'은 양국의 고위층이나 文士들을 중심으로 행해졌다. 반면 공공의 장소나 私的 연회석상, 혹은 민가의 숙박지 등에서는 상층귀족이나 문사에서부터 하층 민중에 이르기까지 보다 다양한 문화교류가 이루어졌다. 곧 書畵·演戱·音樂·馬上才와 같은 예능과 衣食·민속 등의 생활문화, 그리고 의학·선박과 같은 기술문화 등의 교류가 그것이다. 이를 편의상 문학·학술·예능·생활문화·기술문화로 나누어 살피기로 한다.

1. 문 학

각종 '使行錄'과 '筆談唱和集'을 통해 살필 수 있는 양국 문학교류의 양상은 크게 詩文을 매개로 한 '唱和'·'贈與'·'校正'과, 필담과 書簡을 매개로 한 '문학론'·'양국 문학에 대한 평가'등으로 나타난다.

---

18) 申維翰의 경우, ≪海游錄≫下에 따로 <附聞見雜錄>이라 하여 日本의 地理·山水·曆法·名節·産物·飮食·茶禮·담배·衣服·僧侶의 官品·風俗·宮室과 家屋·官制·田制와 稅制·軍制·禮法·信仰·刑法·盆栽·藝術·言語·姓氏·出版·性理學·學者·醫學·貿易·人物 등 무려 50여 항목의 내용을 다루고 있다. 使行錄의 서술양상과 <聞見別錄>類의 문학적 가치에 대해서는 韓泰文, 1995 ≪朝鮮後期 通信使 使行文學 硏究≫ (부산대 박사학위논문) 23~39

1) 唱 和

唱和는 詩文을 통한 문학교류의 대표적인 경우이다. 하지만 壬亂후 초기 3차까지의 사행에서는 日本문사와의 창화가 거의 이루어지지 못했다. 그것은 壬亂으로 인한 감정의 앙금이 채 해소되기 전에 행해진 사행인 데다, 통신사의 명칭조차 '回答兼刷還使'로 포로 쇄환이 주목적이었기 때문이다. 그러나 정상적인 외교관계가 성립되는 1636년 사행에 이르면 사행원들은 詩가 소통을 원활히 하는 외교적 방편일 뿐만 아니라, 자신의 文名을 드날리는 유일한 技藝로 인식하여 시문창화에 진력할 것을 다짐하게 된다.19) 그 결과 "닭이 울도록 자지 못하고 밥을 대하여도 입에 넣은 것을 토할 지경"20)임에도 불구하고 창화에 적극적으로 임했고, 그것은 결과적으로 양국간 문학교류에 활기를 불어 넣는 動因이 되었다.

詩文唱和는 첨예한 대립과 미묘한 신경전을 동반하게 마련인 외교 사행에서 양국 문사간의 긴장을 완화하고 개인적인 友誼를 두텁게 하는데 막대한 기여를 했다. 그 예는 李景稷-玄方(1617)을 필두로 權伏-石川丈山(1636), 趙絅-林羅山(1643), 成琬-新井白石(1682), 嚴漢重-三宅緝明(1711), 申維翰-雨森芳洲(1719), 朴敬行-山根淸(1748), 南玉-那派師曾(1763), 金善臣-古賀精里(1811)등 헤아릴 수 없이 많다. 물론 창화의 특징인 상대방에 대한 美化와 謙讓이 양국 문사간의 마음을 여는데 결정적 역할을 한 것도 사실이다. 그 가운데서도 洪世泰와 武藏州 문사 人見友元의 창화(1682)가 대표적인 예라 할 수 있다.

---

19) 作者未詳, <東溟槎上詩集序>(金世濂, ≪槎上錄≫, Ⅳ, 325~326). 儒家 문인들의 문학적 소양에 막대한 영향을 미친 ≪詩經≫·小雅·鹿鳴之什에는 사행관련 詩인 <四牡>와 <皇皇者華>가 수록되어 있다.

20) 申維翰, ≪海游錄≫ 上, 己亥年 9月 4日~9月 8日, Ⅰ, 484

洪世泰와 人見友元은 각각 30세와 43세라는 10여 년의 나이차에도 불구하고 즉석에서 붓을 바꾸어 가며 창화한 詩를 계기로 知己가 되었다. 그 후 홍세태는 30년이 지난 1711년 사행 때 제술관 李礥을 통해 人見友元에게 편지를 부치지만, 그가 작고한 바람에 아들 桃源이 대신 답장을 하여 양국간 문사들의 미담이 되기도 했다.[21]

또한 시문창화는 일본내 새로운 인물을 발굴하고, 지역간, 집단간 문사교류의 활성화를 가져왔다. 사행이 머무는 客館은 그 지역을 중심으로 활동하는 유명, 무명의 문사들이 많이 찾아들었다. 1763년 사행의 경우 江戶에서는 太宰春臺・岡孝先・木貞貫・澁井平・柴邦彦・岡明倫가, 尾張州에서는 源雲・源正卿・岡田宜生, 西京에서는 岡百駒・淸絢・芥煥・那波師曾, 大坂에서는 合離・求富鳳・木弘恭, 備前州에서는 井潛・近藤篤, 長門州에서는 瀧長愷・草安世, 筑前州에서는 龜井魯[22] 등의 지역문사가 객관을 찾아 창화했다. 통신사와의 창화는 지역문사에게는 文才과시의 기회로, 그리고 각 藩은 통신사의 영접을 위해 漢詩文을 잘하는 자를 등용하는 기회[23]가 되었다.

그리고 儒者이면서 동시에 문학적 소양까지 갖춘, 師承관계로 맺어진 집단과의 唱和를 통한 문학교류 역시 활발하게 전개되었다. 곧 五山文學의 餘風을 완전히 벗어나 활발한 시 창작이 이루어지던 18세기 사행에는 古文辭學의 荻生徂徠계열, 盛唐詩風의 木下順庵계열, 官學을 주도한 林鳳岡계열, 古義學의 伊藤仁齋계열, 專門詩家를 표방한 鳥山芝軒계열 등의 문사[24]들이 대거 창화에 참여하였다. 이들은 통신사와의 창화를 계기로 ≪雞林唱和集≫(1712)과 같은 창화집을 발간함

---

21) 松田甲, 1926 <人見鶴山と洪滄浪> ≪朝鮮≫ 128 (朝鮮總督府)

22) 趙曮, ≪海槎日記≫ 5, 甲申年 6月 18日, Ⅶ, 314~315. 지역 또는 지역문사와 통신사의 교류에 대하여는 松田甲의 1928 <會津藩と朝鮮> ≪朝鮮≫ 161 (朝鮮總督府)을 비롯한 일련의 연구가 대표적인 연구성과이다.

23) 上垣外憲一, 2000 ≪日本文化交流小史≫ (中公新書) 199~201

24) 崔博光, 1982 <18世紀 日本漢詩壇> ≪日本學≫ 2 (東國大 日本學硏究所)

으로써 자기 집단의 문학역량을 대내외에 과시하였다. 또 조선의 문사들은 이들과의 만남을 통해 당대 일본문단의 성격을 일목요연하게 파악할 수 있었다.

2) 贈與와 校正

시문의 창화 외에 시문의 贈與와 校正을 통한 문학교류도 활발하게 이루어졌다. 사행록에서 흔히 발견되는 사행원들이 치른 苦役의 대부분은 바로 이 詩文의 贈與에서 비롯된 것이다. 詩文에 대한 日人들의 집착은 病的일 정도였다. 시문 한편을 얻으려고 배를 타고 오다 顚覆의 위기에까지 이르는가 하면25), 심지어 통신사가 벽에 써 둔 시를 도려내고 감쪽같이 도배해버린 뒤 나중엔 200냥에 파는 어이없는 일26)이 발생하기도 했다.

詩文贈與는 주로 上官 이상의 사행원이 外交僧이나 대마도 접대관 등의 요청에 의해 지역의 高官이나 문사들을 대상으로 행해진 경우가 대부분이다.27) 하지만 1655년 사행에서 正使의 命에 의해 三使의 通引・청지기・小童 등이 卽興詩를 지었음28)을 고려할 때, 당시 이들도 일반민중들을 대상으로 詩文 증여를 활발하게 전개하였을 것으로

---

25) 趙曦, ≪海槎日記≫ 3, 甲申年 1月 12日, Ⅶ, 140
26) 金世濂, ≪海槎錄≫, 丁丑年 2月 3日, Ⅳ, 135~136. 이와 같은 상황은 修信使(1876)인 金綺秀에게서도 재현되어 '永福寺에서 잠시 쉬었는데 갈 때 벽위에 써 붙였던 題詩가 없어져 버려 매우 섭섭하였다'(≪日東記游≫ 卷 1, <停泊 14則>, Ⅹ, 369)라고 적고 있다.
27) 李元植은 雨森芳洲의 ≪交隣提醒≫을 토대로 1682년부터 통신사와 접촉시 대마도 眞文役을 통하게 규제한 것으로 보고 있으나(≪앞 책≫ 59), 이미 1643년 사행에 대마도 측에서 '島主가 보낸 자가 아니면 일체 허락하지 말것'(金世濂, ≪海槎錄≫, 丙子年 10月 20日, Ⅳ, 54)을 요청하고 있는 것이 보인다.
28) 南龍翼, ≪扶桑錄≫ 上, 乙未年 9月 8日, Ⅴ, 478~479

보인다.

시문증여의 또 다른 모습은 집이나 樓閣 등에 詩와 記를 지어주는 것이다. 이는 신유한이 雨森芳洲의 청에 의해 泉南文士 唐金興隆의 '垂裕堂'과 '臨瀛臺'에 대해 詩와 記文을 지어준 것이 대표적인 예이다. 그러나 이보다 더 많이 나타나는 것은 일본인들이 자신의 詩文集이나 著書, 또는 통신사와의 唱和集에 조선문사들의 序跋을 받는 것이었다. 곧 1682년 사행의 成琬과 洪世泰는 新井白石의 ≪陶情詩集≫에 대한 序跋을, 1719년 사행의 신유한은 鳥山碩輔의 ≪芝軒集≫과 松井河樂의 시문집 및 1711년 통신사와의 唱和詩를 모은 三宅緝明의 ≪萍水集≫에 서문을 지어주게 된다. 이를 통해 일본문사들은 자신의 문예적 능력이나 학문적 성취를 검증 받음과 동시에, 일본내에서 자기 詩文의 聲價를 드날리는 계기가 되었다.

시문증여 외에도 일본문사가 청한 詩에 대한 校正이나 평가를 통해 문학교류가 이루어지기도 했다. 1655년 사행의 외교승 紹栢은 南龍翼에게 자신의 시를 고쳐달라고 청했다. 또 1719년 사행의 申維翰은 江戸문사 河口鞥의 시를 고쳐 주기도 하여[29] 그로부터 "세상에 한 글자의 은혜를 잊기 어렵다(世上難忘一字恩)"는 감사의 말을 듣기도 한다.

3) 문학론과 양국 문학에 대한 평가

이밖에 창화와 필담, 그리고 書簡을 통해 문학적 관심사와 문학론 및 양국 문학에 대한 평가도 이루어졌다. 먼저 문학적 관심사의 교환으로는 신유한이 雨森芳洲에게 琉球의 시에 대해 아는 바가 있는지를 물은 것이 대표적이다. 雨森芳洲는 琉球사신 程寵乂가 중국 西湖

---

29) 각각 南龍翼, ≪扶桑錄≫ 上, 乙未年 9月 22日, Ⅴ, 510과 申維翰, ≪海游錄≫ 中, 己亥年 10月 13日, Ⅰ, 544

에 이르러 지은 7언 율시 한 수를 소개하고 ≪雪堂燕遊草≫ 한 권이
세상에 전하고 있음30)을 알려 준다. 그리고 1682년 사행의 柳川震澤
은 '문장은 작가의 인성대로 표현되기 때문에 수양이 극치에 이르면
저절로 말로 표현될 수 있고, 六經의 훌륭한 점은 꾸밈없이 진실을
썼기 때문이며, 文道合一을 추구하되 아울러 얻기 어렵다면 文보다
道를 택하겠다'는 자신의 문학론을 피력한다. 나아가 諸葛亮의 <出
師表>와 李密의 <陳情表>를 언문일치의 대표작으로 거론하면서
'오늘날의 문사는 단지 古人의 작품을 따오거나 빼앗아 쓴 것이 많고,
특히 蘇軾을 편호하는 것이 많다'고 꼬집음으로써31) 蘇軾에 기울어
져 있는 조선 문단에 대한 은근한 비판의식을 드러내기도 한다.

　이는 1763년 사행의 山根淸에게서도 발견된다. 그는 '조선 문사는
蘇軾과 黃庭堅 말단의 우두머리일 뿐으로 필담의 민첩함은 生平의
업이 天性으로 굳어진 것이기에 문장은 볼 것이 없다'고 하였다. 또
'科擧에서 주자학 하나 만을 시험하여 글은 뜻을 통하는 것만 주장하
고 修辭를 廢함으로써 古文辭의 妙함을 알 수 없다'32)고 혹평한다.

　반면 일본문학에 대한 조선문사들의 평가도 드러난다. 곧 신유한은
일본문학이 부진할 수밖에 없는 이유로 크게 두 가지를 들었다. 글하
는 선비가 여러 계층 가운데 末等으로 科擧制가 없어 벼슬할 길이 없
는 데다 집권층조차 漢詩文에 대해 무관심한 사회적 분위기를 첫째
로 꼽았다. 그리고 둘째는 文章讀法이 보통의 漢文讀法과 다르고 그
字音이 淸濁과 高低가 없어 시를 배우려면 韻書부터 공부하여 음의
고저를 익힌 후에야 가능하다고 보았다. 따라서 韻文을 짓는 것이 서

---

30) 申維翰, ≪海游錄≫ 下 <附聞見雜錄>, Ⅱ, 97
31) 이는 ≪和韓唱酬集≫ <東都筆語> 중 成琬과의 필담, <書牘> 중의 成
　　琬과 洪世泰에게 각각 보낸 <呈成學士翠虛公書>·<與洪滄浪書>의
　　내용을 요약 정리한 것이다.
32) 山根淸, <長門癸甲問槎序> ≪長門癸甲問槎≫ ; 이혜순, 1996 ≪조선통
　　신사의 문학≫ (이화여대출판부) 290～291에서 재인용.

술문보다 백배나 어려워 이름난 文人·韻士가 없다고 단정하였다. 그
런 까닭에 大坂의 水足童子·北山童子, 江戶의 河口皞 등 문장재주가
있는 어린 문사들을 칭찬하면서도 한편으로 "자질의 청명함은 강산
의 정기를 타고난 것이지만 마침내 정치 교화의 배양을 받지 못하고
明珠로 하여금 燕石이 되게 할 수도 있다"[33]고 강조한다.

이처럼 통신사행을 통한 문학교류는 慣行上의 시문창화에서 벗어
나 문학론의 개진과 양국문학에 대한 비평이 이루어질 정도로 다양
한 방식으로 활발하게 전개되었다.

2. 학 술

일본 근세의 르네상스, 또는 일본 한문학의 전성기[34]로 지칭되는
江戶시대는 文士가 곧 유학자이기도 했다. 특히 유학을 존숭하는 선
비가 주축이 된 통신사행을 맞아 필담을 즐겼던 일본문사 역시, 대부
분 각 藩과 幕府를 대표하는 유학자들이었기에 이들간에 학술교류가
자연스럽게 이루어질 수 있었다.

우선 일본 주자학의 창시자인 藤原惺窩가 五山제일의 禪僧임에도
불구하고 주자학을 지향하게 된 배경도 30세인 1590년, 大德寺에서 통
신사 金誠一과 許筬을 만나면서부터 시작된다. 당시 藤原惺窩는 許筬
에게 자신의 號 '柴立'의 뜻을 설명해 줄 것을 요청했고, 이에 허성은
<柴立子說>을 통해 유교와 老佛은 서로 용납될 수 없음을 강조했다.[35]
이후 藤原惺窩가 통신사로부터 받은 감화는 바로 ≪貞觀政要≫·≪大
學≫·≪四書集註≫ 등의 강의로 이어졌다. 특히 1598년 壬亂 포로

---

33) 申維翰, ≪海游錄≫ 下 <附聞見雜錄>, Ⅱ, 63~89
34) 猪口篤志, 1984 ≪日本漢文學史≫ [沈慶昊·韓睿嫄 譯, 2000 ≪일본한문
   학사≫ (소명출판) 275]
35) 阿部吉雄, 1965 ≪日本朱子學と朝鮮≫ (東京大學出版會) 46~53

姜沆을 만나 退溪의 정통학문을 접한 뒤 1600년에는 儒服을 입고 朝
鮮本 유교서적을 든 채 德川家康에게 나아가 주자학을 강의하기에
이른다.

이는 그의 제자 林羅山도 마찬가지다. 그는 23세인 1605년에 조선
의 講和使僧 松雲대사와 필담하여 "程朱學 한가지에 주력하고 30세
미만임에도 불구하고 책을 보는 눈이 있다"고 칭찬을 받은 후, 무려
5차례나 통신사행과 필담창화를 나누게 된다. 林羅山은 그중 1643년
사행에서 趙絅으로부터 "實踐躬行 없는 학문은 근본이 없는 田地의
학문과 같다"는 통렬한 비판을 받고[36] 儒者로서의 행보를 굳힌다. 곧
藤原惺窩의 '朱陸절충주의'를 비판하고, 조선처럼 '朱子學 一尊主義'
를 지향하였다.[37] 나아가 일본에서 儒祭를 처음으로 실시하고 자신의
장례조차 儒祭로 치르게 함으로써 朱子家禮의 용감한 실천자가 된다.
이처럼 사행의 초기에는 사행원들이 일본의 학술에 대해 施惠的 입
장을 취하고 있음을 엿볼 수 있다.

하지만 사행이 본 궤도에 오르는 17세기 후반에 들어서면 일본 유
학계도 변하기 시작한다. 곧 氣를 중시하는 林羅山·木下順庵이 일본
주자학의 중심을 이루는 한편, 理와 經을 중시하는 山崎闇齋가 또 한
맥을 이루게 된다[38]. 또 당시 막부의 官學으로 통용되고 있었던 주자
학을 비판하면서 原始孔孟儒學으로의 복귀를 주장하는 伊藤仁齋·荻
生徂徠까지 등장하게 된다. 이처럼 다양한 학술풍토는 그대로 통신사
행에도 반영이 되어 사행원을 맞는 일본문사들의 태도 또한 이전 사
행과는 달리 두 갈래의 다른 모습을 보인다.

첫째는 조선의 학술을 높이 평가하면서 퇴계 존숭의 태도를 일관

---

36) 韓泰文, 1998 <'東槎錄' 所載 書簡에 반영된 韓日 文士의 교류양상 연구>
    ≪韓國文學論叢≫ 23 (韓國文學會) 181~186
37) 裵宗鎬, 1991 <韓日儒學의 關係史> ≪韓日文化交流史≫ (민문고) 224
38) 이혜순, 1996 ≪조선통신사의 문학≫ (이화여대출판부) 165

되게 유지하는 경우이다. 곧 1682년 사행에서는 貝原益軒과 牛窓의
문사 小原善助가 李滉・이언적・정몽주의 사적과 저술 및 퇴계의 자
손에 대해 질문하고, 1711년 사행에서는 京都 유학자 靑地禮幹이 퇴
계의 학문을 경앙한지 오래 되었음을 밝힌다.[39] 1719년 사행에서는
신유한과 필담을 나누었던 문사들이 모두 ≪退溪集≫을 화제로 도산
서원의 위치・후손・퇴계의 嗜好 등을 묻고, 심지어 大坂 문사는 文
廟에 종사된 선현들의 차례와 李穡과 金宗直의 사적까지[40] 상세히
알고 있는 것으로 나타나 퇴계 존숭의 정도를 가늠하게 한다.

둘째는 퇴계를 거론하되 퇴계에 못지 않은 인물이 일본에도 있음
을 과시하거나, 아예 華夷觀에 입각한 조선의 ‘朱子學 一尊主義’를 은
근히 비판하는 경우이다. 1682년 사행에서 瀧川昌樂은 成琬・洪世泰
를 비롯한 조선사신들을 상대로 ≪春秋≫・≪周易≫・≪詩經≫ 등
經書 전반에 걸친 질문으로 사신들을 곤혹스럽게 하여 이미 주자학
의 중심에서 멀어진 모습을 보인다. 또 1711년 사행에서는 막부 儒官
三宅緝明이 정몽주를 文章・氣節・忠懷에 있어 전후에 비할 사람이
없다고 칭찬하면서도, ≪朱子集註≫에 대한 그의 講說을 송나라 胡炳
文의 ≪四書通≫과 똑같다고 폄하해 버린다. 반면 山崎闇齋의 학술을
높이 평가함으로써 일본의 학문적 수준도 높음을 과시하는데, 이런
경향은 1763년 사행에 이르러 최고조에 달한다. 古文辭學者 瀧長愷는
중국 중심의 세계관에 대한 강한 회의를 피력하고, 나아가 현실과 유
리된 사상을 남에게도 강요하는 조선 사행원의 태도를 은근히 비난
함으로써[41] 華夷論에 대해 정면 도전하는 자세를 보인다.

하지만 일본의 학술에 대한 사행원의 평가는 몽매함을 면치 못하

---

39) 李元植, 1991 ≪앞 책≫, 83~84

40) 申維翰, ≪海游錄≫ 中, 己亥年 11月 4日, I, 559

41) 山根淸, ≪長門癸甲問槎≫ 권1, <槀> ; 이혜순, 1996 ≪앞 책≫, 287에
　　 서 재인용

면서도, 오히려 이단에 빠진 자가 많아 "긴긴 밤과 같다"[42]는 것이었
다. 신유한은 伊藤仁齋학파의 학술을 "荀子의 性惡說과 같은 것으로
사람의 도리를 禽獸와 草木의 性에서 구하려는 태도"라고 비난하였
다. 또 1748년 사행의 조명채는 東都의 侍講 藤原明遠이 ≪中庸≫이
子思의 글이 아니라고 하자, 그를 伊藤仁齋의 괴탄한 무리로 간주하
여 꾸짖어 돌려 보내버린다. 1763년 사행의 南玉 역시 岡山의 儒官
柴山七郞이 荻生徂徠가 동방의 학문을 빛내고 저서도 孔子에서 시작
하여 무려 200여 권에 육박한다고 자랑하자, "옛 道에 위배되는 내용
을 담은 그런 책은 보고 싶지 않다"[43]는 이념의 경직성을 보인다. 이
는 가장 실학자다운 면모를 보인 趙曮에게도 이어진다. 그는 일본의
학술을 이단에 가까운 것으로 평가하고 '주자학을 지키고 선양하는
것이 오히려 조선선비의 책무'라고 강조함으로써 조선 중심의 華夷
觀을 극명하게 드러낸다.

그러나 일본학술을 객관적으로 관찰하여 성장의 가능성을 미약하
게나마 감지하는 모습도 반영된다. 1636년 사행의 金世濂은 仁祖에게
"沿路와 江戶의 사람들이 다 理氣와 性情 등의 말을 물으니 야만인으
로 얕볼 수 없다"[44]고 復命한다. 그리고 ≪日本紀≫·≪本朝文粹≫
등의 일본서적이 "허망하고 잡스러워 볼 것이 없고 중국서적이 유포
되어 있지만 제대로 이해하는 자가 드물다"[45]던 17세기 사행과는 달
리, 18세기 사행에서는 일본의 엄청난 출판량과 다양한 간행서적에
경악을 금하지 못한다. 곧 釋迦院 精舍안의 書屋인 柳枝軒·玉樹堂이
중국과 조선 선현들의 글을 출판하여 쌓아두고 있고, 일본내에 통용

---

42) 趙曮, ≪海槎日記≫ 5, 甲申年 6月 18日, Ⅶ, 313
43) ≪備後叢書≫ 卷3 ; 姜在彦, 1985 <朝鮮通信使와 토모노우라> ≪旅行
    과 體驗의 문학·日本篇≫ (소재영·김태준 편, 민족문화문고간행회)
    235에서 재인용
44) 金世濂, ≪海槎錄≫ 丁丑年 3月 9日, Ⅳ, 151
45) 南龍翼, ≪扶桑錄≫ <聞見別錄> 風俗·文字, Ⅵ, 87

되는 조선책이 100종을, 중국 남경에서 수입해 온 책이 1000종을 헤아릴 정도다. 게다가 민간에서 간행한 것만 해도 조선의 10배가 넘을 정도에다, 일본문사들과의 필담이 한 달 안에 2권의 문집으로 간행되기까지 했다. 따라서 사행원들은 지식의 보급과 성장에 필연적 관계가 있는 출판문화의 성장에 주목하지 않을 수 없었던 것이다.

특히 일본에 전하는 각종 창화집에는 일본 학술에 대한 사행원의 태도가 사행록과 다르게 묘사되어 있다. 곧 ≪韓客唱酬錄≫에는 1719년 사행의 成汝弼과 伊藤仁齋의 아들 伊藤梅宇와의 필담이 기록되어 있다. 성여필이 伊藤仁齋의 책의 얻어 일본 儒風이 성함을 알리겠다고 말하자, 梅宇는 ≪童子問≫을 雨森芳洲 편으로 부치겠다고 약속한다. 또 1748년 사행의 李鳳煥은 梅宇의 아들 霞台를 만나 조선학사들이 ≪童子問≫을 칭찬하고 있다고 하면서, ≪論語古義≫·≪孟子古義≫·≪中庸發揮≫·≪大學定本≫ 등의 책을 얻어 오기도 하는 등 일본 학술에 대한 지대한 관심을 보인다.

이처럼 통신사행은 조선의 학술문화를 일본에 전수하는 한편으로, 사행을 계기로 성장한 일본의 학술문화를 조선에 전하기도 하는 문화소통의 매개체 역할을 충실히 수행했다.

3. 예 능

1763년 사행의 正使 趙曮이 寫字官·畵員·別破陣·馬上才·典樂·理馬의 사행참여 이유를 "技藝가 이웃나라에 지지 않으려는 뜻에서"[46]라고 밝힌 것처럼, 통신사행에는 시문창화와 필담 외에 書畵·音樂·演戲·馬上才 등 藝能을 통한 문화교류도 활발하게 이루어졌다.

---

46) 趙曮, ≪海槎日記≫1 癸未年 8月 3日. Ⅶ, 25~26

1) 書 畵

사행에서 書畵는 시문창화와 필담 이상으로 일본인과의 교류를 활발히 전개했다. 그것은 글씨와 그림을 무척 좋아하는 일본인들의 嗜好에다, 막부측의 '能書畵之人帶來'라는 강한 희망, 그리고 서화를 맡은 寫字官과 畵員의 탁월한 능력에서 비롯된다. 사자관은 일본인과 창수할 때 書法이 서툴게 보여서는 안된다는 宣祖의 命에 의해 1590년 사행에 李海龍을 파견한 것[47]이 최초이다. 이후 규정보다 많은 3~4명의 사자관이 增派되기도 하고, 당대 최고의 명필가를 別書寫로 대동하기도 했는데,[48] 이는 통신사의 글씨에 대한 일본인들의 요청이 얼마나 대단했는지를 잘 보여주는 예가 된다. 畵員 역시 '그림을 잘 그리는 자'를 圖畵署의 추천을 받아 선발하였는데, 대체로 渡日경력이 있는 화원집안이나 사행실무를 담당했던 역관집안 출신이 많아[49] 이후 한일간 회화에 있어서 지속적인 교류를 가능하게 했다. 이들의 활약상은 대체로 일본지도나 경물의 模寫, 三使를 대신한 詩文의 正書 등이지만, 대부분은 일본인들의 書畵求請에 함께 참여하여 능력을 과시하는 것으로 나타난다.

먼저 글씨의 경우 사행록에는 일본인들의 글씨 求請欲求를 엿보게 하는 다양한 일화가 전한다. 곧 1636년 사행에서 일본인들이 全榮의 書法을 사모하여 전영이 紫色옷을 입고 있다는 말을 믿고 자색 복장을 한 譯官에게 글씨를 청하거나, 1748년 사행에서 日供 때문에 앞서 간 副房 향서기가 중의 간청으로 써 준 글씨 한 장이 행차가 지나갈 때 이미 족자로 만들어지는 것 등이다. 게다가 천한 일본인들은 格軍

---

47) 金誠一, 《海槎錄》 2 <贈寫字官李海龍幷序>, Ⅰ, 238
48) 李德懋, 《靑莊館全書》 卷49, <耳目口心書> 2, 金啓升
49) 洪善杓, 1995 <조선후기 通信使 隨行畵員의 파견과 역할> 《美術史學研究》 205 (한국미술사학회) 13

이 한글로 써준 것조차 귀하게 여겼을 정도였다. 이를 두고 曺命采는 "倭人의 풍속으로는 우리나라 사람의 글씨를 얻어 두면 일마다 반드시 성취한다고 하는데 그 말이 미더운 것인지 모르겠지만 그것을 보배처럼 구하는 데는 또한 반드시 까닭이 있을 것"[50)이라고 의미를 부여하기도 한다.

또한 일본의 글씨에 대한 사행원들의 평가도 드러난다. 남용익은 "글씨는 鳥足이 아닌 것이 없는데 모두 洪武正韻을 배운 것으로서 글자체가 허약하고 틀어져 모양을 이루지 못한"[51)것으로, 신유한 역시 "일본 글씨체를 본즉 모두 弘法대사의 法帖을 모방하고 간간히 洪武格을 쓰는데 연약하여 뼈가 없다"[52)고 부정적인 평가를 내린다. 이밖에 書法에 대한 상호관심사의 교류도 이루어졌다. 곧 1719년 사행에서 名古屋 문사 趙文淵은 조선 서법의 所從來, 明末 서예가와 晋代 이후 가장 유명한 서예가의 이름, 조선이 米芾의 서법을 취하지 않는 이유 등을 물었다. 이에 대해 서기 姜栢과 張應斗는 우리나라는 단지 晋代의 서법을 배웠고, 진대 이후는 趙孟頫가 제일이며, 미불의 서법이 교묘하긴 하지만 조맹부가 있어 취하지 않을 뿐이고, 조선의 유명한 서예가는 尹淳과 曹潤德[53)이라고 답하고 있다.

그림은 시기면에서도 이미 조선왕조 초기의 작품이 일본 室町시대에 다수 전해지고 알려지면서 日本水墨畵를 발전시키는데 많은 영향을 미치게 된다.[54) 마찬가지로 江戸시대에도 통신사를 통해서 국가

50) 曺命采, 《奉使日本時聞見錄》 乾, 戊辰年 4月 9日, Ⅹ, 86
51) 南龍翼, 《扶桑錄》 <聞見別錄> 風俗・文字, Ⅵ, 87
52) 申維翰, 《海游錄》 下 <附聞見雜錄>, Ⅱ, 63
53) 趙文淵, 《蓬島遺珠》 前篇(국립중앙도서관 소장)
54) 이에 대해서는 일본의 경우 脇本十九郎의 연구[①1934 <日本水墨畵壇に及ぼせる朝鮮畵の影響> 《美術硏究》28 ②1935 <室町時代の繪畵> 《岩波講座日本歷史》 18, 配本5)가, 한국의 경우 안휘준의 연구(1976 <朝鮮王朝 初期의 繪畵와 日本室町時代의 水墨畵> 《韓國學報》 3 (一志社)]가 대표적이다.

간·화원간 회화교류가 활발하게 전개된다.

국가간 교류로는 막부가 통신사의 방일 때마다 江戶의 狩野나 住吉 등의 화가들에게 '朝鮮御用御屛風'이라는 이름의 金地彩畵병풍을 제작케 하여 작가 이름과 畵題까지 기입한 후 조선국왕에게 헌상한 것55)이 대표적이다. 그러나 통신사를 통한 양국 회화 교류의 중심은 아무래도 화원간 교류이다. 특히 통신사행은 공식 수행화원 외에 趙泰億·李景稷·洪世泰·李彥瑱·卞文主 등 詩書畵에 능한 인사들이 대거 참여함으로써 더욱 다양하고 활발하게 이루어지게 된다. 그 중 趙泰億-일본 南畵의 선구자 祇園南海(1711), 李聖麟-大坂의 大岡春卜·江阿彌(1748), 金有聲-南畵의 대가 池大雅(1763)56) 등의 교류가 대표적으로 꼽힌다. 곧 이성린과 大岡春卜은 大坂 객관에서 서로 만나 각각 <梅月>·<福祿壽老人圖>와 <野馬>·<長臮郎圖> 등을 그려 서로 교환한 뒤 영원히 家藏할 것을 다짐하는 등 友誼를 다진다. 또한 池大雅는 김유성을 만났지만 자신의 그림에 대한 평가를 받지 못한 점을 유감으로 생각하면서 편지를 통해 富士山을 그릴 때는 어떤 皴法으로 그려야 하는지를 묻기도 한다.57)

이와 같은 만남은 양국 화가들에게 적잖은 영향을 주었는데, 大岡春卜은 이후 ≪畵史會要≫라는 목판서에 李聖麟과 崔北을, 南宗畵의 시조인 沈周, 文徵明 등의 중국화가와 나란히 등재함으로써58) 조선

---

55) 吉田宏志, 1982 <조선통신사의 그림> ≪日本은 우리가 키웠다, 朝鮮通信使≫ (中村榮孝 외·金龍鮮 역, 東湖書館) 161

56) 양국 화가 사이의 교류에 대해서는 ①山內長三, 1984 ≪朝鮮の繪·日本の繪≫ (日本經濟新聞社) ②李元植, 1991 ≪朝鮮通信使≫ (民音社) ③黑川修一, 2003 <朝鮮通信使と畵人·大岡春卜> ≪特別展 朝鮮通信使と畵人·大岡春卜≫ (京都造形藝術大學學術館)을 참조.

57) 吉田宏志, 1992 <通信使と畵家の交流> ≪朝鮮通信使と日本人-江戶時代の日本と朝鮮≫ (學生社) 211

58) 김선화, 2001 <조선통신사의 회화교류-17~18세기를 중심으로> ≪동북아문화연구≫ 1 (동북아시아문화학회) 98

화가의 그림을 높이 평가하는 것으로 나타난다. 그리고 金明國은 방일 중에 일본인의 취향에 맞는 그림을 그려 냄으로써 새로운 작풍을 낳는 계기가 되었다.

또한 통신사행은 화원을 제외한 사행원들에게도 일본 그림에 대한 인식을 새롭게 하는 계기가 되었다. 곧 "그림은 가장 나아서 우리나라에 손색이 없었는데 혹은 묘하고 세밀하여 당나라 그림을 배운 자가 있다"거나, "그림은 무슨 체를 쓰는지는 모르겠지만 역시 제대로 묘하고 고와서 江山, 草木, 翎毛 등은 절묘한 것이 있으나 사람의 얼굴을 그린 것은 틀렸다"[59]는 평가를 내리는 것이 그 예이다.

무엇보다 통신사를 통한 회화 교류는 일본 畵壇에 큰 영향을 미쳤다. 곧 17세기 말엽부터 菱川師宣에서 葛節北齋에 이르는 인기 있는 화가들이 통신사의 행렬을 묘사한 목판화를 제작하였다. 또 수요를 기대한 수익사업으로 목판 삽화들을 모아 놓은 판화집이 간행되기도 했다.[60] 그리고 浮世繪에도 영향을 미쳐 조선통신사가 이국인으로서 민중의 이목을 집중시키고 회화의 한 주제로 자리잡게 되었다[61]

2) 音 樂

통신사행에는 典樂 2명・吹手 18명・銅鼓手 6명・大鼓手 3명・細樂手 3명・錚手 3명・風樂手 18명[62] 등 음악과 관련된 인원이 사행

---

59) 南龍翼, ≪扶桑錄≫ <聞見別錄> 風俗・文字, Ⅵ, 87과 申維翰, ≪海游錄≫ 下 <附聞見雜錄>, Ⅱ, 63

60) Ronald P. Toby, 1988 <朝鮮通信使와 近世日本의 庶民文化-繪畵, 民話, 祭禮再演> ≪東洋學≫ 18 (檀國大 東洋學硏究所) 171

61) 尹芝惠, 2002 <江戶美術에 表わされた 朝鮮通信使> ≪第10回 日韓美學硏究會・第2回 東方美學會報告書≫ (日韓美學硏究會・東方美學會) 138~151

62) 金健瑞, ≪增訂交隣志≫ 卷5, 通信使行

인원의 1/10이 넘는 53명이나 참여한다. 사행록에 반영된 이들의 활약은 사행원들의 客苦를 달래거나, 일본인들을 상대로 한 연주였다. 특히 후자의 경우는 사행록에 빈번히 등장하는데, 1748년의 사행에서 對馬島의 주민들을 위해 船尾에서 三絃을 연주한 것[63]이 대표적인 예이다.

일본 역시 자신들의 음악을 들려주기도 하였는데 1636년 사행 중 大坂 本誓寺에서 베풀어진 破陣樂과, 1711년 사행중 關伯이 베푸는 연회에서 펼쳐진 공연이 대표적이다. 특히 후자는 武家의 公的인 의식에서 연주되던 能樂을 중지하고 雅樂 연주를 일본의 대표음악으로 통신사 일행에게 제공한 것으로, 통신사 訪日 반년 전부터 新井白石에 의해 용의주도하게 준비된 것이다.[64] 단순히 손님에 대한 접대의 차원에서라기보다, 일본에도 雅樂이 흥성함을 통신사에게 과시하려는 의도도 지녔던 것으로 보인다.[65] 특히 그 속에 '長保樂'·'人和樂'·'納蘇利' 등 高麗樂도 끼어 있어 일본의 음악 속에 이미 교류의 흔적을 엿볼 수가 있다.

이밖에 樂器에 대한 상호관심사도 나타난다. 1655년 사행에서는 악기를 열어 보여 달라는 對馬島主의 요청에 의해 악공을 파견하기도 하고, 1719년 사행시 名古屋에서 만난 문사 趙文淵은 필담을 통해 조선 거문고의 음조와 笙簧이 중국과 같은 지를 묻기도 한다.[66] 반면 일본의 악기에 대한 통신사의 반응은 대개 장고와 피리, 그리고 3줄

---

63) 曹命采, ≪奉使日本時聞見錄≫ 乾, 戊辰年 2月 16日, Ⅹ, 21
64) 공연의 내용에 대해서는 任守幹, ≪東槎日記≫乾 <日記補>, 辛卯年 11月 3日, Ⅸ, 214~217을, 공연에 대한 연구는 羽塚啓明, 1937 <正德觀樂記> ≪東洋音樂硏究≫ 2-4, 39~49를 참조.
65) 1655년 사행때 조선조정으로부터 東照宮에 증정된 악기들(瑟·琴·敔·柷·簫·笛·麂·篪·管·塤)이 모두 釋奠과 관계된 것임을 고려할 때 그 영향도 무시할 수 없다.
66) 趙文淵, ≪蓬島遺珠≫ 後篇 (국립중앙도서관 소장)

로 된 비파만 존재하고 玄琴은 다만 천황의 궁중에서 사용하되, 일본
음악의 전체적인 특징은 불교적 성격을 띤 것이 많은 것으로 인식하
고 있다.

3) 演 戲

통신사행원의 직무 중 연희를 전담하는 사람은 찾을 수 없다. 그러
나 사행 도중 客苦를 풀 요량으로 행해진 놀이판에서는 으레 풍악과
小童의 춤이 있었고, 樂工들에 의한 廣大談과 倡優의 희롱이 있었
다.[67] 다만 사행록에는 조선측의 연희 활동이 잘 드러나지 않는 대신
일본의 연희는 자세하게 묘사되어 있어 조선측의 관심을 엿볼 수 있
다. 일본의 연희는 대체로 대마도주의 京邸에서 연회석상과 맞물려
통신사에게 제공되었는데, 그 내용은 蹴鞠・원숭이 놀음[猴戲]・人形
淨瑠璃・歌舞伎 등이었다.

蹴鞠은 1607・1617년 사행에서 행해진 것으로 6명의 장정이 꿩깃
이 달린 공을 제기 차듯이 하여 사행원으로부터 "技藝가 절묘하여 한
번 구경꺼리가 되었다"[68]고 평가받는다. 원숭이 놀이는 원숭이가 사
람의 옷을 입고 칼춤을 추거나 밑 없는 나무통을 통과하는 등의 묘기
를 부리는 것으로 전 사행에 고루 나타난다. 그런데 1655년 사행부터
'雜戲'가 베풀어지고, 1719년 사행부터는 '歌舞伎'와 '人形淨瑠璃'가
같이 공연되는 것으로 나타난다. 人形淨瑠璃는 일본의 전통적인 인형
극으로 신유한은 이를 조선의 꼭두각시 놀음과 같은 것으로 이해한
뒤 "섬세한 환상과 기괴함을 모두 차마 눈으로 볼 수 없었다"고 감상
을 적고 있다. 특히 江戶시대의 대중연극인 歌舞伎에 대해서는 '음탕

---

67) 申維翰, ≪海游錄≫上, 己亥年 7月 17日, Ⅰ, 418
68) 姜弘重, ≪東槎錄≫, 乙丑年 1月 16日, Ⅲ, 253

한 유희'라는 이유로 조선측에 의해 중지당하기도 했지만, 무대설
치 · 樂士 배치 · 인물형상 · 내용 등을 자세히 묘사하고 있어 그 관심
도를 짐작할 수 있게 한다.

4) 馬上才

馬上才는 말 위에서 재주를 부리는 기예로 李德懋 · 朴齊家 · 白東
修 등이 엮은 ≪武藝圖譜通志≫(1790)에도 수록된 조선시대 武藝 24
가지 기술 중의 하나이다. 朝日관계에 있어 마상재는 특별한 의미를
지닌다. 1634년 소위 '柳川一件'으로 불리우는 國書改作事件이 발각
되어 위험에 처한 對馬島主는 조선에 미치는 자신의 영향력을 과시
하려는 의도에서 관백을 위해 '천하에 비길 데 없는' 조선의 마상재
를 초청하겠다[69]고 공언하였다. 이에 조선 조정은 일본의 上京使를
사절하는 대신 柳川一件 이후의 일본정세도 탐색할 겸 마상재 파견
을 허락하여, 마침내 1635년 4월 20일 八代須河岸에서 金貞과 張孝仁
이 첫 공연을 펼치게 된다[70]. 곧 마상재는 朝日 선린외교의 상징이
되는 셈이다. 이후 마상재는 1636년 사행부터 통신사에 수행하여[71]
일본인들로부터 寫字官 · 畵員 등과 함께 가장 먼저 모임에 초청되는
인기를 누리게 된다.

---

69) 金世濂, ≪海槎錄≫ <見聞雜錄>, Ⅳ, 156~157
70) 仲尾宏, 1997 ≪朝鮮通信使と德川幕府≫ (明石書店) 301. 이밖에 ①中村
   榮孝, 1971 ≪朝鮮-風土 · 民族 · 傳統≫ (吉川弘文館) 165~174와 ②李
   元植, ≪앞 책≫, 45
71) 일본의 연구자들은 마상재가 德川綱吉이 참관한 1682년부터 恒例행사
   로 정착한 것으로 보고 있다. 하지만 1636년 사행에 관백이 이미 2번이
   나 참관한 바가 있고, 1643년 사행에서도 대마도주가 보기를 청하자 관
   백이 보기 전에 먼저 보일 순 없다고 거절하고 있어 1636년부터 정착했
   다고 보는 것이 옳겠다.

마상재는 조선과 일본 양쪽에서 공연되었다. 조선에서는 대체로 지방 방백의 요청이나[72] 자체 점검을 위해, 일본에서는 대마도와 江戶에서 대마도주와 관백을 위해 '走馬立馬上'·'縱臥枕馬尾' 등을 비롯하여 8가지 재주를 펼쳤다. 마상재가 처음 등장하는 1636년 사행에서부터 관백이 대마도주의 京邸가 좁다는 이유로 따로 500여 칸의 땅에 射場과 馬場을 마련해 줄 정도로, 마상재는 上官이하의 수행원들 중에서 가장 일본인의 이목을 집중시키는 행사였다. 게다가 1711년 사행에서 마상재 공연을 위해 田安門內 代官町에 설치한 新馬場이 이후 '朝鮮馬場'으로 불려지고, 荻生徂徠의 <麗奴之戱馬の歌>와 같은 漢詩와 鳥居淸信의 <馬上才圖>나 <韓人戱馬圖>등의 그림에 소재가 된 점은 마상재가 일본인들에게 준 문화적 충격을 가늠하게 한다.

이밖에도 마상재의 활동은 대마도주의 말을 살펴봐주거나, 劍舞를 추고, 활쏘는 技藝에도 참여하는 등 다양하게 전개되었다. 하지만 易地聘禮(1811)를 계기로 兩國講定에서조차 빠짐으로써 朝日 선린관계의 와해와 그 운명을 같이 하고 말았다.

4. 생활문화

생활문화는 예부터 그 사회에 행하여 온 생활전반에 대한 습관이 고착된 것이다. 따라서 타 지역인에겐 가장 이질적인 요소가 되는 동시에, 반대로 그 문화의 독자성을 쉽게 파악할 수 있는 단서가 되기도 한다. 통신사행을 통한 생활문화 교류는 크게 의복·음식과 민속(민중문화)으로 나누어 살필 수 있다.

---

72) 사행록에는 永川의 朝陽閣 앞에서 무려 3차례(1636, 1682, 1711)나 공연을 펼친 것으로 나타난다.

1) 의복 · 음식

일본의 의복제도는 남여의 구별이 불분명하다는 이유로 통신사로
부터 가장 부정적인 평가를 받았다. 그것은 남여 분별을 중시하는 조
선 사행원의 눈엔 단지 여자옷의 다른 점이 남자보다 허리에 매는 띠
(帶び)가 넓고 크다는 정도에 그치고 있었기 때문이다.

반면에 통신사의 의복제도는 대부분 儒者들로 구성된 일본의 접대
관이나 문사들에게 남다른 흥미를 불러 일으켰다. 곧 1711년 사행에
서 일본문사 靑地浚新은 서기 嚴漢重이 자신의 갓 앞뒤에 각각 '正衣
冠' · '尊瞻視'라 쓴 것을 두고 "과연 儒服답다"라고 감탄한 적이 있
고73), 관백은 畵師를 보내어 朝服과 梁冠을 그려가기도 했다. 또 新井
白石은 조선이 淸의 冠服제도를 따르지 않는 이유를 묻고, 사신으로
부터 여분의 幅巾을 얻은 뒤 양국 갓의 제도를 비교하면서 조선의 관
복제도가 훌륭하다는 관백의 평가까지 전한다.74) 이는 1748년 사행에
서도 반복되어 일본의 관리들이 의복제도를 고치기 위해 관백의 命
으로 團領 · 紗帽 · 錦冠 · 朝服 · 高厚冠 · 東坡冠 · 笠子 등을 빌려가
기도 했다75). 이처럼 통신사행을 통해 의복제도의 교류도 활발하게
이루어졌음을 알 수 있다.

다소 이질적인 의복제도에 비해 음식을 통한 교류는 훨씬 다양하
게 전개된다. 일본측의 음식 대접은 크게 숙박지에서 조리한 음식을
대접하는 '熟供'과, 이외의 장소에서 통신사가 직접 음식을 해 먹을
수 있도록 식품 재료를 공급하는 '下程'이 있었다. 이때 熟供은 일본
의 요리사들에 의해, 下程은 刀尺 7명과 屠牛匠 1명 등 8명의 조선요
리사에 의해 이루어졌는데, 바로 이 熟供과 下程을 통해 양국 요리사

---

73) ≪雞林唱和集≫ 卷3, 東武.
74) 任守幹, ≪東槎日記≫ 坤 <江關筆談>, Ⅸ, 238~243
75) 曺命采, ≪奉使日本時聞見錄≫ 坤, 戊辰年 6月 5日, Ⅹ, 180

들의 교류가 이루어졌던 것이다.

빈번하고 화려하게 행해진 宴會도 음식문화교류에 막대한 기여를 하였다. 실제로 통신사가 통과하는 지역을 중심으로 각 숙박지에서는 연회가 개최되어[76] 화려한 연회상이 펼쳐졌다. 또 일상음식조차 朝夕飯 753膳, 晝飯 553膳에다 뒤에 3汁 17菜를 내는 것으로 天使를 접대하듯[77] 극진하게 대우했기에, 사행원들의 음식에 대한 관심이 지대할 수밖에 없었다. 게다가 이들 숙박지 외에 對馬島主가 베푸는 공식적인 연회만도 모두 3차례(下船宴·別宴·上船宴)나 있었는데, 특히 대마도에서는 연회마다 조선식과 일본식의 음식을 번갈아 접대했다.[78]. 이 과정에서 양국 요리사간 서로 요리법을 묻고 답하는 형식의 교류가 자연스럽게 이루어졌을 것으로 보인다.

이처럼 통신사의 왕래를 통하여 양국간 음식문화 교류가 활발히 전개되었지만, 사실 양국간의 음식문화교류는 이미 조선전기부터 시작된다. 곧 조선전기에 일본국왕사를 접대하기 위해 조선측에서 베푼 음식과, 江戶시대에 조선의 통신사를 접대하기 위해 일본측에서 베푼 음식이 상차림(공통적으로 7·5·3선택), 茶道와 결합된 宴會음식과 의례, 看盤·味數·床花의 제도, 조선의 車食五果床과 일본의 3汁 17菜 등 몇 가지 유사한 점이 많다[79]는 것이다. 따라서 통신사행에 펼쳐진

---

76) 1711년부터는 재정상의 이유로 축소하여 江戶 입경까지는 赤間關·大坂·京都·名古屋·駿府가, 귀환시에는 赤間關 대신 牛窓이 연회를 여는 소위 '5所路宴'이 행해진다. 高正晴子, 1995 <朝鮮通信使の饗應について> ≪日本家政學會誌≫ 46-No11 (日本家政學會) 1066

77) 柴村敬次郞, 1990 <朝鮮通信使と食> ≪安芸蒲刈御馳走一番≫ (下蒲刈町) 74

78) 김상보·장철수, 1998 <朝鮮通信使를 포함한 韓·日관계에서의 飮食文化교류, 3. 朝鮮通信使 파견과 日本의 조선통신사 접대> ≪韓國食生活文化學會誌≫ Vol13-No5 (한국식생활문화학회) 453

79) 김상보, 2002 <'조선통신사'를 통해 본 한·일 음식문화> ≪朝鮮通信使 韓·日 學術大會-朝鮮通信使의 再照明≫-발표집- (경기대학교) 65~106

일본의 음식접대 문화는 이미 조선전기 조선에 파견된 일본국왕사에
대한 조선의 접대문화가 일본에 전해진 것으로 볼 수도 있다.

사행에서 가장 중요한 것이 매일 매일의 식사였던 만큼 통신사행
을 통한 음식문화의 교류는 양국 모두에게 많은 영향을 미치게 된다.
일본의 경우 통신사 접대를 위한 향응요리사의 입찰이 京都에서 공
개적으로 이루어졌다.[80] 따라서 입찰을 따낸 집안의 요리사들이 자신
들의 요리법이나 제작을 비밀리에 전하고, 부엌에서 조선의 요리를
구경하거나 직접 조리법을 배워 인근지역에 전파했을 가능성[81]이 크
다. 한편 통신사를 통해 일본의 음식문화가 조선에 전해지기도 한다.
사행록에는 사행 도중 節餠三重·과일 三重饌樻 등을 別下程으로 받
은 기록들이 많이 보인다. 이는 떡이나 과일을 3重으로 된 찬합에 담
아 손님에게 접대한 것으로, 조선시대 후기까지 궁중의 연회 때 '倭
饌樻'이란 찬품으로 올려지는 음식이 되었다.[82] 그리고 曺命采가 우
리나라의 '悅口資雜湯'과 같다고 표현한 勝妓樂湯 역시 논란이 많긴
하지만 대체로 일본의 '스끼야끼'가 조선으로 전래된 경우로 보는[83]
편이다. 나아가 1763년 사행의 趙曮이 文益漸의 전례를 들면서까지
가져온 고구마 역시 통신사행을 통해 일본에서 들어온 대표적인 救
荒식품이다.

2) 민속(민중문화)

통신사행이 渡日후 처음 맞는 이국 체험은 曆法의 차이를 인식한

---

80) 小林幸夫, 1991 <앞 논문>, 67
81) 高正晴子, 2001 ≪朝鮮通信使の饗應≫ (明石書店) 222
82) 金尙寶, 1995 ≪朝鮮王朝宮中儀軌飮食文化≫ (修學社) 293
83) 이에 대해서는 ①鄭大聲, ≪食文化中の日本と朝鮮≫ (講談社 現代新書),
    ②李元植, 1997 <통신사기록을 통해 본 對日本認識> ≪國史館論叢≫
    76 (국사편찬위원회) 290을 참조

데서 비롯되었다 해도 과언이 아니다. 그것은 외교사행의 경우 사행
일정에 대한 논의의 기본바탕이 바로 曆法에서 비롯되기 때문이다.
사행원은 '節侯의 들고 나는 것과 寒暑의 가고 오는 것'이 조선과 다
른것과 함께, 5월 단오와 7월 백중이 최고의 명절로 인식되는데 관심
을 보인다. 더불어 단오의 풍속으로 殺傷까지 자행하는 '角戰'을 상세
히 기술하면서 삶을 가벼이 여기고 죽기를 즐겨하는 풍속에 두려움
을 표시하기도 한다.[84] 반면 이국적 정취를 물씬 느끼게 하는 일본어
민들의 '고래잡이놀이'에 투영된 역동적인 삶의 모습에 대해서는 긍
정적인 시선을 보인다.

冠婚喪祭에 대하여는 朱子學의 禮治를 존숭하는 조선의 儒者답게
禮法대로의 시행여부에만 주목하여 대체로 '禽獸의 행동'과 '蠻夷의
풍속'을 향유하는 나라로 부정적으로 인식하였다. 물론 사행원들의
부정적 對日觀의 기저에는 壬亂의 충격으로 인한 對日敵愾心과 당시
조선을 지배한 유가적 禮사상 및 對일본 문화우월의식, 그리고 짧은
사행노정으로 인한 불완전한 견문 등이 근간으로 작용하고 있었다.[85]

이처럼 통신사의 눈에 비친 일본민속이 존재하듯, 일본 민중의 눈
에 비친 통신사의 모습도 그대로 일본 민속에 투영되기도 한다. 어린
이들은 종이로 갓과 戰笠을 만들어 쓰고, 풀잎으로 나팔모양을 만들
어 불면서 색종이로 만든 '淸道'旗를 휘날리는 모의사행놀이[86]를 즐
겼다. 그리고 京都와 淀浦에서는 京都 玩具商이 제조한 조선팽이와
통신사 복색을 한 인형들이 유행하는 등[87], 민중들 사이에서도 통신

---

84) 慶暹, ≪海槎錄≫ 下, 丁未年 6月 5日, Ⅱ, 298~299
85) 韓泰文, 2000 <'海行摠載'소재 使行錄에 반영된 일본의 通過儀禮와 사
    행원의 인식> ≪한국문학논총≫ 26 (한국문학회) 439~444.
86) 曺命采, ≪奉使日本時聞見錄≫ 坤, 戊辰年 6月 13日~6月 17日, Ⅹ, 194~
    197
87) 辛基秀, 1991 <通信使의 길에 비친 韓日交流> ≪韓日文化交流史≫ (민
    문고) 314

사행은 폭넓은 인기를 누렸다. 특히 통신사행이 일본의 민속에 직접
적인 영향을 미쳐 지역민 전체가 향유하는 제례의 한 요소로 반영되
기도 했는데, 오늘날까지 전승되고 있는 '唐子踊り'와 같은 춤과, '朝
鮮軸'과 같은 통신사 행렬재현이 그것이다.

'唐子踊り'는 岡山縣 邑久郡 牛窓町 紺浦부락에서 素盞嗚神社(疫神
社)의 가을 축제 때 神에게 바쳐진 아동들의 춤이다. 매년 10월 4째주
일요일이 되면 동자 2명이 화려한 복장을 하고 북과 피리의 반주에
맞추어 對舞하는 것으로, 神社 옆에서 2회 공연한 뒤 목말을 하고 부
락 내의 天神社 · 藥師堂 · 神功皇后腰掛岩 앞에서 각각 1회 공연한
다. 그 유래에 대해서는 三韓起源說 · 通信使起源說 · 中國起源說 · 自
體創作說[88] 등이 있지만, 통신사와 관련된 춤으로 보는 경향이 일반
적이다.

'唐子踊り'의 기원이 된 통신사의 춤은 小童의 춤에서 비롯된다.
소동은 사행에 약 15명 내외가 참여하여, 심부름을 비롯한 잡일을 하
거나 客苦를 풀기 위한 對舞와 노래를 하며, 또 日人들의 요청에 의
해 휘호를 하는 것으로 나타난다. 그 중 소동의 對舞는 사행록에 잘
반영되어 있다. 신유한은 "樂工으로 하여금 북을 치고 피리를 불게
하고 두 동자를 맞세워 춤을 추게 하니 여러 왜인이 구름처럼 모여들
었다"거나 "동자는 채색적삼을 입고 마주서서 춤을 추는데 궁녀와 같
았다"고 묘사하고 있다. 그런데 이제까지의 연구에서 간과되고 있던
1811년의 사행기록에는 "즉시 풍악을 베풀도록 하고 춤을 잘 추는 소

---

88) 牛窓町, 1991 ≪唐子踊り≫(岡山縣 邑久郡 牛窓町 牛窓町役場) 20~24.
'唐子踊り'의 유래에 대한 연구는 ①西川宏, 1965 <唐子踊りの謎を解く
> ≪歷史地理敎育≫ 115 (歷史敎育者協議會) ②柳澤新治, 1978 <唐子
踊りの謎を解く> ≪歷史と人物≫ 12月號 (中央公論) ③李進熙, 1976 <
唐子踊りと神功皇后> ≪李朝の通信使≫ (講談社) ④任東權, 1991 <民
俗의 韓日交流> ≪韓日文化交流史≫ (민문고) ⑤倉地克直, 2001 ≪近世
日本人は朝鮮をどうみていたか≫ (角川選書) 등이 있다.

동으로 하여금 戰笠을 쓰고 快子를 입고 춤을 추게 하니 江戸의 使者들과 島人으로서 칭찬하지 않는 자가 없었다"[89]라고 적혀 있다. 곧 당시 소동의 춤이 오늘날 '唐子踊り'의 옷차림, 북과 피리가 곁들여진 對舞형식이라는 공연분위기와 그리 다르지 않아 통신사와의 관련성을 더욱 짙게 한다.

牛窓은 瀨戸내의 중요한 해역으로 備前文化의 현관으로 불리어지는 지역이다. 또 통신사가 무려 14회나 寄港한 데다, 재정상의 이유로 연회가 축소되었던 1711년 이후에도 귀로시 연회를 베풀던 '5所路宴' 중의 하나였다. 1682년 사행에서는 町屋의 3/5이, 1719년 사행에서는 1/4이 통신사행의 숙박을 도맡았기 때문에[90] 다른 지역보다 그 문화적 파급효과도 훨씬 컸을 것이다. 그 결과 소동의 춤을 모사하여 '唐子踊り'로 정착시킨 것이다. 牛窓 외에도 통신사가 往還하는 지역에서는 소동의 춤에 대한 관심이 지대하였다. 곧 日比의 四宮家에 전하는 <朝鮮人來朝覺 備前御馳走船行列>그림에도 배위 갑판에서 춤추는 소동의 모습이 새겨져 있고, 오늘날 三重縣 津市 分部町과, 三重縣 鈴鹿市 東玉垣町에도 비슷한 '唐人踊り'가 전하고 있는 것이 그 예라 할 수 있다.

달리 '朝鮮王軸'·'朝鮮人軸'·'唐人行列'이라고도 불리는[91] '朝鮮軸'은 岐阜縣 大垣市 竹嶋町의 八幡神社 제례 때 참가한 사람들이 모두 조선한복을 입고, 조선식으로 꾸며진 수레를 만들어 멘 뒤 거리제를 지내던 민속행사였다. 지금은 바뀌었지만 예전에는 가마 속에 조선 장군의 머리 인형, 조선왕이라 쓴 깃발, 조선 특유의 구름무늬가 수놓인 大將 의상, 용·호랑이·기린·주작 등 4神獸와 책걸이 등 文

---

89) 柳相弼, 《東槎錄》 <日記>, 辛未年 6月 19日, Ⅹ, 324
90) 倉地克直, 2001 《앞 책》, 124
91) 李進熙, 1982 <당자춤과 쵸센야마> 《日本은 우리가 키웠다, 朝鮮通信使》 (中村榮孝 외·金龍鮮 역, 東湖書館) 77

房四友를 금실로 수놓은 겉옷 등이 놓여져 있었다[92]고 한다. 이 행사
는 竹嶋町에 거주하는 河合姓大黑星治兵衛의 선조가 名古屋까지 통
신사행렬을 따라가면서 의상과 장식품을 직접 그리고, 조선의복은 京
都의 西陣이란 곳에서 특별히 주문해서 만든 뒤 1648년부터 시행했
다[93]고 하니 명백히 통신사 관련 행사라 할 수 있다. 이처럼 '唐子踊
り'와 같은 춤이나 '朝鮮軸'과 같은 행렬이 1년에 한번 개최되는 지역
의 축제에서 중심이 되었다는 사실은 통신사가 일본 민중사회에 미
친 영향이 컸음을 보여주는 좋은 예[94]라 할 수 있다.

5. 기술문화

통신사행은 양국간 기술문화의 교류도 촉진시켰다. 1763년 사행의
정사 趙曮이 水車 · 舟橋 · 물레방아의 제도를 그림으로 그려온 데서
알 수 있듯 기술문화의 교류는 다양하게 전개되었지만, 특히 활발하
게 전개된 분야는 醫學과 造船분야이다.

1) 의 학

통신사행에 있어 의원은 의술에 정통한 良醫 1명과 典醫監과 惠民

---

92) 현재 통신사와 관련된 물품들은 모두 '大垣鄕土館'에 전시되어 있다. 하
   지만 오늘날 竹嶋町의 가마 뒤에는 王仁과 阿直岐의 그림이 수놓인 장
   막이 드리워져 있어 여전히 조선과의 관련성을 강하게 드러내고 있다.
93) 辛基秀, 1991 <앞 논문> 338
94) Ronald P.Toby는 조선통신사 행렬이 성행한 이유를 마을 사람들의 입장
   에선 통신사로 분장함으로써 장군을 배알할 수 있는 특권을 누리고, 장
   군으로서도 자기 성내의 정원을 열병하게 함으로써, 실제 통신사가 오
   지 않는 동안에도 조선인을 지배하는 능력을 정기적으로 재확인하고 세
   상에 공포할 수 있었기 때문으로 설명하고 있다(Ronald P.Toby, <앞 논
   문>, 192~196)

署에서 뽑힌 2명 등 총 3명이 참여했다. 이들은 사행원에 대한 본연의
치료업무 외에 일본인들을 치료하거나 일본 의원들과 '醫事問答'을
벌이는 등 교류활동을 활발히 전개했는데, 그 바탕에는 일본인들의
조선의학에 대한 동경도 큰 몫을 했다. 그것은 壬亂을 통해 조선의
醫·藥서적 대부분이 약탈되어[95] 들어왔고, 임란 이후에도 일본인들
의 求請에 의해 ≪東醫寶鑑≫ 등의 醫書가 수입·覆刻되어 의원들의
必携書가 되었기 때문이다[96]. 따라서 통신사의 訪日은 책으로만 알고
있던 조선의 선진의학을 직접 접할 수 있는 절호의 기회가 되었다.

양국 의원간 교류는 1636년 조선의원 白士立과 일본의원 野間三竹
과의 만남을 비롯하여 1711년에는 奇斗文－竹田定直이, 1719년에는
白興銓－加藤謙齋·築山克과 北尾春倫-權道가, 1748년에는 趙崇壽－
百田安宅·橘元勳과 趙德祚－佐藤養浩가, 그리고 1763년에는 李佐國
－山口忠居·山田正珍·奧田元繼와 南斗旻－北山彰 등이 필담 등을
통해 상호관심사를 교환하면서 활성화되었다.[97] 또한 의원간 교류 외
에 양국 문사와 의원간의 교류도 이어졌는데 1655년의 貝原益軒－韓
亨國, 1682년의 今井小四郎·柳川震澤-鄭斗俊, 1719년의 신유한－北
尾春圃·北尾春輪·林良醫 등이 대표적이다. 양국 의원들간의 교류
에서는 주로 인삼의 製法과 眞僞감정법, 조선에서 常用하는 醫書, 解
剖, 湯泉療法 등 의약 관련 화제가 중심이었다. 하지만 문사와 의원간

---

95) 三木榮은 ≪朝鮮醫學史≫ 집필을 위해 자료를 찾았으나 조선에서는 드
    물었고, 오히려 일본에 많았다고 회고하고 있다. 三木榮, 1956 <朝鮮醫
    學史及疾病史の刊行について> ≪朝鮮學報≫ 10 (朝鮮學會) 150
96) 韓文鍾의 연구[1999 <朝鮮後期 日本에 관한 著述의 조사 연구> ≪國史
    館論叢≫ 86 (국사편찬위원회) 241]에 의하면 ≪倭人求請謄錄≫에 특히
    ≪東醫寶鑑≫·≪醫學入門≫·≪醫學正傳≫·≪醫林撮要≫ 등 의학관
    련 서적의 求請이 두드러진다고 하였다. 이밖에 일본에서 覆刻된 朝鮮
    醫書에 관하여는 李俊杰, 1986 ≪朝鮮時代 日本과 書籍交流硏究≫ (弘
    益齋) 263~272
97) 李元植, 1991 ≪앞 책≫, 69~73

의 교류에서는 鍼術·人蔘 등의 의약관련 화제와 함께 일본에 없는 禽獸와 초목·한글·시문창화에 이르기까지 그 화제가 다양한 것이 특징이다.

이밖에도 1636년 사행에서 일본 國醫 岡本玄冶가 부사 金世濂을 치료하고, 1719년 사행에서는 조선 의원 權道가 姬路藩의 유자 河澄 桃圃의 아들 병에 처방을 가르쳐 주는 일들도 있었다. 결국 이런 과정을 통해 양국 의원들은 보다 긴밀한 교유관계를 형성할 수 있었고, 조선 사행원 역시 일본 醫藥界에 대한 자신의 인상을 사행록에 남길 수 있었다.[98]

이처럼 통신사행과정에서 문답이나 접촉을 통해서 얻어진 의학지식들은 일본의원들에 의해 ≪桑韓醫談≫類의 책자로 출간됨으로써 조선의학이 보다 광범위하게 일본에 보급될 수 있었다. 더불어 일본은 조선의학을 바탕으로 자신들의 치료법을 더욱 발전시켜 근세의학에까지 이를 수 있게 된다.

2) 造 船

造船기술의 교류도 활발히 이루어졌을 것으로 짐작된다. 그것은 사행원에 선장 3명, 사공 24명, 格軍 270명 등 297명이 소위 漕運업무를

---

98) "그 病과 藥을 논한 것이 중국 朱震亨의 의술을 본받은 것이어서 우리 나라 의관에 견줄 바가 못된다"(金世濂, ≪海槎錄≫, 丙辰年 11月 20日, Ⅳ, 77)거나, "製藥法이 정묘하다 … 아마 성질이 조급하여 기뻐함과 성냄이 편벽되고 또 덥고 따뜻한 지방에 살기 때문에 병이 많아 痰·火·滯의 鬱症에서 생기기 때문에 쓰는 약방문이 通和理中하는 和劑에 더욱 치중하는 것"(申維翰, ≪海游錄≫ 下 <附聞見雜錄>, Ⅱ, 91~92)이라고 보며, 또 "이번 걸음에 보고 들은 바로 말하자면 비록 의술이 있다고 일컫는 사람이 약간 있었으나 모두 의술을 알지 못했다"(曺命采, ≪奉使日本時聞見錄≫ 坤 <聞見總錄>, Ⅹ, 268)고 평가하고 있다.

전담하던 漕卒의 신분이었고, 이들 중 江戶까지 가지 않고 大坂에 머
문 인원이 100여 명 정도나 되기 때문이다. 실제로 왕복 11300여 리
에 뱃길이 3/5이나 차지하는 위험한 수로여행에서 그 운송수단이 되
는 선박과 관련된 기록은 사행록에 많이 남아 있다. 1607년 사행의
경우 對馬島主가 조선의 배가 모두 튼튼하지 못하다 하여 수리하기
를 청해 허락한 일이 있고, 며칠 후 일본 선박의 형태와 제작을 보러
바다 어귀까지 나가기도 한다. 또 1655년 사행에서는 조선에서 가져
온 키가 형편없어 일본인들이 만들어 준 키를 쓰기도 한다. 특히 배
와 관련된 사고를 유난히 많이 겪은 1763년 사행의 정사 趙曮은 "이
번에 여러 번 위험을 겪은 때문에 '팔 부러진 자가 의원된다'는 식으
로 사공, 耳匠 등이 일본의 선박과 우리의 선박을 상호 참작하여 두
개의 배 모형을 가지고 왔는데 나는 널리 工匠과 의논하여 만들어서
명년에 역관이 바다를 건널 때 한 번 시험해 보라는 뜻으로 統營에
관문을 보냈다"[99]는 기록을 남기고 있어 통신사 왕래를 통한 造船기
술의 교류를 짐작하게 한다.

Ⅳ. 通信使의 韓日 文化交流史的 의의

對日 문화교류는 예부터 사람을 통해 직접적으로 이루어진 경우가
많았다. 삼국시대에는 王仁과 阿直岐가 ≪論語≫를 비롯한 儒家經典
을 傳授하였다. 또 조선시대에는 壬辰倭亂으로 잡혀간 도자기기술자
와 인쇄기술자, 그리고 학자들이 일본의 窯業과 인쇄술을 발전시키고
일본성리학의 길을 열어 德川政權의 文運興隆策에 기여했다. 또한 조
선의 통신사는 400~500여 명의 인원이 수개월에 걸쳐 일본지역을

---

99) 趙曮, ≪海槎日記≫ 5, 甲申年 6月 24日, Ⅶ, 327

왕래함으로써 국제교류가 없던 동아시아에서 문화교류의 사명을 훌륭히 수행했다. 통신사의 한일 문화교류사적 의의는 크게 다음의 4가지 측면으로 자리매김할 수 있겠다.

첫째, 통신사행은 자국 문화에 대한 자각과 주체성 확립의 계기가 되었다.

통신사행원들은 일본문사들과 필담창화를 하면서 조선의 문화 · 사상 · 예의 · 법도 등에 대해서는 자세한 답변을 했지만, 우리나라 역사 · 과거의 문학 · 국제정세 · 일상용품 등에 대해서는 무지를 드러내는 경우가 종종 있었다. 이는 귀환 후 30년이 지나 洪世泰가 "자신의 불민함으로 인해 일본인들의 비평을 면하지 못할까 두려워했는데 지금에 이르러 그것을 생각하니 아닌게 아니라 부끄러워 땀이 날 지경"[100]이라고 솔직히 고백하고 있는 데서 잘 드러난다. 이처럼 통신사행은 사행원의 자국문화에 대한 각성과 학구열을 불러일으키는 계기가 되었다. 일본 역시 사행원과의 교류를 통해서 다양한 조선문화에 대비되는 자국의 문화에 대해 새삼스레 되돌아보는 계기가 되었다. 이는 17세기 이후 벌어진 조선 사행원과의 '金剛山-富士山 우열논쟁'[101]이 조국 산천에 대한 새로운 인식을 불러온 것에서도 확인할 수 있다. 나아가 자국 문화가 대륙문화와 고립되어선 안된다는 자각도 함께 가지게 되었다.

또한 통신사행은 주체성 확립의 계기가 되기도 했다. 조선의 경우 申維翰은 일본문사들의 무분별한 用事 선택을 예로 들어 조선 문단에 팽배했던 慕華意識의 실상을 비판한다. 그리고 조선인의 정서를 거짓없이 채용해야 "참된 빛깔과 천연의 향기"를 뿜을 수 있다고 주체적 문학관을 강조한다.[102] 일본도 통신사와의 문학교류를 통해 漢

---

100) 洪世泰, ≪柳下集≫ 卷9, 文7, <送李重叔往日本序>
101) 이혜순, 1991 <18세기 韓日文士의 金剛山-富士山의 우열논쟁과 그 의미> ≪한국한문학연구≫ 14 (한국한문학연구회)

詩문학에 대한 자신들의 한계를 절감한다. 그리고 한편으로, "일본사람이 조선의 문학을 사모하나 풍기가 각각 달라 배워서 능할 수가 없으니, 우리는 스스로 일본문학을 하는 것만 못하다."[103]는 일본 關白德川吉宗의 말처럼, 주체성을 강조하면서 國學의 발전을 도모하는 방향으로 나아가게 된다.

둘째, 통신사행은 새로운 인재의 발굴과 자기고양의 계기가 되었다.

조선의 경우 통신사행은 文才는 뛰어났지만 士族중심의 신분질서에서 鄕案入錄이 거부되는 등 각종 차별에 시달려야 했던 서얼이나 중인 등 여항인을 대거 발탁되는 계기를 만들었다. 서얼인 權伐과 朴安期, 李明彬 등은 사행후 모두 大科에 급제함으로써 자신의 학문적 위상을 드높였다. 그리고 사행을 통틀어 文名을 해외에 과시한 잣대가 된[104] 중인문사 洪世泰는 여항시인들의 그룹인 '洛下詩社'를 주도하고, 최초의 閭巷漢詩選集인 ≪海東遺珠≫를 발간하기에 이른다. 또 1763년 사행에 그림을 잘 그린다는 이유로 정사 趙曮에 의해 一騎船 선장으로 발탁된 卞璞은 이후 왜관의 실태를 연구하는데 가장 널리 이용되는 <草梁倭館圖>를 그려 그 이름을 만천하에 알리게 된다.

통신사행은 또 자신의 학문이나 시문창작 능력을 검증받고자 하는 일본문사들을 일본사회에 드러내는 구실도 하였다. 林羅山·新井白石·雨森芳洲 등 江戸시대의 대표적인 문사들은 모두 통신사와의 만남을 계기로 자신의 학문세계를 확고히 구축했다. 또 창화와 필담을 통한 지방 문사들과의 교류는 지방의 문화수준을 한 단계 더 높이는 계기가 되었다.[105] 나아가 통신사행은 지역에 고립된 문사들을 다른

---

102) 申維翰, <杜機詩選序> ≪靑泉集≫ 권4 [1997 ≪影印標點韓國文集叢刊≫ 200 (민족문화추진회) 304]
103) 申維翰, ≪海游錄≫ 中, 己亥年 9月 27日, I, 526.
104) 趙曮, <筵話> ≪海槎日記≫, VII, 546. 1763년 통신정사 조엄이 復命을 위해 入侍했을 때 英祖는 제술관 南玉의 활약이 무려 82년이나 앞서는 홍세태에 비해 어떠하였는지를 묻고 있다.

지역이나 중앙의 문사들과 연결시킴으로써, 일본문사간 내적교류도 가능하게 했다.[106] 특히 1711년 사행에서 조선 사행원들과 같이 창화를 했으면서도 ≪雞林唱和集≫에서 소외된 荻生徂徠계열의 문사들이, 자신들과의 唱和詩만을 따로 모아 ≪問槎畸賞≫·≪廣陵問槎錄≫으로 간행한 점을 고려하면,[107] 통신사행은 일본 문사들간의 선의의 경쟁을 유발시키는 계기도 되었던 것이다.

셋째, 상호소통의 전통을 확립함으로써 상대국에 대한 인식의 변화를 가져왔다.

사행을 통한 양국간 교류는 외교상 필연적인 귀결이었다. 하지만 통신사는 不定期的인 대신 대규모 인원에 의한 집단적 교류로 그 문화적 파장은 이전 사행과는 비교할 수 없는 것이었다. 게다가 사행과정에서 창화와 필담 등의 직접적인 교류에 의해 상호소통의 전통이 확립됨으로써 상대국에 대한 인식의 변화를 유도하는 직접적인 계기도 되었다. 사행 전 조선 사행원이 지닌 對日觀의 원형은 '倭寇'와 '壬亂', 그리고 '주자학적 세계관에 바탕을 朝鮮中華主義'였고, 일본인이 지닌 對朝鮮觀의 원형은 '神功皇后의 三韓정벌'로 대표되는 ≪日本書紀≫에 의한 '朝鮮藩國觀'과 '日本型華夷意識'이었다. 하지만 사행을 통해 조선 사행원들은 점차 일본의 엄정한 질서의식·교육의 전반적인 성장·선진문명 등 긍정적인 측면을 부각시키는 등 객관적인 시각을 유지하기도 한다. 일본 역시 통신사행을 접하면서 幕府 말기엔 征韓論으로 발전한 측면도 있지만, 전통적인 조선멸시관에서 벗어나 한반도로부터의 문화적 영향을 인정하고, 선진문화로서의 조선문화에 대한 존경을 솔직하게 표현[108]하기에 이른다.

---

105) 仲尾宏, 1997 ≪朝鮮通信使と德川幕府≫ (明石書店) 18~19

106) 이혜순, 1996 ≪앞 책≫, 428

107) 李元植, 1991 ≪앞 책≫, 63

108) 三宅英利, 1996 ≪조선통신사와 일본≫ (김세민 외 역, 지성의 샘) 255

넷째, 통신사 관련 文藝物의 量産과 文化昌盛의 계기가 되었다.

통신사행을 통한 양국문사간 교류는 각종 使行錄과 唱和集을 양산했다. 이들은 文學작품으로서의 가치 외에 일본의 사회상과 문화 등을 조선에 알림으로써 보다 적확하면서도 객관적인 일본인식을 가능하게 했다. 특히 <虞裳傳>·<許生傳>과 같은 소설이나, ≪蜻蛉國志≫와 같은 일본백과전서, 그리고 ≪論語古今注≫와 같은 思想書의 출판에서 엿볼 수 있듯 조선 實學者들의 문학이나 사상 정립에 지대한 영향을 미쳤다.[109] 또한 일본에서도 1711년 사행의 李礥이 怪談의 서술자로 등장하는 ≪怪談乘合船≫이 발간되고, 1763년 사행의 崔天宗 살해사건이 ≪世話料理鱸庖丁≫과 같은 歌舞伎, ≪唐士織日本手利≫와 같은 淨瑠璃, ≪珍說難波夢≫과 같은 實錄體 소설의 제재로 활용되기도 한다.[110] 또 민중들의 회화나 민속 등에도 통신사의 모습을 반영함으로써, 일본문화를 보다 다양하게 발전시키는데 기여했다.

V. 맺음말

이상으로 통신사 왕래를 통한 한일 양국의 문화교류에 대해서 살펴보았다. 통신사는 특히 江戶시대에 쇄국체제하의 일본을 왕래하면서 다방면에 걸쳐 일본인들과 문화교류를 전개했고, 일본은 이를 통

---

109) 通信使와 조선 實學者의 관계에 대해서는 河宇鳳, 1992 ≪朝鮮後期 實學者의 日本觀 研究≫ (一志社)를 참조.

110) 이에 대한 연구로는 ①角田豊正, 1982 <조선통신사와 가부끼> ≪日本은 우리가 키웠다, 朝鮮通信使≫ (中村榮孝 외·金龍鮮 역, 東湖書館) ②池內敏, 1993 <文藝作品と朝鮮通信使> ≪靑丘學術論集≫3(韓國文化研究振興財團) ③張德順, 1979 <日東壯遊歌와 일본의 歌舞伎> ≪冠岳語文研究≫3 (서울대 국문학과) ④박찬기, 2001 ≪조선통신사와 일본근세문학≫ (보고사) 등이 있다.

해 조선과의 관계를 재정립하면서 자신들의 문화를 다채롭게 발달시켰다.[111] 또 조선의 사행원들 역시 일본체험을 바탕으로 자국문화에 대한 자각과 일본에 대한 인식을 전환하는 계기가 되었다.

이처럼 문화교류는 어떤 경우에든 상호수수관계에 놓이게 마련이다. 다만 통신사를 통한 문화교류에서 일본측이 조선에 미친 영향보다 조선이 일본에 미친 영향이 부각되는 것은 통신사의 파견주체가 조선이고, 그 교류의 場이 바로 일본인 데다 교류의 흔적 역시 일본에 많이 남아 있기 때문이다. 진정한 세계화란 자기를 확대하는 것이 아니고 진실로 상대방을 인정하고 이해하려는 노력에서 비롯된다. 통신사행은 바로 이 진솔한 마음의 교류를 통해 상대에 대한 무지와 편견을 극복하고, 상호이해의 우호관계를 형성함으로써 국제외교사상 찾아보기 힘든 모범적인 문화사행의 전례를 남겼다고 할 수 있다.

이런 관점에서 보면 오늘날 양국사이에서 야기되고 있는 역사교과서 문제는 심히 유감스러운 일이다. 곧 "양국은 대등한 관계를 유지하고 조선으로부터는 장군이 세습될 때마다 통신사라 불리우는 사절이 江戸를 방문하여 각지에서 환영받았다"[112]는 일본 중학교 역사교과서의 기술태도는 통신사를 단순히 '將軍襲職 축하사절단'으로만 규정하여 일본의 우월적 입장을 견지하고 있는 것이다.[113]게다가 일본의 요청에 의해 통신사가 파견된 사실과, 통신사행의 역사적 의의라 할 수 있는 문화교류 및 그 영향관계에 대해서는 전혀 언급조차 하지 않고 있다. 반면 "조선 통신사는 일본의 요청을 받고 일본에 건너가 극진한 대우를 받았으며, 일본의 문화발전에 공헌하였다. 조선통신사가 다녀간 후에는 일본 내에 조선의 문화와 풍속이 퍼질 정도였

---

111) 田保橋潔, 1972 ≪近代日鮮關係の硏究≫ 下 (宗高書房) 892

112) ≪新しい歷史敎科書≫ (扶桑社) 130

113) 孫承喆, 2002 <일본 역사교과서 고려·조선시대 기술의 왜곡실태 분석> ≪한일관계사의 제문제≫ (한일관계사학회 학술심포지엄)

다"114)는 한국 중학교 역사교과서의 기술태도 역시 구체적인 요청 사유를 밝히지 않은 채, '조선-문화시혜국'·'일본-문화수혜국'의 일방적 입장을 견지하고 있다.

역사는 몸으로 깨달아 이해하는 것이기도 하지만, 깨닫기 전에 먼저 배워야 하는 것이기도 하다. 그래서 역사교육이 중요한 것이고, 주관적이고 자의적인 해석에 의한 왜곡된 記述태도를 경계하는 것이다. 더불어 적어도 역사를 기술하는 데 있어서는 보다 객관적이고 분석적인 기술태도가 요청되는 것이다.

끝으로 기존의 연구에서 발견되는 문제점을 토대로 '통신사 왕래를 통한 문화교류'에 대한 앞으로의 연구방향을 제시하면 다음과 같다.

첫째, 일목요연하다는 이유로 연구논저에도 많이 인용되고 있는, 통신사행의 順次와 관련된 소위 '통신사 일람표'의 재정리가 필요하다. 대표적으로 三宅英利·李元植·姜在彦115) 등에 의해 작성된 통신사 일람표는 한결같이 항목 속에 사행목적을 적고 있지만 그 사이 어디에도 일본이 '사행을 요청한 시기'와 '요청사절'에 대한 언급이 없다. 게다가 그 목적[使命]을 三宅英利는 조선과 일본의 입장으로 각각 나누어 기록한 반면, 在日 학자들은 오히려 일본의 입장만을 담고 있다. 따라서 도표만 보면 충분히 통신사는 일본의 태평성대를 축하하러 가는 사절로 오해하게 되어 있다.

둘째, 조선전기 통신사의 문화교류에 관한 자료의 발굴이 시급하다. 자료가 零星하다는 것은 이 시기 통신사의 활동이 후기처럼 그리 다양하게 전개되지 않았기 때문으로 해석할 수도 있지만, 오히려 그동안 학자와 지역민의 관심이 조선후기 통신사에만 집중된 데서 찾

---

114) 국사편찬위원회 국정도서편찬위원회, 2002 《중학교 국사》, 150
115) ①三宅英利[손승철 譯, 1991 《근세 한일관계사 연구》 (이론과실천) 460~462] ; ②李元植, 1991 《앞 책》, 39~40 ; ③姜在彦, 1977 《朝鮮の攘夷と開化》 (平凡社) 119

는 게 옳다. 따라서 밝혀진 통신사행원들을 중심으로 사료나 문집 등의 발굴조사가 이루어질 경우 조선후기에만 편향된 통신사 연구도 균형을 잡을 수 있을 것이다.

셋째, 통신사 왕래를 통한 문화교류의 범위를 확대시킬 필요가 있다. '통신사'의 개념과 구비조건116)만을 염두에 두고 부합하는 것만을 통신사의 범주에 넣어 살필 것이 아니라, 적어도 '일본사행'이라는 거시적 시각에서 접근할 필요가 있다. 마찬가지로 日本國王使의 왕래를 통한 문화교류도 함께 연구되어야 한다. 한일 양국의 문화교류를 언급하면서 조선에서 일본에 파견된 사절만을 대상으로 하는 것은 15~19세기 朝日관계의 역사적 의의를 오히려 희석시키는 것이다. 따라서 연구의 편향성을 해결하고, 진정한 한일간 문화교류의 참 모습을 찾기 위해서도 이에 대한 연구는 필요하다.

---

116) 三宅英利는 ①朝鮮國王으로부터 日本將軍에게 보내짐, ②일본장군에 대한 吉凶慶弔, 또는 양국간에 긴급문제 해결의 목적을 갖지만 回禮・報聘의 의미는 없음, ③조선국왕으로부터 일본장군 앞으로 書啓 및 禮單을 갖고 감, ④사절단은 중앙관리 3인 이하로 편성함, ⑤通信使 또는 그에 준하는 國王使의 호칭을 가지는 경우를 '통신사'의 구비조건으로 보고 있다. ≪앞 책≫, 47

ABSTRACT

Cultural Interchanging Through Tongsinsa

Han, Tai-moon

"Tongsinsa(通信使)" was the diplomats sent to the Japanese Shogun by the king of Joseon from the 15th~19th Century. These officials were sent to realize the 'good-neighbor policy,' the basic Korean policy towards Japan. Many previous studies were made related with Tongsinsa, focused on cultural interchanging. However, being excessively focused on poetic conversations & conversational writings, the diversity of the studies was limited on the literary & academic area, making the study scope somewhat inclined. In this study, the cultural interchanging through Tongsinsa is sought in mainly three parts; 1) The background that allowed active cultural interchanging between Korea & Japan possible, 2) Various trends of cultural interchanging including literatures, sciences, arts, living cultures, technologies, etc, and 3) The significance of Tongsinsa in the aspect of cultural interchanging history between Korea & Japan.

As the background for active cultural interchanging between Korea & Japan, there were factors such as the characteristic of Tongsinsa as cultural diplomats, the pride & talent that the officials had as being Tongsinsa, the curiosity & admiration of Japanese towards foreigners & advanced cultures, etc.

The cultural interchanging was variously made, mainly in the literature, science, art, living culture and technology areas. For interchanging activities in literature, there were mainly poetic conversations, literary gifts and proofreading made via poets. In addition, there were literary interests, comments and assessments on both countries made via conversational writings. In the aspects of science, also, Tongsinsa played a role of handing over the science of Joseon to Japan, as well as Japan to Joseon. They were sincere intermediates of cultural communications. In the fields of arts, such as painting & calligraphy, music, play, horse riding, etc, every Tongsinsa of Joseon showed outstanding performance, pleasing the Japanese. On the other hand, Tongsinsa showed great interest on the cultures of Japan as well, allowing active cultural interchanging possible through arts. For the living culture, the cultural interchanging was active through foods. Tongsinsa gave great influence to the mass society of Japan, even infiltrating deep into the folk customs of Japan. Technologies were also actively interchanged, including medical science and shipbuilding.

For the significances of Tongsinsa in the aspect of cultural interchanging history between Korea & Japan, there can be factors such as being aware of domestic cultures, strengthening identity, developing competent people and the idea of self exalt. By establishing the tradition of mutual communication, also, the policy changed the image of the opposite country and allowed mass-production of artifacts related with Tongsinsa giving an opportunity of cultural prosperity.

Keywords: Tongsinsa, Japanese shogun, good-neighbor policy, poetic conversations, conversational writings, cultural interchanging, medical science and shipbuling.

朝鮮後期 對日外交使行과 倭學譯官

洪 性 德*

Ⅰ. 머리말

조선후기 한일관계는 '善隣友好'의 관계로 평가되고 있다. 고대 이래 이 시기만큼 두 나라가 상호 信義로서 교류한 적은 없었다. 때문에 한국과 일본 사이의 역사적 사실이나 상호인식에 대한 논의가 진행될 때, 조선후기의 한일관계사는 다른 시대와 비교해서 다루어지지 않거나 발전적 방향의 규범으로 언급되는 정도에 지나지 않았다. 이는 조선후기 '誠信交隣'의 한일관계에 대한 기본적인 공감대가 형성되었다는 것을 말한다.

그렇지만 倭亂이라는 일본 침략과 '선린우호'가 곧바로 '강점'으로

───────────────

* 전북대학교 박물관 학예연구사

이어진 역사적 사실을 감안해 볼 때, 조선후기의 한일관계 역시 다음과 같은 관점에서 재검토되어야 한다.

첫째, 기유약조(1609)가 조선후기 대일 외교체제의 기본형태라고 지적하면서도, 그 시기 일본의 대조선 외교교섭은 幕府의 의사와는 무관하게 대마도의 자의적 행위로 평가하여 교섭재개의 의미를 과소평가하고 있다.

둘째, 조선후기 조선의 대일사행에 대해서는 막부장군 즉위를 축하하는 통신사행의 파견과 통신사행의 문화교류만이 강조되고 있을 뿐, 대마도에 파견된 問慰行이나 일본의 대조선 외교사행의 구조에 대해서는 대등한 관점에서 다루고 있지 않다.

셋째, 1630년대 소위 일본의 '大君外交體制' 성립과 조선의 대일정책변화 이후 외교사행의 개편에 대한 분석이 조선의 경우 북방의 위협에 대비한 남방의 안전만이 강조된 반면, 일본의 경우 柳川一件 이후 幕府의 직접 통제를 강조함으로써 그때까지의 朝鮮과 日本의 외교관계를 朝鮮과 對馬島의 사적관계로 제한하여 이해할 수 있는 오해를 불러일으키고 있다.

넷째, 조선후기 한일관계사가 通信使와 倭館 중심으로만 진행되어 두 나라 관계를 유기적으로 분석 평가하기 어려운 부분이 있다. 향후 조선후기 한일관계사의 영역이 외교사행에 있어서는 통신사 이외에 문위행과 일본의 대조선 외교사절 특히 差倭의 정치 외교사적 규명이 진행되어야 할 것이다.

위와 같은 점들에 유의하면서 본 발표에서는 조선후기 기유약조 체결이후 한국과 일본 두 나라를 왕래한 외교사행의 성립과 1630년대를 전후한 변화과정을 살펴보고, 통신사행과 문위행의 정례사절 배경 및 과정에 대해 알아보며, 대일외교사행에 있어 왜학역관의 중요성을 보론적으로 분석해 보기로 한다. 본 발표를 통해 조선후기 '善隣友好' '誠信交隣' 참 의미가 되살아 날 수 있기를 기대해 본다. 아

울러 이러한 문제점들에 대한 연구가 진지하게 검토되고 상호 연구
자들에 의해 합의가 이루어진다면, ① 국교회복과정에서의 宗氏의 역
할만을 강조하여 일방적으로 서술되어 있으며, ② 通信使를 將軍祝賀
使節團으로 강조 일본의 우위입장을 주장하고 있고, ③ 宗氏의 倭館
이라는 표현으로 파생되는 등의 문제점을 내포하고 있다[1]는 조선후
기 한일관계사에 대한 일본 역사교과서의 내용이 재검토될 수 있을
것이다.

Ⅱ. 朝鮮後期 韓日外交使行의 成立과 變化

조선전기 일본의 대조선 외교사행으로는 國王使, 諸巨酋使, 九州節
制使, 對馬島主 歲遣送使·特送使 등이 있었다. 이 외교사행들은 임진
왜란으로 파견이 중단되었다가 1609년 기유약조 체결로 복구되었다.
그렇지만 재개된 韓日外交使行은 전기와 큰 차이를 보이고 있다. 日
本의 渡航使節이 제한되고 조선의 외교사행 역시 대폭 축소되었던
것이다.

1. 己酉約條 性格에 대한 기본인식의 再考

조선후기 약 270여년 동안 두 나라의 외교 관계에 있어 가장 기본
적인 틀로써 유지되어 온 己酉約條는 그것이 갖는 역사성과는 달리
축소된 평가를 받고 있다. 그것은 기유약조가 조선전기 對馬島主와

---

1) 孫承喆, 2002.11.9 <일본 역사교과서 고려·조선시대 기술의 왜곡실태
　분석> ≪한일관계사의 제문제≫ (한일관계사학회 학술심포지움 자료
　집, 서울)

수차에 걸쳐 맺어 온 약조(계해, 임신, 정미 등)들을 계승한 것이라는
사실만이 강조되고 있다는 점이다.[2] 약조 체결의 주체가 對馬島라는
점이 강조되어 기유약조가 朝鮮과 對馬島間의 交易關係를 규정한 것
이라는 평가가 지배적이다. 로날드 토비의 경우는 기유약조를 國交回
復으로 평가하는 것은 약조의 의의를 과대평가한 것이라고 지적하고
그 근거로 幕府와는 아무런 관계가 없다는 사실을 들었다. 나아가 그
는 두개의 主權國家間의 '條約關係'로 평가해서는 안된다고 주장하였
다.[3] 田代和生은 그러한 조선과 대마도와의 '私的' 통교관계를 토대
로 전개된 두 나라의 국교는 자연히 대마도에 의해서 유리한 형태로
전개되었고 그것은 나가서 國書改竄으로 발전하였다고 논하였다.[4]
그리나 閔德基는 '1609년 기유약조는 일반적으로 朝·間의 교역 관
계가 재개된 것이라고 하지만 실제는 조선의 대마도에 대한 羈縻秩
序 再編政策의 결정이라 할 수 있다.'[5] 하였고, 손승철 역시 '1609년
대마도와 기유약조를 맺어 臣下의 禮를 취하는 교역의 형태를 취함
으로써 기미관계에 의한 교린체제를 다시 부활시켰다.'고 하여[6] 조선
의 羈縻政策의 일환으로 기유약조의 체결을 평가하였다.

이러한 평가는 약조의 체결 주체와 내용에 대한 평가의 차이에 기
인한다.

따라서 기유약조 체결에 대한 재평가가 이루어져야 對馬島에 대한
통제규정이면서 韓日關係의 기본 約條로 기유약조를 평가할 수 있을
것이다. 지금까지 연구자들은 기유약조를 通交貿易의 재개와 對馬島

---

2) 中村榮孝, 1969 ≪日鮮關係史の硏究≫ 下 (吉川弘文館, 東京) 283 ; 田中
    健夫, 1959 ≪中世海外交涉史の硏究≫ (東京大出版會, 東京) 273
3) ロナルド·トビ, 1990 ≪近世日本の國家形成と外交≫ (速水融外譯, 創文
    社, 東京) 43~45
4) 田代和生, 1981 ≪近世日朝通交貿易史の硏究≫ (創文社, 東京) 51
5) 閔德基, 1987 <壬辰倭亂 以後의 朝日講和交涉과 對馬島> ≪史學硏究≫
    39, 201.
6) 孫承喆, 1994 ≪朝鮮時代 韓日關係史硏究≫ (지성의 샘, 서울) 155.

統制策의 일환으로만 평가해 왔다. 그러나 기유약조에 대한 평가는
체결 과정에 이르는 조선의 대일정책의 연장선상에서 이루어져야만
한다. 왜냐하면 약조의 내용만 가지고 그 의미를 평가하기에는 당시
의 상황이 단순하지 않기 때문이다.

왜란이 끝난 뒤 조선의 대일정책은 국교 재개의 絶對不可에서 對
馬에 대한 羈縻政策 결정 그리고 對幕府로의 政策旋回와 실패, 對馬
羈縻政策를 통한 對幕府政策으로 변화하였다.[7] 바로 이러한 대일정
책의 연장선상에 기유약조가 놓여있다는 점을 중시해야 한다. 回答兼
刷還使의 파견에 앞서 마련된 대일정책에 관한 기본 지침[8]들은 그러
한 성격을 보다 분명히 말해 준다. 당시 일본이 다원적 통교 체제를
요구했을 때 어떻게 대답해야 하는가에 대한 비변사의 회계에 의하
면 대일외교의 상대자가 누구였는가 하는 점이 명확히 설정되어 있
다. 그것은 일본 幕府政權이었다. 그렇지만 그 내용은 조선전기에 맺
었던 일본 막부장군과의 관계 설정에만 국한되어 있지 않았다. 조선
은 幕府에 대하여 三浦開港과 諸鎭巨酋의 受職, 歲賜米, 對馬受職人
등의 한일 관계 전반에 걸친 대책을 마련하였던 것이다.

이것은 기유약조가 체결될 즈음 조선의 대일정책이 기본적으로 조
선전기와는 다른 전제에서 출발하고 있음을 보여준다. 다원적 통교
체제를 잘못된 규례로 규정하고 關白(幕府將軍)이 제도를 통합하여
호령이 한 곳에서 나오고 있다는 판단을 토대로 한 정책의 변화이었
던 것이다. 따라서 조선후기에 조선이 대마도를 상대로 조선전기와
같은 형식의 약조를 체결한 것은 '羈縻關係에 의한 交隣體制' 즉 대
마도를 통한 對幕府 정책이라는 조선의 대일정책에 기인한 것일 뿐,
조선전기와 같이 다원통교책의 일원으로서 대마도를 대상으로 한 것
은 아니다.

---

7) 洪性德, 1992 <17世紀 別差倭의 渡來와 朝日關係> ≪全北史學≫ 15
8) ≪선조실록≫ 39년 11월 경오·갑술·정축

또한 이와 같은 대일정책 수립이 가능했던 것은 일본 막부정권의 대조선 정책 때문이기도 하다. 종전 직후 대조선 국교재개에 대한 德川幕府의 의도가 언제부터 있었는가 하는 문제는 차치하더라도, 어느 시점부터 대마도가 일본의 대조선 외교정책을 전담하게 되었는가 하는 사실에 주의할 필요가 있다.

대마도는 1604년 유정의 訪日 이후 征夷大將軍의 직위에 오른 家康에 의해서 대조선 통교권을 인정받았다. 1604년 7월에 파견된 유정 일행을 교토에서 德川家康과 상견하게 한 공로로 대마도는 조선과의 통교권을 장악할 수 있었고, 基肆郡 養父郡 내의 토지 2800석을 지급받았으며, 3년에 1번 參勤할 수 있는 특권을 부여받았기 때문이다.[9] 일본의 대조선 외교정책의 전담자로서의 대마도의 위치는 1607년 回答兼刷還使의 방일 중에 執政 佐渡守 本多正信의 발언[10]에서도 확인할 수 있다. 이러한 일련의 과정을 전제로 생각해 볼 때, 기미약조를 조선정부와 대마도주 사이의 통제책의 성격으로 볼 것인지, 아니면 양국간의 기본 규정으로 볼 것인지에 대한 인식이 재고되어야 할 것이다.

즉 약조를 체결한 對馬島主의 일본 내 위치가 어떠했는가 하는 점을 중시하고 그러한 양국간의 외교적 상황을 토대로 약조를 바라보아야 한다는 것이다. 그런 점에서 기유약조는 조선과 일본의 외교 체제를 규정한 약조로서 보다 적극적으로 평가될 수 있다. 분명한 것은 일본 내의 상황 여하에 관계없이 조선정부의 기유약조에 대한 입장은 국가간의 관계를 전제한 대마도주와의 통제규정이었다는 점이다. 그리고 이 규정이 조선후기 내내 대일정책의 기본 규정이었다는 점

---

9) <韓錄> ≪通航一覽≫ 卷27, 朝鮮國部三
10) "이제 講和의 일이 이루어졌으니, 源氏의 세상에 다시 무슨 원혐이 있겠습니까? 이 뒤로 두 나라 사이에 서로 通할 일이 있으면 對馬島를 시켜 하소서"(慶暹, ≪海槎錄≫ 하, 6월 11일 임인)

으로 보아, 기유약조에는 국가간의 기본 규정(조약)의 성격이 내재되어 있다는 적극적인 해석이 가능할 것이다.

2. 國交再開 이후 日本의 對朝鮮使行에 대한 朝鮮의 認識

1609년 체결된 기유약조 속에서의 외교사행은 어떠한 모습으로 나타났는가? 기유약조에 규정된 외교사행 관련 내용을 정리하면 첫째, 幕府를 제외한 통교가능자를 對馬島人으로 국한하고 있다는 것, 둘째 日本國王使도 對馬島主의 文引을 지참하도록 한 것, 셋째, 特送船의 부활 등을 거론할 수 있다. 이처럼 기유약조는 일본의 對朝鮮 사절만을 규정하고 있으며, 외교사행으로는 日本國王使와 特送使를 규정하고, 경제적 시혜 차원의 通交貿易船으로는 歲遣送使와 受職人의 도항을 허용하였다. 일본국왕사의 경우 파견회수에 제한이 없었으나 특송선은 총 20척의 세견선에 포함되어 최대 3척까지만 도항이 허용되었다.

이로써 보면 조선은 외교업무 수행을 위한 외교사행으로 일본국왕사와 특송선을 상정하였으며, 외교대상을 德川幕府로 설정하였음을 알 수 있다. 왜냐하면 일본국왕사는 일본의 幕府將軍이 보내는 사선이고, 특송선은 "關白의 명령을 받아 對馬島主가 파견한 배"[11]로 3척 이내에서 '사건이 있으면 와서 보고하는"[12] 외교업무의 성격이 강한 使船이었기 때문이다. 그렇지만 국교재개 이후 실제 일본에서 도항한 외교사행은 모두 對馬島人이었다. 대마도가 일본의 對朝鮮 外交使節 파견 주체로 허용된 것은 1604년 유정이 德川家康을 만난 이후 대마도가 막부로부터 대조선 통교권을 전담하도록 허락받았다는 사실과

---

11) 雨森芳洲, ≪送使約條私記≫
12) ≪扶桑錄≫ 정사년 10월 10일

1607년 回答兼刷還使가 일본에 갔을 때 本多正信으로부터 향후 두 나라 사이에 통할 일이 있으면 對馬島를 시켜 해 달라는 요청이 있었기 때문이다. 조선정부 역시 1606년 家康의 국서를 가지고 온 橘智正에 대하여 "일본에서 차출하여 보내는 것이 아니기는 하나 家康이 이미 國王이라 칭하고 그 서계를 가지고 오는 자"이므로 접대의 격을 높였다.[13]

한편, 조선후기 日本國王使는 단절되어 渡航하지 않았다는 것이 일반적인 견해이다. 그러나 조선은 일본국왕사의 도항을 금지하지 않았고, 다만 일본국왕사도 대마도주의 文引을 지참하도록 함으로써 실제 幕府의 국왕사 파견을 불가능하게 만들었을 뿐이다. 따라서 조선후기의 일본국왕사는 막부장군의 국서를 지참한 대마도의 외교사행으로 이해해야 할 것이다. 일본국왕사는 국교재개를 전후해서 1606년 請聘使, 1608년 報聘使, 1609년 約條講定使, 1616년 請聘使, 1622년 報聘使 등 총 5회 渡海하였으며 조선전기 일본국왕사보다는 못하지만 대마도 특송선보다는 후한 접대를 받았다. 이는 두 나라의 信義를 끊어버린 침략 전쟁과 '國王使'가 對馬島人이었다는 사실이 고려된 결과였다. 이들은 殿使倭, 國使 등으로 불리웠으며 將軍의 國書를 지참하였다는 사실이 무엇보다도 중요하게 받아 들여졌다. 국서를 지참한 대마도의 일본국왕사는 1622년에 단절되었다. 그러나 조선정부는 1629년 關白의 명령을 칭하고 온 玄方 일행의 上京을 허락하면서 새로운 형태의 외교 사행을 인정하기 시작하였다. 종래 國書를 지참하고 온 대마도인에 대하여 국왕사의 예에 준하는 접대를 해 온 조선이 국서를 지참하지 않고 단지 '關白의 命令'만을 받았다고 주장하는 대마도인의 상경을 허락한 것이다. 이후 이 사례는 "그 뒤 국왕이 사신을 보내는 사례는 없어지고, 일이 있으면 대마도주가 관백의 뜻으로 差倭

---

13) 洪性德, 1998, ≪17世紀 朝·日外交使行 硏究≫ (전북대학교 박사학위논문) 52

14)를 정하여 보내었다."15)는 사실에서 알 수 있듯이 '差倭'가 일본국왕사를 대신하는 것으로 변화하게 된다. 이 차왜는 기유약조에 규정되지 않은 것으로 일본의 대조선 외교사행이 변화함에 따라 조선으로부터 일본의 외교사행으로 인정받게 된다. 이후 일본의 대조선 외교사행은 대마도의 일로 도항한 '小差倭'와 幕府將軍家의 일로 도항한 '大差倭'로 구분되게 된다.16)

이처럼, 국교재개 이후 일본에서 건너온 외교사행들에 대한 조선정부의 인식은 분명하다. 즉 "日本國王(幕府將軍)의 명령"이 외교사행에 대한 판단 기준이었던 셈이다. 이는 조선 전기에 세견선이 제한된 뒤 대마도주가 '關白의 명령'을 받고 '特送船'을 보내자 그 접대를 허락했던 것과 같은 선상에 놓여 있다. 특송선의 歷史的 事實이 비록 일본국왕의 외교사행이 아니었다고 해도, 당시 일본국왕(關白, 幕府將軍)을 외교적 파트너로 생각했던 조선정부는 '關白의 명령'을 받고 왔다고 주장하는 特送船이나 大差倭를 여타의 사행과 동일하게 접대할 수 없었던 것이다.

따라서 조선후기 한일관계사에 있어 외교사행체제를 거론할 때, 幕府將軍의 취임을 축하하는 조선의 國王使節(通信使)만을 이야기하고, 幕府장군의 명령으로 조선에 파견한 사행에 대해서는 그 존재조차 설명하지 않는 것은 자칫 두 나라의 관계를 일본의 '優越的 對等'으

---

14) ≪度支志≫ 권18, 賓禮下에는 "關白의 뜻으로 大差倭를 보내었다"라 하여 차왜가 아닌 대차왜로 나온다.
15) ≪增正交隣志≫ 권1, 接待對馬島人新定事例
16) 조선전기와 조선후기 일본의 대조선 외교사행의 연결은 보다 신중하게 접근할 필요가 있다. 기본적인 외교정책 방향의 변화와는 달리 그 실제적인 성격은 차이를 보이기 때문이다. 대차왜에 대한 조선의 판단 즉 '幕府將軍의 명령'을 받고 왔다는 점에서 전기 국왕사나 특송선 등과 같은 요소를 가지고 있는 것으로 파악할 수 있으나(洪性德, 1996 <朝鮮後期 日本國王使 檢討> ≪韓日關係史硏究≫ 6), 직접적인 연계성을 주장하기 위해서는 심도 있는 연구가 필요하다.

로 오해할 소지가 있다. 따라서 이러한 일본의 대조선 외교사행의 성
격에 대한 이해를 전제로 조선의 막부 축하사절을 설명해야만 할 것
이다. 일본 幕府將軍이 朝鮮國王에게 직접 외교사절을 파견하지 않은
것은 對馬藩으로 하여금 그 역할을 대신하게 한 일본 德川幕府의 대
외정책에 의한 것이었다는 점을 정확하게 표현하여 오해가 없도록
해야 한다. 아울러 일본에서 조선에 건너온 수많은 使行(年例送使, 임
시사절인 差倭)들에 외교적 기능과 역할을 밝히는 작업이 진행되어야
할 것이다. 전근대 국가간의 인적교류는 그 내면이야 어떻든 외면적
으로는 국가간의 '外交'적 틀 속에서 진행되었기 때문이다.

3. 朝鮮後期 朝鮮의 對日本 外交使行

반면, 조선에서 일본에 파견한 使行은 약조에 의해 규정되지 않았
다. 조선전기의 경우에도 일본과 체결한 다양한 약조에 조선의 대일
본 외교사행에 대한 규정은 포함되어 있지 않다. 이 점에서 기유약조
는 조선전기의 약조를 계승한 것으로 평가할 수 있다. 따라서 외교사
행의 왕래라는 관점에서 조선시대 한일관계사를 이야기 할 때, 일본
은 정치·경제적인 내부 요인에 의해 외교사절을 파견하였지만, 조선
정부는 원칙적으로 일본의 파견 요청이 있을 때만 피동적으로 외교
사행을 파견하는 근본적인 차이점을 염두에 두어야만 한다.

그러나 모든 대일본 사행이 그렇게 파견된 것은 아니다. 왜란이 끝
난 후 기유약조를 체결할 때까지 파견된 4차례의 정탐사(1600년 金達,
1602년 全繼信, 1604년 惟政, 1606년 全繼信)는 일본의 파견요청 없이
조선에서 일본 내정 정탐과 피로인 쇄환 등을 위해 對馬島와 京都에
보내어졌다. 이들에 대해 조선에서는 '使行'이 아닌 '差人'이라는 점
을 강조하기 위해 惟政의 서계를 지참하도록 하거나, '일개 승려'임을

강조하도록 하였다. 이는 국교재개 교섭에 조선정부가 구체적으로 관여하지 않고 있으며, 일본이 먼저 국교재개를 요청하였다는 점을 명확하게 하려는 것이었다.[17] 그렇지만 조선의 필요에 의한 주도적인 '差人'의 파견도 기유약조 체결 이후에는 보이지 않는다.

약조 체결 이후 조선의 대일 외교사행은 일본의 요청이 있을 경우에 한하여 江戶에 파견한 回答兼刷還使와 通信使, 對馬島에 파견한 問慰行(譯官使)이 있을 뿐이었다. 특히 조선국왕의 국서를 지참하고 가는 국왕사절의 경우 단순한 '사절파견 요청'만으로 문제가 해결된 것은 아니었다. 외교사행의 왕래에 있어 '사전 파견 요청' 조건 이외에 조선이 파견결정을 내리기 위해서는 '국서'와 '서계'가 조선에 제출되어야 한다는 것이다. 특히 초기 回答兼刷還使의 경우 '幕府將軍의 國書'가 파견의 주요한 조건 중에 하나였다. 조선정부가 回答兼刷還使의 파견 조건으로 '幕府將軍의 國書'를 고집한 것은 왜란 이후 일본 국내사정에 대한 정확한 정보의 확인과 일본의 최고통치권자와 조선국왕이 교류한다는 기본 원칙에 충실했기 때문이다.

왜란이 끝난 직후 조선은 일본의 政勢變化를 주시하고 있었다. 만약 德川家康이 병들어 죽고 일본에 전쟁이 일어나 秀賴가 다시 政權을 장악하게 되면 使臣의 진퇴를 어떻게 할 것인가라는 선조의 질문[18] 등이 그것이다. 일본의 정세에 대한 조선의 불안은 회답사의 파견 이후에도 계속되었다. 1607년 윤6월에 여우길 등이 귀국하는 도중에 赤間關에서 올린 치계를 받고 '듣건대 秀吉의 자식 秀賴가 옛 京城(京都)에 있다고 한다. 平氏를 멸망하였다는 말은 경솔히 하기가 어려운 말이지만 그들의 사정은 헤아리기가 어려우니 그간의 곡절을 알기 쉽지 않다.'는[19] 선조의 말에서 확인할 수 있듯이 조선은 秀賴

---

17) 洪性德, 1998, <앞 논문>
18) ≪선조실록≫ 39년 11월 경오·갑술·정축
19) ≪선조실록≫ 40년 윤 6월 경인

가 생존해 있는 한 일본의 정국은 변화할 수 있다는 생각을 떨치지
못하고 있었다. 豊臣政權에서 德川政權으로의 변화에 대한 조선의 신
중함은 일본 정세를 선명하게 판단하는 데에 장애가 되었고 결국에
는 對日本(幕府)정책의 신속하고 분명한 결정을 유보하게 하였다. 아
울러 이후 조선정부가 德川秀忠이나 家光의 國書에 '日本國王'을 고
집하게 하는 한 요인이기도 하였다.

　이러한 상황에서 조선정부는 對馬島의 존재를 무시할 수 없었기
때문에 대마도의 행동에 대해 의심스러운 부분이 있었지만 묵인하였
다.[20] 왜냐하면 대마도주에 의해 쇄환된 피로인들의 일본 내정에 대
한 정보를 확인할 수 있는 길은 대마도뿐이었고, 기본적으로 조선정
부는 王道의 도리상 夷를 거절할 수 없기 때문에 언젠가는 일본과의
국교를 재개해야 할 것으로 파악하고 있었기 때문이다. 따라서 이 시
기 국교재개와 관련한 대마도의 자의적 교섭이나 國書僞作은 조선정
부에 있어 그렇게 중요한 문제는 아니었다. 이와 같은 상황은 단지
조선만의 문제가 아니었다. 1604년 惟政을 만난 家康이 서계를 만들
어 보내려 한 것이나,[21] 德川家康에 보내는 조선의 國書에 '日本國王'
이라 써있어야 한다[22]는 주장 등으로 볼 때 기본적으로 어떻게든 조
선의 國王使節을 일본에 불러 정치적으로 이용하고자 하는 의사가
있었음을 엿볼 수 있다.

　한편, 對馬島에 의한 國書僞造說이 설령 타당하다고 해도 이 시기
에 德川家康이 대마도의 대조선 교섭에 대해 전혀 관여하지 않았다
거나 몰랐다는 등의 결론을 도출하는 것은 재고해야 할 것이다. 왜냐
하면 德川家康을 접견한 惟政이 本多正信, 承兌 등을 만나 '和好之事'

---

20) 1606년 橘智正이 가지고 온 德川家康의 국서에 대한 선조의 판단과 回
　　答兼刷還使의 파견결정이 대표적인 사례이다(≪선조실록≫ 39년 12월
　　무오)
21) ≪선조실록≫ 39년 5월 갑신
22) ≪선조실록≫ 39년 5월 기묘, 39년 3월 계해

를 의논하였으며,[23] 1차 回答兼刷還使의 파견시 역시 이들과 국서에
관한 문제를 포함 피로인 쇄환 문제 등을 협의하였고,[24] 대마도주 宗
씨의 家臣인 柳川調興이 1613년 家康을 알현한 뒤 그 측근에서 공사
의 일을 보고 있었기[25] 때문이다. 이처럼 17세기 초 對馬島의 이중적
외교행각을 對馬島만의 독자적 행동으로 돌리기에 당시 두 나라가
처해 있는 대내외적 정세가 그리 단순하지 않다. 때문에 일본의 대조
선 관계 역시 德川幕府 정권이 확고하게 자리잡아가는 일련의 과정
속에서 대마도를 통한 대조선정책의 성격을 재평가해야만 할 것이다.
   이와 같이 회답사의 파견을 즈음하여 조선정부가 바라 본 교린관
계의 방향은 일본의 정세 변화를 받아 들여 새로운 체제를 꾸리려는
의도와 그 변화의 가능성을 염두에 두는 신중함을 보이고 있었다. 그
것은 만주의 신흥 정치세력으로 앞날을 예측하기 어려운 여진족의
세력이 강해지면서 동북아시아에 또 다른 국제관계의 재편이 도래할
지도 모른다는 외교적 대응의 필요성에 기인한 것으로 보인다. '南倭
北虜'라는 17세기 초의 동북아정세가 가지는 세력 균형의 유동성과
조선의 대일정책은 밀접한 관계를 맺고 있었던 것이다. 그러나 仁祖
反正이후 이런 일련의 대일본 외교정책은 변화하게 된다.

Ⅲ. 朝鮮後期 對日外交使行의 定例化

   1630년대를 거치면서 조선은 일본에 파견하는 외교사행을 幕府將
軍에게 보내는 通信使行과 對馬藩에 파견한 問慰行으로 定例化한다.
두 나라의 국내외적인 요인에 의해서 새로이 개편된 양국관계는 東

---

23) ≪通航一覽≫ 권27, 314~319
24) 慶暹, ≪海槎錄≫
25) 荒野泰典, 1982, <大君外交體制의 確立> ≪鎖國≫ (有斐閣, 東京)

萊府-對馬藩의 외교실무체제와 통신사행 → 德川幕府, 문위행 → 對馬
島主의 외교사행으로 구조화하였다.

1. 朝鮮의 對日交隣體制 改編背景

1630년대를 전후해서 두 나라의 외교사행체제는 변화하게 된다. 기
유약조에 의해 규정된 일본의 대조선 임시외교사절인 差倭가 定例化
하였으며, 조선은 조선전기 일본에 파견한 각 지역에 파견한 다양한
종류의 사행을 일본막부에 보내는 '通信使行'과 대마도주에게 보내는
'問慰行'의 이중체제로 조정하였다. 이런 변화가 조선과 일본의 상호
외교정책의 변화에 기인한 것이었음은 물론이다.

17세기 초엽 조선이 대일교린체제를 개편하게 된 배경은 무엇인가.

첫째, 인조정권의 성립 이후 시행된 대명의리 중심의 대외정책이
실패로 돌아갔기 때문이다.

주지하듯 인조반정의 주된 명분은 殺兄弟, 廢母后 등 패륜적인 행
동과 '父母之恩'을 배반하고 오랑캐와 상통하여 禮義之風을 없애버리
고 三綱을 일소하였다는 것이었다.[26] 그러나 인조반정은 광해군대 대
북정권의 정치운영이 붕당정치의 질서에 어긋나 있었기 때문에 일어
난 일부 서인세력의 정권욕에서 이루어진 것으로,[27] 반정명분 역시
반정의 정당성을 확보해 내기 위하여 제시된 것일 뿐, 새로운 사회질
서의 수립을 지향하는 적극적인 것은 아니었다. 정권초기 수차례 일
어난 고변과 모반은 이와 같은 반정정권의 취약성을 드러내는 것이
며,[28] 1627년의 정묘호란은 반정명분을 와해시켰다. 후금의 침략 이

---

26) ≪인조실록≫ 원년 3월 갑진, 15년 1월 계해
27) 吳洙彰, 1985 <仁祖代의 政治勢力의 動向> ≪韓國史論≫ 13 및 禹仁秀,
    1991 <朝鮮 仁祖代 政局의 動向과 山林의 役割> ≪大丘史學≫ 41 참조.
28) 우인수, 1991, <위 논문>, 3~7

후 인조정권은 반정의 명분으로 내세운 후금과의 통호를 그들 자신
이 맺지 않으면 안되었기 때문이다. 대명의리를 앞세운 인조정권의
대외정책은 결국 현실을 받아들이지 않을 수 없었고, 그것은 배척의
대상이었던 후금과의 교린관계로 나타났다. 이후 인조대의 대외정책
은 현실과 명분이라는 이율배반적 요소를 내포하면서 진행되었고, 대
일정책 역시 예외는 아니었다.

둘째, 기미대상으로서만 존재해 있던 여진족이 교린국으로 성장해
감에 따라 대일정책에 대한 재검토가 필요했기 때문이다.

임진왜란 직후 만주의 여진은 1583년에 거병하여 세력을 확장시켜
나간 建州女眞(遼河支流 渾河유역)과, 海西여진(松花江유역), 野人여
진(두만강유역) 등이 각각의 세력을 유지하고 있었다. 당시 조선은 전
기와 같이 여진에 대한 羈縻政策으로 일관하였으며, 주로 忽賊(해서
여진)을 중심으로 그 정책을 시행하였다.[29] 따라서 기미정책의 시혜
(職帖발급과 開市허용)는 홀적에 집중되었다.

그러나 건주여진의 누르하치가 해서여진인 哈達(1599)과 輝發
(1607) 등을 멸망시키면서 강력한 세력으로 부상하자 조선정부는 홀
적을 중심으로 한 대여진 기미정책을 변화시켰다. 즉 1601년 누르하
치의 직첩요청을 거부한 조선은 1605년 누르하치의 國書에 두만강
僉節制使의 명의로 답서케하고, 1609년부터는 면포를 지급하다가
1617년에 이르러서는 祿俸을 지급하는 등 건주여진을 기미대상으로
끌어들였다.[30] 그러나 건주여진이 1616년 후금을 세우고, 1618년 요
동지방을 공략하는 등 동북아 국제질서의 주요한 전략적 지위를 점

---

29) 이 시기 조선의 對女眞 정책에 대해서는 서병국, 1970 ≪宣祖時代女眞
交渉史硏究≫ (교문사, 서울)와 1990, <朝鮮前期 對女眞關係史> ≪국사
관논총≫ 14, 156~168 및 국사편찬위원회 편, 1995, ≪한국사≫ 29, 211~
234 참조.
30) ≪사대문궤≫ 권46, 만력 33년 11월자 국서 ; ≪광해군일기≫ 원년 4월
임오, 9년 4월 을미

하게 되자, 조선은 후금의 국서에 지방관으로 하여금 답하게 한 종래
의 태도를31) 바꾸어 國書를 보내기로 결정하는 등 '交隣之國'으로서
의 건주여진, 후금을 대하기 시작하였다.32) 정묘호란을 치룬 인조정
권 역시, "事大와 交隣은 각각 길이 다르다. 지금 우리가 너희 나라
(후금)와 和議하려는 것은 이른바 交隣이고 皇朝를 섬기는 것은 이른
바 事大이다"33)라 하여 반정의 명분을 합리화하고 교린의 나라로서
후금을 인정하였다. 더욱이 明의 年號인 '天啓'의 사용을 반대한 후금
의 요청에 조선정부는 비록 揭帖의 형식이긴 하지만 對後金 외교문
서에 명의 연호를 쓰지 않았다.34) 羈縻의 대상에 지나지 않았던 건주
여진(후금)에 대한 조선의 정책이 이와같이 교린체제로 전환함에 따
라, 기미정책을 통한 대일 교린정책 역시 새로운 체제로의 변화는 불
가피한 것이었다.

셋째, 결정 여하에 따라 대마도를 매개로 한 조선의 대일정책에 심
각한 영향을 끼칠 수 있는 사건이 일본 내에서 일어났기 때문이다.

왜란이 끝난 이후 柳川家의 외교적 능력을 높게 평가하고 있던 조
선정부는 柳川調興과 宗義成의 불화가 알려진 이듬해, 關白의 죽음을
조위하기 위해 譯官을 대마도에 보내어 國書改作 발각사건의 진행과
정을 파악하였고, 1634년에는 關白이 대마도주의 능력을 파악하기 위
해 요청한 馬上才 파견을 허락하여 그 결과를 조사케 하였다. 1635년
마침내 德川幕府는 대마도주의 무죄를 선포한 뒤, 外交儀禮(大君號,
日本年號의 사용)를 정비하고 以酊庵輪番制(幕府의 외교문서 관리)를
실시하는 등 대조선 외교정책을 '統一的 外交關係'35)로 변화하여 幕
府의 직접통제에 의한 대조선 외교·무역관계를 성립시켰다. 조선이

---

31) 국사편찬위원회 편, 1995 ≪한국사≫ 29, 234
32) ≪광해군일기≫ 14년 2월 신묘
33) ≪인조실록≫ 5년 2월 임인
34) ≪인조실록≫ 5년 2월 갑진·무오·기미·경신
35) 田代和生, ≪앞 책≫, 116~144

柳川事件에 대하여 즉각적으로 대응한 것은 혹 이 사건이 對馬島主
의 패배로 종결될 경우, 대마도를 매개로 한 대일정책을 바꾸지 않으
면 안되었기 때문이다. 따라서 막부의 대조선 정책이 개편되자 조선
역시 그에 상응하는 대일정책을 수립해야만 하였다.

이상과 같은 배경을 놓고 볼 때, 조선의 대일정책은 인조정권의 명
분외교로부터 실리외교로의 정책전환과 맞물려 있음을 알 수 있다.
회답겸쇄환사가 아닌 통신사행의 파견 결정이나 기유약조 이후 문제
를 드러낸 일본의 送使에 대한 규정 정비의 필요성, 그리고 무역선으
로 변질된 특송선을 대체할 차왜의 도항 묵인 등은 반정초기 명분론
에 급급했던 인조정권이 후금의 성장에 따라 실리적인 외교정책으로
전환되는 과정에서 수립된 것으로 이해해야 할 것이다. 또한 이 시기
는 일본 德川幕府의 대조선 외교체제의 개편과 맞물려 있었다는 점
도 간과할 수 없다. 조선의 대일본 외교사행이 通信使行과 問慰行으
로 정례화하는 배경 역시 이런 관점에서 바라보아야만 한다.

1. 通信使行의 定例化 背景

1607년부터 재개된 조선의 國王使節 파견은 1636년 이후 그 이름
이 통신사로 바뀌어 1811년까지 지속되었다. 回答兼刷還使와 通信使
는 편성 체계에 있어서 별다른 차이가 없으며 '국왕사절'이라는 점에
서 조선후기 통신사행으로 통칭되고 있다. 그러나 '回答兼刷還使'는
德川장군이 '日本國王'이라 쓴 國書를 먼저 보내와 使臣의 파견을 요
청하면 조선이 그에 '回答'하고 아울러 피로인의 쇄환을 위해 일본에
파견한 국왕사절의 명칭으로써 信義를 통하는 '通信관계'를 지향한
것은 아니었다. 따라서 1636년 통신사행의 파견은 조선정부가 '通信

之國'으로서 일본을 인정하기 시작했다는 점에서 그 의미하는 바가 크다.

1636년 2월 차왜 橘成供이 伴從 3명을 데리고 信使 파견을 요청하는 서계를 지참하고 도래하였다. 조선은 경상도 都事로 하여금 京接慰官을 칭하여 접대하도록 하는 한편 다음 달 3월에 곧바로 신사 파견을 결정[36]하였다. 이러한 조선의 결정 과정에서 첫째 결정 기간이 매우 짧았으며, 둘째 '回答使'의 형식을 고집하지 않았고, 셋째 信使 파견과 남쪽의 안전을 연계시키고 있다는 사실을 확인할 수 있다. 回答兼刷還使의 파견 결정에서 對日정책과 對明·淸(女眞)정책의 상호 연계는 당시 대외정책의 주요한 결정 요인이었으므로 재삼 논의할 필요는 없다. 문제는 파견 결정이 한 달 남짓한 기간 사이에 내려진 이유와 왜 '回答使'의 형식을 취하지 않았는가 하는 점이다.

1607년 임란이후 처음으로 일본에 국왕사절을 파견한 조선정부는 1617년, 1624년 파견결정시에 어떠한 형식이든 '회답사'임을 계속 강조하였다. 그러나 1636년 국왕사절의 경우 종래와 같이 '회답겸쇄환사'라는 호칭을 사용하지는 않았다. 물론 두 나라의 信義가 회복되었기 때문에 '通信使'를 보낸다거나 사행의 명칭을 '通信使'로 한다는 등의 논의도 보이지 않는다. 다만 復命時의 기록에 通信使 任絖, 副使 金世濂 등으로 표기되어 있어[37] 1636년의 대일 국왕사절이 通信使로 불리웠음은 확인된다. 회답을 고집하지 않은 것은 통신사 파견을 요청하기 위해 온 信使請來差倭가 '關白의 명령'을 받고 왔기 때문이다.

關白(幕府將軍)의 명령을 중시했다는 점은 무엇을 의미하는가? 그것은 곧 對馬島主의 외교적 능력을 인정한 것으로 일본의 對조선 외교 창구로서의 대마도에 대한 외교적 지위의 확인이었다. 조선이 將軍의 명령을—國書의 지참여부와 관계없이—중시한 것은 1629년 사

---

36) ≪변례집요≫ 권18, 信使.
37) ≪인조실록≫ 15년 3월 무신

행에서도 확인된다. 1629년 당시 조선은 정묘호란 직후라는 정치적
혼란기에 있었고 강제된 後金과의 對等交隣 관계의 체결은 대일정책
에 있어 비교 우위적 교린 체제를 고집할 수 없게 만들었다. 1629년
玄方의 상경을 허락한 것[38]은 인조정권의 대외정책이 정묘호란 이후
명분만을 앞세운 反政初의 비현실적 외교론에서 명분론을 전제한 현
실적 외교론으로 선회한 결과이다. 이러한 외교 정책의 변화에 '南과
北이 서로 침노하고 있어서 그들이 하루아침에 싸 짊어지고 돌아가
버리고 나면 또 무슨 간특한 꾀를 부릴지 알 수가 없어서 앞으로 무
사하리라는 것을 감히 다짐하여 말할 수 없다.'는[39] 保衛論이 전제되
어 있음은 물론이다.

  그러나 현실적 외교론의 전개가 곧 幕府와의 직접 교섭을 통한 교
린 관계의 형성을 의미하지는 않는다. 왜란이 종결된 이후 對馬島를
통하여 對日관계를 유지하려는 인조정권의 대일정책은 변함이 없었
던 것이다. 1632년 幕府將軍의 죽음에 대하여 1617년 回答兼刷還使의
例에 의거하여 倭譯을 대마도에 보내어 弔慰하도록 결정한 것이나
1631년 보고된 柳川事件의 내용과 결과에 민첩하게 대응한 것 그리
고 馬上才의 요청에 즉각 부응하여 對馬島主가 幕府에 대하여 자신
의 외교적 능력을 증명할 수 있도록 도와 준 것 등은 대일정책에 있
어서 대마도를 매개로 위치 지우려는 조선의 의도에 따른 결과이었
다. 1635년 幕府의 對조선 정책에 있어 대마도주의 위상을 확인한 조
선이 이듬해 통신사의 파견을 쉽게 결정한 것 역시 이러한 대일정책
의 연장선상에서 이해할 수 있다.

  한편, 1630년대에 들어와 조선의 교린정책(對日, 對後金)에 또 다른
변수가 돌출되었다. 1631년 1월부터 시작된 후금의 예물 감소에 대한
트집이 바로 그것이다. 당시 春信使 朴蘭英이 지참한 春季方物을 후

---

38) ≪인조실록≫ 7년 4월 무자
39) ≪인조실록≫ 7년 4월 을사

금이 액수가 적다는 이유로 되돌려 보낸 것이다. 1632년 7월 후금은 군사력을 바탕으로 종전보다 10배에 이르는 방물의 액수를 임의로 정하여 이를 어기지 못하도록 하였다. 1632년 9월 후금은 다시 秋信使의 예물을 받지 않고 四大官(평안감사, 평안병사, 황해병사, 개성유수)이 後金使臣의 迎送禮를 행하도록 요구하였다. 11월에 胡差 일행이 제시한 방물의 物目은 전년 庫爾纏(骨者)이 정한 액수보다 거의 10배나 늘어난 것이었다.40) 이러한 후금의 요구는 '兄弟之國'에서 '父子之國'으로의 변화를 요구하는 것으로 후금에 대한 조선의 臣屬을 의미하는 것이었다.

君臣관계로의 재편 의도는 1636년 2월 胡差 龍骨大·馬夫大 등이 西㺚의 大將 47인과 次將 30인, 從胡 98인을 거느리고 나오면서 노골적으로 진행되었다. 龍骨大 등은 후금이 元나라의 옥새를 차지함에 서달의 여러 왕자들이 귀국과 의논하여 大號를 올리고자 差人을 보냈는데 이들만 보낼 수 없어서 함께 온 것이라고 하면서 金國執政八大臣과 金國外藩蒙古의 명의로 朝鮮國王에게 보내는 서계 3통을 바쳤다.41) 이것은 金國의 執政과 朝鮮國王을 대등관계로 놓고 조선을 外藩國의 반열에 두려는 의도로써 後金을 중심으로 하는 외교 질서의 재편을 도모하려는 것이었다. 後金의 이러한 시도에 대하여 조선 내에서는 장령 홍익한의 상소42)를 시작으로 館學儒生, 弘文館, 司諫院 등의 斥和宣傳의 주장이 강하게 일어났다.43) 조선의 絶和 논의가 활발해 지고 지참 國書가 거부당하자 龍骨大는 곧 바로 귀국해 버렸다. 이에 司諫院은 싸우고 지킬 계획을 강구하도록 요청하였고 3월 1일 인조는 八道에 하유하여 충의로운 선비는 각기 있는 책략을 다하고

---

40) 金鐘圓, 1995, <정묘호란>, 《한국사》 29 (국사편찬위원회, 과천) 255~256

41) 《인조실록》 14년 2월 신묘, 정유

42) 《인조실록》 14년 2월 병신

43) 《인조실록》 14년 2월 병신, 정유, 경자

용감한 사람은 종군을 자원하여 어려운 난국을 구제해 나라의 은혜에 보답하도록 하였다.[44] 같은 달 7일 絶和와 방어의 일에 대하여 평안감사에 보내는 諭書가 후금의 사신에게 빼앗기고 4월 국호를 淸으로 바꾼 太宗이 '大淸皇帝'를 칭하면서 朝鮮을 '너희 나라(爾國)'라고 한 國書를 춘신사 나덕헌과 회답사 이곽의 귀국편에 보내었다는 소식이 전해지자 조선과 후금의 사이에는 외교권의 개편을 둘러싼 일촉즉발의 戰雲이 감돌게 되었다.

이와 같이 1636년 조선의 통신사행 파견 결정은 이러한 동북아의 외교권 재편 흐름 속에서 내려졌다. 三宅英利는 이에 대하여 '당시의 대일정책은 후금과의 위기감 속에서 모색되었고, 남북대비의 균형 속에서 조선반도의 안전의 방책으로 통신사가 고려되었으며, 후금과의 兄弟盟約 더욱이 明과의 전통적인 宗册盟約이라는 二重同盟의 복잡한 국제 사정에 좇기고 있었고, 秀吉 침략군의 피해도 완전히 복구되지 않았으며, 官人王朝의 기반인 量田을 비롯한 많은 내정 문제도 산적해 있었기 때문'이라고 파악하였다.[45] 그러나 '북방에 대한 남방의 안전과 내정의 불안'이란 논의 속에는 후금이 1631년 이후 제기해 온 외교권 재편과 그에 대한 조선의 대응이 희석되어 중시되고 있지 않다. 단순히 남방 안전의 보장 보다는 후금의 군신관계 요구에 직면한 조선이 교린체제에 대한 전반적인 정비의 필요성에 의해서 일본에의 통신사행 파견을 결정한 것으로 파악해야 할 것이다.

왜냐하면 당시 조선은 후금과의 관계가 이렇게 악화된 이유를 정묘호란 이후 羈縻之策에 의한 궁여책으로 체결된 교린 관계에 있었다고 파악하였기 때문이다. 對후금 교린 정책의 실패(후금의 稱帝와 臣屬의 요구)는 事大交隣을 근간으로 한 建國 이래의 對外政策을 뒤흔들어 놓는 것이었기 때문에, 對日 對等交隣關係의 회복은 무너져

---

44) ≪인조실록≫ 14년 2월 기해, 3월 병오
45) 三宅英利, ≪앞 책≫ 254·273

가는 대외정책의 근간을 바로 잡으려는 노력에서 선행되어야 할 문제였다.

2. 問慰行의 定例使節化

問慰行은 조선후기 對馬島主 및 關白의 慶弔事를 문위하기 위해 대마도에 파견된 문위역관 일행을 가리킨다. 문위행의 기원은 경조사를 문위했다는 점에서 조선전기 敬差官 일행과 비슷하며, 역관이 임명되었다는 점에서는 1397년 파견된 朴仁貴가 처음이다. 그렇지만 倭學譯官을 正使로 해서 경조사를 위문하기 위해 파견된 사례는 1461년 皮尙宜가 처음이다.

≪증정교린지≫ 권6, <문위행>조는 국교재개에 대한 家康의 뜻을 정탐하기 위하여 1606년 파견한 왜학역관 全繼信을 문위행의 시초로 기록하였다. 그러나 전계신이 왜학역관이었다는 사실은 ≪증정교린지≫를 제외한 다른 기록에서는 확인할 수 없다. 전계신이 왜학역관이었다고 한다면 조선후기 正使로 대마도에 파견된 최초의 외교사행은 1606년이 아니라 1602년이어야 할 것이다.[46] 그렇다면, 조선후기 '역관'이 정사로 임명되어 대마도에 파견된 최초의 사행은 누구인가? ≪增正交隣志≫ 권6, <問慰行>조는 문위행의 기원을 설명하면서 1606년의 왜학역관 全繼信, 1632년 韓祥·崔義吉, 1635년 洪喜男·崔義吉 등을 거론한 뒤 1636년 洪喜男·姜渭濱 때부터 島主가 江戸로부터 還島하거나 慶弔事의 일로 差倭가 와서 역관의 파견을 요청하면 허

---

46) 왜란이 끝난 이후 국교가 재개될 때까지 조선이 대마도에 파견한 사행은 1600년 김달, 1602년 전계신, 1604년 유정, 1606년 전계신 등 4차례였다. 이들의 주된 목적은 왜정의 정탐과 국교재개에 대한 의사확인 등으로 '문위'의 임무를 수행하지 않았고, 正使 역시 군관이나 僧侶로 역관은 아니었다.

락하여 恒例가 되었다고 논하고 있다.

그러나 일본측 기록에는 이외에도 1629년과 1631년 두 차례의 도항기사가 보인다. 일본측 기록에 의하면 조선후기 '問慰'의 임무를 수행하기 위하여 對馬島에 파견된 역관은 1629년 邢僉知와 崔判事가 처음이다. 이들의 파견 목적은 첫째 1629년 도항한 玄方의 答使이었으며, 둘째 대마도주의 還島를 축하하는 것이었다.[47] 또한, 1631년 10월 譯官 崔判事와 船判事의 도항은 未納公木의 지급이 가뭄으로 인하여 지급하기 어려우므로 己巳년(1629)의 예와 같이 연기할 것을 의논하기 위한 것이었다.[48] 이들 역시 公木의 일을 의논하기 위하여 보내어졌기 때문에 "문위행"으로 파악할 수는 없다. 아울러 조선의 기록에는 같은 해 10월 도주가 대마도에 있지 않으므로 도주에게 서계를 보내는 것은 대마도의 回報를 기다려 보내어야 할 것이라고 하면서 역관의 파견을 미루도록 요청한 내용이 보이고 있다.[49] 조선의 기록으로만 본 다면 위 사행의 도항을 확인할 수 없다.

조·일 두 나라의 사료에 모두 기록되어 있으면서, 문위행의 조건－왜학역관의 대마도 파견, 환도·경조사의 문위－을 모두 갖추어 파견된 최초의 역관은 1632년에 파견된 韓祥·崔義吉이다. ≪邊例集要≫에 나타난 이들의 파견과정[50]을 통해서 다음과 같은 사실을 알 수 있다. 첫째 파견대상이 對馬島主였다는 것, 둘째 파견목적이 關白의 죽음을 弔慰하는 것이었다는 것, 셋째 堂上官, 堂下官에 倭學譯官이 임명되었다는 것이다. 그리고 ≪同文彙考≫에 의하면 이들 역관은 禮曹參議의 명의로 대마도주에게 보내는 書契와 別幅을 지참하였다.[51]

---

47) ≪朝鮮通交大紀≫ 권6, 光雲院公 ; ≪宗氏家譜略≫ ; ≪和交覺書≫ 上 <譯官渡海>

48) ≪宗氏家譜略≫ 제23대 義成君 ; ≪조선통교대기≫ 권7, 光雲院公 ; ≪和交覺書≫ 上 譯官渡海

49) ≪邊例集要≫ 권18, 渡海

50) ≪邊例集要≫ 권1, 別差倭·권18, 渡海

1632년은 柳川事件이 조선에 알려진 다음 해로, 한상의 파견이 단지 關白의 죽음을 조위하는 것만에 있지 않음은 물론이다. 한상 등의 보고를 통해서 조선은 도주 宗義成이 柳川調興에 의해서 江戶幕府에 交隣間의 잘못 13事로 모함을 받았다는 사실을 확인할 수 있었다.[52] 1635년 대마도의 馬上才 파견요청에 조선정부가 쉽게 응한 것 역시 柳川事件과 관련된 對日정책의 일환으로 對馬島主에 대한 조선의 지지를 우회적으로 표출한 것이었다. 1635년 7월 마상재 일행을 데리고 江戶를 왕래한 홍희남은 柳川사건의 결과를 보고하였고, 그해 12월 대마도주는 還島한 뒤(10월 23일, 日曆) 개정된 외교서식(明年號의 사용금지, 大君호칭의 사용)을 통보하면서, 柳川調興이 유배된 상황을 보고하고 역관을 초청하여 島中에 자기의 위세를 과시하고자 하였다.[53] 이에 조선은 1636년 2월, 關白의 죽음을 弔慰하고 還島를 問慰하기 위하여 堂上 洪喜男과 堂下 姜渭濱 등 54명을 보냈다. 이후 對馬島主가 還島하여 還島問慰 및 慶弔事로 譯官의 파견을 요청하면, 조선이 倭學譯官 두 명을 正·副使로 임명하여 보내는 "問慰行"이 새로운 외교사행으로 정례화하였다.

IV. 朝鮮後期 對日外交使行과 倭學譯官

倭學譯官의 주요 임무는 일본과의 제반 업무를 추진하는 데 있어 '言語相通'의 소임을 다하는 것이었다. 따라서 왜학역관은 일본과의 외교적 사안이 발생할 수 있는 제포·부산·통영·제주·전라좌수

---

51) ≪同文彙考≫ 附編 권5, 告訃
52) ≪증정교린지≫ 권6, 問慰行
53) ≪인조실록≫ 13년 6월 신묘 ; ≪宗氏家譜略≫ 제23대 義成君 ; ≪증정교린지≫ 권6, 問慰行

영·우수영, 충청수영 등지에 각 1명씩 파견되었으며, 동래부 왜관에
는 訓導와 別差를 두어 대일업무을 지원하도록 하였다.[54] 그러나 이
들 왜학역관의 임무가 단지 '언어상통'에 제한되어 있었던 것은 아니
다. 동래부 왜관에 배치된 훈도와 별차의 경우 왜관에서 일어나는 제
반 사항에 대한 1차 보고자로서의 임무를 가지고 있었으며, 사행 파
견 등과 관련한 1차 협의 실무진에 포함되기도 하였다.

특히, 일본 막부에 파견된 通信使行을 수행하거나, 問慰行의 당상
관으로 대마도에 파견된 왜학역관들의 임무는 외교 최일선의 실무자
로서의 성격이 여타의 왜학역관들보다 두드러질 수밖에 없었다. 외교
적으로 민감한 사안들이 사행도중에 수시로 발생하는 상황에서 왜학
역관들의 '능력'은 효율적 외교업무의 달성이라는 본래의 임무를 좌
우할 수 있을 정도로 중요하였다.

현존하는 ≪譯科榜目≫에서 확인할 수 있는 입격 왜학역관은 총
341명[55]에 달하였다. 이중 조선후기 대일외교사행에 참여할 수 있는
역관의 수는 사행의 파견이 정기적이 아닌 정례적 사절이었고, 각 사
행마다 허용된 인원이 제한되어 있었기 때문에 대일 외교사행에 참
여하기란 쉬운 것이 아니었다. 조선후기 통신사행에 참여한 역관은
당상역관 3인을 포함하여 총 22명 정도에 지나지 않았다. 통신사행의
총 인원수를 평균 400명으로 가정할 때 5% 정도에 지나지 않는 미미
한 수이다. 문위행 역시 총인원 평균 65명 중 일본어를 할 줄 아는 사
람은 6명으로 총 인원대비 10% 미만이었다. 더구나 소통사는 30명 정
원으로 왜관의 업무를 맡아 보는 小童과 館直 중에서 차례로 뽑아 훈
도와 별차의 업무 수발 및, 왜관의 문서정리, 제반 물품 및 무역품의

---

54) ≪通文館志≫ 권1, 外任
55) ≪朝鮮時代雜科合格者總覽≫(한국정신문화연구원, 1990)에 의하면 조선
  후기 譯科의 시행회수는 총 141회이고 342명의 及第者가 배출된 것으로
  기록되어 있으나 필자의 計數에 의하면 총 341명이었다.

관리 등을 업무를 담당하는 倭學生徒로 하급 通事였기 때문에[56] 실
질적으로 사행을 수행하면서 역관의 역할을 수행하기에는 한계가 있
었다. 따라서 소통사를 제외할 경우 왜학역관의 비중은 2-5%에 지나
지 않았다. 따라서 능력있는 역관의 선발은 무엇보다도 중요한 문제
였으며, 사행 파견 때마다 역관의 증원 요청이 끊이지를 않았다. 결국
통신사행의 경우 1682년을 기점으로 역관의 수가 증가하게 된다. 당
상역관과 압물통사가 각 1명씩 증가하였으며, 한학역관의 참여가 압
물통사에 한정되어 있었으나 상통사까지 확대되었다.

한편, 통신사행이나 문위행의 수행역관으로 참여하기 위해서는 教
誨나 聰敏의 직을 가지고 있어야 했으며, 당상역관의 경우는 教誨와
七事의 직을 거쳐야만 했다. 教誨는 司譯院에서 가장 뛰어난 역관을
선발하는 것이며,[57] 七事는 역관이 거쳐야 하는 사역원 내의 관제로
教誨·正·教授·御前·訓導·上通事·年少聰敏 등을 말한다.[58] 즉
통신사행이나 문위행의 당상관이 되기 위해서는 사역원 내에서 역관
이 거쳐야 하는 모든 관제를 거쳐 능력을 인정받아야 했던 것이다.
이처럼 까다로운 자격규정은 당상역관의 부족 현상을 초래하여 외교
업무에 차질을 가져왔다.[59] 이에 조선정부는 당상역관의 자격을 1685
년에 教誨 및 司譯院正 또는 教授를 거친 자로 자격규정을 완화하였
으며, 1697년에는 교회를 거치거나 御前通事 혹은 訓導를 비롯하여
1~2개의 履歷을 갖춘 자로 완화하여 이후 定式으로 자리를 잡았
다.[60]

통신사행과 문위행에 함께 참여한 왜학역관은 총 39명으로 통신사
행 수행역관 총 99명의 39.4%이며, 문위역관 총 인원 84명의 44.6%에

---

56) ≪增正交隣志≫ 권3, 率屬
57) ≪通文館志≫ 권1, 沿革 等第 倭學教誨
58) ≪위 책≫ 沿革, 等第
59) ≪숙종실록≫ 4년 8월 신사
60) ≪통문관지≫ 권1, 沿革 官制

달하는 수이다.61) 통신사행를 수행한 왜학역관들 중 반절 가량이 문
위역관으로 대마도를 왕래한 것이다. 통신사행를 수행한 역관별로 나
누어 살펴보면, 통신사행의 堂上譯官 23명 중 19명(82.6%)이 문위행
에 참가하였고 그 중 16명은 당상관으로 임명되었다. 上通事는 20명
중 12명(60%)이, 次上通事는 19명 중 7명(36.8%)이 각각 문위역관에
임명되었다. 이로써 보면 대일외교의 업무처리가 소수의 당상역관에
집중되어 있음을 알 수 있다. 두 사행에 동시 참여한 39명의 역관은
조선후기 역과에 급제한 왜학역관 총 341명의 11.4%에 불과하며, 당
상역관으로 대일 도항경험이 한 번이라도 있는 사람은 총 48명으로
14.1%이다. 물론 사행에 참여했다는 사실만으로 단정지을 수는 없지
만 조선후기 270여년 동안 통신사행 12회, 문위행 54회로 총 63회의
사행이 파견되었다는 점과 외교실무에 능하고 뛰어난 어학능력을 갖
춘 사람이 당상역관에 임명된다는 점을 고려해 볼 때, 10%~15%의
소수 엘리트 역관을 중심으로 對日외교업무가 처리되었다고 할 수
있을 것이다.

  왜학역관은 기본적으로 대일외교에 있어서 1차적인 실무자적 성격
을 갖는다. 정책의 결정이나 판단은 동래부사, 경상감사, 예조, 비변
사 등의 정책결정라인에서 내려지지만 정책결정을 위한 제반 정보는
대부분이 역관들의 정보와 보고에 의존할 수밖에 없었다. 이는 외국
과의 교류에 있어 무엇보다 중요한 것은 말과 글이기 때문이다. 따라
서 언어를 통할 수 있는 왜학역관들의 역할은 무시할 수 없다.

---

61) 洪性德, 2000, <朝鮮後期 對日外交使節 問慰行 研究> ≪國史館論叢≫
    93, 145~147

V. 맺음말

이상으로 조선후기 대일 외교사행체제의 성립과정과 왜학역관에 대해서 간략하게 살펴보았다. 외교사행은 두 나라의 상호 정책이 표현되는 일차적인 루트이다. 따라서 외교사행체제가 어떻게 구성되었는가를 살펴보면 두 나라의 외교적 특성을 파악할 수 있다.

지금까지 조선후기 한일관계사를 이야기 할 때, 외교사행 시스템이라는 관점에서 논의가 본격적으로 진행된 적은 없다. 단지 통신사행에 관한 수많은 연구들이 있을 뿐이다. 연구의 집중에 의한 현상일수는 있겠지만, 그 보다는 '善隣友好'와 '文化交流'의 상징으로서의 통신사행에 대한 긍정적 평가가 古代와 近現代 암울한 한일관계사를 극복할 수 있는 교훈적인 史實로서 작용한 바가 클 것이다. 다만, 이러한 순기능이외에 한편으로는 보다 실체에 접근한 한일관계사의 성립을 어렵게 만든 부작용이 잠재되어 있는 것도 사실이다.

그 첫 번째는 조선은 幕府將軍의 즉위를 축하하기 위해 江戶에 國王使節(通信使行)을 파견하였다는 사실만 강조되었다는 점이다. 외교는 쌍방간의 관계이기 때문에 인적, 물적 교류 역시 상호간의 정해진 틀 속에 함께 공존하는 것이다. 따라서 통신사행의 파견 역시 상호간의 관점에서 언급되어야만 역사적인 사실에 가깝게 평가될 수 있다. 그렇지 않고 통신사의 파견만을 언급할 경우 자칫 일본의 우월적 대등, 즉 조선은 국왕사절을 파견했지만 일본은 국왕사절을 보내지 않았으므로 일본이 상대적 우위에 있었다는 단선적 평가를 벗어나지 못할 수 있다. 조선에서 일본에 파견한 통신사행과 문위행, 그리고 조선의 대일외교사행체제에 대응하는 일본의 대조선 외교사행에 대한 분석이 함께 이루어져야만 하는 이유가 바로 여기에 있다. 그런 점에서 通信使行·問慰行⇔年例送使·大差倭·小差倭의 사행체제를 설정해 볼 수도 있을 것이다.

두 번째로, 외교는 자국의 국내외 정세를 반영한 것이므로 국가간의 관계를 다룰 때에는 상대국의 처지를 제대로 분석하지 않으면 안된다. 왜냐하면 자국내의 상황만을 가지고 국가간의 관계를 규정해버리는 것은 동전의 한 면만을 보는 것에 지나지 않는 것이기 때문이다. 17세기 초 한일관계사는 이런 점에서 조선의 문제를 단순화시켜 이해하고 있다. 즉 조선은 일본의 교섭요구에 '남방의 안전'을 도모하기 위해 응했다는 평가에만 집중되어 있다. 그보다는 조선에서 광해군-인조로 이어지는 정치권력 집단의 변화에 그에 따른 대외정책의 재편이라는 보다 다양한 관점으로 분석해야 할 것이다. 그런 점에서 인조정권의 등장이후 후금의 성장에 따른 명분외교에서 실리외교로의 전환이 대일교린체제의 재편을 초래했다는 사실에 유념할 필요가 있다.

세 번째, 외교도 역시 사람들에 의해 유지된다. 특히 국가간의 관계에 있어서는 언어를 통하게 하는 역관의 역할과 기능에 주목할 필요가 있다. '言語相通'을 담당했던 역관들에 대한 분석은 향후 조선후기 한일관계사의 인식을 넓히는데 선결해야 할 영역이다.

네 번째, 조선후기 한일관계사는 기본적으로 '善隣友好' '誠信交隣'를 바탕으로 하였음은 부정할 수 없는 사실이다. 두 나라 대등한 관계에서 외교적 행위를 추진하려 한 점 역시 다른 시대의 한일관계사에서는 볼 수 없는 긍정적 요소이다. 그러나 倭寇, 倭亂 등 직접적인 충돌과 동북아 정세 속에서의 자국의 안전 보장이라는 현실적 요구들이 내재되어 있었기 때문에, '對等'의 '交隣'은 다양한 형태로 표출되어왔다. 이에 대한 분석과 검토가 고려되지 않고서는 조선후기 한일관계사에 대한 일본의 역사교과서 기술처럼 조선↔일본이 아닌 朝鮮(국가)↔對馬藩(지역)의 지엽적 관계로 인식될 수 있는 여지가 상존할 것이다.

끝으로, 17세기초 대일외교 관계가 다시 정상화되는 과정에 두드러
지게 나타나는 현상은 自國 중심으로 상대국의 행동을 이해하고 있
다는 점이다. 즉 歷史的 眞僞여하에 의한 정책 판단보다는 내부적 헤
게모니 장악이라는 대명제 속에서 명분을 갖추기 위한 일련의 행위
를 요구하고 있다는 것이다. 이는 향후 한일관계사연구에서 당 시대
조선과 일본이 각각 상대국의 외교적 행위에 대해 어떻게 이해하고
있었는가를 보다 면밀하게 검토해야만 한다는 사실을 이야기하고 있
다. 과거 두 나라 외교정책 담당자들이 어떻게 이해하고 일을 풀어나
갔는지를 좀 더 이해한다면 미래지향적 한일관계사의 정립이 가능할
것이다. 때문에 한국 역사교과서의 대일관계 서술 역시 재검토해야
할 필요가 없지는 않을 것이라 생각한다.

ABSTRACT

Diplomatic Missions and Official Interpreters to Japan in late Joseon Dynasty

Hong, Seong-duk

In late Joseon dynasty, Korea-Japan relations were at base governed by the idea of friendly and honest neighbors. However, as a result of the direct clash with Japan in various invasions and uprisings and in the realistic demands for national safety and protection that became internalized within a changing East Asian situation, the idea of "equal" and "friendly" came to be expressed in various forms. Without further analysis and examination of this topic, there is a fear that Korean-Japanese relations in the late Joseon period might be portrayed incorrectly as some minor relations between Joseon (country) and Tsusima authorities (region) like the distortion issues surrounding Japanese textbooks.

What manifests in the process of reestablishing diplomatic relations with Japan at the start of the 17th century is that it understood other country's actions within a nation-centered focus. Therefore, it is important to examine in precise detail exactly how both Joseon and Japan understood each other's diplomatic decisions.

Diplomacy depends upon relations between two countries, and thus human and material exchange must indeed exist together within mutually established terms. The same goes for dispatched diplomatic missions that must debated in relation to the points of contention established by both countries and as closely related to historical truth as possible. If this is not practiced, then in the case of the dispatched Korean delegates to Korea, Japan will continue to distort and uphold its superior stance. That is, we cannot step outside of the reduced conclusions of Japanese superior claims that upholds that Joseon dispatched royal missions but that Japan did not send royal envoys. Studies related to Joseon's dispatched delegates to Japan and to Tsusima must be carried out simultaneous to studies of Japan's response to Joseon's system of diplomatic envoys to Japan through Japan's own diplomatic missions sent to Joseon. It is in this manner that this paper examines the policies promoting the work of Korean Japanese diplomatic delegates.

Keywords: the Korean delegates to Japan, Joseon delegates to Tsusima, delegates of official interpreters, Kiyu Treaty of 1609, Tsusima Island

통신사 단절과 서계 문제

현 명 철*

Ⅰ. 문제의 소재

한일관계사 연구에서는 교린 체제 와해기의 연구가 부족한 것이 실상이다. 따라서 여러 가지 잘못된 인식이 통설로 군림하여왔다. 일본 역사 교과서 기술 중, 본 보고서에서 관심을 갖는 부분은 다음과 같다.

우선 1811년에 파견되었던 통신사를 마지막으로 통신사가 단절되고 한일 양국간의 외교가 두절되었다고 평가하는 견해가 있으나, 과연 이러한 이해는 타당한 것인가.

둘째로는 메이지 정부 성립 후 국교 수립을 요청하는 서계를 보냈으나 대원군 정권이 쇄국정책으로 말미암아 몇몇 자구를 문제 삼아 이를 거절하였다는 견해[1]이다. 이는 첫 번째의 한일관계의 외교가 두

---

* 경복고등학교 교사
1) 대표적인 것으로는 1940년에 발간된 田保橋潔의 ≪近代日鮮關係の硏究≫

절되었다는 인식과 연결되어 일본 측 교과서의 공통적인 기술을 이루고 있다.

그러나 역지통신 이후에도 두 나라 사이의 관계는 지속되고 있었음은 명백한 사실이다. 예를 들면 한일간에 통신사 파견에 대한 교섭은 계속되고 있었으며, 일본은 서양제국과 맺은 안정5조약을 조선에 정식으로 알리고 있고, 조선은 이에 화답하여 양국간의 우호관계가 더 굳건해 질 것이라고 답하고 있으며, 나아가 조선은 1866년 병인양요가 일어났음을 일본에 알려 일본도 조심하기를 당부하는 전통적인 성신지교를 과시하고 있다. 따라서 두 나라의 외교가 두절되었다는 기술은 잘못이다. 조선은 청나라와 일본에 대해서는 쇄국하고 있지 않았다.

한편, 일본이 왕정복고를 알리는 서계를 보내었을 때 조선은 서양의 압력 속에서 전통적인 대청·대일외교를 강화할 필요가 있었다. 그런데도 이 서계가 수리되지 않고 시간을 끈 이유는 이 서계가 기존의 성신교린관계를 정면으로 부정하는 내용이었기 때문이었다. 이 서계는 전쟁의 명분을 얻고자 하는 도발적인 내용이었고 근대적인 외교를 모색한 것이 아니었다. 조선 정부는 이 서계의 수리를 거부하지는 않고 오로지 수정을 요구하였다. 이는 수정 후 수리를 전제로 한 것이었다. 이는 전쟁을 회피하고 우호를 유지하기 위함이었다. 따라서 조선 정부가 쇄국정책을 위해 이 서계의 수리를 거부하였다는 기술은 오류이다.

그렇다면 일본은 왜 이러한 서계를 보내왔으며 이 서계에서 대마주의 역할은 어떠하였던 것일까. 이 문제를 검토하기 위해서는 전환기 일본사의 전개를 살펴보지 않으면 안 된다. 그리하여 본 보고서에서 셋째로 관심을 갖는 것은 교과서에는 나타나지 않으나, 1863·1864

_____

가 있다. 본 논문에서는 宗高書房에서 1972년도에 나온 복각판을 이용하였다.

년에 나타나는 정한론에 대한 분석이다. 왜 조선으로부터 식량을 공급받고 있었던 대마주에서 정한론을 주장하는 논의가 나타나게 되는지에 대한 분석이 부족하다. 일본 측의 연구는 조선이 동맹을 받아들일 준비가 되어있지 않았기 때문에 정한론이 생겼다는 해석[2]이 있으며, 또한 한일간의 무역 체제의 모순에서 나타났다고 보는 견해도 있다[3]. 과연 이러한 이해가 타당한 것인가. 대마주의 존재와 생존 노력을 통해 이를 살펴보고자 한다.

마지막으로는 역시 교과서에는 나타나지 않으나, 1866년 병인양요 이후 막부의 사절파견 계획이 실패한 것이 조선 측의 거절하였기 때문이며 이 때문에 조선은 불행하게 되었다는 인식[4]이 있다. 과연 막부 말기의 한일관계는 어떻게 전개되었는가.

우선 일본 중학교 교과서의 기술을 간략히 소개해 봄으로써 문제의 소재를 구체적으로 들어보자.

후소샤	일본의 개국 권유를 거절한 조선의 태도를 무례하다고 하여 …
東京서적	조선은 구미에 대해 쇄국하고 일본과의 국교도 거절했다.
敎育출판	쇄국정책을 취하고 있어서 메이지 정부와의 국교에 응하지 않고 있는 조선 …
日本文敎 출판	조선에도 국교를 열 것을 요구하였으나 조선이 응하지 않아 …
帝國서원	신정부는 조선과의 국교를 추진하려고 했다. 그러나 쇄국 정책을 취하고 있었던 조선은 일본의 요구에 응하지 않았다.

2) 松浦玲, 1980 <幕末期の對朝鮮論-同盟論と征韓論> ≪歷史公論≫ 57 ; 仲尾宏, 1986 <同盟論から征韓論へ-元治元年≪對馬建白書≫を中心として> ≪京都藝術短期大學紀要・瓜生≫ 9 등이 있다.
3) 木村直也, 1987 <文久三年對馬藩援助要求運動について-日朝外交體制の矛盾と朝鮮進出論-> ≪日本前近代の國家と對外關係≫ (吉川弘文館) 및 1993 <幕末の日朝關係と征韓論> ≪歷史評論≫ 516
4) 毛利敏彥, 1974 <明治初期外交の朝鮮觀> ≪國際政治≫ 51 ; 安岡昭男, 1988 <慶應期幕使遣韓策> ≪鎖國日本と國際交流≫ 下 (吉川弘文館)

라고 되어있다. 이러한 기술은 조선 후기의 오랜 우호 관계를 무시하고, 조선을 완고한 쇄국의 나라로, 그리고 일본의 개국 요구가 근대적인 합법성을 갖고 있는 것처럼 이해되기 쉽다. 특히 조선 후기(에도시대)의 우호적인 한일관계가 나타나지 않거나 연관성이 끊어지는 문제점이 있다.

한편 일본 고등학교 교과서의 기술은 다음과 같다.

實敎출판 A	에도시대의 일본은 조선과 대등한 국교를 맺고 있었다. 일청 대등을 목표로 하였던 정부는 … 조선의 지위를 한 단계 낮추어서 국교를 고치고자 하여, 막부가 외교의 창구로 하였던 대마번의 외교권을 폐지하고 조선과 맺은 조약을 일방적으로 깨었다.
東京서적A	① … 19세기 초 이래 중단되어있었던 국교 회복을 요구하는 일본의 국서도 그 형식이 선례에 반한다고 하여 수리를 거부하였다.
淸水서원A	쇄국의 입장을 취하는 조선에 대한 강경론 …
山川출판	조선에 대해서는 왕정복고를 통고하여 외교관계를 갱신하고자 하였으나 … ① … 대원군은 프랑스나 미국 군함의 격퇴에 성공한 적도 있었으므로, 서양화를 추진하는 일본을 경멸하고, 메이지 정부와 관계를 맺을 필요를 인정하지 않았다.
山川출판B	당시 쇄국 정책을 취하고 있었던 조선은 일본의 교섭 태도를 불만스럽게 여겨서 교섭에 응하지 않았으므로 …
明星社(最新)	유신을 알리고 천황의 이름에 의한 새로운 국교를 맺으려고 하였다. 여기에 대해 청을 종주국으로 하고 당시 쇄국정책을 취하고 있었던 조선은 종래의 관례와 다르다고 해서 국서의 수리를 거듭 거절하였다.

일본 고등학교 교과서를 분석해 보면, 중학교 교과서와는 달리 조선후기(에도시대)의 관계를 무시하고 있지는 않고, 중학교 교과서에 비해 훨씬 깊이 있는 다양한 서술을 하고 있음을 알 수 있다.그러나 문제가 없는 것은 아니다. 문제들을 하나하나 살펴보도록 하자.

실교A의 기술은 현재의 연구 업적을 가장 잘 반영한 것으로 생각된다. 동경서적A는 19세기 초 이래 국교가 중단되었다고 기술함으로 1811년 이후의 한일 관계를 공백으로 파악하는 오류를 범하고 있다. 과연 그럴까. 그렇다면 1860년 일본이 안정 5조약을 맺은 것을 조선에 알리고 있다거나, 조선이 1866년 일어난 병인양요를 일본에 알리고 있으며, 통신사 파견요구가 1866년까지 지속되고 있는 점, 더 나아가 일본이 조선과 프랑스의 중개를 위해 사절파견을 계획하고 있었던 점 등을 어떻게 설명할 수 있을까.

청수A와 산천B는 조선의 쇄국과 일본의 근대적 개항 요구를 강조하는 식민지기 이래의 연구를 탈피하고 있지 못하고 있다. 본론에서 언급하겠지만, 조선은 일본에 대해서는 쇄국을 하고 있지 않았으며, 나아가 서양 열강과의 싸움을 통해 동양 3국의 관계를 더욱 강화시켜야 할 입장에 있었다.

산천출판A는 왕정복고의 통고와 외교관계의 갱신에 주목하는 기술을 하고 있으나 주①에서 대원군이 서양화를 추진하는 일본을 경멸하였다고 근거 없는 기술을 하고 있음이 주목된다. 무엇을 근거로 이러한 기술이 나타난 것일까. 일본이 1860년에 안정5조약을 맺었음과 크리스트교 탄압은 계속되고 있음을 조선에 알렸을 때, 조선은 오히려 이를 축하하고 이러한 일이 전통적인 한일 관계에 지장이 없을 것으로 믿는다고 화답하고 있다. 대원군 스스로도 러시아의 남침을 막기 위해 프랑스의 힘을 이용할 구상을 한 적도 있었고, 서양의 기선에 대해 상당한 관심을 보였다. 병인양요가 발생한 후에는 이 사실을 일본에 알려서 안부를 묻기도 하였다. 따라서 위 교과서의 주①의 기술은 근거를 찾을 수 없다.

마지막으로 명성출판 교과서는 "청을 종주국으로 하고 당시 쇄국정책을 취하고 있었던"이라는 구절을 넣음으로 의도적으로 오류를 범하고 있는 느낌을 준다. 이 구절을 빼면 부드럽게 이해가 되는 문장을 왜 의도적으로 집어넣었는지 교과서 집필자의 의도가 궁금하다. 종주국에 대한 해석과 쇄국정책에 대한 해석을 둘러싸고 비판을 하지 않을 수 없다.

Ⅱ. 통신사 단절과 서계 문제에 대한 비판적 접근

1. 역지통신은 통신사 외교의 종언인가

조선 후기 통신사를 통한 양국의 외교 관계는 환대를 전제로 한 것이었으며, 많은 비용이 드는 것이었다. 통신사행이 이루어질 때에 막부는 막대한 비용과 수당을 대마주에 제공하였으므로 막부의 부담도 적지 않았고, 또한 연도의 제 영주들에게도 큰 부담이 되었음은 주지의 사실이다. 따라서 텐메이의 폭동(天明の打ち崩し)이라는 內憂를 계기로 1787년 정권을 잡은 사다노부(松平定信)에게 있어서, 국내 통치의 안정은 가장 중요한 정책과제였다. 그는 역지 통신을 계획하였다. 그리하여 1811년 대마도에서 역지 통신이 이루어졌다.이 대마도 역지 통신이 이루어진 이유에 대해, 사다노부는 대외관계상의 이유 즉, 조선인에게 일본의 지리를 알리는 것, 일본의 성쇠를 알리는 것, 일본의 문화 수준이 낮은 것을 알리는 것 등을 들고[5], 또한, 조선 통신사를 맞아들이는 데에 필요한 막대한 경비는 막부나 여러 영주 그리고 계속되는 자연재해로 피폐한 피지배계층에게 있어서 확실한 부담이라고 하였다. 결국, 역지 통신은 조선에 대한 체면과 비용 문제로 인하여 실시되었던 것이었다. 1811년 역지통신 이후, 통신사는 파견

---

5) 竹內誠, 1976 <寬政改革> ≪岩波講座 日本歷史≫ -근세4-. 사료의 출전은 같은 논문에 게재된 <水戶家文書>에 의함.

되지 않고 막부는 멸망한다.

이후 통신사가 파견되지 않았다는 이유로, 1811년의 역지 통신사를 통신사 외교의 종착점으로 파악하여 19세기 초기 이래 한일관계가 두절되었다는 견해도 있다. 그러나, 이는 명백한 오류이다. 왜냐하면, 그 이후에도 두 나라 외교 담당자들은 외교가 두절되었다고 인식하지 않고 있으며, 사실 양국 사이에는 꾸준한 성신 교린의 관계가 지속되고 있었기 때문이다. 여기에 대해 개략적으로 살펴보자.

텐뽀(天保)개혁 시의 막부는 그 개혁노선 상에서 오사카 역지통신을 기도하고 있으며, 적극적으로 조선통신사의 초빙을 모색하였다[6]. 1841년 이에나리가 사거하고, 노중 미즈노다다쿠니(水野忠邦)가 정치의 실권을 장악하자, 미즈노는 정책을 바꾸어서 통신의 장소를 대마도에서 오사카로 변경하는 교섭을 하도록 대마번에 명하였다. 이는 1811년의 대마 통신이 경비절감이라는 관점에서는 어느 정도 성과를 올렸지만[7], 외교의례가 갖는 장군 권력의 위신을 국내외에 과시하는 기능을 저하시켰음을 반성하고, 三都의 하나인 오사카에서 "국가적 의례를 갖춤으로 제 영주들을 동원하고 장군 권위를 과시"하려고 의도하였던 것이다. 그러한 의미에서 서국의 다이묘들을 동원한 오사카 역지통신은 경비절감과 막부의 권위를 고양시키는 두 가지 목적을 추구한 것이라고 말할 수 있으며, 동국의 다이묘들을 다수 동원하여 67년 만에 실시하였던 닛꼬 참배와 대비되는 다이묘 통제정책이라는 본질을 갖는 것이었다고 하겠다. 이러한 경위로 오사카 역지 통신 계

---

6) 이 문제에 대해서는 최근 池內敏씨가 활발한 연구를 하고 있다. 池內敏, 1990 <朝鮮通信使大阪易地聘禮をめぐって> ≪日本史研究≫ 336 및 1993 <1840年代以後における朝鮮通信使來聘計劃(その1)> ≪鳥取大學教養部紀要≫ 27

7) <文化易地聘使錄> ≪古事類苑≫ 外交部 朝鮮二 (吉川弘文館) 672)에 의하면, 1764년 통신사행의 총비용은 87만 2,900량이며, 1811년에는 23만 6,700량이었다.

획은 거듭된 교섭 끝에 1845년에 대마번과 조선 사이에 타협이 이루어져서, 1847년에는 오사카 역지통신이 정식으로 발포되었다. 따라서 이러한 과정을 통하여서도 통신사 외교관계가 지속되고 있음을 확인할 수 있다. 그러나 오사카 역지통신은 이루어지지 않는다. 그 이유는 1852년 5월에 에도성 니시마루(西丸) 화재를 계기로 일본이 통신사 파견 연기를 요청하였으며, 그 직후인 1853년 6월에 페리 함대가 일본을 찾아왔고, 그 소란 속에 장군 이에요시가 사거하였기 때문이었다.

결국 통신사 파견은 이루어지지 않았지만, 1860년 일본은 서양 5개국과 개항한 사실을 조선에 알리고 있으며[8], 조선도 1866년 병인양요의 소식을 일본 측에 알리고 있다[9]. 뿐만 아니라 장군 이에모치의 상속을 축하하는 통신사를 초빙하려는 교섭도 1866년까지도 나타난다. 이러한 사실은 한국 측의 기록 ≪동문휘고≫를 보아도 확인할 수 있다. 즉 ≪동문휘고≫에 나타난 일본 문서의 접수 상황을 표로 보면 다음과 같다.

	진헌	고환	고경	고부	진위	통신	진하	체대	체대관수	표풍	변금	계
헌종 (34~49)	6	1	7	4	3	2	1	1	2	10	1	38
철종 (49~63)			7	1	1	5	1			1	1	17

*자료 : ≪동문휘고≫附編 권1 및 附編續을 바탕으로 작성[10]

---

8) 1860년 일본이 개국을 단행한 사실을 조선에 알리게 되는 과정에 대해서는 鶴田啓, 1993 <万延元年 對馬藩による朝鮮への四國通商告知一件> ≪19世紀の世界と横浜≫ (요코하마개항자료관, 요코하마근세사연구회 편) 이 있다.

9) 조선이 병인양요의 소식을 일본에 알린 내용은, ≪日省錄≫, ≪朝鮮外交事務書≫, <平山圖書頭 古賀筑後守渡韓奉命一件> ≪續通信全覽≫에 실려있으며, 졸고 1996 <개항전 한일관계의 변화에 대한 고찰> ≪국사관논총≫ 72에서는 이러한 소식이 일본 지배층에 어떠한 반응을 불러왔는지 분석한 바 있다.

즉 통신으로 분류된 항목에서 헌종 때 두 차례, 그리고 철종 때에
도 5차례의 사신이 와서 문서를 제출하고 있는 것이다.

이상의 사실들을 검토하고 확인해 보면, 한국과 일본과의 관계가
1811년의 통신사 파견을 마지막으로 끝났다고 표현하거나, 조선이 쇄
국을 취하고 있었다고 표현하는 것은 오류임을 알 수 있다. 적어도
조선은 일본에 대해서는 쇄국을 취하고 있지 않음이 명백하고 메이
지 정부의 성립까지도 꾸준히 끊임없는 교류가 이어지고 있었기 때
문이다.

2. 왕정복고를 알리는 서계의 내용은 무엇이었을까.

한국과 일본간의 외교 관계가 단절되지 않았고, 서로간의 정보와
이해가 공유되고 있었다면, 한일간의 외교적 갈등은 왜 일어났을까.

표면적으로 보면, 메이지 정부의 성립을 알리고 외교 변혁을 도모
하는 일본 측의 서계를 조선이 받아들이지 않았기 때문에 갈등이 나
타났다고 보인다. 그러나 당시 조선 왕조에서 일본 왕조가 들어서는
것을 꺼려할 이유는 없었다. 더구나 조선은 서양 열강의 침략에 맞서
기 위해 전통적인 한·중·일 관계를 강화할 필요가 있었던 시점이
었다. 그런데도 조선은 이 서계를 받아들일 수 없었다. 당시 외교 실
무자들의 말을 인용하면 "벌린 입이 다물어지지 못하고 올라간 혀가
내려오지 않는"황당한 내용이었기 때문이었다. 과연 어떠한 내용이
기에 조선은 이를 수용할 수 없었던 것일까.

> 일본국 좌근위소장 대마수 평조신의달
> 書 조선국 예조참의공 합하

---

10) 이철성, <통신사와 연행사의 비교 연구> (한일역사공동연구모임 중간
발표)에서 일부를 인용

아뢰올 바는 우리나라의 시세가 크게 바뀌어서 정권이 황실에 돌아갔다는 것입니다. 이는 귀국과의 隣宜를 굳게 하는 데에 있어서도 크게 기뻐할 일이라 하겠습니다. 머지않아 別使를 보내어 그 전말을 具陳할 것이므로, 여기서는 갖추지 않겠습니다. 제가 지난번에 京都에서 조정으로부터 칙명을 받아 특별히 상을 받고 작위를 올려 받아 좌근위소장으로 進官하였습니다. 거기에 또한 교린의 직을 영원토록 담당하도록 명을 받았습니다. 또한 證明印記를 받았으니, 요컨대 양국 교제는 더욱 誠信을 두터이 하고 영원히 변함이 없도록 하라는 叡慮(천황의 뜻)이니 은혜가 지극합니다. 이번 서한에는 특히 新印을 찍어 조정에 성의를 표합니다. 귀국 역시 마땅히 받아들여야 할 것입니다. 지난날 圖書를 받아 (교제를 해) 온 것은 후의에서 나온 것으로 알고 있으며 따라서 쉽게 바꿀 수 없으나, 그러나 조정의 특명이니 어찌 以私害公할 이유가 있겠습니까. 제 뜻이 이와 같습니다. 귀조가 다행히 이를 체량하시길 깊이 바라는 바입니다[11].

그러면 이 서계에 대한 조선 측 실무자의 반응은 어떠하였는가.

대개 귀국과 폐방이 교호한 이래 義理가 형제의 孔懷와 같고 信義가 강과 산이 帶礪한 것과 같아서 왜관을 설치하여 서로 交隣하는 데 힘쓰니, 진실로 이는 大經이요 大法이다. 이후 300년간 어찌 조금이라도 경법상에 소홀한 점이 있었는가. 이는 비단 위에서 행했을 뿐만 아니라 밑에서 본받는 것도 역시 그러하여, 양국에서 主幹하고 幹旋하는 사람들이 經法을 服膺하여 전에 닦은 것에서 어긋남이 없으니, 오늘날 그 직을 맡고 그 일을 장악하는 사람이 이를 버리고 무엇을 구하겠는가. 그런데 지금 순부된 서계가 왜관에 도착한 후 여러 달 동안 수리되지 못하고 있다. 그러나 한마디로 말하자면 서계의 왕복은 매우 소중한 일이니, 대격식에 非違하지 않는다면 왜 지체하여 봉납하지 않겠는가. 貴船이 온 것을 조정에 전달하고 또 가져온 서계도 역시 당연히 南宮(예조)에 올려 보내야 할 것이다. 그리하여 우리들이 먼저 살펴보았는데, 외면상 직함이 전과 다르고, 비록 승진하였다는 것을 안다고 하여도 姓字 밑에 朝臣이라는 두 글자를 붙이는 것은 무슨 格例인가. 이를 따라서 회답한다고 하면 상관이 없겠지만, 아마 각국에

---

11) ≪朝鮮外交事務書1≫, 211~213 ; ≪日本外交文書≫ 1 - 한국편 - 60~61

서 듣고 조롱할 것이다. 이는 오히려 두 번째 문제이다. 또 서계 문자
에 격외의 단어가 많고, 심지어는 以私害公이라는 말, 그리고 우리나
라가 鑄送한 圖書를 還納한다는 說에 이르러서는 不覺중에 입이 열
려서 다물어지지 않고 혀가 올라가서 내려 오지를 않는다. 당초에 鑄
送해 주기를 청한 것은 貴方이며 우리나라가 총애하여 내려준 것인
데 갑자기 변개하여 새로 주조한 新印을 찍도록 요구하는 것은 이 과
연 舊章을 따르고 隣好를 두텁게 하는 뜻이라 할 수 있겠는가. 이것이
모두 봉출할 수 없는 大旨이다. 그러므로 일찍이 동래부와 부산 양 사
또께 이미 아뢰어 來船 啓聞중에 거론한 바, 回下한 것을 삼가 보니
'퇴각시킴이 가하다'는 가르치심말씀 뿐만이 아니라 다시 번거롭게
하지 말라는 책망이 있었다. 우리들은 정상이 황공하여 대죄하여도
부족하였다. 그러므로 왜관의 여러분께 말하니 마땅히 이 사정을 貴
州(대마주)에 통고하여 갑자기 新印을 찍어서 무한한 공한을 만들어
다만 事面을 손상하는 일이 없기를 깊이 바라는 바이다.1869년 2월
훈도12).

  위의 서계 내용과 조선 측 실무자의 반응을 보면 쉽게 알 수 있듯
이 이 서계는 여태까지의 외교 관계를 전적으로 무시하는 도전적인
내용임을 알 수 있다.

  생각해 보면, 임진왜란 후, 일본의 국교 요청에 대해 조선은 대마도
주를 번병으로 삼아 圖書(=통행허가인)를 지급하여 일본에서 조선으
로 도항하는 자들을 감독하게 하였다. 이 도장을 찍은 배는 받아들이
고, 도장이 없는 배는 해적으로 간주하여 포박하였다. 따라서 圖書를
준 것은 대마도에 대한 특권을 부여한 것이기도 하였다. 그리하여 대
마도주에게 독점적인 무역을 허가하고 세견선 파견을 허용하였던 것
이다. 즉 조선은 대마주 영주에게 경제적 이권을 제공함으로 조선의
수문장 역할과 일본 막부와의 외교 창구 역할을 전담하게 하여 한일
간의 완충 역할을 책임지게 하였고, 이러한 역할은 바로 전 해까지도

---

12) ≪朝鮮外交事務書≫ 1, 217~220 ; ≪日本外交文書≫ 1-한국편-, 93~
    94

아무런 갈등 없이 지속되었던 것이다.

그런데 위 서계는, 앞으로도 대마도주가 교린의 직을 영원토록 담당하게 되었음을 주장하면서, 조선으로부터 받은 직함이나, 도서를 사용하지 않고 일본이 주조한 새로운 도장을 사용하겠다고 일방적으로 통고하고 있다. 이는 지금의 말로 표현하면 비자 없이 멋대로 들어오겠다는 것이며, 조선의 수문장 역할을 포기하겠다는 일방적인 통고이다. 게다가 귀국 역시 마땅히 받아들여야 할 것이라고 한다거나 以私害公이라는 표현으로 위압적인 자세로 임하고 있다. 물론 새로운 외교 관계에 대한 제안이 있는 것도 아님은 물론이다. 예를 들어 외교 업무가 외무성으로 이관되었다고 새로운 관계를 제시하고 있는 것이 아니다.

그렇다면, 이는 대마주의 도발이다. 이 자체로 국교 단절도 가능한 것이다. 그리고 국교 단절을 대마주는 바라고 있었다는 사실이 나타난다. 즉, 조선 측이 온건하게 서계를 수정해 올 것을 요청하는 데에 반하여 대마주는 거절 답신을 줄 것을 강경하게 요구하고 있다. 대마주의 강경한 거절답신 요구에 대해 조선 측은 오히려 전쟁의 명분을 줄 것을 두려워하여 서계 수리를 지연시키고 있는 모습이 보인다.

그런데 이 서계를 작성하고 보내온 대마주는 오랫동안 조선과의 외교를 담당하였던 실무자였다. 여태까지의 관례를 몰랐을 리가 없다. 대마주는 이 서계가 받아들여질 수 있을 것이라고 생각하였던 것일까. 아니면 정말 도발이었을까. 서계를 보내는 일본 측은 어떠한 의도로 서계를 보내었을까.

3. 왕정복고를 알리는 서계를 보내는
일본 측의 의도는 어떠하였을까.

대마주가 1868년 11월 왕정복고를 알리는 사절들을 조선으로 파견할 때에 영지내의 모든 무사들을 집합시켜서 다음과 같은 내용을 直達하고 있다. 이 직달은 대마주가 조선에 서계를 보내는 의도를 알수 있는 중요한 자료가 된다.

> 이번에 朝廷一新의 전말을 大修使를 통해 조선에 알리려 한다. 이는 일찍이 朝命이 있어, 지금의 서계 부터는 그 나라(조선)가 鑄造해준 圖書를 고치고, 일본 조정이 만들어 주는 新印을 사용하여, 그들이 번신으로 우리를 대해온 誤謬를 바로잡아, 舊來의 國辱을 씻고 오로지 국체와 국위를 세우고자 한다. 그러나 양국간의 종래의 習弊(를 미루어 보면) 이로 인하여 (그들이) 철공철시를 단행하여 우리를 곤란하게 할지도 모른다. 그러나 이를 무릅쓰지 않고 편한 길만 추구한다면, 직무를 수행하지 않는 바가 되므로, 私情을 버리고 公議에 따라 단연히 오늘의 처치에 이르렀다. 장래 설령 국맥에 관계하는 곤란이 생긴다 하더라도, 머지않아 대답(조정으로 부터의 보답, 對價)이 있을 터이며, 더우기 王土王民의 입장에서 (대마도를) 버려둘 수는 없을 것이다.[13] …

이 직달을 통하여 대마주가 조선과의 외교관계의 단절을 각오하고있음을, 대마번이 背水之陣을 치고 있음을 알 수 있다. 對馬州의 입장에서는 조선이 철공철시를 행할 것으로 예측하고 있으며, 이러한 상황을 감수할 각오를 하고 있음을 알 수 있다. 또한 조선이 철공철시를 단행하는 경우에는 명치정부로부터의 원조가 있을 것이라고 믿고있는 것을 알 수 있다.
그리고, 이러한 對馬州의 전략은 明治政府 내부의 木戸孝允의 지원

---

13) ≪宗重正履歴≫ 권3 ; 田保橋, ≪앞 책≫, 152~153

을 얻었음을 강조해 두고 싶다. 木戶는 1862년의 대마주에 양이 정권이 성립될 때부터 대마주 원조를 강력히 지지한 인물이며, 대마주와의 인맥을 통해 메이지 정부의 대조선 담당 전문가로 조선 문제에 대한 여러 가지 건의를 행해왔다. 그는 서계가 아직 조선에 도착하지도 않은 1868년 12월 14일, 議定 이와쿠라 도모미(岩倉具視)에게 서한을 올려, 서계가 수리되지 않을 것을 예상하고, 조선을 공격하자는 건의를 하고 있고, 또 1869년 2월 1일에도, 藩閥정치의 해소를 위해 조선을 공격하여 釜山 일대를 점령하자고 건의하고 있다. 그리하면 그게 일본의 방향이 되어 해육군이 융성하는 계기가 되리라고 주장하고 있다[14]. 즉, 그는 전쟁의 핑계를 잡아 일단 전쟁을 벌여야 무진 전쟁 이후 해이해진 국내 분위기를 쇄신하고 친병의 강화(= 중앙집권의 강화)를 도모할 수 있다는 의도를 가지고 있던 것이다. 이 역시 외침을 통한 내란 수습이라는 책략으로, 일본인들의 전통적인 수단이었음을 지적해 두고 싶다.

이상 살펴본 바를 통하여, 메이지 정부가 보내온 서계는 외교관계를 고치고자 하는 선의의 교섭도 아니요, 쇄국 조선에 대해 개국을 요청하는 것도 아님을 명확히 할 수 있었다. 이는 전쟁의 명분을 얻고자 하는 도발이었다고 인정할 수 있겠다.

4. 서계를 둘러싼 양측의 교섭 태도는 어떠하였을까.

이러한 의도가 있었기에 2월 30일, 왜관 관수 番縫殿介와 간사관 川本九左衛門은 훈도에게 이 서계는 일본 조정의 엄명이므로 동래부사나 임역이 수정을 요구할 성질이 아니라고 주장하고 일단 받아 들여서 거절하는 답을 써 주면 될 것이라 주장하였다. 이에 대하여 훈

---

14) ≪木戶孝允日記≫ 1868년 12월 18일조, 1869년 2월 1일조

도는 서계를 수리하지 않고 수정을 요구하는 것은 정부의 지시에 의
한 것이라 하였다. 이는 수정 후 수리를 전제로 한 것으로, 對馬州를
적으로 돌리지 않으려는 노력이었다.

그러나, 對馬州는 끝내 조선 측의 수정요구를 받아들이지 않았고
오히려 거절답신을 받아내려고 하였다. 그리하여 훈도는 3월 3일간
전관 浦瀨最助에게 조선 정부의 지시를 받아들이지 못하는 이유를
언문으로 써서 제출하도록 요구하였다. 3월 4일 관수와 간사관은 불
복 이유서를 제출하였다[15].

이토록 강경하게 서계의 수정을 거부하는 對馬州에 대해 3월 13일
에 훈도는, 조선정부가 재판서계를 수리하지 않는 이유 3개조를 다음
과 같이 간전관 浦瀨에 설명하고 있다.

一, 원래 우리나라와 일본의 통교는 대마도가 접경지이므로 대마에 인교
   를 허락하였다. 어찌 천황과 관백이 관계가 있겠는가. 이 때문에 특
   히 대마도에 매년 많은 은정을 베풀어주었으니, 비록 일본 國都에서
   이상하고 어려운 문제를 낸다하여도 대마도가 그 임무를 잘 수행하
   여 막아야한다. 어찌 우리들의 귀를 어지럽히고 귀찮게 하는가. 하물
   며, 이 일이 대마도에서 일어나 커진 것이니 더욱 그러하다. …

一, 일본이 병마의 권을 장군가에 맡기고 외국과의 교제도 관리시켰을
   때에도 국내의 일은 천황이 관계하였을 터이다. 그런데 외국과의 교
   제만을 천황의 지휘를 받지 않았다는 것이 이치가 있겠는가. 그렇다
   면, 천황의 지휘에 따른다는 것은 고금 일반의 일이며, 지금 새로이
   관백을 폐지하고 일신한다고 해도 당연히 대신에 상당하는 관에 맡
   겨 교제의 직을 두어야 자연스러운 일이 아닌가.

一, 지금 일본과 和를 잃는 것이 장책은 아니나, … 지금 (대마가) 고하는
   바, 서계만을 우리가 받아 우리 마음대로 회답을 주면된다고 하는 것
   은 이치가 있는 듯이 보이나, 일단 서계를 받으면 친교를 거절하는
   대답을 줄 수밖에 없다. 그런데도 우리를 몰아붙이는 것은 우리가 전

15) ≪朝鮮外交事務書≫ 1, 224~228 ; ≪日本外交文書≫ 1 -한국편-, 96~
   98

쟁을 도발하게 시키는 것이다. 그러므로 우리가 먼저 친교를 바라지
않는다는 말은 결코 할 수 없다.(중략) 다만 선세의 법을 준수하고 率
由舊章한다는 것을 구실로 하여 애매모호하게 시간을 끄는 술책을
쓸 것이다. 일본이 참지 못하여 일(전쟁)을 일으키면 죄는 일본에 있
다. 그리하면 국력을 다하여 싸울 뿐이다[16].

예상외로 강경한 對馬州측의 태도에 접한 훈도는 문제가 심각하다
고 인식한 듯 하다. 위 글에서도 전쟁의 가능성까지도 언급되고 있다.
3월 18일 훈도 안동준은 왜관에 가서 전어관 浦瀨에게 서계 수리에는
시간이 필요하다고 하고 대구(경상도관찰사)에 다녀오겠다고 하였다.
그리하여 훈도 안동준은 21일 경상도관찰사를 만나고 다시 관찰사의
명으로 서울까지 올라가 보고를 한 후, 4월 12일 동래부에 귀임하였
다. 그 동안에 대원군에게 보고가 있었으리라 추측된다.

그리하여, 1869년 10월 23일 의정부 關文이 부산에 도착하여 24일
동래부사는 훈도에 명령하여 그 내용을 왜관에 전달하게 하였다.

어제 정부 의정부의 엄한 관문을 보건데, "전에 관수 다례일에 소
위 서계의 진술이 제멋대로인 편지를 등보 받고 생각해 보니, 가히 동
래 부사의 처사가 너무 부드러워 더할 여지가 없음을 알겠다. 임관의
우매함과 행함도 역시 심하다. 마땅히 별도로 잘못을 엄히 감변하여
징계할 일이다. 그러므로 비록 그들이 이러한 말을 한다고 해도, 대저
교린 이래무릇 중요한 것은 간절히 원하는 말은 따르지 않음이 없는
것이다. 그러므로 사신이 원하는 것을 이루어주는 것은 그들을 위로
하는 것이며 구호를 오래하는 것이다. 이번에 書契에 이르러서는 서
계 중 한두 자구 및 인장 개역의 말은, 생각컨데 스스로도 이루어질수
없음을 알 터이며, 삼백년간 없었던 일이다. 守經 彰信을 시험 해 보
려고 헛된 욕심을 내니 이것이 도리인가. 가령 사신이 10년간 머물러
온갖 말을 하여도 이루어지지 않을 것이다. 이 뜻으로 책유하여 사신
이 곧 퇴거하도록 하여, 즉시 해결하라"고 했다. 조정의 처분이 이처
럼 엄하니, 임관이 모두 황공하여 감히 이일을 다시 꺼내어 어지럽힐

---

16) ≪日本外交文書≫ 1-한국편-, 103~105

수 없었다. 이를 알려 그들(대차사 일행)이 오래 머물거나 헛된 희망을 갖지 않도록 저지하여 뜻을 포기하게 하라. 이 명령을 왜관에 輪示하여 무익한 일을 만들지 않도록 하고 타당한 일에 힘쓰도록 하여 그와 같은 일이 없게 하라. 명령을 잘 듣지 않는 임관은 법으로 처벌할 것이나 불쌍히 여김을 알지어다[17].

이는 조선정부의 최종 결정이라 할 수 있다. 사단이 발생하지 않도록 온건하게 서계 수리를 요청해 온 동래부사와 임관들을 우매하다고 질책하고 있다. 대마주의 행위가 가당치 않다는 인식이 뚜렷이 나타난다고 하겠다. 이 명령을 받은 동래부사와 임역들은 강경한 태도를 취하지 않을 수 없게 된다. 결국, 1868년 12월 19일 서계를 갖고 도착한 대차사 일행은 1869년 10월에 들어 조선 정부의 강경한 대응을 맞이하게 된 것이다.

다음에는 장을 바꾸어, 일본사의 전개 과정을 통한 한일관계의 변화에 대해 개관하여 봄으로 위 문제점들을 심층적으로 살펴보도록 하자.

Ⅲ. 변혁기 한일 관계사에 관한 고찰

그러면, 한일간의 오랜 우호관계가 어떠한 과정으로 붕괴되는가. 막부 말기의 정한론, 메이지 초기의 정한론은 과연 어떠한 계승과 단절을 포함하고 있는가. 조선후기 한일간의 가교 역할을 하며 대조선 외교 전문가라 자부하던 대마주는 왜 거절당할 것이 뻔한 서계를 보내었던 것일까. 조선이 일본 측이 보낸 서계를 수정해 올 것을 대마주에 요구하였을 때, 대마주 측은 왜 이를 거부하면서 차라리 거절

---

17) ≪宗重正家記≫ 3 ; 田保橋, ≪앞 책≫, 171~172 재인용

서한을 달라고 요구하였을까.

변혁기의 한일관계사의 변화에 대한 연구를 진척시킴으로 한일간의 역사 인식의 차이나 일본 교과서의 기술의 문제점을 지적하는 것이 보고자에게 주어진 과제이므로, 당시의 일본사 전개를 중심으로 이를 검토해 보도록 하자[18].

1. 일본의 개국과 대조선 외교 변혁의 구상

미해군 提督 페리에 의한 德川幕府의 개국은, 1858년의 통상 조약으로 발전하여 일본의 외교 감각을 향상시켰다. 서양 제국과의 외교의 경험은 막번체제의 외교 구조에 外國奉行을 擡頭시켰고 이와 함께 외교 인식의 성장을 초래하여, 막부를 중심으로 하는 근대 국가 수립 의도를 싹트게 하였다.[19] 막부가 이를 위하여 일련의 재정 개혁을 통하여 국내외 시장을 독점하려고 꾀하였음과, 이에 위기감을 느낀 西南 雄藩이 반발하여 攘夷, 反幕府 운동을 전개하면서 朝廷을 대안으로 내세웠음은 주지의 사실이다 .

막부는 이미 1854년 6월, 하코다테(函館) 개항시에 동 항구를 막부 직할령으로 하기 위해 마츠마에(松前)번에 상당한 댓가를 지불한 경험이 있었고, 1860년에는 러시아와의 국경 문제를 해결하고 에조지(북해도)를 개척하기 위해 松前藩 자체를 移封시킨 경험이 있었다[20]. 따라서 조선과의 외교−무역에 있어서도 직접적인 관계를 맺고자 하는 의식이 막부 내부에 잠재되어 있으리라는 것은 충분히 추정할 수

---

18) 현명철, 2003 ≪19세기 후반의 대마주와 한일관계≫ (국학자료원)
19) 羽賀祥二, 1980 <和親條約期の幕府外交について> ≪歷史學硏究≫ 482
20) 막부에 의한 에조지(蝦夷地) 즉 지금의 북해도 직할 정책에 대하여는 麓
    愼一, 1993 <幕末における蝦夷地政策と華太問題> ≪일본사연구≫ 371
    이 참고가 된다.

있다. 즉, 조선과의 외교도 外國奉行이 담당하여야 한다는 외교 일원
화 정책은, 막부를 중심으로 하는 근대 국가의 성립이라는 관점에서
보면 필수적인 단계였다고 보인다.[21]

그러나, 幕藩체제가 계속되는 한, 전통적인 관례를 개혁하는 것은
쉬운 일은 아니었다. 즉, 막부의 外國奉行이 조선과의 외교를 장악한
다는 것은 對馬藩의 知行을 박탈하는 것과 다름없었기 때문이었다.[22]
따라서 막부가 외교권을 장악하고 조선과 직접 외교 관계를 맺기 위
해서는 對馬藩이라는 변경에 대한 처리가 먼저 해결되어야만 했다.

이러한 해결 방법에는 對馬藩의 희생(중앙권력에 의한 강제 접수)
과, 아니면 중앙 권력이 對馬藩에 더 큰 댓가를 지불하여 회유하는
두 가지 방법이 있었을 것이라 생각된다. 그런데 당시 반막부 세력이
강성하였던 일본의 정세에서 전자의 방법은 불가능하였다. 松前藩의
전례가 바로 후자였고, 따라서 對馬藩 처리를 위해서는 對馬藩主 및
藩士들이 불만을 표하지 않을 만큼의 특단의 조치가 필요하였으리라
는 것은 松前藩의 예에서 살펴 볼 수 있다. 게다가 對馬藩이 명목高
가 十萬石을 헤아리는 大藩이었음은, 對馬藩 처리가 쉽지 않음을 예
상할 수 있게 해 주는 객관적 사실이라 하겠다. 또한 對馬藩은 막부
에 공손하지 않은 도사마(外樣) 大名이 지배하는 藩이었고, 조선과 막
부사이의 외교관계를 이용하여 존립해 왔던 邊境의 藩이었음은, 중앙
정부(막부)의 뜻대로 처리할 수 없는 반작용을 예감하게 해 준다고 하

---

21) 이러한 이해는 아라노(荒野泰典), 1987 <明治維新期の日朝外交體制'一
元化'問題> ≪日本前近代の國家と對外關係≫ (田中健夫편, 吉川弘文
館)에서도 보여진다.

22) 對馬藩은 조선과의 외교를 담당하는 것을 통해, 조선과의 무역을 독점
하는 한편 막부로부터 매년 12,000량을 받는 등 수입의 70~80%가 조선
과의 외교에서 파생되는 것이었다. 여기에 대해서는 拙稿, 1994 <日本
幕府 末期의 對馬島와 소위 '征韓論'에 대하여> ≪한일관계사연구≫ 2
(한일관계사연구회)에서 소개한 바가 있다.

겠다. 그런데, 對馬藩 처리 문제가 대두되는 것은, 막부의 외교 일원
화 인식이 성숙하기 전에, 오히려 그 처리 대상인 對馬藩이 요구함에
따라 표면화된다.

여기에 대해 살펴보기로 하자.

2. 대마주 이봉 청원 운동

1861년 2월[23], 러시아 군함이 對馬島에 무단 정박하여 개항을 요구
한 사건 (이를 포사드닉호 사건, 일명 對馬 事件이라고도 한다)이 일
어났을 때, 對馬藩은 당시에 활발히 진행되고 있었던 攘夷 운동을 담
보로 加增에 다름아닌 移封을 요구하였다.[24] 그들은 만일 그들의 移
封 요구가 받아지지 않는 다면, 攘夷 운동으로 돌아서서 막부의 개항
정책에 반대하겠다는 의사를 표시하였다. 더구나 오후나코시(大船越)
에서 러시아 수병과 對馬의 경비병이 충돌한 사건이 일어나자, 이러
한 입장은 당시 반막부 양이파 다이묘들의 등장을 배경으로 더욱 강
경해졌다.

막부는 이 사건을 처리하기 위하여 외국봉행 오구리 타타요시(小
栗忠順)를 즉시 對馬島에 파견하였다. 大船越사건을 과장하여 일본의
위기로 표현함으로, 移封 請願 운동을 성공시키고자 하였던 對馬藩의
활동은, 당연히 일본 열도내의 攘夷派에게 막부의 개항정책을 공격할
수 있는 기회를 제공하였고, 反幕府 攘夷 운동을 비등시켰다.

이러한 상황에 직면한 막부는, 1861년 7월 9일과 10일 양일간에 걸
쳐, 영국 공사 올코크 및 영국 함대 사령관 호-프와의 회담을 거쳐서

---

23) 본고에서의 날짜는 이하 모두 음력을 사용함을 밝혀둔다.
24) 1861년의 대마도의 移封운동에 대해서는 拙稿, 1993 <文久元年對馬藩
の移封運動について> ≪日本歷史≫ 536 및 2000 <1861년 대마주의 移
封 요구 운동> ≪한일관계사 연구≫ 12를 참고 바란다.

兩都 兩港 開港 開市 延期 문제를 논의하고, 효오고港 대신에 對馬島를 개항할 의사를 밝힌다[25].서양 세력의 개항 약속 이행 요구와 국내의 개항 반대 여론에 몰려 있던 幕府는 대마주의 이봉 요구를 받아들여 대마도를 개항함으로 이 문제를 해결하고자 하였던 것이었다[26].

결국, 對馬藩 처리 문제의 대두는, 對馬藩의 청원에 의해 그리고 서양열강의 對馬島 개항 요구, 막부의 효오고항 개항 연기라는 정치적 필요성에 의해 발생되었다고 말할 수 있겠다. 즉, 막부 말기의 정세에서, 막부는 개항의 속도를 조절하여 봉건사회 내부의 모순의 격화, 봉건적 지배의 동요를 저지시킬 필요에서 대마도를 처리할 결심을 하게 되었던 것이다.

그리하여 7월 15일 러시아 함대 정박 문제가 해결되어가는 시점에서, 幕府 老中 安藤는 막대한 경비가 예상되는 對馬藩 전토 移封을 內許하였다. 이 內許를 근거로 對馬藩은 8월 1일 藩主의 명의로 移封請願書를 제출하였고, 幕府는 이를 받아 들여 移封調査를 위해 外國奉行 노노야마(野野山兼寬)을 중심으로하는 일행을 파견하였다. 그리하여 對馬藩 처리 문제는 바로 실현될 듯이 급속히 진행되었다.

移封 調査가 한창 진행되고 있었던 1861년 12월에 유럽에 파견되었던 막부의 勘定奉行 겸 外國奉行 다케우치(竹內保德)일행 36인이 쫒 1862년5월 영국외상 럿셀과의 사이에 조인한 런던각서에도, "일본의 사절은 귀국후 정부에 건의하여 對馬島개항, 등을 권고할 것을 약속한다"라고 되어 있음을 보더라도, 사실상 對馬藩 全土 移封과 개항은 1861년 까지는 막부 공통의 인식이었음을 알게 해 준다.[27] 對馬島

---

25) 여기에 대해서는 拙稿, 1995 <1861년의 對馬를 둘러싼 情勢와 半植民地化의 危機 論爭> ≪日本歷史硏究≫ 創刊號 (日本歷史硏究會)에 소개하였다.

26) 石井孝, 1966 ≪增訂明治維新の國際的環境≫ (吉川弘文館)

27) 이는 攘夷派(특히 木戶孝允)가 주장하듯이 安藤)개인이 對馬 家老와 몰래 꾀한 非理는 아니었으며 따라서 攘夷派의 사료를 그대로 인용하는

를 檢分하였던 막부 외국 奉行 노노야마(野野山兼寬)등은 1861년 9월
20일 대마주에 도착하여 다음해 1월까지 치밀한 조사를 거쳐 1862년
2월 보고서를 제출하였다. 이 보고서[28]를 검토하면, 막부는 앞에서
살펴본 1. 對馬藩의 移封 請願에 대한 대처, 2. 兩都 兩港 延期 라는
두 가지 목적에 더하여, 3.조선과의 무역 및 외교를 장악하기 위한 장
기 계획 등의 목적이 서술되어있다.

그러나, 보고서의 내용에서도 알 수 있듯이, 移封 調査가 시작된 다
음부터 일본 정세는 反幕府 攘夷 운동이 더욱 활발히 진행되었고, 막
부가 이를 억누르기 위하여 도모하였던, 조정과 혼인 정책을 포함한,
공무합체운동도 비판받기에 이르렀다.[29] 또한 정략적이기는 하나 鎖
港 攘夷를 약속하지 않을 수 없는 형편에 이르렀다. 게다가, 文久改革
을 의욕적으로 추진하였던 老中 安藤가 攘夷派 무사들에 의하여 피
습당하여 부상을 입고[30] 뒤이어 反幕府派 諸藩의 압력에 의해 실각
당하였다. 정략적으로 선포된 鎖港攘夷의 약속[31]은 점차 의미를 가지
게 되었다. 따라서 이런 상황에서 對馬島를 上知한다면, 對馬島의 방
비문제도 심각히 고려하지 않을 수 없으며, 경비에 들어가는 비용이
적지않을 것이기 때문에 조사를 담당하였던 외국봉행들은 대마도의
全土移封에 반대한다는 입장을 명확히 하였던 것이며, 이 견해는 같
은 해 5월, 다른 外國方들의 동의하에 채택되었다.[32] 그리하여 對馬
藩 처리 문제는 원점으로 回歸해 버리고 말았다고 할 수 있다.

비록 對馬藩 처리 문제가 원점으로 회귀해 버리긴 하였으나, 막부

지금까지의 이해는 다시 검토되어야 된다.

28) <對州魯人上陸の件> ≪勝海舟全集≫ (勁草書房, 1979년) 359~364
29) 攘夷 운동과 倒幕운동, 그리고 공무합체 운동에 대해서는 田中彰, 1963
   ≪明治維新政治史研究≫ (歷史學研究叢書, 靑木書店)을 참고.
30) 이를 '坂下門外の變'이라고 한다.
31) 여기에 대해서는 井上勝生, 1994 <幕末政治史のなかの天皇> ≪幕末維
   新政治史の硏究≫ (高書房)을 참조.
32) <對州魯人上陸の件>, 364

내부에 對馬島를 직접 지배할 필요성에 대한 인식이 이때부터 뿌리를 내린 것은 주목해 둘 필요가 있으며, 그 논리가 일본이 근대 국가로 성립되기 위한 외교권 일원화에 있었음은 德川 막부의 대조선 외교 변혁에 대한 첫 탐색이었다고 평가할 수 있다.

3. 對馬州 양이정권의 원조 요구 운동과 對馬州 처리 문제

幕府가 쇄국攘夷를 약속하였고, 개항 정책을 주도하여 대마도 전토 이봉을 허가하였던 막부 老中 安藤가 실각했다는 소식에 접한 對馬藩 무사들은 이봉 운동이 실패하였다고 판단하고, 攘夷를 기치로 내세운 원조요구 운동을 전개하게 된다. 이들은 당시 攘夷 운동을 주선하고 있던 長州藩과 동맹을 맺어 쇄국 攘夷를 주장하며 그 경우 대마도는 최전선이 될 것이므로 대마도의 방어는 일본 전체의 문제라고 주장하면서 이를 근거로 원조를 획득하고자 하였다.[33]

이러한 대마주의 활동과 對馬藩을 전면에 내세운 長州를 중심으로 한 攘夷 운동은 더욱 기승을 떨치게 되었다. 결국, 1863년 3월, 막부 장군 家茂는 천황을 수행하여 神社에 참배하여 攘夷를 기원하고, 또한 朝命에 의해 10萬石 이상의 大名들에게 친병 차출을 명령하게 된다. 또한 막부는 불가능함을 인식하면서도 같은 해 5월 10일을 기하여 攘夷의 기일로 삼겠노라고 조정에 대답하기에 이르렀다. 攘夷를 약속한 이상, 막부는 長州藩 藩主 父子의 강력한 요구에 직면하여 대마주 원조를 내허하지 않을 수 없었다. 이는 對馬藩을 전면에 내세운

---

33) 1862년 대마도 무사들이 영주의 명령을 거부하고 에도로 나아가 양이정권을 성립시키는 과정과 이유에 대하여는 拙稿, 1992 <對馬藩攘夷政權の成立について> ≪北大史學≫ 32에서 상세시 서술하였다. 또한 그들의 활동에 대해서는 졸고, 1994 <일본 막부 말기의 대마도와 소위 '정한론'에 대하여> ≪한일관계사 연구≫ 2을 참조 바란다.

攘夷운동을 잠재우고, 나아가서는 對馬島 지배를 위한 포석이라고 하겠다.

즉, 1863년 4월, 막부 老中 이타쿠라(板倉勝靜)는 對馬藩 원조 요구를 받아들여 對馬藩의 명목고 10만석의 年租에 해당하는 3만석(60,000량)을 매년 지급하기로 결정하고, '朝鮮國體情探索之內命'을 對馬藩에 내린다. 이는 훗날 對馬島를 직접 지배하여 조선과의 외교, 무역을 담당하기 위해서는 조선에 대한 지식이 필요했기 때문이었다. 이는 막부 전체의 인식과 遊離된 독특한 것은 아니었다[34].幕府로서도 아무런 반대 급부가 없는 원조를 결정할 이유는 없는 것이며, 원조의 대가로 對馬藩에 대한 막부의 지배권 강화 내지는 조선 문제에 대하여 막부 老中직할의 外國奉行 담당을 실현하고자 하였던 것이다.[35]

그러나 사실 막부의 對馬藩에 대한 원조 결정은 막부가 주체적으로 행한 것은 아니었다. 초오슈(長州)를 중심으로 한 攘夷派의 공세에 몰린 끝에 내려진 결정이었다는 성격이 오히려 강하였다. 따라서, 이 결정에 대해서 당시부터 해석이 구구한 것은 당연한 일이었다. 對馬藩으로서는 長州와 결탁한 존왕攘夷 路線의 승리를 의미했을 터이며, 막부로서는 훗날을 대비한 양보 겸 포석이었을 터이었다.

그후 막부는 1863년 8월 18일, 궁중 쿠데타를 감행하여 (8·18 정변) 조정을 장악하고,점차 권위를 회복하여 갔다. 9월 5일에는 친병 해산을 명령하였고, 1864년 1월에는 조정으로 하여금 攘夷 완화의 칙서를

---

34) 최근, 심기재씨와 木村直也씨는 이러한 일반적 흐름을 이해하지 않고 이 타쿠라 일파의 대조선 강경론, 혹은 정한론으로 설명하고 있으나 재검토가 필요하다. 심기재, 1994 <幕末期朝鮮政策と機構の變化> ≪史林≫ 77권 제2호, 384호 (史學研究會), 그리고 木村直也, <幕末期の幕府の朝鮮政策>[田中健夫編, 1995 ≪前近代の日本と東アジア≫ (吉川弘文館)] 참고.

35) 幕府 말기의 征韓論에 대해서 필자는 1994 <日本 幕府 末期의 對馬島와 소위 '征韓論'에 대하여> ≪韓日關係史研究≫ 2 (한일관계사연구회)에서 對馬藩의 입장에서 재검토를 한 바 있다.

받아내었다. 攘夷 무사들에 대한 습격도 빈발하여 6월 5일, 新撰組에 의한 池田屋사건이 일어나 攘夷派에 타격을 주었다. 7월 18일 攘夷를 藩論으로 정하고 있었던 長州는 이를 만회하고자 京都에 병사를 보내었고, 이를 저지하는 막부군과 전투를 일으켰다(禁門의 變). 이를 계기로 막부는 長州 추토의 朝命을 받아내어 西國 21개 藩에 출병을 명하였다(제1차 長州 정벌).

幕府와 長州藩 사이에 전쟁이 일어났을 때에 對馬藩의 일부 무사들은 長州를 도와서 막부와 대립하여 싸웠다. 막부가 對馬藩을 보는 시각도 험악하게 되어 "對馬藩을 원조하는 것은 적에게 양미를 주는 것과 같은 일"이라는 비판여론이 비등하였다. 게다가 鎖港攘夷를 포기한 이상 對馬藩에 3萬石(6萬兩)의 원조를 지급하는 것은 논리적으로 타당한 이유를 상실하게 되었다. 결국, 전쟁은 長州가 순종 서약을 함으로 종료되고, 막부는 對馬藩 원조를 철회하였다.

막부로부터의 원조가 끊어지고 난 후, 對馬藩의 경제 파탄은 이를 데 없는 지경에 까지 이르렀고, 어린 藩主의 권위 역시 파탄에 이르렀다. 그 결과 對馬藩은 내분을 거듭하기 시작한다. 이미 막부로 부터 미운 눈으로 보여지고 있음을 절감한 보수층이 소위 攘夷派 무사들을 제거한 '甲子의 變'이 일어났고, 계속해서 西南 웅번 연합의 분위기 속에서 攘夷派 무사들의 반작용이라 할 히라타(平田大江)의 對馬島 진입과 카츠이(勝井)의 살해, 그리고 平田의 실각까지 그야말로 피로 피를 씻는 살륙이 전개되었다[36]. 이러한 과정 속에서 대마번의 부채는 급격하게 증가할 뿐이었다.

---

36) 이 시기 대마도의 內紛에 대해서는 ≪한일관계사연구≫ 2의 拙稿 3장 2절을 참고 바란다.

4. 慶喜 정권하 對馬藩 처리 문제의 추이

제2차 막장 전쟁이 일어났을 때, 대마주는 무사들에게 엄명을 내려 장주를 돕지 못하도록 하였다. 따라서 양이파들은 대마주와 거리를 두었다. 이상과 같은 상황 속에서 막부 장군 家茂가 제2차 幕長전쟁이 한창인 7월 20일 死去하고 마지막 장군 도쿠가와 요시노부(德川慶喜)가 등장하게 된다. 慶喜는 慶應 2년(1866년) 8월 20일 家督을 상속하고, 12월 5일 京都에서 장군에 취임했다.

慶喜 취임 직후인 1866년 12월, 老中 이타쿠라(板倉)는 다음과 같은 達을 對馬藩에 주었다.

> 조선국 취급에 대하여 일찌기 규칙이 있었겠으나 지금부터는 변혁을 할 터이므로 그 뜻을 잘 받아들여 주기 바란다. 지금의 時勢를 잘 살피어 모든 격식은 옛날의 격식에 따르지 않고 다른 외국과의 교제에 준하여 더욱 신의를 세울수 있도록하라. 나아가서는 以酊庵 윤번제를 폐지하며 별단의 관리를 파견할 터이니 명심하라[37].

이 達은 막부에 의한 근세 한일 외교관계의 종언의 선언이라고 말할 수 있다. 즉 以酊庵 윤번제의 폐지와, 별단의 관리(= 外國奉行)의 파견이라는 것은 조선과의 외교를 막부가 직접 장악하겠다는 것이었다. 한편, 경제파탄에 직면하였던 대마주는 이를 새로운 원조를 얻을 수 있는 기회로 삼고자 하였다. 즉, 1861년의 이봉운동의 연속이다. 대마주는 이러한 외교 개혁에 찬성하고, 지금까지의 조선과의 외교가 일본의 치욕이었음을 강조하고, 이를 개혁하기 위해서는 대마도가 조선으로부터 식량을 얻어먹지 않도록 막부가 원조를 해 주어야 한다고 주장하게 된다. 이 때 희망 원조는 10만석의 땅이었음은 물론이다.

---

37) <公儀被仰上> ≪御家記編輯材料≫

막부가 조선과의 외교개혁을 선언하기는 했으나 이것은 당시에 시급한 일이 아니었고, 장기 계획이었다. 따라서 對馬藩 처리 문제도 순연되었다. 그런데 일본에 조선과 프랑스와의 전쟁의 정보가 입수되었다.

조선측은 10월 10일 프랑스함대의 來犯사실을 청국 禮部에 移啓함과 동시에 15일에는 같은 내용을 對馬藩에 書送하여 東武(막부장군)에 轉致시켰다.38) 이 書契는 對馬藩을 통하여 다음해 (1867년)3월 막부에 전달되었다.

막부는 外國奉行 히라야마(平山敬忠)에게 對馬島 파견을 명했다. 이는 對馬島에 출장의 형태로 파견한 것이며, 상황에 따라서 對馬藩과 협의한 후 조선에 渡航할 수도 있다는 내용이었다.39) 직접 조선에 파견을 명한 것이 아님을 주목할 필요가 있다.平山의 對馬島 파견은 막부가 조선과의 외교를 접수하기 위한 手順이며 여태까지 對馬藩이 담당해 온 조선관계 사무를 인수하기 위하여 많은 정보가 필요했기 때문이었다.

平山은 출발에 임박하여 9월 28일 다음과 같은 질의를 막부에 제출하였다.

> 對馬島에 御用을 위해 파견되어 사태에 따라서는 조선국에도 건너가라는 명을 받아 …, 진력을 다할 것임은 물론입니다만, 그 나라의 국정이 완고하여 쉽게 받아들이지 않을 지도 모르겠습니다. 만일 그러한 때에는 이후에 후회하게 될 것이라는 말을 남겨두고 철수하여 對馬島는 그 憂患을 입지 않도록 조약국의 船繫場으로 (개항)하여 두고, 稅法이나 기타의 규칙을 정하여 나가사키 奉行의 지배하에 두고자 합니다. 그리하면 자연히 對馬藩의 도움도 되겠고, 조선으로부터

---

38) ≪高宗時代史≫ 一, 10월 10일조(국사편찬위원회, 1970년, 탐구당)
　　또한 그 내용은 ≪日省錄≫, ≪朝鮮外交事務書≫, <平山圖書頭古賀筑後守渡韓奉命一件> 등에 실려있다.
39) <於京師閣老稻葉美濃守殿より被相渡候書> ≪朝鮮外交事務一件≫ 1 ;
　　≪앞 책≫, 15~16

멸시받는 일도 해결되리라 봅니다. … 만일 對馬島 개항이 허용되지
않는다면, 조선이 중재안을 받아들인다 하여도 여러 면에서 형편이
좋지 않은 일들이 생길 것이라 보여집니다 …[40]

이는 5년전 對馬島 移封조사를 담당했던 外國奉行들의 보고와 비
교해서 생각해 보면 그 맥락을 이해할 수 있다. 결국 최종적으로 對
馬藩의 이봉 운동은 실현되려고 하고 있음을 알 수 있으며 對馬藩 처
리 문제도 해결점을 찾아가고 있다고 할 수 있다. 조선과의 외교관계
도 對馬藩主가 아니라 外國奉行 특히 長崎奉行에 의한 직접외교에로
변화해 가는 모습이 보인다. 막부는 이를 許可하여 그대로 추진하도
록 지령하였다.

사절파견의 출발기일도 확정되고 장군의 親書도 작성되었으나, 일
본 내에서는 반막부 연합의 움직임이 연합하게 되었고 이를 무시할
수 없었던 막부는 10월 14일, 大政奉還을 上申하였다.

이는 막부가 장군직을 포기함으로써 모든 정치 권력은 일왕에게
있다는 선언이었으며, 또한 막부를 제외한 다른 영주가 정권을 담당
할 능력이 없음을 이용하여 일왕으로 하여금 재신임을 받아 반막부
운동을 억누르고 다시금 정권을 장악하려는 의도였다. 어쨌든 이로
말미암아 平山의 파견도 자연히 지연되지 않을 수 없었다.

政權返上 후에 막부는 의도대로 일왕의 재신임을 통해 외교권을
위임받고, 平山의 파견을 실행하고자 하였다. 일본 朝廷도 11월 4일
이를 勅許하였으므로, 11월 25일 平山일행은 江戶를 떠나 12월 2일
京都에 들어가 장군에 謁見하였다. 그러나, 9일 반막부 세력의 정치
공작에 의해 王政復古의 大號令이 내려지고, 장군 慶喜에 대한 辭官,
納地 명령이 내려지면서막부가 폐지되었다. 막부는 이에 불복하여 平
山에게 소환명령을 내려 明治 정부와 대항하게 된다.결국, 平山 일행

---

40) <奉命一件> 四, 241

은 長崎에도 對馬島에도 가지 못한 채로 파견 명령은 소멸하게 되었다[41].

이리하여 막부가 처리하고자 했던 對馬藩 처리 문제 - 조선과의 외교 일원화 문제는 결국 明治 정부의 과제로 넘어가게 된다.

5. 明治 정부의 성립과 대조선 외교의 변혁

豊臣秀吉의 조선 침략을 비판하고, 조선과 우호 관계를 맺었던 德川 막부는 멸망하였다. 이제 새로이 성립된 메이지 정부의 실권은, 德川 막부의 외교 정책을 부정하고 쇄국양이를 주장하였던 사쓰마와 초슈를 중심으로 하는 세력들이 장악하게 되었다. 이들은 對馬州의 원조 요구 운동 중에서 德川 막부의 대조선 외교가 일본의 치욕이라고 인식하고 있었고, 대마주 처리의 필요성에서는 공감하고 있었던 세력이었다. 새로운 일본 정부의 대조선 외교는 어떻게 변해 가는가, 또한 對馬州의 활동은 어떠한가를 살펴보자.

1867년 12월 9일, 왕정 복고의 대호령으로 명치 신정부는 성립되었다. 다음해인 1868년 1월 7일, 신정부는 막부장군 慶喜에 대한 追討令을 내림으로 西南雄藩이 중심이 되는 신정부 연합군과 막부군 사이에 전투가 발발하게 된다. 이를 戊辰전쟁이라 한다. 여태껏 존왕 攘夷

---

41) 일본의 연구자들은 調停의 好機를 놓친 主因을 조선측의 거절(<완고한 악습>)에 돌리고 있다. 그러나 이는 비논리적인 설명이며 조선멸시의 식민사관에서 벗어나지 못한 무책임한 연구 태도에서 비롯된 것임은 지적하지 않을 수 없다. 왜냐하면 이때의 상황은 조선측이 사양한 정도이고, 구태어 온다면 접대하였을 것이기 때문이었다. 아직 두나라 사이에 또한 조선과 對馬藩 사이의 외교적 알력은 존재하지 않았음은 말할 나위도 없다.

를 표방하였던 신정부는 외국 열강의 지지를 획득하기 위하여 1월 17
일 외국과의 화친을 국내에 포고하였고, 서양 열강들은 이를 받아들
여 1월 25일 서양6개국 국외 중립을 선언하였다.

신정부는 3월 11일, 모든 외국과의 교제를 조정에서 담당하고, 對
馬藩이 외국사무보의 입장에서 조선사무를 담당하도록 명령하였
다.[42] 이는 일본 국가 기구의 면에서 볼 때 1861년 이래 막부가 추진
하였던 조선과의 직접 외교를 장악하려는 의도의 연장이라 볼 수 있
다. 이를 받아들여 윤 4월 6일, 對馬藩主 宗義達은 위 명령에 대한 봉
답서[43]를 제출함과 동시에 별지[44]를 첨부하여 對馬藩 처리 문제가
먼저 해결되어야 한다고 주장하였다. 別錄의 내용에는 몇가지 논점이
있으므로 이를 소개해 보자.

　　一, (전략),
　　그러나 지난 임술년(1862년) 겨울, 對馬藩 위급의 정실을 先帝(孝
明)께서 들으시고 식량을 異邦에서 얻어 먹는 것은 안심이 되지 못한
다고 하여 長州는 친척이기도 하고 이웃이기도 하니 (長州에), 또 사
츠마, 土佐 兩藩에도 상의하여 安堵할 수 있도록 주선하도록 朝命을
내리셨으며 , 계해(1863)년에 이르러서는 또한 國情의 巨細를 막부에
건의한 바를 들으셔서 年租 三萬石의 가급을 받게 해 주셨으니 , 生死
肉骨(큰 은혜를 입음)의 思요, 海岳의 天恩이니 감읍하지 않을 수 없
었습니다. 그리하여 종래 식량을 韓土에서 구걸하여 먹던 非禮, 外侮
를 받던 宿弊를 널리 一掃하여 皇威가 更張, 拓地하여 원략의 개업과
규모가 정하여지기를 원하였던 바, 뜻밖에도 年租의 給이 乙丑(1865)
년 이래 澁滯하였을 뿐만 아니라 (그전에)매년 받았던 12000량은 계
해년 加給시에 폐지되었으니, 지금 對馬藩은 생활의 資를 잃어버리고
國脈에 관계할 만큼 곤란에 닥쳐 있습니다.
　　우선 조선국과의 舊弊를 바로잡는 것은 그만두고, 지금은 藩國(對

---

42) 1971 ≪朝鮮外交事務書≫ 1 (한국일본문제연구회, 성진문화사) 69~70.
　　이하 ≪事務書≫로 약칭함.
43) ≪事務書≫, 73~77
44) ≪事務書≫, 79~95

馬藩)이 충분히 奉公도 心力에 맡길 수 없어 진퇴의 길을 잃고 있으니 두렵기 한이 없습니다. 지금의 상황으로서는 우선 先帝(효명)의 칙정의 뜻 도 이루어지지 않고, 이대로 세월만 보내게 되면 매우 두려운 일이니, 國情의 曲折(복잡다단한 사정)을 직접 탄소하오니 확실한 叡裁를 받을 각오입니다 .

그리하여 금번 조선국과의 구폐를 일신하라는 엄명을 받았으니,鞠窮死力을 다하여 속히 그 실효를 세워 년래의 소망을 달성하도록 분발할 것입니다만, 옛날 對馬藩가 조선국과의 교제를 할 때 그들(조선)은 마음에 맞지 않는 것이 있으면 이핑계 저핑계로 조선으로 부터 공급해야 할 물품을 澁滯시켜 對馬藩의 창고를 비게 하는 술수에 능란합니다. 도가 터서 그 의욕을 통찰하며, 껄핏하면 간책을 우리에게 부리는 교활함을 보입니다. 그렇다면 이는 韓人이 對馬藩이 그들의 힘을 기대하지 않고는 국력이 지탱하지 못하니까, 양국(조선과 일본)간에 難異의 일이 생기게 되면 對馬藩이 그 사이에서 주선하여 여러 방면에서 도와주어 결국은 파탄에 이르지 않게 된다고 추측하고 있기 때문이라 여겨지며, 그런 고로 이번 교제 일신의 취지도 받아들이지 않을 것입니다.

만일 집요하게 불공하여 양국간에 장애가 생긴다면, 隣交의 대체에도 관계하니 국위도 서지 않게 됩니다. 따라서 (對馬藩 경제 자립이) 對馬藩 私交의 폐해를 속히 변혁하도록 한국에 손을 쓰는 제일의 순서라고 생각하오니, 비상한 파격적인 성단을 내려주셔서 선제의 叡慮를 세우고 금후 외국에게 輕侮를 받지 않기를 원합니다. 그러한 후에는 對馬藩은 사교의 弊例를 비롯하여 기타 유폐를 모두 개혁하여 (국가의) 위신을 빛나게 하도록 하겠습니다[45].

對馬藩은 왕정복고를 조선에 통고하라는 명령보다, 밑줄 친 '舊弊를 일신'하라는 명령을 더욱 중시하고 있다. 그리하여 구폐 일신(=양속 관계에서 벗어남)을 위해서는 조선측의 철공철시를 극복해야 한다고 주장하면서, 조선이 對馬藩의 목을 쥐고 있으니 이를 벗어나야만 국위를 떨칠 수 있으니 對馬藩 원조가 제1의 순서라고 주장하고 있는 것이다.

---

45) ≪조선외교사무서≫ <앞 사료>, 83~90

이러한 對馬藩의 인식은 조선을 비우호적으로 비난하는 표현이 되고 있으며, 이후 선문서계를 둘러싼 외교 갈등을 예감하게 해 준다. 결국, 다시 말하면 조선과의 외교의 개혁이 원조 요구 운동의 근거로 이용 내지는 제시되고 있는 것을 알 수 있다. 이러한 對馬藩의 인식은 '개혁(조선으로 부터의 탈피)'='원조의 정당성 확보'라는 측면을 갖는다.

이러한 의도와 인식에 의해 만들어진 것이 왕정복고를 알리는 서계였다. 따라서 이는 서계수리 문제에서 양국간의 첨예한 대립을 초래하게 되었던 것이다.

메이지 정부가 보낸 서계를 둘러싼 갈등에 대해 절을 바꾸어 살펴보도록 하자.

6. 서계를 둘러싼 갈등

對馬藩은 대수대차사 간사관으로 川本九左衛門을, 都船主로 薦田貫介를 임명하고, 11월 21일에는 川本,薦田를 출범시킴과 동시에 대수대차사 파견에 임한 각오를 다음과 같이 무사들에게 直達하였다. 그 내용을 다시금 살펴보자.

이번에 朝廷—新의 전말을 大修使를 통해 조선에 알리려한다.이는 일찌기 朝命이 있어, 지금의 서계 부터는 그 나라(조선)가 鑄造해 준 圖書를 고치고, 일본 조정이 만들어 주는 新印을 사용하여, 그들이 번신으로 우리를 대해온 誤謬를 바로잡아, 舊來의 國辱을 씻고 오로지 국체와 국위를 세우고자 한다. 그러나 양국간의 종래의 習弊(를 미루어 보면) 이로 인하여 (그들이) 철공철시를 단행하여 우리를 곤란하게 할 지도 모른다. 그러나 이를 무릅쓰지 않고 편한 길만 추구한다면, 직무를 수행하지 않는 바가 되므로, 私情을 버리고 公議에 따라 단연히 오늘의 처치에 이르렀다. 장래 설령 국맥에 관계하는 곤란이 생긴

다 하더라도, 머지않아 대답(조정으로 부터의 보답, 對價)이 있을 터
이며, 더우기 王土王民의 입장에서 (대마도를) 버려둘 수는 없을 것이
다.[46] …

이 직달을 보면, 對馬藩의 인식을 알 수 있다. 조선에서 준 도서(통
행허가인)를 사용하지 않겠다는 것은, 지금에 와서 생각하여도, 비자
(VISA) 없이 자기 마음대로 조선에 건너가겠다는 것이므로 조선의 국
권을 무시하는 것이 된다. 당시 조선측이 도저히 받아들일 수 있는
성질이 것이 아니었다. 따라서 이는 對馬州가 혼자서 결정한 사항이
아니었음을 알 수 있다. 즉, 對馬州는 朝命에 의해 그리한다고 말하고
있다. 그러므로 對馬藩은 조선과의 외교 관계의 파탄, 즉 철공철시까
지 감수할 각오를 정하고 있는 것이다.

그렇다면, 왜 對馬藩은 조선이 받아들이지 않을 것이 뻔한 서계를
작성하여 보내면서, 이와 같은 각오를 영내의 모든 무사들에게 직달
하였던 것일까. 그 옛날 德川 막부때에는 국서를 위조하면서까지 한
일관계의 수립에 열성이었던 對馬州가, 이제는 조선과의 관계 파탄을
이루기 위해 오히려 중앙 정부보다 앞장서서 노력하는 이유는 무엇
일까를 생각해 보아야 할 것이다.[47]

생각컨데, 근세한일 외교관계가 평화적으로 변화하여 대마번이 양
속관계에서 벗어나기 위해서는 우선 대마번은 자신들이 조선으로부
터 받아왔던 특혜를 반납하고 이를 조선에 양해를 얻어야 하였다. 그
러나 대마번은 자신들의 경제적 이해 관계 때문에 이를 반납할 수 없
었고 오히려 메이지 정부의 위협을 배경으로 이를 확대하려고 하였
다. 그리고 그 한편으로는 조선과의 관계 단절을 배경으로 그 대가를
메이지 정부로부터 얻어야 하였다. 대가를 메이지 정부로부터 얻기

---

46) ≪宗重正履歷≫ 권3 ; 田保橋, ≪앞 책≫, 152~153
47) 여기에 대해서는 졸고 1996 <개항전 한일 관계의 변화에 대한 고찰>
　　≪국사관 논총≫ 72 (국사편찬위원회)을 참고 바란다.

위해서는 조선과의 갈등과 전쟁을 통해 스스로 벼랑 끝에 서는 것만
이 대폭적인 지원을 얻는 길이라고 생각하였던 것이다.

따라서 서계는 조선측을 당황하게 하였고, 동래부에서는 對馬州를
달래서 일을 온건하게 수습하고자 하였으며, 對馬州는 수정 불가와
거절 답신 요구를 주장할 뿐이었다. 따라서 서계는 수리되지 못하고
시간만 흐르게 되었다.

명치정부는 6월 17일 판적봉환을 허가하고, 藩知事를 임명하였다.
따라서 對馬藩主 宗義達 역시 이즈하라(嚴原)藩知事가 되었다. 7월 8
일에는 2관 6성제도를 둠으로, 외무성이 출범하게 되었다. 중앙정부
는 점차 힘과 자신감을 갖추게 되었으며, 그해 9월에는 宗家를 통한
조선과의 교섭을 부정하고, 외무성 관리의 파견을 결정하기에 이른
다.

이를 전후로 하여, 명치정부는 對馬藩에 35850石을 加增하여 對馬
藩 처리문제를 해결하고자 하였던 것이다. 이는 물론 對馬島를 移封
하는 대신 10만석을 얻으려 하였던 1861년의 이봉 운동에 비하면 만
족할 만한 것은 아니지만, 對馬島 일만오천석의 영지의 두배 이상을
조건없이 받음으로, 對馬藩의 領地는 계 八萬四千五百石에 달하게 된
다. 그러나, 이를 받았다고 하여 對馬藩이 만족할 리는 없다. 對馬藩
은 막부 시절에도 십만석의 대명임을 공인받았었다. 對馬藩은 계속하
여 자신들이 만오천석정도 부족하다고 주장하며 원조를 요구하였고,
자신들의 기득권에 대해 明治 정부가 대가를 지불하도록 활동을 멈
추지 않아, 對馬藩 처리 문제는 끈질기게 뒤를 잇는다.

7. 외무성 관료의 조선 파견과 한일 관계의 갈등

외무성은 森山茂, 佐田白茅 일행을 조선에 파견하였다. 그들은

1869년 11월부터 1870년 3월까지 머무르면서 임무를 수행하였다. 이들은 2월 9일 대마도를 출범하여 22일 부산항에 도착하였다. 그러나, 앞서 살펴본대로 조선에서는 對馬州가 파견한 사절이 이미 문제를 일으켜, 일은 그르쳐져 있었다.

관수는 그들을 대수대차사 서계 수리를 독촉하기 위해 파견된 일본 정부의 관리라고 설명하였고, 훈도는 3월 동래부사와 협의하여 대수대차사 척퇴가 조정의 뜻임을 동래부사의 單簡을 교부하고, 전해 11월의 훈도 각서를 같이 교부함으로 확실히 하였다.

동래부사의 單簡은 다음과 같다.

> 대저 귀국에서 皇을 칭하고 勅을 칭하는 것은 천하에 이상한 말이 아니며 자기 나라에서 행하면 당연한 일이요 따라야 할 것이다. 만약 그렇지 않다면 중요한 바가 받아들일 수 없으며, 많은 사람이 위협이 되지 않는다. 귀국 역시 우리나라가 반드시 받아들일 수 없음을 잘 알면서 이처럼 가벼이 시험을 하니, 신실함이 없음이 심하다. 대저 삼백 년간의 금석지맹으로 오늘날에 이르기까지 싫어함이 없었는데, 무익한 말을 늘어놓아 어려운 일을 강행하려하니 영원히 우호를 이루고자 하는 행위가 아니다. 이 改圖가 이루지 못함을 알고, 옛 법칙을 지키는 데 힘을 써서 和를 잃는 데 이르지 않도록 힘써주길 바란다. 대저 좌근위, 조신 등의 글자나 도서를 바꾸어 사용한다는 말, 대인을 공으로 표현하는 것, 모두 아뢸 수 없는 것이다. 교린의 道는 구규를 준수함에 있으며, 즉 우리나라의 뜻을 수긍하여 따르지 않는 것은 또한 옳지 않다. 참으로 바라건데 구호를 유지하고자 한다면 … 서계를 고쳐옴이 마땅하다[48].

외무성 사절과 對馬州는, 이 동래부사의 서한을 조선측의 정식 거절로 인정하고 조선측의 요구대로 대마도로 돌아갔다. 宗義達은 4월 4일, 외무성에 조선측의 거절을 알리고, 전쟁을 주장하는 보고를 하였고,[49] 외무성 관리 森山茂등도 외무성에 보고하였다,[50] 이 보고는

---

48) ≪日本外交文書≫ 1 <앞 사료>, 229

외무성 관리가 실지로 조선과 접촉한 첫 번째 보고였다. 따라서 이들의 보고가 이후의 상황전개에 큰 영향을 주게 되리라는 것은 쉽게 짐작할 수 있다.[51]

그런데 여기서 한가지 언급해 두고 싶은 것은, 일본 조정이 조선 측의 거절 이유를 단순이 '皇'자나 '勅'자 등 종전의 막부 문서에 보이지 않는 자구 때문이라고 이해하고 있는 점이다. 이러한 인식은 일본 연구자들에게서도 보인다. 왜 이러한 이해가 생겼을까. 조선 측이 더욱 중요하게 생각한 것은 對馬州 태수가 성과 이름 사이에 朝臣이라고 표현한 것, 여태까지의 외교관계를 私로 표현하여 以私害公할 이치가 없으므로 구약을 따를 수 없다고 종래의 외교관계를 일방적으로 파기한 점, 그리고 조선이 내려준 圖書(통행허가인)를 사용하지 않겠다는 것, 대마주 태수가 정2품 예조판서와 맞먹겠다는 것 등, 250년간 지속되었던 종래의 외교 관계를 일방적으로 부정하는 내용이었기 때문이었음은 이미 사료 소개를 통해 충분히 입증되었다고 생각한다.

애초 이 서계는 조선 측의 거절을 받아내기 위해 작성된 것이었다. 이러한 전략은 원조를 얻으려고 하였던 대마주의 전략과 위기를 끌어내어 중앙군대를 창설하고자 하였던 木戶孝允을 중심으로 하는 일부 정치가들의 전략이었다. 그러므로 木戶는 왕정복고를 알리는 서한이 조선에 도착하기도 전에 거절당할 것을 예상하고 중앙군대의 창설과 군비 확충을 추구하는 상신서를 올리고 있다.

이상 살펴본 바, 메이지 정부 성립 후, 대마주가 보내온 서계는 조선 측이 받아들일 수 없는 것이었음을 입증할 수 있었다고 본다. 그리고 이는 받아들여지기를 기대하고 보낸 서계도 아니었다. 대마주가 만일, 조선 측이 받아들일 수 있는 서계를 보내고, 조선이 받아들이고

---

49) ≪朝鮮外交事務書≫ 1, 555~559
50) ≪日本外交文書≫ 1, 238~243
51) <위 사료>, 239

만다면, 이는 메이지 정부의 외교 개혁안이 성공을 의미하며, 바로 대마주의 존립에 큰 위기를 초래할 것이었음을 생각할 필요가 있다. 대마주로서는 보상이 없이 외교권을 박탈당하는 상황은 피해야 했다. 이를 피하기 위해서는 초선과의 갈등이 필요했고, 따라서는 전쟁이라는 수단도 불가피했을 것이다. 서계를 보내는 시점을 전후한 대마주의 전략에 대해서는 앞으로의 연구가 기대된다.

확실한 것은, 일본 측이 보내온 서계는 기존의 외교 관계를 정면으로 부정하는 것이었기에 조선으로서는 받아들일 수 없었다는 점이다. 따라서 조선이 쇄국정책으로 인하여 서계를 받아들이지 않았다는 일본 교과서의 기술은 오류이다.

8. 사절 철수 이후의 한일관계

사절이 철수한 이후 일본에서는 5월 4일, 육군소를 동경에, 해군소를 대판에 설치하여 군비 증강에 힘을 기울였다. 5월 3일, 住日 獨공사 브란트가 헤르타號를 타고 부산항 시찰을 위해 부산항에 입항하였다. 브란트는 일본 정부의 허가를 얻었고, 외무성 小丞 馬渡俊遇와 조선어 통역으로 對馬州 통역 나카노 교타로우(中野許太郎)를 지원받았다.

당시 위정 척사를 강화하고 있었던 조선 측으로서는, 독일 군함의 부산 입항은 전쟁 직전의 긴장을 불렀다. 동래부사 정현덕, 부산첨사 조의현은, 직접 현장에 출두하였으며, 동래부 중군 정한봉, 별포수 별장 문헌주가 정예병을 이끌고 경비를 담당하였다. 이때 군함에 동승한 中野등을 판별한 동래부는 공격을 자제하고, 관수에게 엄중한 항의 서한을 발송하여, 즉시 퇴거를 요구하였다. 독일 공사 브란트는 다음날 4일 부산을 출범하였다.

독일 군함에 일본인이 동승하였음은, 조선 정부에 큰 충격을 가져다주었다. 5월 12일 『承政院日記』에는,

> 議政府에서 啓하였다. 듣자하니 왜관에 정박하고 있던 異樣船이 이미 물러갔다고 하는데 그 오랑캐들이 왔다갔다하는 정상은 실로 헤아리기 어렵습니다. 지금 다섯명의 왜인들이 함께 같은 배에 타고 있다는 점도 그 주선하려는 자취를 보여주고 있습니다. 또 그 중 '中野'라고 이름하는 자는 일찌기 왜관에서 근무하던 자로 방자하게 外樣船을 이끌고 와서 정박하고 있으니 그 정상이 지극히 통한합니다. 비록 역관을 통해 관수왜 측에 책유하기는 하였으나, 이후의 근심이 반드시 없다고는 보장할 수 없습니다. 이에 그 전말을 갖추어서 서계로 하여 동래부에 내려 보내시고, 이어 곧 대마도에 전달하게 하여 엄한 말로 힐책하십시요. 무릇 변방의 정세에 대해서는 상국에 奏文을 올리는 것이 정례입니다. 이러한 뜻으로 자문을 撰出하여 중국으로 들여 보내는 것이 어떠하신지요. 윤허한다고 전교하셨다[52].

라고 기록되어 있으며, 이에 따라 당일 예조참의는 엄중한 항의서를 대마도에 제출[53]함과 동시에 淸 예부에 자문[54]하여 倭洋通謀를 알렸다. 이에 따라 '왜양일체'라는 분위기가 확산되었다. 이제 한일 관계의 파국은 현실화 되었다고 할 수 있다. 외무성 파견원들의 보고가 분명히 비우호적이고 침략적 관점이었다는 점을 상기해 보면, 조선측의 敵 개념은 정확한 판단이라고 평가해야 되리라고 본다.

1871년에 들어서서 미함대 사령관 존 로자스가 이끄는 함대가 강화부를 공격한다는 정보를 입수한 일본 외무성은 3월 16일 다음과 같은 지침을 왜관 주재 吉岡일행에 내렸다.

> 이번에 미국이 조선에 함대를 파견한다는 것에 대해서는 거기서도

---

52) ≪承政院日記≫ 동년 5월 12일조
53) ≪고종시대사≫ 1, 492 ; ≪承政院日記≫ 고종7년 5월 12일조
54) ≪承政院日記≫ 5월 12일조

이미 알고 있으리라 보며, 별지와 같이 명령하니,(중략)지장이 없도록 잘 처리하라.

一, … 조선의 위급을 근심한다는 뜻을 표하여 … 친근한 정을 표할 것.

一, 미국과는 … 조약을 맺었으므로, …, 미국을 도울 이유는 있어도 조선을 도울 이유는 없다. 그러므로 사건이 일어나면 우리는 이를 방조하여 미국이 하는 데로 맡겨두고 이를 막을 수가 없다. 미국과의 우의를 손상할 수 없다.

一, 조선의 뜻은 미국이 바라는 바와는 반대이다. 우리도 미국과 교제를 하고자 하니 즉 조선이 양이 쇄국을 결의하면 우리도 역시 의심을 받지 않을 수 없다. 그리되면 해가 있을지언정 이익은 없다. 그러므로 友國(미국을 말함)에는 신의를 지키고, 다른쪽(조선을 말함)에는 의심을 받지 않도록 하여 해가 오지 않도록 해야 한다[55].

일본의 외교는 이미 脫亞의 경지에 있었음을 알게 해 준다. 4월23일 청주재 미함대는 통상을 요구하면서 강화도를 습격하였다. 이것이 신미양요였다. 조선 측은 5월16일 이를 격퇴하였다. 이 때에 일본측은 위 지령에 의거하여 처신하였고, 서양 열강과 조선과의 중재자가 아니라 서양열강의 앞잡이로서의 역할을 조선에 대해 수행하게 된다[56].이로 말미암아 이미 평화적인 한일관계는 파탄이 났다고 볼 수 있다. 그러나 아직도 왜관에서는 파탄을 미루어 보고자 하는 미련이 남아있었다.

9. 廢藩置縣(1871) 이후의 한일관계

1871년 7월 14일, 천황은 在京 56 藩知事를 앞에 두고 261개 藩을

---

55) ≪日本外交文書≫ 1, 291~292
56) 신미양요 당시의 일본 측의 행동에 대해서는 아직 검토가 없는 듯 하다. 앞으로의 연구가 기대된다. 하지만 ≪日本外交文書1≫ 171문서~188문서(287~327)을 보면 위와 같은 평가가 편협하다고는 할 수 없으리라 생각한다.

폐지하고 3부 302현을 두는 폐번치현을 명령하였다. 친병의 군사력을
배경으로 단행된 폐번치현의 칙명에 의해 對馬州도 폐지되어 7월 24
일 伊萬里縣 지사 민부대승 와타나베 키요시(渡邊淸)가 임시로 담당
하게 되었고, 9월 4일에는 완전히 伊萬里縣에 병합되었다. 渡邊는 다
른 현들의 경우와 마찬가지로 對馬州의 부채를 청산하기 위한 작업
에 들어갔다. 그가 대장성에 보고한 내용을 보면, 해결해야 할 부채의
총액은 1,053,017엔이었고, 이중에서도 외국채가 359,690엔이나 있었
다는 것은 흥미롭다[57]. 대장성은 이를 받아들여 전부 갚음으로 처리
하였다. 한편, 종의달은 7월 29일 외무성원으로 편입되어 외무대승에
임명된다. 이때 그의 나이 26세이고, 藩主가 된지 10년만의 일이다.

한편,10월 8일 외무경 岩倉가 특명 전권 대사로 구미사절단이 파견
되고[58], 11월 4일 副島種臣이 외무경에 취임하면서, 寺島宗則 외무대
보를 중심으로 조선과의 외교관계도 정치적이 아니라 외교 관료적,
조직적인 틀을 가지게 된다. 특히 여태껏 對馬州를 지원하며 자신의
정치적 입장을 관철하던 木戶가 使節團의 일원으로 파견된 것은, 對
馬州의 정치적 입장을 약화시켰다. 즉, 여태까지 정치적으로 대접받
았던 종의달의 뜻은 무시되고 조선문제는 外務少記 吉岡이 전적으로
책임을 지고 담당하며, 舊對馬州의 잔재세력은 청산되어야 할 대상으
로 규정되었다. 그 상징적인 것이 12월 28일 내려진, 외무성 준주임
오오시마의 해임과 종의달의 도한 중지 명령이었다.[59]

1872년 1월 10일,森山, 廣津,등은 嚴原에 도착하였고 그들은 13일
이즈하라를 출항, 기선 滿珠丸을 타고 14일 부산에 到着하였다[60]. 그
들은 외무성의 훈령을 吉岡에게 전달하여, 외교사무를 점차 접수하고

---

57) ≪長崎縣史≫, 1174～1180
58) 岩倉사절단에 대해서는, 田中彰, 1977 ≪岩倉使節団≫ (講談社現代新書)
　　과 1982 ≪米歐回覽實記≫ (岩波文庫 靑141, 전5책)을 참고 바란다.
59) ≪朝鮮外交事務書≫ 3, 757 ; ≪日本外交文書≫ 1, 355
60) ≪朝鮮外交事務書≫ 4, 41～43·45～53

자 하였다[61]. 그들은 종래 조선으로부터 식량을 받아 藩屬의 예를 취해온 것이 일본을 비굴하게 하였고 조선을 오만하게 하였다고 보고하였다. 이후에는 倭館에서는 廣津, 森山,吉岡 삼인이 모든 책임을 지고 훈도 별차와 交涉하게 된다.

일본 太政官은 5월 28일, 부산 초량공관사무를 외무성의 소관으로 하고, 재근 인원 중 외무성 직원이 아닌 舊對馬州 무사들의 퇴거 귀국을 명하였다. 그와 함께 조선과의 무역을 청산하도록 하고, 당년 이후 세견선이 폐지되었으므로 왜관 유지비용으로 對馬에 5000圓지출을 명하였다. 또한 표류민 문제도 長崎縣에 移管하였다[62]. 이러한 외무성의 방침은, 岩倉사절단 파견 이후, 외무성의 일관된 방침이 실현된 것이며, 이것이 실현된 배경에는 岩倉사절단이 구미로 떠나버려서 정치적 외풍을 벗어난 당시 留守정부의 홀가분한 상황을 들을 수 있을 것이다.

이 왜관 정리는 왜관을 완전히 외무성이 흡수하기 위한 조치였고, 구對馬州 무사와 상인들을 귀국시키는 조치였으며, 공무역 폐지(세견선 폐지)에 따른 왜관 비용을 줄이기 위한 조치였다. 이것은 일반적으로 말해지듯 왜관을 철폐한 것은 아니며, 이로 국교가 단절된 것도 물론 아니었음은 지적해두고 싶다.

6월 15일吉岡,相良,廣瀬 등은 관수 深見과 浦瀬를 남기고 구대마 상인들을 이끌고 귀국하였다. 종의달은 당해년분의 공무역품 배상으로 2만4천181량을 요구하고 있다.[63] 이것은 폐번치현 이후에도 조선무역의 이윤이 宗家에 있다고 宗義達이 생각하고 있음을 알게 해 주는 사료이다.

8월 10일, 외무경 副島는 현안 해결을 위하여 높은 관직의 관원을

---

61) ≪日本外交文書≫ 1, 363~365
62) ≪日本外交文書≫ 1, 378~382 ; ≪朝鮮外交事務書≫ 4, 247~267
63) ≪朝鮮外交事務書≫ 4, 287~289

파견해야한다고 생각하고 이를 태정관 正院에 상신하였다[64]. 그리고
15일에는그 임무에 花房義質을 임명하고, 그 권한의 범위를 지적하였
다[65]. 이리하여 외무대승 花房義質은 9월 15일, 군함 카츠카마루(春日
丸)와 기선 有功丸를 거느리고 대마를 출발하여 저녁 무렵 왜관에 도
착하였다. 외무대승 花房은 왜관 도착 후 즉시 초량공관 접수에 착수
하였다.[66]

여기에 대해 조선측 별차 玄豊瑞는 1대관 海津, 2대관 春田長十郎
을 동시에 귀국 시키는 것은 대관소를 폐쇄하는 것과 같고, 공무역
문제를 해결하지 않고서 일방적으로 처치한 것은 인국을 무시하는
일이라고하고, 진상물 미수품을 즉시 해결할 것과 외무성 파견원과
화륜선의 즉시 퇴거를 요구하였다.[67]

여기에 대해 신임 1대관 廣瀨는 17일, 공무역 未捧品 인도의 준비
가 되었음을 알림[68]과 동시에 花房의 명에 의해 자신이 제1대관을 담
당하게 되었음을 알리었다. 또한 표민영래차사의 자격으로 호송해온
제주표민4명, 해남표민 9명의 인수를 요구하였고, 별차 현대유는 이
들을 인수하여 증서를 교부하였다.[69] 또한 公私무역의 對馬州 부채를
청산하기 위한 작업이 시작되었다.

1872년 9월 16일부터 왜관을 일방적으로 접수한 일본 외무대승 花
房은, 9월 24일 未捧品의 인도를 관사(深見)에게 맡기고 부산항을 출
항하였다. 花房는 대마도 到着하여 외교사무 잔무 처리에 한달을 소
요하고 森山 외무소기를 대마에 남겨둔 채 10월 22일 東京으로 출발

---

64) ≪日本外交文書≫ 1, 399~400
65) ≪日本外交文書≫ 1, 400~402
66) ≪日本外交文書≫ 1 <朝鮮御用復命略>, 413~415
67) ≪朝鮮外交事務書≫ 6 <花房義質渡韓一件> 1~356에 자세하다. 이 사
    료는 255~257
68) <위 사료>, 254~255
69) <위 사료>, 259~263

하였다.

1873년 1월 15일, 外務省은 7등 출사 廣津에게 조선국 在勤을 명하고, 森山를 본성근무로 명하였다. 3월 4일 廣津는 부산 공관에 도착, 왜관을 완전 접수하였고, 또한 관수 深見을 면직시켜 왜관을 '대일본국공관'이라고 명칭을 바꾸었다. 이리하여 왜관에서 대마도인은 모두 물러나게 되었고, 왜관을 외무성 소관으로 하는 왜관 접수는 완료되었다.

이후, 조선과의 교섭은 순조롭게 진행되지 않았으며, 이를 분개하는 일본 조정에서는 조선에 강경한 자세로 임하여 조약을 맺어야 한다는 입장이 거세졌다. 1873년 8월 일본 정부는 참의 사이고다카모리(西鄕隆盛)를 조선에 파견하기로 결정하였으나, 9월 13일 귀국한 岩倉使節團 일행이 이에 반대하면서, 일본은 정쟁에 휘말리게 된다. 이를 정한논쟁이라고 한다. 결국, 사절단 일행이 권력을 장악하면서 이 정쟁은 끝이나고 사이고를 비롯한 5명의 참의가 사표를 제출하였다. 이로 말미암아 다시금 일본의 정정은 불안하게 되었고, 징병제로 인해 특권을 상실하였던 무사들의 불만도 점차 커져나갔다.

이러한 불만의 폭발을 막기 위해서는 전쟁이 필요하였다. 그러던 차에, 유구어민들이 타이완에 표류하였다가 살해된 사건처리를 둘러싸고 청일간에 해결을 보지 못하자, 일본은 이홍장이 회담 중에 발언한 <化外之民>이라는 발언을 구실로 타이완을 침공하게 된다. 이는 당시 일본 정부가 국제법을 얼마나 교묘히 악용하였는가를 나타내는 사례로 잘 인용된다. 이를 대만침공이라고 한다. 1974년 5월 22일, 육군중장 사이고쓰구미치(西鄕從道)가 3600의 병사를 이끌고 타이완에 상륙하여 전쟁이 벌어지게 되었다. 청나라는 이를 격퇴하려고 하지않고 온건하게 일을 처리하고자 하여 10월 31일 일본에 배상금 50만량을 지급하는 것으로 해결하였다. 그러나 이는 국제법상 유구왕국이 일본에 속한다는 것을 청 정부가 인정한 것이 되어 유구(오키나와)의 귀속이 일본으로 넘어가는 근거가 되었다.

타이완 침공으로 말미암아, 강력한 의지와 국제법의 이용가치를 일본은 깨닫게 되었다. 이를 바탕으로 일본 정부는 1875년 5월 군함 운요호를 부산에 파견하였으며, 운요호는 9월에는 강화도에 이르러 시위행동을 하여 강화도 수병의 위협사격을 유도한 다음 교전을 하고 물러갔다.

일본은 일본의 함대에 포격을 가한 것은 국제법상 도발이라고 여러 열강들에게 선전하였으며, 청나라에 대해서도 간섭하지 말 것을 요구하였다. 청나라의 이홍장은 국제법상 죄는 출입 금지 구역에 마음대로 들어온 일본에 있다고 강변하였으나, 일본은 조선이 국제 사회에 조약을 맺지 않았으므로 국제법의 보호를 받을 수 없다고 반박하였다. 결국 이홍장은 조선에 조약을 맺을 것을 권유하였고, 이를 받아들여 1876년 2월 조선은 일본과 수호조규를 맺게 되었다. 그 후, 8월에는 수호조규 부록과 통상장정을 맺음으로써 일본은 조선에 대하여 새로운 관계, 즉 침략적인 근대한일관계로 이행하는 것이다.

Ⅳ. 맺음말

이상, 일본의 근세(도쿠가와 막부 시기)의 한일관계가 강화도 조약으로 시작되는 근대 한일 관계로의 변화 과정을 살펴보았다. 조선 후기 임진왜란에 대한 반성으로 시작된 한일 관계의 특수성은 일본 막부 말기에, 일본의 개항과 더불어 의도된 중앙정부의 외교 일원화 정책과 대마주의 원조 요구 운동, 그리고 반막부 양이세력의 개항 반대 운동과 맞물려, 德川 막부의 대조선 외교를 일본의 치욕이라는 인식을 확산시켰다. 그 후, 막부의 외교 정책을 비판하였던 반막부 양이파가 메이지 정권을 담당하게 되자, 이들은 대마주의 원조 요구의 논리로 제시된 조선과의 외교 관계의 변혁을 추진하고자 하였고, 또한 이들은 일본의 국위를 팽창시키고 중앙집권적 천황제 정부를 수립하고자 하여, 조선과의 갈등을 통해 중앙군대의 창설과 중앙집권의 확립을 도모하고자 하였다.

이들의 시도는 여태까지 250여 년 간 지속되었던 한일관계를 부정하는 서계로 나타났으며, 조선의 겸손과 인내에도 불구하고 스스로 자존심의 상처를 입었다고 주장하고, 조선을 적으로 간주하면서 비우호적인 입장에서 분쟁을 추구하였다. 한편, 대마주를 생각하면, 여태까지 받아온 은혜를 일본의 치욕이라고 함으로써 '은혜를 원수로 갚는' 모습을 노정한다. 조선은 이러한 일본의 변화를 알고 있어서 '왜양일체'의 경계심을 갖기도 하였으나, 개항기에 들어서 그래도 오랫동안의 우호 관계를 맺었던 일본과 처음으로 조약을 맺는 편이 안전할 것이라는 판단하에서 일본과 강화도 조약을 맺게 된다. 그 후는 일본이 바라던 바대로 조선의 호의는 오히려 약점이 되고 일본의 침략을 용이하게 하는 계기가 되었다.

이상 근세에서 근대로의 변혁기의 한일관계의 변화에 대해 기존의 견해와는 다른 다음과 같은 견해를 다음과 같이 정리해 보고자 한다.

첫째 일본의 개국과 外國奉行의 대두로 말미암아 막부는 대마도를 매개로 하지 않는 직접 외교를 검토하게 되는데, 그 발단은 1861년의 대마주의 移封 청원 운동이었다.

둘째, 대마주는 이봉운동이 실패로 돌아가자, 양이운동을 통해 반막부 세력과 손을 잡으면서 '조선의 식량에 의지하여 존립하는 것은 일본의 치욕'이라는 인식을 퍼뜨림으로써 막부의 대조선 정책을 비판하고 원조를 요구하였다.

셋째, 대마주는 막부와 메이지 정부의 외교 일원화 정책을 이용하여 원조를 얻으려고 노력하였다. 즉, 외교 관계의 개혁을 위해서는 대마주에 대한 원조가 필수라는 점과, 또 조선과의 외교는 자신들이 아니면 안된다고 하면서 갈등을 증폭시켰다. 이는 조선과 일본의 변경이었던 대마주가 근세에는 완충역할을 하였지만, 근대적 외교 관계 내지는 조선과 중국과 같은 외교 관계로 이행하는 데에는 오히려 질곡이 되어 많은 오해를 일으키는 원인이 되었음을 알게 해 준다.

넷째, 明治政府의 성립 후, 조선에 보낸 왕정복고를 알리는 서계는 '근세한일관계'를 부정하는 내용이며, 그들의 교섭 태도는 협박에 가까울 만큼 불손한 것이었다. 이는 조선과의 단절을 통해 일본 조정으로부터 안정된 지행을 획득하든지, 일본 본국의 침한론을 강조하고 중개자로서의 對馬州의 존재의의를 내세워 특권을 확대함과 동시에 조선의 통제에서 벗어나겠다는 의도였으며, 기존의 외교 관례와 정신을 모두 포기한 것이었다. 그러나 조선정부와 동래부 그리고 역관들은 인내로 이를 회유하고자 하였으며, 또한 강력히 서계의 수정을 요구하여 받아들이지 않았을 뿐 거절하지는 않았다.

다섯째, 對馬州의 편협된 보고와 자기 주장은 조선에 무력행사를 단행해야 한다는 주장을 확산시켰고, 최초의 사절 佐田등이 돌아가 보고한 결과는 長州-對馬州의 주장과 일치하여, 조선에 무력을 행사하자는 여론을 일으켰다. 이는 일본이 조선으로부터 무례한 대접을 받았다는 오해를 불러 일으켰기 때문이었으며, 이는 치밀한 정치적 계산의 결과였다. 그러나 사실 무례를 범한 것은 일본 측이었음은 말할 나위도 없다.

여섯째, 岩倉使節團의 파견으로 對馬州의 정치적 배경이 약해졌고, 왜관정리는 급속히 단행되었다. 그러나 이는 조선측의 의향을 무시한 것이었다. 또한 1873년 5월의 왜관 접수에 이르기까지 한일관계에 단절이 있었던 적은 없었으며, 왜관 철폐와 국교중단이 있었다는 통설은 사실과 다르다.

결국, 근대 초두의 한일간의 외교의 변혁은 역사적 흐름 속에서 평화적으로 문제를 해결하려고 한 것이 아니라, 오로지 일본의 입장에

서, 강력한 의지와 국제법의 이용이라는 두 가지 무기를 통해 국권을
팽창시키려는 국가 의지가 조선의 강력한 대응이 없음을 기회로 점
차 제멋대로 합리화되어 나가는 것을 살펴볼 수 있었다. 이는 마치
무로마치 시대의 외교 관계에 대한 이해 없이 豊臣秀吉이 제멋대로
조선을 침략하였던 것과 비슷한 모습을 취한다. 조선이 초기단계에서
대마주의 존속을 포기하고, 과거에 대한 반성이 양국의 우호의 전제
조건임을 확실히 하였더라면, 상황은 달라질 수 있었으리라 생각된
다. 이러한 생각이 약간의 의미를 갖는 것은 현재의 일본이 또한 과
거 식민지 지배의 반성을 포기하고, 현재의 경제적 이해관계를 배경
으로 역사를 왜곡하는 상황이 전개되고 있기 때문일 것이다.

ABSTRACT

The Problem of 'stoppage' of delegation to Japan and 'refusal' of sovereign's message from Japan

Hyun, Myung-cheol

Among the studies of relational history of Korea and Japan, the study of the end of Joseon dynasty is insufficient. So we do not have persuasive explanation about conversion from friendly ties to colonialization.

Consequently, several misunderstandings have dominated in the field from the age of colony. Therefore there are some mistakes in textbooks in Japan.

I would like to make below descriptions subject of discussion.

After the delegation that had been dispatched in 1811, Joseon Dynasty did not dispatch an envoy. So the diplomatic relations of Korea and Japan had been broken. From that time on Korea had taken a policy of seclusion. When Japan had formed a new government, Japan sent a sovereign's message for relationship but Korea refuged it because of her seclusion policy.

Description like this put Korea as stubborn seclusionism and put Japanese sovereign's message as modernistic lawfulness. So the responsibility about the trouble should be in Korea. This historical view has been inherited from colonial age.

But it is not true. Since 1811, there were still friendly ties between the two countries. For example, the negotiation of dispatch of Korean delegation was continued, and Japan sent a message about opening of ports to foreigners in 1860. Korea replied to a letter that the opening ports of Japan would not obstruct friendly ties between the two countries. And Korea sent a message about a battle with France in 1866, and worried about Japanese safety.

Consequently, It is a mistake that the diplomatic relation between Korea and Japan was broken. At least Korea did not take a policy of seclusion with Japan and China.

When Japan formed a new government and sent a sovereign's message, Korea was in necessity for strengthening traditional relationship with China and Japan because of western force. Nevertheless Korea had not accepted it. Why? Because It denied traditional relationship totally and unilaterally. It groped not sfor modernistic lawful relationship but for justification for a war.

And Korea wanted Japan to modify the wording of the letter. It means that If Japan had modified the wording, Korea would have accepted it for friendly ties between the two countries.

consequently the description - Korea refuged Japanese message because of seclusion policy - is mistake.

Then, Why Japan sent such a massage when Japan formed a new government, and what government of Tsusima did for Korea-Japan history?

Keywords: relational history, the age of colony, textbooks in Japan, the diplomatic relations, Japanese sovereign's message, Tsusima.

韓國과 日本의 華夷觀의
變化와 相互認識
-朝鮮後期와 德川幕府期를 中心으로-

趙 誠 乙*

Ⅰ. 序 言

해방 후 남북한에서의 조선후기 사상사 연구는 實學 연구가 중심이 되어 왔으며 이 실학의 연구 방향은, 조선후기 자본주의 맹아론이라는 내재적 발전론에 기초하여, 실학의 근대지향성과 민족적 성격에 초점을 맞추어 진행되어 왔다. 이런 각도에서 조선후기 실학자들의 화이관에 대하여, 점차 中國中心的 華夷觀을 극복하였다는 관점에서

---

* 아주대학교 인문학부 교수

주로 이해하여 왔다.

조선후기 실학자들의 화이관에 변화가 일어나고 있는 것은 사실이지만 이것을 단순히 화이관의 극복이라는 관점에서 파악하려고 하는 민족주의적 시각에는 문제가 있다고 생각된다. 이 점에서는, 남북한의 역사학은 그 표면적인 차이에도 불구하고 대체로 내셔날리즘 성향을 공통적으로 강하게 갖고 있다고 할 수 있다.

아직 한국은 統一民族國家를 형성하지 못하였으며 외세의 간섭을 강하게 받고 있으므로, 통일지향적 내셔날 아이덴티티와 내이셔날리티 형성을 위해 내셔날리즘에 입각한 민족 통합적 역사인식의 창출이 필요하다는 견해가 일반적으로 강하다.

사실 서구에서 시작된 근대역사학은 강하게 이런 지향성을 갖고 각국의 내셔날 빌딩에 이바지하여 왔고 비서구 지역에서 서구에 대한 저항 의식 가운데 내셔날리즘을 강조하여 이를 위해 역사학이 복무하여 온 측면이 매우 컸다. 내셔날리즘의 강조와 이에 입각한 내셔날 히스토리의 창출은 동아시아 삼국에서 공통되는 현상이었다.[1]

---

1) 해방 전 일본의 역사학은 침략적 성격이 매우 강하였고 해방 후의 경우도 이것을 호도하려는 경향이 완전히 불식되지는 않았으며 이에 비하여 한국·중국의 경우 저항적·방어적 성격이라는 점에서 양자의 차이가 있다고 흔히 주장된다. 하지만 자민족을 중심으로 생각하는 점에서 한국·중국은 일본과 차이가 없다.
또 중국의 경우 전근대적 화이관을 근대적 민족주의로 전환시키면서 주변의 '조공국'들을 근대적 식민지로 재편하려는 의도를 갖고 있었으나 이것을 실현하지 못하였을 뿐이며 최근에는 민족주의에 기초한 중국중심적 사고와 정책 방향이 더욱 강하여지고 있다. 한국의 경우 대외적 측면에서 저항적 민족주의로 일관된 듯 하지만, 최근 외국인 노동자에 대한 한국인 일반의 자세, 동남아·중국에 진출한 한국 기업에서 보이는 강한 배외주의와 차별의식, 자기 중심주의를 갖고 있다. 또 미국에 이민 간 한국인들은 자신들에 대한 차별에 대하여 강한 저항의식을 보이면서도 흑인과 히스패닉을 무시하는 일종의 '서브 오리엔탈리즘'적 멘탈리티를 갖는 경우가 많다.
한국인의 경우 이러한 멘탈리티는 남한 사회 내에서의 강한 지역주의의 동아시아 삼국에서의 내셔날리즘의 형성 및 이에 입각한 역사학의 전개는 흔히 근대 서구에 의한 동아시아의 침탈, 바꿔 말하여 개항 이후에 전개된 것으로 보기 쉽다. 그러나 이미 개항 이전, 청나라가 中原을 차지하여 이른바 夷가 중원의 주인이 된 것을 계기로 하여, 동아시아의 전통적 華夷體制와 華夷觀은 크게 변질되었으며 조선후기의 한국과 德川幕府期의 일본에서 지식인들 사이에서는 중국중심적 화이관에 급격한 변화가 나타나고 있었다. 이것은 한국, 일본이 각기 중국중심적 화이관을, 자국 중심의 화이관으로 변화시키는 과정이었다. 이것은 개항 이후, 한국과 일본에서 내셔날리즘이 강하게 대두할 수 있게 하는 사상적 배경이기도 하였다.

한편 이 시기 한국과 일본에서의, 자국 중심주의적 화이관의 형성은 또한 한국인과 일본인의 타자에 대한 인식, 보다 구체적으로 말하면 한국인의 일본에 대한 인식, 일본인의 한국에 대한 인식과 각기 깊이 결부되어 있다. 自己 認識의 확립은 他者에 대한 認識을 媒介로 하여 對他的으로 정립된 것이었다.

그러나 이런 가운데에서는 조선후기 실학자들에게서는 보편주의를 지향하는 매우 개방적 화이관이 나타났으며 일본에 대하여 현실을 제대로 인식한 위에서 일본을 매우 긍정적으로 평가하는 견해가 대두하였다. 일본의 경우, 개방적 화이관을 표명한 사람을 찾기는 어렵지만, 일부 주자학자들 사이에서 조선의 학문을 높이 평가하는 사람들이 나타났다. 그리고 예외적인 경우라고 할 수 있겠지만 조선을 긍정적으로 평가하는 사람들도 있었다. 이것은 앞으로 한·일 양국이 올바른 상호 인식을 증대시켜 가는데 좋은 시사를 줄 것이다.[2]

형성과도 관계가 있다. 이것은 영남 지역의 경우 지배적 지역주의로 나타나며 호남의 경우 저항적 지역주의로 나타나고 있다. 이 일견 상반되는 것 같은 두 측면은, 민족주의가 갖는 동전의 양면과도 같아 상호 유기적으로 연결되어 있다. 또 호서 지역의 경우 '소수민족적' 지역주의가 나타나고 있는 점도 주목된다.

본고에서는 이런 문제 의식에 기초하여 조선후기한국에서의 화이
관의 변화 및 일본에서의 화이관의 변화, 그리고 이와 관련된 이 시
기 한국인의 일본 인식 및일본인의 조선 인식에 대하여 고찰하기로
한다. 본론에 앞서 먼저 기존의 연구사를 검토하기로 한다. 또 결어에
서는 양자의 화이관 및 타자 인식의 공통점과 차이점, 문제점 등을
고찰하기로 한다. 끝으로 이것이 한일 역사 교과서 문제 및 미래의
한일관계, 나아가 21세기 동아시아의 연대와 세계 평화를 위해 갖는
의미에 대하여 생각해 보기로 한다.

Ⅱ. 研究史

1. 조선후기 화이관의 변화와 일본인식에 대한 연구사

1) 조선후기 화이관의 변화에 대한 연구사

李瀷의 화이관에 대하여 최초로 언급한 연구자는 이우성으로서 그
는 '성호·순암의 정통론에는 아직도 華夷思想의 잔재가 서식하고
있다. 中夏聲明文物之鄕이라 하여 여기에 처들어 온 북방민족을 劫盜

2) 본고에서는 고찰 대상으로 조선의 경우, 韓元震과 丁若鏞을 선택하였다.
  전자는 성리학자 가운데 가장 체계적으로 자신의 華夷觀과 對外認識을
  제시하였다. 정약용은 실학의 집대성자로서 매우 이론정연하게 자신의
  華夷觀을 제시하였으며 일본에 대하여도 매우 정리된 견해를 보여 주었
  다. 두 사람은 사상적으로 대척적 위치에 있다. 일본의 경우 德川時期
  주자학의 대표자라고 할 수 있는 林羅山과 고학파의 대표자인 荻生徂徠
  를 선정하여 그들의 華夷觀을 살펴보기로 하였다. 다만 일본의 朝鮮認
  識 부분에서는 荻生徂徠의 그것 대신 雨森芳洲의 조선 인식을 살폈다.
  雨森芳洲의 조선 인식은 당시 일본인의 조선인식 가운데 가장 긍정적인
  것을 보여준다고 생각하였기 때문이다.

視한 것이다'라고 하여 아직 이익이 華夷思想을 완전히 벗어나지 못
한 것으로 평가하였다. 이에 비하여 '다산에 이르러 현실주의적 주장
으로 中華主義의 절대성의 잔재가 일소되었다'고 하였다.[3] 이에 비하
여 송찬식은 '성호의 화이사상에 대한 비판은 실로 철저하다고 할 만
하다'라고 하여[4] 이우성보다 한 걸음 더 진전된 주장을 하였다. 한편
조영록은 실학자들이 문화중심의 화이관을 갖고 있는 것으로 이해하
면서, 이종휘에 대하여 유교적 문화중심의 화이관을 견지한 점에서는
실학자의 경우와 같고 소중화 의식이 철저한 점에서는 정통주자학자
와 같다고 하였다.[5] 이어 한영우는 '지리적 화이관'을 벗어난 소중화
의식이라고 하였다.[6]

　다음으로 조성을은 화이관을 지리적 화이관·종족적 화이관·문화
적 화이관의 세 측면이 있는 것으로 보고 이익을 비롯하여 박지원·
홍대용·박제가·정약용 등 조선후기 실학자들이 지리적 화이관·종

---

3) 이우성,1966 <이조후기 근기학파에 있어서의 정통론의 전개> ≪역사학
　보≫ 31
4) 송찬식, 1970 <성호의 새로운 史論> ≪백산학보≫ 7
5) 조영록, 1982 <17-8세기 존아적 화이관의 한 시각> ≪동국사학≫ 17
　조영록은 문화중심의 화이관과 소중화 의식이 서로 대립되는 것으로 이
　해하였으나 오히려 상호 연결되어 있다고 보아야 할 것이다. 조선후기
　실학자와 주자학자 모두 文化中心의 華夷觀(문화적 화이관)을 갖고 있
　었다. 華의 실체를 어떻게 보는가, 또 주변 나라 혹은 종족에 대하여 개
　방적 자세를 유지하는지(대외관) 여부에 양자의 차이가 있다. 실학자들
　의 경우 華를 양명학적 또는 원시유학적 이념에 따르는 사회질서와 문
　물을 華로 보는데 비하여 주자학자들은 주자학의 이념을 따르는 것을
　華로 보았다. 또 실학자들이 주변의 夷狄들이 華로 변화할 수 있는 가능
　성 또는 그들을 華로 간주할 있는 가능성을 인정하였는데 비하여, 주자
　학들의 경우 중국의 明이 멸망한 이후 조선만을 유일한 華로 보고 ―
　즉 중국조차도 夷狄化된 것으로 보고 ― 주변 이민족이 華가 될 가능성
　을 부인하였다.
6) 한영우, 1983 <다산 정약용의 사론과 대외관> ≪김철준박사화갑기념사
　학논총≫ (지식산업사, 서울)

족적 화이관의 두 측면은 벗어났으나 문화적의 화이관은 갖고 있는 것으로 이해하였다. 그리고 문화적 화이관의 극복은 개항 이후에 가서야 가능한 것이라고 보았다.[7] 이것은 조선후기 화이관의 변화에 대한 연구에 대한 일정한 진전이다. 하지만 내셔날리즘과 내이션 스태이트과 같은 서구적 근대의 잣대를 놓고 이것으로써 실학의 성격을 재거나 그것에 비정하려고 하는, 기존 실학 연구의 시각과 방법에서 아직 벗어나지 못하였다.

최근 신항수는 '1890년 이명익과 이남규가 편집한 성호문집에는 … 貴夏賤夷를 부정한 부분 등은 모두 생략되었다'고 하였다.[8] 이것은 매우 주목되는 언급이며 앞으로 이익 연구에서 반드시 문헌학적 검토가 필요함을 말해주는 것이라 하겠다. 그러나 신항수 논문에서는 이익의 화이관을 본격적으로 검토하지는 않았다.

이상과 같이 李瀷의 華夷觀에 대하여는 그 殘滓가 남아 있다고 보는 것과 완전히 벗어난 것으로 보는 두 가지 견해가 있다. 하지만 아직 이익의 화이관을 본격적으로 다룬 논문은 눈에 뜨이지 않는다.[9]

다음으로 정약용의 화이관에 대한 기존 연구들을 검토해 보기로 한다. 정약용의 화이관에 대한 최초로 언급 역시 이우성에 의하여 제시되었다. [10] 그는 앞서도 언급한 바와 같이 이익·안정복의 화이관과 정약용의 화이관을 비교하면서 이익·안정복에게는 화이관의 잔재가남아 있었으나 '다산에 이르러 현실주의적 주장으로 中華主義의

---

7) 조성을, 1995 <조선후기 華夷觀의 변화> ≪근대국가와 민족문제≫ (지식산업사, 서울)

8) 신항수, 2001 ≪이익(1681-1763)의 經·史 解釋과 현실인식≫ (고려대 박사논문) 155

9) 최근 이익과 정약용의 화이관을 간단히 다룬 논문이 발표되었다.
조성을, 2004 <이익과 정약용의 화이관> ≪조선후기사학사연구≫ (한울, 서울) 353~367

10) 이우성, 1966 <앞 논문>

절대성의 잔재가 일소되'었다고 하였다. 여기서 이익·안정복에게서
의 화이관의 잔재란 이 논문의 맥락으로 보아 현재 연구 수준의 용어
로 種族的 화이관을 말하며 '중화주의 절대성의 잔재 일소'란 정약용
의 문화적 화이관을 근거로 설명한 것으로 여겨진다. 그러나 이 때는
아직 종족적·문화적·지리적 화이관 식으로 나누어 검토하는 방식
은 행해지지 않았다. 또 지금 연구 수준의 입장에서 볼 때 문화적 화
이관을 근거로 중화주의(화이관)의 극복을 설명하는 것은 문제가 있
다고 생각된다.

　화이관을 지리적·문화적 등으로 나누어 분석적으로 고찰하는 연
구는 1980년대 초에 시작되었다. 조영록은 지리적 화이관을 탈피하였
으나 문화적 화이관은 갖고 있는 것으로 이해하였다.[11] 이런 조영록
의 견해는 대체로 타당한 것으로 생각된다. 이어서 한영우는 정약용
의 사론을 살핀 뒤 대외관을 전체적으로 검토하면서 정약용의 화이
관에 대하여 고찰하였다.[12] 이 논문에서는 정약용이 東夷族으로 태어
난 것을 자랑으로 여겼으며 그가 말하는 중국이란 지역적으로 고정
된 것이 아니라 문화수준에 따라 부단히 변동될 수 있는 상대적 개념
이고 과거의 夷狄(청나라)가 동아시아 세계의 주역으로 등장한 현실
을 바탕으로 하여 새로운 동아시아 세계의 협력 관계를 모색했다고
하였다.

　한편 조성을은 정약용이 지리적·종족적 화이관을 완전히 벗어났
으며 그에게서 중화의 실체는 民의 입장에 선, 새로운 평등한 유학체
계라고 하였다.[13] 또 조성을은 앞서 언급한 바와 같이 정약용이 지리
적·종족적 화이관을 극복하였으나 문화적 화이관은 갖고 있는 것으

---

11) 조영록, 1982 <앞 논문>
12) 한영우, 1983 <앞 논문>
13) 조성을, 1994 <정약용> 《한국의 역사가와 역사학 상》 (창작과 비평
　사, 서울)

로 이해하였다.[14) 하지만 정약용의 화이관에 대하여도, 이익의 화이
관 경우와 마찬가지로 아직까지 본격적인 검토는 없다.[15)

2) 朝鮮後期 日本認識에 대한 研究史

조선후기 청나라에 대한 인식에 관하여는 비교적 초기부터 연구자
들이 관심을 가졌으나 일본관에 대한 관심은 비교적 최근의 일이다.
먼저 이익의 일본인식에 관한 기존 연구를 살펴보기로 한다. 이익의
일본관에 대한 연구는 하우봉이 처음 시작하였다.[16) 이 논문에서는
하우봉은 이익이 임란 후 150년이 지나면서도 일본에 대한 적개심과
朱子學的 華夷意識을 고수하고 있던 당시 조선 지식인들의 일반적 경
향과는 달리 국제정세의 현실을 정확하게 보고자 하여 비현실적 華夷
意識을 탈피하였으며 일본의 물산 풍부, 기술 우수와 강성함을 소개
하고 문화에 대하여도 부분적으로 긍정했다고 하였다. 이어 하우봉은
먼저 임란 전후 한국인의 일본관을 검토한 다음, 전체적으로 실학자
들의 일본관을 검토하는 가운데 이익의 일본관을 살폈다. 이 논문에
서는 조선후기 실학자 가운데 일본에 대한 관심을 가지고 주도해 나
간 학파는 남인 실학파이며 이익이 그 중심이 된다고 하였다.[17) 한편
손승철은 조선후기의 천황권을 전체적으로 검토하여, 조선의 국왕과
일본을 대등한 관계로 설정하고 있던 당시 조선의 외교의례를 비판하
고 천황의 복권이 장래 이루어질 것임을 예견하고 이것이 앞으로 조
일간의 외교 문제로 이어질 것이라는 예상을 했다고 하였다.[18)

---

14) 조성을, 1995 <앞 논문>
15) 앞의 주 9)에서 언급한 바와 같이 최근(2004) 조성을이 정약용의 화이관
    을 이익의 그것과 더불어 간략하게 정리한 논문을 발표하였다.
16) 하우봉, 1984 <성호 이익의 일본 인식> ≪전북사학≫ 8
17) 하우봉, ≪조선후기 실학자의 일본관 연구≫ (서강대 박사학위논문)

실학자의 일본관에 대한 연구 가운데, 일본 쪽에서의 연구로는 三宅英利의 논문이 있는데[19] 여기에 이익의 일본관에 대한 언급이 있다. 대체로 ≪성호사설유선≫에 실린 일본 관련 자료에 기초하여 이익이, 일본이 당장 침입할 염려는 없지만 침입 가능성이 없어지지는 않은 것으로 보았고 일본의 관백과는 조선의 대신이 抗禮해야 한다고 주장했다고 하였다. 이 논문에서는 문화면에서 일본에 대하여 지도성을 발휘하여 양국의 화평을 적극적으로 기도해야 한다는 이익의 주장을 탁월한 식견이라고 한 점이 주목된다.

다음으로 정약용의 일본인식에 관한 기존의 연구를 살펴보기로 한다. 실학자의 일본관에 대한 연구 가운데 가장 먼저 시작된 것이 정약용의 일본관에 대한 연구이다. 한영우의 <다산 정약용의 사론과 대외관>과 하우봉의 <다산 정약용의 일본관>이 함께 같은 논문집에 수록·발표되었다.[20] 전자에서는 정약용의 史論을 논한 뒤, 그의 대외관을 전체적으로 살피는 가운데 일본관에 대하여 간략히 정리하였다. 정약용이 초기에는 일본이 조선을 침략하지 않으리라는 낙관적인 견해를 가졌으나 만년에 이를 수록 일본에 대한 이해가 깊어지면서 침략 가능성에 대한 위기감이 고조되는 것을 볼 수 있다고 하였다.

하우봉의 후자 논문에서는 정약용의 일본관에 대한 자료를 전체적으로 망라하여 검토한 뒤에 그의 일본관을 민족성·기술과 문화·침략과 대책·그 성격 등으로 나누어 상세히 검토하였다. 이 논문은 실학자 및 정약용의 일본관에 대한, 본격적 연구의 출발이라고 생각된다. 여기에서 하우봉은 이익과 안정복의 새로운 일본 인식이 정약용에게 영향을 주었으며 정약용은 일본의 기술문명만이 아니라 유교문

18) 손승철, 1999 <조선후기의 천황관> ≪근세조선의 한일관계 연구≫
19) 三宅英利, 1993 <朝鮮王朝後期官民의 日本觀> ≪아시아 속의 日本史5 －自意識과 相互理解≫ (東京大學出版會, 東京)
20) 1983 ≪김철준박사화갑기념사학논총≫ (지식산업사, 서울)

화에 대하여도 칭찬하여 우리나라보다도 더 훌륭하다는 정도로 평가
했다고 하였다. 또 한영우와 마찬가지로 정약용이 처음에는 일본이
조선을 침략할 우려가 없다는 낙관적인 견해를 가졌으나 나중에는
침략 가능성에 대한 위기의식을 느껴 民堡議와 日本考를 저술했다고
하였다.

한편 하우봉은 먼저 임란 전후 한국인의 일본관을 검토한 뒤, 전체적
으로 실학자들의 일본관을 검토하는 가운데 정약용의 일본관을 살폈다.
여기서 하우봉은 남인 실학파의 일본관이 연암학파와 구분되는 점은
일본의 역사와 한일관계사의 체계화, 일본의 침략가능성에 대한 대책의
제시라 하고 정약용의 경우 본격적인 일본 유학 연구라고 하였다. 다만
북학파에 대하여도, 남인 실학자들에 비해 일본에 대하여 상대적으로
관심이 적지만, 화이관을 탈피한 개방적 세계관을 소유하였기 때문에
일본에 대하여 무시하거나 야만시하지는 않았다고 하였다.[21]

2. 德川時期 華夷觀의 變化와
朝鮮認識에 대한 研究史

1) 德川時期 華夷觀의 變化에 대한 研究史

우리가 德川時期 화이관의 변화에 대하여 살피기 위하여는 德川時
期에 선행하는, 일본에서의 華夷思想 전개 과정을 이해할 필요가 있
다. 이에 대하여는 酒寄雅志의 논문이 참고된다.[22] 이 논문에서는 먼
저 고구려·백제·신라·발해의 華夷思想을 검토한 다음, 일본의 화
이사상을 형성·성립·변질 등으로 나누어 고찰하였는데 이것은 대

---

21) 하우봉, 1988 <앞 논문>
22) 酒寄雅志, 1993 <華夷思想의 諸相> ≪아시아 속의 日本史5-自意識과
相互理解≫ (東京大學出版會, 東京)

략 고대 일본에 대한 검토이다. 이 논문에서 일본에서는 5세기 중엽 중국의 華夷思想에 기초한 冊封關係에 의거하여 大王 아래 일본 열도 내의 수장층을 서열화하여 가고 있었으며 6세기 이후 중국을 중심으로 하는 국제질서에서 이탈하였고 600년 제1회 遣隋使가 파견될 때까지 중국과의 교섭이 단절되어 있었다고 하였다.

또 筧敏生은 백제 멸망 시에는 백제 왕자 豊을 백제왕으로 책봉하여 귀국시킴으로써 '帝國'으로서의 실체를 갖기에 이르렀다고도 하였다.[23]

그러나 大日方克己는 新羅의 三國統一 이후에는 이런 생각이 變質되어 神國으로서의 천황의 통치 영역=일본국이라는 한정된 세계관이 나타나게 되었다고 하였다.[24] 하지만 일본 고대의 華夷觀이 이처럼 왜소화되었으면서도 국가 권력의 자주성·자발성의 발로로서 근세에까지 미쳤다고 하였다.

2) 德川時期 朝鮮認識에 대한 연구사

德川時期 古學派의 朝鮮認識에 대한 연구는 아직 찾지 못하였다. 다만 三宅英利는 그의 저서 ≪朝鮮觀의 史的 展開≫의 제5장에서 이 시기 일본 학자들의 조선관에 대하여 주자학자·국학자·일반 문인·海防論者·幕末학자로 나누어 살폈다.[25] 이 글은 德川時期 일본 학자들의 조선인식을 전체적으로 이해하는 데 도움이 된다. 주자학자

---

23) 1989 <百濟王姓의 成立과 日本古代帝國>
   이것은 실체라기보다는 名目的인 것이며 冊封이라는 것도 어디까지나 당시 일본 조정의 관점이었다고 생각된다.
24) 1990 <古代에서의 국가와 경계>
25) 이 책은 원래 1982년 일본의 미끼書店에서 간행되었다. 한국에서는 하우봉 역, 1990 ≪역사적으로 본 일본인의 한국관≫ (풀빛, 서울)으로 출간되었다. 본고에서는 이 번역본을 이용하였다.

로는 林羅山·新井白石·中井竹山·雨森芳洲, 국학자로는 本居宣長
·上田秋成, 일반문인으로는 多田義後·靑木昆陽·石原正明·千家
尊澄·堀榮吉, 해방론자로는 林子平·佐藤信淵·吉田松陰, 幕末學者
로는 勝海舟에 대하여 고찰하였다.

먼저 주자학자 林羅山·新井白石·中井竹山·雨森芳洲의 조선관
에 대한 고찰을 살펴보기로 한다. 林羅山의 조선관에 대하여는 그가
조선에 대하여 西藩이라고 보는 멸시감과 우월감을 갖고 있었다고
하였다. 新井白石의 경우 조선을 朝貢國으로 본 것은 아니었으나 말
년에는 조선 멸시관이 나타났다고 하였으며 中井竹山의 조선인식에
대하여도 조선 멸시관을 갖고 있는 것으로 이해하였다. 다만 雨森芳
洲에 대하여는 조선이 학문과 예악의 진보한 면을 인정했다고 하였
다. 이들이 학문을 매개로 할 때에는 조선통신사와의 교류에 학자로
서의 감동을 나타내었지만 정치담당자로서의 입장에서는 전통적으로
계승된 朝貢國이라는 史觀에 의한 우월관의 현양이 있었다고 하였다.
德川時期 일본의 주자학자들은 조선 주자학을 높이 평가하였다. 그러
면서도 이들이 雨森芳洲를 제외하면 대체로 조선에 대하여 우월감,
멸시감을 가졌다고 하는 주장이 주목된다. 다만 雨森芳洲의 경우도
완전히 조선 멸시감을 극복하였는지는 의문이다.

다음으로 國學者인 本居宣長·上田秋成의 朝鮮觀에 대한 三宅의
고찰을 살펴보기 한다. 本居宣長의 경우 학문의 출발점이 ≪古事記≫
와 ≪日本書紀≫에 있었으며 조선의 조공을 역사적 필연으로 인식하
였고 그의 이런 인식이 국학파의 일반 관념으로 형성되었고 이것이
막부말기에 존왕사상과 결합되어 그 시기 조선관의 바탕이 되었다고
하였다. 上田秋成 역시 조선에 대하여 조공국이라는 인식을 가졌으며
本居宣長와 함께 막부말기에 尊王攘夷論으로 이어졌다고 하였다. 국
학파 학자들이 조선에 대한 멸시관을 가졌다는 주장은 타당하며 일
본을 神國으로 보는 그들의 입장에서는 당연한 것이라고 여겨진다.

일반문인으로는 多田義後·靑木昆陽·石原正明·千家尊澄·堀榮吉
의 조선인식에 대하여는 多田義後를 제외하면 대체로 국학파와 유사
한 조선 멸시관을 갖고 있었던 것으로 이해하였다.

다음으로 海防論者 林子平·佐藤信淵·吉田松陰의 조선인식에 대
한 三宅의 고찰을 살펴보기로 한다. 林子平의 조선인식에 대하여는
한반도 침략의 의도까지 갖고 있어서 막부말기 정한론의 선구를 이
룬다고 하였으며 佐藤信淵의 경우 그의 조선공략에 대한 구체적 작
전 계획에 대하여 언급하였다. 吉田松陰에 대하여는 서구열강에 대한
위기의식 속에서, 조선을 조공국으로 생각하는 전통적 사관에서 더
나아가 군사력에 의한 아시아 탈취의 일환으로 조선을 보면서 서구
열강에 의한 손실 보상의 대상지로서 조선을 위치지웠다고 하였다.

끝으로 幕末學者인 勝海舟의 대하여는 서구열강에 대항하기 위해
중국·조선에게 연합, 교류를 설득하자는 최초의 아시아 連帶論, 공
동방위론을 가졌지만 점차 정한론으로 변모되어 갔다고 하였다. 이상
三宅英利의 ≪朝鮮觀의 史的 展開≫에서 정리된 德川時期 일본학자
의 朝鮮觀을 살펴보았다. 다만 이 저서에는 아쉽게도 이 시기 古學派
의 조선인식에 대한 언급이 없다.

Ⅲ. 朝鮮後期 華夷觀의 變化와 日本認識

1. 華夷觀의 變化

1) 韓元震의 華夷觀

조선후기 朱子學者와 實學者들 사이에서는 共通的으로 華夷觀의
變化가 나타난다. 이것은 공히 華夷觀의 文化的 側面을 근거로 하여

종래의 화이관에서의 중국중심주의와 종족적 · 지리적 요소를 극복하
는 것이었다. 그러나 주자학자와 실학자의 변화된 화이관에는 서로
차이점이 있었다. 본절에서는 조선후기 주자학자 가운데 가장 체계적
으로 화이관을 제시한 한원진의 화이관에 대하여 고찰한 뒤, 실학자
가운데에서 대표라고 할 수 있는 정약용의 화이관에 대하여 살펴보
기로 한다.

韓元震은 <拙修齋說辨>에서 拙修齋 趙聖基가 元나라에 벼슬한
당시 대유학자 許衡을 긍정적으로 평가한데 대하여 비판하면서, 이
비판을 위한 이론적 근거로서 자신의 華夷觀을 체계적으로 제시하였
다. 먼저 한원진은 조성기의 허형 긍정을 다음과 같이 비판하였다.

> 졸수재의 행장을 살펴보건데, 그가 程朱 이후의 儒者 가운데 許衡
> 을 높여 인품이 가장 높고 규모가 가장 큰 사람이어서 후대의 유자
> 들이 미칠 수 없다고 하였으나, 이것은 해괴한 말이다. 허형의 평생에
> 서 달리 드러날 만한 것은 없으므로 그 인품이 높은지 낮은지, 규모
> 가 큰지 작은지에 달리 상고할 길이 없다. 상고할 것은 오로지 元나라
> 를 섬긴 일, 한 가지가 있을 따름이다. 그렇다면 그의 인품이 높고 규
> 모가 크다는 것은 원나라를 섬긴 한 가지 일을 가리켜 말한 것이 아
> 닌가. 그 뜻은 아마도 夷狄을 비루하게 여기지 않고 더불어 大道를 행
> 한 것이 어찌 높고 큰 것이 아니겠느냐라는 의미일 것이다. 그러나 聖
> 賢이 夷狄에 대하여 대처하는 바로써 상고해 보면 크게 다른 점이 있
> 다. 周公이 武王을 도와 夷狄을 칠 때 禽獸를 몰아내는 것같이 하였고
> 공자가 춘추를 지어 夷狄를 물리칠 때 亂賊과 같이 하였으며 맹자가
> 陳相이 許行을 배우는 것을 배척할 때 夷狄을 응징하듯이 하였다.26)

---

26) ≪남당집습유≫ 권6, <졸수재설변> 32~33(면수는 민족문화추진회 영
인본의 것을 따름). "又按拙修齋行狀 論程朱以後儒者 推許衡以爲人品最
高 規模最大 後來諸儒無及者 此又可駭之甚者 衡之平生 他未有著稱者則
其人品之高低 規模之大小 無他可考 而所可考者 惟事元一節耳 然則其謂
人品之高 規模之大 豈非指事元一事而言耶 其意盖以爲 不鄙夷狄而欲與
之偕之大道 則豈非高也大也云爾 然以聖賢所以處夷狄者考之 則有大不
然者 周公相武王兼夷狄 則同之於驅猛獸 孔子作春秋攘夷狄 則同之於誅

위에서 보면 한원진은, 허형이 元나라에 벼슬한 것을 근거로 하여,
졸수재 조성기가 허형이 인품이 높고 규모가 크다고 평가하였다고,
자기나름으로 해석하고 나서는 허형의 처신은 이전 주공, 공자, 맹자
가 夷狄과 이단을 엄혹하게 물리친 것과 크게 다르다고 하였다.

이어서 한원진은 이렇게 夷狄을 차별하는 것에 대한 자신의 이론
적 근거를 체계적으로 제시하였다.

　　천지로 만물을 생성함에 中國이 있고 夷狄이 있으며 禽獸가 있다.
氣類가 이미 구분되어 거처, 음식, 성품이 또한 원래 다르다. 이적은
중국이 될 수 없음은 금수가 이적이 될 수 없는 것과 같다(朱子語類
의 人物性門 기록에 '夷狄은 곧 사람과 금수의 사이에 있으니 끝내
고치기 어려운 까닭이다'라고 하였다). 이를 어찌 예악, 교화와 중국
의 도로써 인도할 수 있겠는가. 따라서 聖人이 이적을 대할 때 응징
하고 물리치며 배척하였을 따름이다. 만약 허형이 이적(원나라)를 따
른 것이 인품이 높고 규모가 큰 것이라면, 공자, 주공, 맹자가 이적을
응징하고 물리치며 배척한 것은 인품이 낮고 규모가 작은 것이 될 것
이다.[27]

　亂賊 孟子斥陳相之學許行 則以爲戎狄是膺 荊舒是懲"
27) 한원진, ≪위 책≫ 33. "盖以天地生萬物 有中國焉 夷狄焉 禽獸焉 氣類旣
　　分 游居異處 食味別聲 被色之性 亦自不同 夷狄之不可以爲中國 猶禽獸
　　之亦不得爲夷狄也(語類 人物性之門 螢錄曰 倒得夷狄 便在人與禽獸之間
　　所以終難改也) 是豈可以禮樂敎化中國之道 道之哉 故聖人之待夷狄 只曰
　　膺之攘之斥之而已 未聞其從之 若以衡之從夷狄 爲人品之高 規模之大 則
　　孔子周公孟子之膺之攘之斥之者 亦將爲人品之卑 規模之狹耶" 한원진은
　　권상하의 제자로서 권상하는 바로 송시열의 제자이다. 한원진의 허형
　　배척은 바로 송시열의 입장을 계승한 것으로서, 그 허형 배척의 근거를
　　이 글 졸수재설변에서 보다 명확하게 제시한 것이다. 여기에는 당시 북
　　벌론, 대명의리론을 둘러싸고 헤게모니를 장악하기 위한 정치적 의도가
　　위 인용문에서 이어서 한원진은 다음과 같이 말하였다. "嗚呼 衡之罪
　　可勝誅哉 佰夷太公歸周而天下歸之 顧榮賀循歸晉而江東歸心 故孟子曰
　　二老者天下之大老也 其父歸之 其子焉往 王導亦勸元帝先用榮循 以收人
　　心 如衡者 亦可謂一世之大老而衆人之望也 若使衡必不得已而見忽必烈
　　則喩之以華夷之分 責之以春秋之義 使之斂迹北去 熄中國之禍 或使之求

위 인용문에 따르면 中國, 夷狄, 禽獸는 원래 다르며 변화될 수 없는 것이다. 그 근거를 주자어류에서 '夷狄은 곧 사람과 금수의 사이에 있으니 끝내 고치기 어려운 까닭이다'라고 한 것에 두었다. 이리하여 이적은 예악, 교화로서 인도할 수 없으며 배척해야 할 따름이라고 하였다. 원래 한원진은 人物性同異 論爭에서 人物性異를 주장하는 湖論의 중심 인물이며 그의 이론적 근거는 氣에 따른 차별성이다. 위에서 夷狄과 中國의 차별성의 근거로 말한 것이 '氣類가 이미 구분되어 거처, 음식, 성품이 또한 다른 것'이므로 이 역시 氣에 근거한 것이라고 할 수 있다.

그러나 이러한 華夷觀은 원래 中國에 속하지 않고 東夷였던 조선의 입장에서는 華가 될 수 없는 것이 아닌가 하는 의문이 제기될 수 있다. 이런 문제점을 의식하였던 한원진은 이런 반론을 或者의 이름으로 스스로 상정하고 이 문제 대한 해답을 아래와 같이 제시하였다.

> 혹자가 말하기를 '그대는 중국, 이적, 금수는 氣類가 이미 나누어져 있고 성정이 다르므로 이적이 중국이 될 수 없는 것은 금수가 이적이 될 수 없는 것과 같다고 하였다. 그렇다면 우리나라 역시 夷이다. 비록 聖君과 賢相이 서로 협력하며 학자가 道를 닦는다고 하여도 堯舜의 정치와 周公의 도에 나아갈 수 없으며 우리나라의 여러 노선생이 君相에게 至治를 회복할 것을 권하며 勉學하는 선비가 힘써 古道를 구하여도, 이것은 모두 쓸데없는 짓이며 이루어질 수 없는 일이라는 말인가'라고 하였다.
> 내 말의 의미는 그것이 아니다. 이른바 夷狄을 중국의 도로써 인도할 수 없다는 것은 바로 夷狄의 사람이 이적의 도를 바꾸지 않고 자기 힘을 믿고 水草와 같은 성품을 의지하여 자기 분수를 모르고 중국을 능멸함이 (원나라) 홀필렬 같은 것을 가리킨 것이다. 비록 夷狄이라고 하더라도 능히 그 행실을 버리고 중국의 도를 흠모하여 중국의 의복을 입으며 중국의 말을 하고 중국의 행실을 한다면 이 역시 중국

宋之子孫而立之 輔而治之以中國之道 不可則退而潔其身 … 尤翁出而疏
斥胡鬼乞黜夫子之廟庭 則衡之罪亦定矣"

일 따름이다. 다른 사람들 역시 중국으로 대접할 것이다. 어찌 애초에
는 夷狄이었음을 따지겠는가. 공자께서 '有敎無類'라고 한 것은 아마
도 이것을 말한 것일 것이다 … 예전의 이른바 중국이던 것이 혹 도
리어 이적의 소굴이 되고 이른바 오랑캐의 나라이던 것이 혹 도리어
중국의 구역이 되니 地에는 內外의 구별이 없으며 人에게는 華夷의
구별이 없다.28)

위에서 보면 한원진 역시 문화적 측면에서의 華夷觀을 주장하고
있으며 夷狄의 華로의 변화 가능성을 인정하였음을 알 수 있다. 끝에
서 '地에는 內外의 구별이 없으며 人에게는 華夷의 구별이 없다'라고
한 것을 보면 지리적, 종족적 화이관을 완전히 극복한 것처럼 여겨지
기도 한다. 이런 夷狄의 華로의 변화 가능성에 근거하여 箕子 이래
우리나라를 小中華로 간주하며 특히 조선왕조 들어와서는 풍속과 예
의의 측면에서, 삼대이후의 중국보다 앞선 점이 있다고 평가하였
다.29)

하지만 한원진이 지리적, 종족적 화이관을 완전히 극복한 것은 아
니다. 그는 동남과 서북이라는 지리가 華夷, 또는 文明에 대하여 초래

---

28) ≪위 책≫, 36~37. "或曰 子以爲中國夷狄禽獸也 氣類旣分 性情絶殊 夷
狄之不可以爲中國 猶禽獸之亦不得爲夷狄也 然則吾東亦夷也 雖使聖君
賢相相遇學者修道 將不可與進於堯舜之治周公之道 而東方諸老先生 告
君相以期回至治 勉學者以力求古道者 亦皆詆之以必不可成之事耶 愚意
非謂此也 所謂夷狄之不可以中國之道道之者 正指以夷狄之人不變夷狄之
道 而恃其牛羊之力 憑水草之性 不安其分侵陵中國 如忽必烈之類也 雖以
夷狄之人 而能棄夷狄之行 慕中國之道 服中國之服 言中國之言 行中國之
行 則是亦中國而已 人亦將以中國待之 豈可復問其初之爲夷狄也 夫子所
謂有敎無類者 盖謂此也 … 昔之所謂中國者 或反爲夷狄之藪 所謂蠻邦者
或反爲華夏之區 則地之無內外 人之無華夷 盖如是也"
29) ≪위 책≫, 37~38. "惟我東方 自太師東來八條敷敎 以後民俗不變 已有小
中華之稱矣 至于我朝 列聖相承 賢相代出 其所以修己治人者 必法堯舜文
武之道 故禮樂刑政 衣冠文物 悉襲中國之制 而婦女不再嫁 喪必三年者
其風俗之美 禮義之行 實有三代以後中國之所不能及者矣 培養旣久 天眷
益新 眞儒輩出 道學大明 有以接乎孔孟程朱之傳"

하는 결과에 대하여 다음과 같이 말하였다.

　　그러나 내가 일찍이 이 문제에 대하여 생각해 본 적이 있다. 天의 四時 가운데 春夏가 陽이 되며 秋冬이 陰이 되고, 地의 사방 가운데 동남이 陽이 되며 서북이 陰이 된다. 따라서 중국 문명의 운수가 서북 쪽은 항상 축소되고 동남쪽으로 펼쳐가게 되었다. 이리하여 동남에 있는 閩越과 朝鮮은 모두 변하여 예악과 문물의 나라가 되고 서북은 이적들이 변하여 중국을 따르지 못할 뿐 아니라 원래 중국 지역도 점 차 이적에게 들어가게 되었다. 대개 동남은 발생하는 지역이며 風氣 가 아름다워 그 지역의 사람들이 변화하여 道에 나아 갈 수 있고 서 북은 죽어가는(肅殺) 지역이며 풍기가 사나와 그 지역 사람들이 함께 도에 들어갈 수 없다. 이것은 음양의 청탁에 따라 구분되는 것이며 천 지의 기운이 이에 관련 되는 것이어서 인력으로 어찌할 수 없는 것이 다. 聖人의 지혜는 하늘과 같이 움직이는 것이어서 여러 사람들이 못 보는 이 점을 미리 보았다. 태백이 남쪽으로 감으로써 마침내 송나라 와 같은 아름다움이 있게 되었고 기자가 동쪽으로 옴에 우리 조선조 와 같은 정치와 교화를 열게 되었다. 공자께서 중국의 쇠퇴함을 탄식 하고 九夷에 가서 사시려고 하였으나 서북 쪽을 돌아본 적은 없다. 이 것으로써 그 뜻을 알 수 있다. 30)

　　위의 인용문에서 보면 지리적으로 동남과 서북쪽을 차별하여 동남 쪽에서는 夷狄이라고 하더라도 中國으로 변화할 수 있지만, 서북 쪽 夷狄은 중국으로 변화될 수 없고 원래 중국의 서북 지역도 점차 夷狄 化되어 가는 경향이 있다고 하였다. 따라서 지리적 관점의 화이관은

---

30) ≪위 책≫, 38. "然愚嘗竊推之 天之四時 春夏爲陽 秋冬爲陰 地之四方 東 南爲陽 西北爲陰 故中國文明之運 常縮於西北而展於東南 是以在東南則 閩越朝鮮 皆變而爲禮樂文物之邦 在西北則不但夷狄之不能變而從夏也 中國之地 亦漸淪入於夷狄盖東南發生之地也 風氣休明 故其地之人 可與 變而之道 西北肅殺之方也 風氣勁悍 故其地之人 不可與入於道矣 此其陰 陽淑慝之分 自有天地氣運之所關 而非人力之所可容也 聖人之智 與天同 運者 先有以見此於衆人之所未及者 故泰伯南去而終啓有宋之休明 箕子 東來而啓我朝之治化 夫子歎中國之衰 則亦欲居九夷而未聞其有眷顧於西 北者 則此其意可見也"

극복된 것이 아님을 알 수 있다. 이에 따라 결국 서북 지역 사람들에 대하여 중국으로의 변화 가능성을 부정하는 종족적 화이관의 측면도 여전히 남게 되었다. 이런 차별 의식은 위의 인용문에서 '이것은 陰陽의 淸濁에 따라 구분되는 것이며 천지의 기운이 이에 관련되는 것이어서 인력으로 어찌할 수 없는 것이다'라고 한 것으로 보아 역시 氣에 의한 차별성에 근거한 것이다.

더욱이 한원진은 중국이 청나라의 지배 하에 들어가서는 조선만이 유일하게 중화의 정치를 보존하게 되었으며 나아가 조선이 중국에 진출하여 천하를 소유할 수도 있다는 생각까지 표명하였다.[31] 이것은 문화적 화이관을 갖고 있더라도 지리적, 종족적 화이관을 극복하지 못할 때 매우 폐쇄적, 독존적이 입장이 될 수 있으며 심지어는 침략적 방향으로까지 나아갈 수 있음을 보여준다고 할 수 있겠다.[32]

---

31) ≪위 책≫, 38. "當此天地丕塞 海內腥胆之時 乃以一隅偏邦 獨能保中華之治 承前聖之統 而殆與昔閩越 無相遜讓 則雖由此進於中國 行王道而有天下 亦無不可矣 信乎其所行中國則中國無所繫於其地也"

32) 한원진의 이런 생각은 병자호란 후 北伐論을 주장해 온 서인 집권층의 입장을 계승한 것이라고 할 수 있다. 그러나 북벌이라는 주장은 원래, 진정한 북벌 의도에서 나온 것이 아니라 대민 통제와 정치적 명분 확보를 위한 것이라는 측면이 크다. 송시열 단계에서 이런 이미 이런 측면이 있었다. 더욱이 한원진 단계에 이르러서는 이것은 더욱 허구적인 것이 되었다. 이런 가운데 강하게 華夷 구별을 주장하고 淸나라에 대한 배척 의식을 보이는 것은 오히려 이런 논리 위에서 당시 정통 성리학과 다른 사상을 가진 사람들을 공격하려는 의도와 관련이 있다고 생각된다. 한원진은 생민과 세도에 해로운 것에는 네 가지가 있으며 禽獸, 夷狄, 亂賊, 異端이 이것인데 이 가운데 異端의 폐해가 가장 크다고 하였다(≪위 책≫, 36. "凡爲生民世道之害者有四 禽獸也 夷狄也 亂賊也 異端也 然賊人身者 其害淺 陷人心者其害深 亂一時者其害小 誤萬世者其害大 故禽獸之害淺而夷狄之害深 夷狄之害淺而亂賊之害深 亂賊之害淺而異端之害深 異端之害猶爲淺 而在儒者其言行出處之差者 其害尤甚"). 한원진은 청나라에 대하여 지금 당장은 위협이 되지만 장기적으로 위협이 되지 않을 것이라고까지 하였다. 이에 대하여는 그의 일본 인식을 다룰 때 그의 對日觀과 함께 살펴보기로 한다.

2) 丁若鏞의 華夷觀

정약용의 華夷觀에 대하여는 아직 본격적인 연구가 없고 조선후기 역사학 및 화이관의 변화, 그리고 정약용의 역사 인식을 개괄적으로 다루는 과정에서 부분적으로 언급되었다.[33] 정약용은 문화적, 종족적, 지리적 화이관의 세 측면 가운데 지리적 화이관과 종족적 화이관의 두 측면을 극복하였다. 그는 <送韓校理使燕序>에서 종래 지리적 화이관의 근거, 즉 중국이지리적으로 세계의 중심이라는 견해에 대하여 다음과 같이 비판하였다.

---

33) 정약용의 화이관의 변화에 대한 기존의 연구로는 다음의 논문이 참고된다.
조성을, 1994 <정약용> ≪한국의 역사가와 역사학 상≫ (창작과 비평사, 서울) ; 조성을, 1995 <조선후기 화이관의 변화> ≪근대국가와 민족문제≫ (지식산업사, 서울) ; 조성을, 1997 <조선후기 역사학의 발달> ≪한국사의 인식과역사이론－김용섭교수정년기념 한국사논총1－≫ (지식산업사, 서울)
앞서 언급한 바와 같이 최근 정약용의 화이관을 이익과 그것과 함께 다룬 논문이 나왔다[조성을, 2004 <이익과정약용의 화이관> ≪조선후기사학사연구≫ (한울, 서울)]. 이 논문에서 조성을은 '정약용의 화이관은 멀리는 허목이 일본의 유학이 발전하는 것을 매우 긍정적으로 평가하고 華로의 전화 가능성까지 어느 정도 생각한 것에서 비롯한다. 그러나 정약용의 화이관의 변화는 직접적으로는 이익의 화이관에서 영향을 받았다고 생각한다. 이익이 중국사에서 동이족 정복국가들에 대하여 유교의 이념에서 매우 긍정적으로 평가한 것에 영향을 받아 청나라를 적극적으로 긍정하였으며, 또 이익이 일본의 유학을 긍정적으로 평가한 것에서 정약용이 일본을 긍정적으로 평가하게 되었고 이런 점들이 합쳐져 결국 지리적·종족적 회이관을 완전히 극복하게 되었다고 생각한다. 한편 정약용은 이익보다 한 걸음 더 나아가 화이관의 문제를 이론적으로 명확하게 정리하였다. 이 점에서 정약용은 이이과 차이가 난다 … 정약용의 이론 작업은 한원진의 <졸수재설변>에서 영향을 받았기 때문일 수 있다'라고 하여 정약용 화이관의 역사적 위치에 대하여 생각해 보았다(조성을, ≪위 책≫, 366~367).

내가 보기에 이른바 중국이라는 것이 중심이 되지 않으며 우리나라가 동쪽이 되지 않는다 … 이미 (자신의 입장에서) 동서남북의 가운데 있게 되면 중국이 아닌 것이 없다 … 이른바 중국이란 무엇을 말하는 것인가. 요·순·우·탕 임금의 정치가 있는 것을 중국이라 하며 공·안·사·맹의 학문이 있는 것을 중국이라고 한다. 34)

어느 곳이나 자신의 입장에서는 중국이 아닌 곳이 없다는 것이다. 이것은 명백히 중국이 지리적으로 천하의 중심이라는 견해를 부정한 것이라고 할 수 있다. 그리고 그는 요·순·우·탕 임금의 정치와 공·안·사·맹의 학문이 있는 것을 中國이라고 하였다. 유교 정치와 학문, 유교 문화를 바로 중국 즉 華라고 보았다. 즉 그는 문화적 華夷觀은 갖고 있는 것이라고 하겠다.

한편 정약용은 자신의 이런 문화적 화이관을 <拓拔魏論>에서 다음과 같이 보다 체계적으로 전개하면서 지리적 화이관과 종족적 화이관을 함께 부정하였다.

聖人의 법은 중국이 夷狄 짓을 하면 이적으로 간주하고 夷狄이 중국의 일을 하면 중국으로 간주한다. 중국과 이적의 구별은 그 道와 정치와 있는 것이지 강역(지리적 위치)에 있는 것이 아니다. 周나라의 선조가 오랑캐 사이에 있었으므로 바로 이적이었다. 그러나 하루 아침에 태왕과 왕계가 출현하여 예악과 문물이 볼 만한 것이 있게 되었으므로 중국으로 여겼다. 秦나라의 선조는 백익의 후손이므로 바로 중국이었다. 그러나 한비자 이래로 이익을 숭상하고 의리를 버리면서, 중국과의 和好를 싫어하였으므로 이적으로 간주하였다. 성인이 이적과 중국으로 간주하는 것이 본래 이와 같았다. 탁발씨의 땅은 동쪽으로 예맥에 연해 있고 … 鮮卑라고 불렀다. 처음에 이적이었으나… 賢哲한 군주가 대대로 이어지고 井田의 제도를 회복하였으며 周나라

34) ≪여유당전서≫ 1, 270(쪽 수는 경인문화사 영인본의 것을 따름). "以余觀 其所謂中國者 吾不知其爲中 而東國者不知其爲東也 … 夫旣得東西南北之中 則無所往而非中國 … 則所謂中國者 何以稱焉 有堯舜禹湯之治之謂中國 有孔顏思孟之學之謂中國"

관직 제도를 따랐고 교화가 넘쳤으며 예악이 찬란하였다 … 어찌 이
를 존중하여 중국으로 하지 않고 배척하여 중국으로 간주하지 않았
는가. 史家들의 편협함이 이와 같아서 후세에 외국에서 들어와 중국
의 주인된 자에게 권할 바가 없었다. 그들은 胡服을 입고 胡語를 말하
면서 '너희들이 우리가 중국이 되기를 원하지 않으니 차라리 나는 너
희들을 오랑캐로 만들겠다'라고 하고 요·순·우·탕의 유민을 이끌
어 이적으로 만들어 버렸다.[35]

위의 인용문에서 '聖人의 법은 중국이 夷狄 짓을 하면 이적으로 간
주하고 夷狄이 중국의 일을 하면 중국으로 간주한다. 중국과 이적의
구별은 그 道와 정치와 있는 것이지 강역(지리적 위치)에 있는 것이
아니다'라고 한 것은 도와 정치(문화적 요소)에 근거하여, 지리적 화
이관을 분명하게 부정한 것이다.

한편 위에서 보면 본래 중국이었던 秦나라에 대하여 '秦나라의 선
조는 백익의 후손이므로 바로 중국이었다. 그러나 한비자 이래로 이
익을 숭상하고 의리를 버리면서, 중국과의 和好를 싫어하였으므로 이
적으로 간주하였다'라고 하였다. 종족이 본래 중국인이라도 夷狄의
道를 행하면 이적으로 간주된다는 것이다. 또 선비족은 원래 이적이

---

35) 정약용, ≪위 책≫, 243. "聖人之法 以中國而夷狄 則夷狄之 以夷狄而中
國 則中國之 中國與夷狄 在其道與政 不在乎疆域也 故周之先 間於燻鬻
則未嘗非夷狄也 而一朝有太王王系者興 而禮樂文物可述焉 則中國之 秦
之先 伯益之後 未嘗非中國也 而自非子以來 崇利棄義 不肯與中國和好焉
則夷狄之 聖人之夷夏 本如是矣 拓拔氏之地 東連濊貊....號曰鮮卑 其始也
未嘗非夷狄也....賢哲之君 世世承襲 復井田之制 遵周官之職 敎化洋溢 禮
樂煥爛.....何不進之爲中國 而必擯斥 而不予統也 史家之偏隘如是也 故
後世自外國而入主中國者 無所勸焉 復胡服語胡語曰 汝旣不欲中國我 寧
我夷狄汝矣 率堯舜禹湯之遺民 而夷狄之" 앞서도 언급하였듯이 정약용
은 이 글을 쓰기 전에 한원진의 <졸수재설변>을 이미 읽었을 가능성이
없지 않다. 탁발위론의 서두 부분이 한원진의 주장을 의식하면서 쓰고
있는 듯한 인상을 주고 있기 때문이다. 즉 정약용이 <졸수재설변>을
읽고 이것을 비판하기 위해 <탁발위론>을 썼을 가능성이 없지 않다고
여겨진다.

지만 성인의 도와 정치를 행하였으므로 중국으로 간주해야 옳다는 것이고 이런 관점에서 선비족의 北魏를 正統으로 간주하지 않은 漢族 역사가들을 비판하였다. 위에서 보았듯이 정약용은 <탁발위론>에서 지리적, 종족적 화이관을 동시에 부정하고 문화적 가치(道와 정치)에 근거한 화이관을 분명하게 제시하였다.

이상 <사한교리사연서>와 <탁발위론>은 정약용이 유배가기 이전에 지은 글이다. 강진 유배 이후 정약용은 유교 경전을 주석하면서 위에서 언급한 문화적 화이관을 다시금 분명하게 말하였다. 그는 ≪論語古今注≫에서 '夷狄에게 임금이 있는 것이 중국에 임금이 없는 것만 못하다'("夷狄之有君 不如諸夏之亡也") 라는 ≪論語≫ 八佾 편의 구절에 대하여 다음과 같이 주석을 달았다.

> 보충하여 말한다. 여기서 夷狄이란 이적의 道를 말하며 중국이란 중국의 법을 말한다. 임금이 임금답지 못하며 신하가 신하답지 못하면 또한 이적일 따름이니 이적의 도에 안주하여 임금 자리를 보존하는 것이 선왕의 법을 따르고 중국의 예를 닦다가 임금 자리를 보존하지 못하게 된 것보다, 더 못하다는 것이다 … 邢氏는 이적은 임금이 있어도 예의가 없으며 중국은 임금이 없더라도 周나라 召公 共和 시절처럼 예의가 그대로 있다. 따라서 이적에게 임금이 있는 것이 중국에 없는 것만 못하다고 하였다. 반박하건데 잘못 된 해석이다. 공자께서 九夷에 살고자 하였으니 (종족으로서의) 이적은 그가 천히 여긴 바가 아니다. 하물며 죄가 명확하지 않은데도 까닭없이 배척하여 너희(이적)가 임금이 있는 것이 우리가 없는 것만 못하다라고 하였겠는가. 어찌 이것이 의미있는 말이 되겠는가.[36]

---

36) 정약용, ≪여유당전서≫ 2, 174. "補曰 夷狄謂用夷狄之道也 諸夏謂用諸夏之法也 君不君臣不臣是亦夷狄而已 安於夷狄而苟保君位 不若遵先王之法 修華夏之禮 而不保君位也 … 邢曰 夷狄之有君而無禮義 中國雖偶無君 若周召共和之年 而禮義不廢 故曰 夷狄之有君 不如諸夏之亡也0駁曰 非也 孔子欲居九夷 夷狄非其所賤 況罪累不明 而無故斥之曰 汝之有君 不如我之亡君 豈有味之言乎"

위에서 보듯이 '夷狄이란 이적의 도를 말하며 중국이란 중국의 법을 말한다. 임금이 임금답지 못하며 신하가 신하답지 못하면 또한 이적일 따름이니 이적의 도에 안주하여 임금 자리를 보존하는 것이 先王의 법을 따르고 중국의 예를 닦다가 임금 자리를 보존하지 못하게 된 것보다, 더 못하다는 것이다'라고 하여 夷狄과 中國의 구분이 道에 있음을 다시금 명백하게 하였다.[37] 이상에서 우리는 정약용이 유배 이전에 이미 종족적, 지리적 화이관을 분명하게 극복하였으며 유배 이후 강진 시절에도 이런 생각을 ≪논어고금주≫의 주석을 통해 명백히 표현하였음을 알 수 있었다. 유배 이전과 이후에 일관되게 文化的 華夷觀에 입각하여 종족적, 지리적 화이관을 부정하는 생각을 갖고 있었다고 할 수 있다.

2. 日本認識

1) 韓元震의 日本認識

韓元震의 日本認識은 그의 <擬上時務封事>에 체계적으로 나타나 있다. <擬上時務封事>에는 당시 時務와 관련된 여러 가지언급이 있으며 그 가운데 하나로서 그가 關防策을 제시하였다. 이 관방책 가운

---

37) ≪논어고금주≫에서는 '有敎無類'(≪논어≫ 위령공 편)라는 구절에 대하여도 다음과 같이 주석을 붙였다(≪여유당전서≫ 2, 324. "補曰 修道之謂敎 補曰 類有二 一曰族類 百官萬民 以貴賤別也 一曰種類九州四夷 以邇邇別也 有敎則皆可以歸於大道是無類也 … 斯民也 堯舜三代之民也 秦漢以來 無善俗 九夷八蠻 五戎六狄 苟其敎之 皆可以襲冠帶而知禮義 豈有類乎 天之降衷 無有貴賤 無有邇邇 有敎則皆同 是無類也" 여기에서 보면 정약용은 교화가 있으면 중국의 人民이던, 九夷의 人民이던 모두 禮義를 알 수 있다고 하였다. 중국과 이적 사이에 종족적 차별 관념을 분명하게 극복하였음을 알 수 있다.

데 그의 일본에 대한 그의 對外認識을 엿볼 수 있다. 그는 당시 일본
과 청나라에 대하여 총론적으로 다음과 같이 말하였다.

> 南夷(일본)와 北虜(청나라)의 경우, 모두 우려됩니다. 그러나 그 우
> 려의 완급으로 말하면 南夷의 우려는 급한 것이 아니고 北虜의 우려
> 가 급합니다. 그 우려의 深淺을 헤아려 보면 북로의 우려는 얕고 남이
> 의 우려는 깊습니다.[38]

즉 당장에는 일본의 위협보다 청나라의 위협이 크지만, 장기적으로
는 일본의 위협이 더 크다는 것이다. 그는 이어서 그 근거에 대하여
다시 자세히 설명하였다. 먼저 일본에 대한 설명을 살펴보면 다음과
같다.

> 그 이유는 어째서일까요. 멀리 고려말로부터 島夷(일본)은 중국
> 越과 우리나라 沿海를 침략하지 않은 해가 없었으나 임진왜란으로
> 크게 낭패를 본 뒤에는 일절 다시 나온 일이 없습니다. 이것은 그들이
> 옛 행위를 잊었기 때문인가요. 단지 지난 번 경솔히 움직였다가 낭패
> 본 것을 거울삼아 철저히 준비하고 틈을 기다리면서 분을 삭이고 있
> 는 것일 따름입니다. 근래 관백의 사망이 이어져 外事에 신경쓸 겨를
> 이 없습니다. 왕래하는 사신들이 전하는 바를 들으니 새 군주가 好文
> 하고 풍속이 文物을 숭상한다고 하였습니다. 그 군주가 好文하면 정
> 벌에 뜻이 없고 풍속이 文物을 숭상하면 반드시 무력을 경쟁하지 않
> 으니 당장에는 우려할 필요가 없을 것 같습니다. 그러나 만약 관백이
> 죽으면 누가 그를 계승할지 모르며 우리나라가 틈을 보인다면 그들
> 이 욕심을 내지 않으리라고 보장할 수 있겠습니까. 오랫동안 철저히
> 준비한 뒤에 발동하여 좋은 기회를 탄다면 그 예봉을 당할 수 없을
> 것입니다. 그리고 그들이 지난 번(임진왜란)에 경솔하게 서북 지방까
> 지 깊이 들어와 실패한 것과 저번에 살육을 많이 자행하여 실패한 것
> (민심을 얻지 못한 것)을 거울삼아 먼저 삼남지방을 점거하고 인심을
> 수습함으로써, 병서에서 이르는 대로, 객으로서 도리어 주인이 되어

---

38) ≪남당선생문집습유≫, 336. "至於南夷北虜 無非可憂 而論其憂之緩急
則南緩而北急 計其憂之深淺 則北淺而南深"

편안하게 지낸다면(정세를 관망하기만 한다면), 지략이 있는 사람도
국가를 위하여 어떻게 계책을 내어야 할지 모를 것입니다. 어찌 한심
하지 않겠습니까. 이것이 일본의 우려는 적은 것 같지만 실제로는 깊
은 이유입니다.39)

일본의 관백이 호문하고 풍속이 문물을 숭상하여 당장에는 위험이
없으나 장기적으로 일본이 철저히 준비하고 쳐들어 와 삼남에 웅거
하여 持久戰의 태세를 갖춘다면 대처할 방도가 없다는 것이다. 여기
에서 말하는 '관백이 호문하고 풍속이 문물을 숭상'한다는 것은 당시
일본에 儒學이 발전하고 있음을 말하는 것이라고 하겠다. 유학의 발
전은 침략의 가능성을 낮게 한다고 한원진이 생각하고 있었음을 알
수 있다. 어쨌든 한원진이 일본이 당장 침략할 가능성은 없지만 장기
적으로는 무서운 위협이 되므로 이에 대비해야 한다고 생각하였음을
알 수 있다. 또 이어서 일본에 비하여 淸나라의 위협은 당장에는 크
지만 장기적으로는 문제가 되지 않을 것이라는 것이라고 하였다.40)
우리는 결국 한원진은 당장의 위협적 존재로는 청나라를 상정하였

---

39) ≪위 책≫, 336. "何者 自麗季 島夷之侵略中國 越我國沿海 無歲無之 一
自壬辰大亂之後 不敢復出 此豈忘舊日之爲哉 特懲前輕擧 蓄銳偵 … 近
者 關伯相繼死亡 固不遑於外事 而竊聞諸使行往來之所傳 則新君好文而
俗尙文物 其君好文 則無意於征伐 俗尙文物 則必不競於武力矣 目下似無
可憂 然關伯若死 繼立者不可知 而若又値我國有可乘之 則其不生心 果可
保乎 發於畜銳之久 得乎乘便之機 則其鋒不可當 而懲前之輕入西北 懲前
之多行殺戮 先據三南 務收人心 而軍書所謂反客爲主 以逸待勞之術 則雖
有知者 亦不知爲國家計矣 豈不可寒心哉 此其憂之似微而實深矣"

40) ≪위 책≫ <의상시무봉사>. "北虜必亡 其形有三 自古帝王之有天下 歷
年長久者 皆以有大功德於天下也 今虜之有天下 非有功德之及民 又非勤
勞而致之 適會流賊之亂 因緣吳將之納 一戰而獲天下 眞所謂漁人之功也
此豈有維持及遠之根本哉 此其必亡之形 無功而有天下也 百年之運已窮
二也 雍正狂暴 兄弟猜嫌 三也 匹夫一呼 四海嚮合 變起蕭墻 內外夾攻 則
其勢必橫潰而東走矣 旣定歸國 禍必及我矣 虜之據有藩陽 … 故臣謂比之
倭患 其憂稍淺而實急者也"

고 일본에 대하여는 목전의 위협이 된다고는 생각하지 않았음을 알
수 있다. 더욱이 일본에 대하여는 유학과 문물의 발달을 인정하였다.
이 점에서는 한원진도 기호남인계 실학자와 의견을 같이 하고 있는
것이라고 하겠다.

2) 丁若鏞의 日本認識

다음으로 정약용의 일본 인식에 대하여 고찰하기로 한다. 이에 앞
서, 먼저 정약용을 포함한 남인계 실학자의 일본 인식에 깊은 영향을
준, 許穆의 日本認識에 대하여 간략히 살펴보기로 한다. 이익, 정약용
등 남인계 실학자의 일본인식은 허목의 日本認識을 계승, 발전시킨
것이다. 허목에게서는 변동하는 17세기 상황에서 주변국 일본에 대하
여 새로운 각도에서 보려는 태도가 나타나기 시작하였다.[41]

허목은 일본에 대하여 <黑齒列傳>이라는 체계적인 글을 남겼다.
이것은 허목의 역사서 東事 가운데 한 항목으로 되어 있다. 東事의
구성은 우리나라 역대 왕조의 역사에 대하여 世家라는 명목으로 정
리하고 우리 내외의 종족 또는 지역을 濊貊, 靺鞨, 乇羅, 紙乘, 黑齒列
傳으로 나누어 정리하였다. 이것을 갖고허목이 '한국사를 世家와 列
傳으로 편성한 것은 이를테면 우리나라를 중국과 다른 또 하나의 독
립된 天下秩序로 상정한 것이라고 볼 수 있다'라는 견해가 있다.[42]

---

41) 이익의 일본인식에 대하여는 이미 하우봉의 치밀한 연구가 있으므로 본
고에서는 다루지 않기로 한다.
42) 한영우, 1985 <허목의 고학과 역사인식－東事를 중심으로> ≪한국학보≫
40, 67. 그러나 과연 그렇게 볼 수 있을지 의문이다. 우리 역대 왕조에
대하여 本紀가 아니라, 世家라는 명목으로 정리하였기 때문이다. 사마
천의 ≪史記≫ 이래 중국 역대의 紀傳體 역사서에서 世家는 어디까지나
諸侯의 역사를 말한다. 우리나라에서도 ≪三國史記≫에서는 고구려, 신
라, 백제에 대하여 本紀라는 명칭을 사용하였으나 高麗史부터는 자발적

앞으로 이 문제는 허목의 淸나라에 대한 인식과 더불어 살펴보아야 할 것이다.

　다만 허목은 <黑齒列傳>에서 일본을 전체적으로 夷라는 관점에서 평가하였다.[43] ≪미수기언≫의 <東事序>에서 '흑치는 동해 가운데 있는 蠻夷'라고 하였으므로("黑齒 東海中蠻夷") 허목이 일본을 기본적으로 夷로 보았음을 알 수 있다. 이런 입장에서 그는 일본인에 대하여 淫巧奇技를 잘하며 온나라 사람들이 모두 죽음을 가벼이 여긴다라고 부정적으로 평가하는 한편 일본의 종교와 풍속에 대하여도

　으로 격을 낮춰 世家라고 하였다. 다음으로 列傳에는 두 가지가 있다. 하나는 개인들의 전기이며 다른 하나는 중국 주변 민족에 대하여 중국의 입장에서 정리하여 놓은 것이다. 東事에 수록된 <黑齒列傳>은 두 번째 성격의 것이라고 할 수 있다. 가운데에 中華가 있고 중국에 복속되는 미개한 여러 이민족이 주변에 존재하는 중국 중심주의 천하관에 따른 것이다. 따라서 중국 正史에서 이런 성격의 列傳에 수록된 주변 종족은 그들의 華夷觀에 의하여 모두 夷로 상정되었다. 이 점을 갖고 허목이 우리를 華로 하는 독자적인 천하를 상정하려 하였다고 보려 한 것이다. 그러나 東事에 언급된 濊貊, 靺鞨, 毛羅, 紙乘, 黑齒列傳 가운데 예맥은 古朝鮮으로 보았으며 말갈에 대하여는 고구려의 별종이라고 보았다. 탁라는 바로 제주도를 말하며 地乘은 우리나라 각 지역에 대한 역사지리적 정리이다. 따라서 東事에서 언급된 우리 주변의 종족이라야 <흑치열전>에서 말하는 일본 밖에 없다. 단지 이것을 갖고 허목이 우리나라를 중심으로 독자적 천하를 상정하였다고 보는 것은 다소 무리한 해석이라고 여겨진다. 허목이 <흑치열전>을 지은 동기는 임진왜란을 겪은 지 얼마 안되는 당시로서 자연 일본에 대한 경계의식을 갖게 됨으로써 일본에 대한 관심이 커져서라고 생각된다. 허목 자신은 ≪미수기언≫의 <東事序>에서 "黑齒 東海中 蠻夷強國 七道六十一州六百十一縣 故作黑齒列傳"라고 하였다. 즉 강국으로서의 일본에 대한 경계 의식 때문에 <흑치열전>을 지은 것이라고 볼 수 있다. 이런 생각을 허목이 일본에 대하여 갖고 있었다면, 일본을 우리의 附庸으로 간주하는 天下觀을 가졌다고 볼 수 없다.

43) 허목의 일본인식은 하우봉, 1998 ≪앞 논문≫ (서강대 박사학위논문) 36~43 '허목의 일본관' 부분에서 체계적으로 정리되어 있다. 하우봉은 허목이 일본을 夷로 보았고 대체로 부정적으로 인식했다고 하였다.

野蠻視하였다.44) 그러나 허목이 <흑치열전>에서 나름대로 일본 역사를 체계적으로 정리하고 일본의 3대 도읍지 등, 지리적 사항에 관심을 가짐으로써 일본에 대한 체계적이고 객관적 이해의 길을 열었음에 주목하고 싶다.

끝으로 <흑치열전>의 말미에서 그가 다음과 같이 당시 변화하기 시작하는 일본에 대하여 말한 것은 매우 중요한 언급이라고 생각된다.

> 그 喜怒哀樂과 선을 좋아하고 악을 싫어하는 人性은 같다. 이제 일본의 왜가 儒書를 구하 고 俎豆의 예속을 알려고 하니, 蠻夷의 盛事라고 할 수 있을 것이다.45)

性善의 보편적 입장에 서서 모든 인간을 대등하게 보는 것이다. 일본이 유학에 관심을 갖고 禮俗을 알려고 하는 것을 매우 긍정적으로 평가함을 알 수 있다. 이것을 人性의 보편성이라는 바로 그 앞의 말과 연결시켜 보면 결국 그는 일본의 華로의 변화 가능성을 인정하였다고 볼 수 있다. 이런 입장은 다음의 이익, 정약용에게 계승되어 더욱 발전되는 가게 되었다.

정약용의 일본인식에 대하여는 앞서 연구사의 검토에서 보았듯이 이미 기존의 치밀한 연구가 있으며 정약용 긍정적 일본인식을 갖고 있었음을 밝혀 주었다.46) 다만 이 논문에서는 유배 이전 정약용의 일본인식과 유배 이후 일본인식 사이에 변화가 있음에 주목하여 전기에는 매우 긍정적으로 일본을 인식하였으나 후기에는 경계 의식이 나타나고 있었다고 하였다. 그러나 이런 변화에도 불구하고 그의 긍

---

44) 하우봉, 1988 <앞 논문>, 41~42
45) ≪미수기언 원집≫ 권36, <흑치열전>. "然其喜怒哀樂 善善惡惡 其性均
　　也 今日本之倭 求儒書 問俎豆禮俗 可謂蠻夷盛事"
46) 하우봉, 1983 <다산 정약용의 일본관> ≪김철준박사화갑기념사학논총≫
　　(지식산업사, 서울)

정적 일본인식에는 근본적으로 변함이 없었다고 생각된다. 본고에서 는 이 점에 주목하고 싶다. 이런 그의 긍정적 일본관과 화이관은 밀 접한 관계가 있으므로 양자의 관계에 대하여도 고찰하고자 한다. 그 의 일본인식에 대하여 유배 이전과 유배 이후로 나누어 검토하여 보 고자 한다.

유배 이전 정약용의 일본 인식을 가장 잘 살펴볼 수 있게 하는 글 이 그의 1800년 무렵에 <日本論 1·2>이다.[47] 그는 <일본론 1>에서 다음과 같이 말하였다.

> 일본은 지금 염려할 것이 없다. 내가 소위 古學 선생 伊藤眞齋, 荻 生徂徠, 太宰純 등이 經義를 논한 것을 보니 모두 문장이 찬란하였다. 따라서 일본은 지금 염려할 것이 없다. 비록 그 사이에 迂曲한 점이 있고 그 文의 勝함이 지나치게 심하기는 하지만, 이적을 막기 어려운 것은 文이 없기 때문이다 … 일본의 풍속이 불교를 좋아하고 무력을 숭상하여 연해의 諸國을 약탈하여 목전의 욕심을 채워 우리나라의 우환이 되어 신라이래로 수십년간 무사한 적도 없었다 … 이제 우리 州縣과 전쟁을 하지 않은 것이 이미 이백여 년이 되었으며 중국과 무 역을 하는 배가 끊이지 않는다. 실로 그 예의와 문물에 변화가 있어 경솔하게 물건을 탐하는 풍속을 크게 변화시킴이 있지 않았더라면 어찌 누백년 동안 (평화의 정세에) 변함이 없으며 하루 아침에 침략이 없게 됨이 이와 같겠는가.[48]

이를 보면 일본에 유학이 발달하게 됨으로써 조선후기 수백년 동

47) 이 작품의 저작 시기에 대한 고증은 조성을, 2004b ≪여유당집의 문헌학 적 연구≫ (혜안, 서울) 261 참조.
48) ≪여유당전서≫ 1, 241. "日本今無憂也 余讀其所謂古學先生伊藤氏所爲 文及荻先生太宰純等所論經義 皆燦然以文 由是知日本今無憂也 雖其議 論間有迂曲 其文勝則已甚矣 夫夷狄之所以難御者 以無文也 … 日本之俗 喜浮屠 尙武力 唯剽掠沿海諸國 奪其寶貨糧帛 以充其目前之慾 故我邦爲 患 自新羅以來 未嘗數十年無事 … 今我州縣 不與交兵 已二百餘年 中國 互相市貨 舟航絡續 苟非有禮義文物 有以大變其輕窕貪貨之俗 何累千百 年 莫之或改者 能一朝而帖然寧息 如此哉"

안 평화가 유지될 수 있었다는 것이다.

한편 <일본론 2>에서는 여러 가지 이유를 들어 일본의 침략이 없을 것이라고 하였다. 그 중에서도 다음의 구절이 주목된다. 일본에 통합(중앙집권화)가 확립된 것을 일본 침략의 우려가 없다고 한 점이다.

> 일본이 예전에 통합이 되어 있지 않았을 적에는 여러 洲의 무뢰배들이 각기 자기 마음 대로 군사를 길러 약탈을 하였다. 따라서 신라, 고려 즈음에 여러 차례 근심거리가 되었다. 지금은 한 섬, 한 구석도 國君이 관할하지 않는 곳이 없으므로 감히 멋대로 병란을 일으키는 자가 없을 것이 분명하다 … 만약 국력의 허실과 무비의 철저 여부, 승패의 가능성을 저울질하였을 따름이라면 저들은 이미 백번 왔을 것이고 우리는 백번 패배하였을 것이다. 어찌 지금처럼 편안하게 무사하였겠는가.[49]

일본이 중앙집권화 되었으므로 지방의 독자적 세력이 침략할 일은 없으리라고 생각한 것이다. 만일 일본이 국가 전체의 힘과 무력을 고려했더라면 이미 여러차례 침략하였을 것인데도 그 사이 전쟁이 없었다고 한 것은 일본의 국가 차원에서의 전면적 침략은 없을 것이라고 예상하는 것이라고 할 수 있다.

한편 유배 이전 정약용은 1799년에서 1800년 사이에 지은 것으로 추정되는 <技藝論>3에서 일본이 중국과 직통하게 됨으로써 기술 능력이 중국과 대등하게 되어 백성이 부유하고 군비가 충실하게 되었다고도 하였다.[50] 이것은 그가 중국에서 기술 도입을 주장하기 위한

---

49) 정약용, ≪위 책≫ 241. "日本之舊未統合 諸洲亡賴之徒 各以其意治兵行劫 故羅麗之際 爲患頻數 今一島一奧 莫不統轄於國君 其無敢擅起戎禍審矣 … 若夫覘國力之虛實 察武備之疏密 量度於勝敗之數 而爲之權而已 則彼已百來 我已百敗 無噍類矣 豈至今安然無事哉"
50) ≪여유당전서≫ 1, <기예론> 3, 227. "日本往來江浙 唯務移百工織巧 故 … 日本在海中絶域 而其技能 與中國抗 民裕而兵强 鄰國莫敢侵援 其已然之效如是也" <기예론> 1~3의 저작 시기에 대하여는 조성을, 2004b

근거로 내세운 것이다. 이를 통해 우리는 정약용이 일본을 앞으로 당
시 조선이 낙후된 기술 발전을 시키기 위한 하나의 모델로 보고 있음
을 알 수 있다.

정약용의 이러한 긍정적 일본관은 후기에도 기본적으로 계속되는
것으로 생각된다. 강진 시절 두 아들에게 보낸 편지에서 그는 다음과
같이 말하였다.

> 일본에는 근자 名儒가 많이 나왔다. 物部雙柏 같은 이는 호가 徂徠
> 인데 海東夫子라고 일컬어지며 그 문도가 매우 많다. 전에 통신사가
> 條本廉文을 세 번 얻어 가지고 왔는데 글이 매우 정치하였다. 일본은
> 본래 백제에서 서적을 얻어 보았으며 처음에는 몽매하였으나 일단
> 중국의 江浙 지방과 직통하게 된 뒤에는 좋은 책 가운데 구입하지 않
> 은 것이 없고 또한 科擧에 억매이지 않으므로 이제 文이 우리보다 앞
> 섰으니 참으로 부끄러울 따름이다.[51]

위에서 보면 전기와 마찬가지로 역시 일본 유학의 발전을 매우 칭
찬하며 심지어 조선보다 앞섰으니 심히 부끄럽다고까지 하였다.

한편 이 밖에 유배 이후의 일본 인식을 보여주는 자료로는 《民堡
議》가 있다. 《民堡議 》 <總義五則>에서 정약용은 일본의 침략 가
능성을 고려하고 이에 대한 대비를 생각하였다.[52] 이렇게 일본에 대
한 대비책 강구가 나타난 것을 근거로 전기 정약용의 일본관이 후기
에는 변화하였다고 보는 견해가 있다.[53] 전기에 비하여 침략할 경우

《앞 책》, 261~261 참조.

51) 《여유당전서》 1, 443, <示二兒>. "日本近者 名儒輩出 如物部雙柏 號
徂徠 稱爲海東夫子 其徒甚多 往在信士之行 得條本廉文三度而來 文皆精
銳 大抵日本 本因百濟得見書籍 始蒙昧 一自直通江浙之後 中國佳書 無
不購去 且無科擧之累 今文學遠超吾邦 愧甚耳" <시이아>의 저작 시기
에 대하여는 조성을, 1994b 《앞 책》, 363 참조.

52) 《여유당전서보유》 3

53) 하우봉, 1983 <앞 논문>, 675 이하

어떻게 할 것인가, 또 어떤 대비를 해야 할지 보다 적극적, 구체적으로 생각하는 점에서는 다소 변화가 있다고 생각된다. 그러나 이런 점이 전기에 비해 두드러지게 나타나는 것은 ≪民堡議≫라는 책의 성격이 국방을 위한 것이라는 점에 있다고 생각된다. 사실 ≪민보의≫를 보아도 정약용은 전기와 마찬가지로 일본이 당장 조선을 침략할 가능성이 있다고 생각하고 있지는 않다.

정약용은 ≪민보의≫에서 장래의 일본 침략 문제와 관련하여 언급하기는 하였다. 하지만 이것을 일본이 당장 침략해 올 가능성이 있다고 생각한 것으로 보기는 어렵다고 생각된다.

> 만약 외침이 있다면 어떻게 해야하는가 … 두루 이전의 역사를 보건데 왜적은 침략은 아무 곳이나 침략하였다 … 그러나 이것은 그들의 옛 습속이고 이제 통합이 오래되고 기강이 잡혀 조수와 파도를 타고서 몰려드는 적은 없을 것이다 … 만약 그 나라가 쇠약해져 변방이 반란을 일으켜서 사쓰마나 나가사키 사람들이 작당하여 관백의 명령을 따르지 않게 된다면 조선의 재물을 노략할 것이다. 54)

이것은 일본의 전면적이라기보다 지역적 변란이 조선에 여파를 미칠 약탈하러 올 가능성에 대하여 언급한 것이다. 더구나 그것이 당장에 일어나리라고 생각한 것은 아니다.

앞 절에서 정약용의 화이관을 고찰할 때 보았듯이 그는 유배 이전과 유배 이후 일관되게 문화적 화이관에 기초하여 종족적, 지리적 화이관을 부정하였으며 夷狄에 대하여도 中國으로의 전화 가능성이 있다고 하였다. 그는 이 논리를 전기에는 <탁발위론>에서 鮮卑族의 拓拔氏(北魏)에 적용하였다. 이 논리는 보편주의적인 것이므로 어느 종

---

54) ≪여유당전서보유≫ 3, 336. "若有境外之寇 顧當如何 … 歷觀前史 倭之侵伐無處 … 然此畿舊習 今統合旣久 紀綱有主 乘潮駕浪 出沒之賊 必不作矣 … 若其國綱衰弱 邊颭叛亂 薩摩長崎之人 別爲部曲 不遵關白之命令 略朝鮮之財帛"

족에게도 적용할 수 있다. 정약용의 긍정적 일본인식은 바로 이 논리를 일본에 적용한 데 따른 것이다. 즉 일본이 先王의 道와 정치를 행한다면 일본도 중국으로 간주할 수 있는 것이다. 또한 이런 주변 민족에 대한 긍정적 인식이 바로 개방적, 보편적 화이관을 갖게 하였다고 할 수 있다. 양자는 상호 인과적, 보완적이라고 할 수 있겠다.

기본적으로 일본의 儒敎 문화가 매우 발전된 것으로 보는 점에서는, 위에서 보았듯이 전기와 후기에 차이가 없다. 따라서 일본을 華로 간주하는 것, 文이 매우 발달하였다고 보는 점에서는 변화가 없다고 볼 수 있으며, 그렇게 생각하는 한에서는 여전히 침략 가능성을 낮게 보았다고 생각된다. 다만 장래에 일본 국내의 외곽에서 변화가 일어나서 중앙의 통제가 어려워질 경우, 이들이 조선을 공격할 것에 대하여 염려하였을 따름이며 일본의 전면적인 조선 침략은 후기에도 생각하지 않은 것으로 보아야 할 것이다. 전기와 후기 일본관의 차이점은 후기에는 일본의 지역적 변란이 조선에 미칠 가능성의 예상 및 그에 대한 대비책이 나타난 지엽적인 것이며 근본적인 변화는 없었다고 할 수 하겠다.

Ⅳ. 德川幕府期 華夷觀의 變化와 朝鮮認識

1. 華夷觀의 變化

1) 林羅山의 華夷觀

17세기 병자호란과 명나라의 멸망 이후 朝鮮에서, 성리학자들 사이에서 이제 朝鮮만이 유일한 華라고 하는 朝鮮中華主義가 전개된 것과 마찬가지로 日本에서도 明淸交代라는 중국 대륙 정세의 변동과

더불어 중국에서는 中華의 전통이 단절되고 일본만 유일한 華라고
생각하는 日本型 華夷意識(華夷變態)이 형성되었다. 이런 관점에 따
라, 일본의 隣國인 朝鮮을 일본과 대등하게 보는 것이 아니라, 夷로서
일본의 조공국이라고 보았다. 이것은 德川幕府의 공식적 입장일 뿐
아니라 당시 朝野의 일본인 지식인들이 대체로 공유하는 바이었다.
본절에서는 德川幕府期 주자학자 가운데 대표자 林羅山, 古學者 가운
데 대표자 荻生徂徠의 화이관에 대하여 살펴보기로 한다.

　먼저 林羅山의 華夷觀을 고찰하기로 한다. 그는 조선 주자학을 통
해 자신의 학문을 이룩하였다. 林羅山은, 주자와 육상산을 절충하려
고 하였던 藤原惺窩와 달리 보다 주자에 충실하려 하였다고 말해진
다. 그가 철저한 주자학자라면 일단 주자와 마찬가지로 철저한 華夷
관념을 가졌을 것이라는 생각을 할 수 있다. 그러나 그에게는 못한
측면이 보인다. 그는 젊은 시절에는 유학의 합리적 사고 방식에 근거
하여 일본 神代의 기술에 의문을 갖기도 하였으나, 그의 사상 가운데
에는 유교적 합리주의와 전통적 神國 思想이 혼재하고 있다.[55] 그는
神武天皇論에서 다음과 같이 말하였다.

　　　천지가 시작될 때, 사람이 없었다면 사람은 실로 생겨난 것이 아니
　　겠는가. 이것은 천지의 氣가 낳은 것이다. 따라서 氣化와 形化가 있
　　다. 봉황이 생겨남은 물 짐승과 다르며 神龍이 생겨나는 것은 물 물
　　고기와 다르다. 物이 이미 그러하다면 神聖의 탄생은 다른 사람들과
　　다를 것이다. 이것은 비록 理의 변칙이기는 하지만 없다고 할 수 없다
　　… 중국의 晉書에서는 일본이 夏后小康의 후예라는 기록이 실려 있
　　다 … 단지 日本紀의 舊儀를 따라서 우리 고유의 神皇을 존중하는 것
　　만 못하다. 이 또한 가하지 않겠는가.[56]

---

55) 阿部吉雄, ≪日本朱子學과 朝鮮≫ 153~154 (東京大學出版會, 東京)
56) 1975, ≪日本의 朱子學≫ 下 <神武天皇論> (明德出版社, 東京) 549. "天
　　地之始 未嘗先有人 則人固有化而生之者 是天地之氣生之也 故有氣化 有
　　形化 鳳凰之生 異於衆獸 神龍之生 異於群鱗 物旣有然者 則神聖之生 必

林羅山은 주자학자로서 스스로 理의 변칙이라고 하면서도 神聖의 탄생을 믿을 수 있다고 하고서 일본 고대의 神武天皇의 神聖한 탄생을 기록한 ≪日本紀≫의 기록을 그대로 믿는 것이 옳다고 하였다.

이러한 그의 입장과 주자학은 어떻게 조화될 수 있는지 문제이다. 이와 관련하여 그는 <神社考序>에서 다음과 같이 말하였다.

> 우리나라는 神國이다. 神武 천황이 天을 계승, 立極한 이래 서로 계속 이어져 皇統이 끊어지지 않고 오로지 王道를 넓게 펼쳤다. 이것은 우리 神武 천황이 내려 준 道이다. 중세 에 쇠퇴하게 되자 불교가 이를 틈타서 西天의 법으로서 우리의 풍속을 변화시켰다. 王道가 이미 쇠퇴하자 神道도 점차 폐지되었다. 그 이단으로써 우리를 이간시켜 제대로 서지 못하였다. 그리하여 左道의 설로써 伊奘諾伊奘册을 범어라 하고 日神은 大日이며 大日本 國은 이에 따라 日本國이라고 이름을 붙였다고 하였다. 혹은 本地佛이 형적을 드러낸 것이 神이라고도 하였다 … 그 때의 왕공, 태인과 국가의 후백, 자사가 이를 信伏하고 잘못 임을 알지 못하였다. 마침내 神社와 佛寺가 뒤섞이어도 의문을 갖지 않으며 巫祝과 沙門 이 동거하게 되었다 … 아아, 神은 있어도 없는 것이나 마찬가지였다 … 그러나 日本書紀, 延喜式 등의 책이 남아 있어 의심스러운 것을 변론할 수 있다 … 지금 여러 책을 살펴서 神事에 대하여 찬수하고자 한다.[57]

위의 인용문에서 林羅山은 일본을 神國이라고 보았음을 알 수 있다. 이 점에서 그는 德川後期의 國學派 학자들과 차이가 없다. 다만

有異於人 是雖理之變 而不可謂無之也 … 晉書載 日本蓋夏后小康之裔也 … 不若只從日本紀之舊儀而敬我固有之神皇 不亦可乎"

57) ≪위 책≫, 556~557. "夫本朝者神國也 神武帝 繼天立極已來 相續相承 皇緖不絶 王道惟弘 是我天神之所授道也 中世寢微 佛氏乘隙 以彼西天之 法 變吾東域之俗 王道旣衰 神道漸廢 而以其異端離我而難立 故設左道之 說 曰伊奘諾伊奘册者梵語也 日神者大日也 大日本國 故名曰日本國 或其 本地佛而垂跡神也 … 時之王公太人國之侯伯刺史 信伏不悟 遂至令神社 佛寺混雜而不疑 巫祝沙門同往而共居 嗚呼 神在而如亡 … 然日本書紀延 喜式等之諸書 而可以辯疑....今我窺諸書 將修神事"

林羅山이 神武 천황이래 神道의 이념을 유교의 王道와 일치시켜 파악하는 점이 다르다. 또 다음으로 그는 불교를 비판하는 입장에 서서 불교에 의해, 神道가 이와 뒤섞이게 된, 이른바 神佛 습합을 비판하였다. 셋째로 그는 원래 神道의 모습을 ≪日本書紀≫ 등을 자료로 하여 복원하려는 생각을 피력하였다.

林羅山은 일본사상사에서, 일본의 神佛 습합을 타파하여 양자를 분리하고, 神道를 다시 儒敎와 결합시켜 神儒合一으로 전환하려는 한 위치에 있던 사람으로 설정된다.58) 위의 인용문에서 보아 이점을 확인할 수 있다. 즉 그는 儒敎의 가르침 - 보다 구체적으로는 주자학의 가르침-을 神道와 일치시키려고 한 것이다.

그러나 과연 이러한 神儒合一이 논리적으로 가능한 것인가. 앞의 인용문에서 보았듯이, 神武 天皇을 중심으로 하는 神道란 천황의 神聖性이라는 비합리적 요소를 전제로 하는 것이며 林羅山 자신도 이것을 理의 변칙이라고 인정하였다. 이것은 理의 일관된 원리(理一)에 기초한 朱子學에 위배되는 것이다. 더욱이 위 인용문에서 보듯이 神儒合一이라는 관점에서, 神道의 사적에 대하여 새로이 정리하기 위해 의거한 자료는, ≪日本書紀≫와 같은 매우 비합리적인 요소를 갖고 있는 책이다.

이러한 입장에 서고 있는 한, 林羅山은 일본 고대 이래의 국제 질서 관념, 즉 일본을 중심에 두고서 한반도 등에 있는 주변국을 조공국으로 보는 日本型 華夷觀에서 벗어날 수 없었다.59) 이리하여 그는 당시 조선에 대하여 일본의 朝貢國으로 인식하였다. 즉 일본을 중심에 두고 그 주변에 藩國이 있다고 보는 일본 중심의 천하관, 혹은 華

---

58) 阿部吉雄, ≪앞 책≫, 154
59) 이러한 일본적 화이관의 형성과 변화에 대하여는 酒寄雅志, 1993 <華夷思想의 諸相> ≪아시아 가운데의 日本史≫ (東京大學出版會, 東京) 42 이하가 참고된다.

夷觀을 갖고 있었다고 하겠다. 조선을 조공국으로 보는 태도에 대하여는 그의 조선인식을 다룰 때 다시 언급하기로 한다.

2) 荻生徂徠의 華夷觀

荻生徂徠는 공자를 매우 숭상하였으며 주자학을 뛰어 넘어 孔子의 본의에 도달하려고 한 일본 古學派의 대표적 인물이다. 그는 <辨道>에서 다음과 같이 말하였다.

> 공자가 말한 道는 先王의 道이다. 선왕의 도는 천하를 편안하게 하는 도이다. 고향인 魯나라를 동방의 周나라로 만들기를 염원하였다. 제자를 교육하여 각자 자기의 재능을 완성하게 함으로써 정치에 쓰려고 하였으나 끝내 정치를 지도하는 위치를 얻지 못하자 六經을 정리하여 제자에게 강설하였다. 六經은 바로 先王의 道이다 … 道란 종합적 명칭이다. 禮樂 刑政이라고 하는, 先王이 확립한 것을 일괄하여 이름붙인 것이다.[60]

위의 인용문에서 荻生徂徠가 孔子를 '先王의 道'의 계승자로 보면서 공자가 정리한 六經에 선왕의 도가 들어 있으며 이것은 바로 禮樂 刑政을 가리키는 것이라고 생각하였음을 알 수 있다. 이리하여 그는 形而上學的인 宋儒에 대하여 '宋儒는 精密을 귀하게 여겨 粗大함을 잃었다'라고 비판하였다.[61] 이것은 주자학의 형이상학을 배척하고 현실의 정치 제도에 더욱 관심을 두는 그의 입장에서 나온 것이라고 하겠다.

이런 荻生徂徠의 경우, 그가 중국을 매우 존중한 것으로 생각할 수 있다. 그러나 그는 일본이 중국보다 우월하다고 생각하였다. 중국의

---

60) 荻生徂徠, 1974 ≪荻生徂徠≫ -日本의 名著16- (中央公論社, 東京) 104～105
61) ≪위 책≫ <辨道> 3, 103～104

우월, 그것은 古代 先王의 道의 시대에 있었지만, 秦始皇 이후 中國은 선왕의 도를 잃음으로써 그 優越을 喪失하고 이제 이것을 이어 獲得한 일본의 德川王朝는 중국보다 優越하다고 본 것이 그의 인식이었기 때문이라고 설명이 그것이다.[62]

그러나 보다 근본적인 이유는 그의 古學 理念의 不徹底性에서 찾아야 된다고 여겨진다. 이것은 두가지 점에서 찾아질 수 있다고 생각된다. 첫째는 그가 德川幕府와 밀접한 관련을 가졌던 학자였으므로 德川幕府를 객관적으로 평가할 수 없었다. 그가 중국고대 선왕의 道를 德川幕府가 재획득했다고 본 것이 바로 그것이다. 이런 식의 평가는 자신의 왕조를 적극적으로 긍정하는 점에서는 당시 조선의 주자학자들과 서로 합치된다고 할 수 있다.

둘째로는 日本中心主義의 문제로서 이것은 일본 고대의 天皇과 神道에 대한 그의 긍정적 평가와 관련이 있다. 荻生徂徠는 일본의 神道家가 주장하여 온 祭政一致 사상에 공감을 표명하였고 ≪舊史本紀解≫의 서문에서는 일본의 神道를 先王의 道에 일치하는 것으로 보아 일본국의 모습을 보면 황실의 조상은 天에서 유래하며 祭政은 일치하며 官物과 神物은 구별할 수 없다고 했다고 한다.[63] 또 ≪論語≫ 子罕편의 '子欲居九夷'라는 구절에 대하여 伊藤仁齋가 ≪論語徵≫에서 '九夷를 동방의 군자국인 일본'이라고 해석한 것을 반대하여 일본에 있는 美點이라고 주장하고 이것은 周나라와 다르지만 夏·殷과 일치하는 것이라고 하였다고 한다.[64]

周나라보다 夏·殷과 일치시켜 보려는 것은 비합리적 요소를 인정하기 위해서라고 생각된다. 殷나라의 비합리적, 미신적 요소를, 상대

---

62) 吉川幸次郎, ≪吉川幸次郎全集 23≫ <民族主義者로서의 徂徠> (筑摩書房, 東京) 437
63) 尾藤正英, ≪앞 책≫ −일본의 명저16− <國家主義의 造型으로서의 徂徠>(해제) 58~59
64) <위 논문>, 59

적으로 보아 극복하고 나온 것이 周나라의 문화이기 때문이다.

荻生徂徠가 당시 중국을 일본보다 열등한 것으로 본 데에다가 주자학에 대하여 매우 비판적이었으므로 당시 주자학의 나라였던 조선에 대하여 매우 비판적으로 보았을 것으로 생각된다. 따라서 그는 당시 일본만을 華로 보는 견해를 가졌던 것으로 생각할 수 있다. 이렇게 자기나라만을 華로 보는 점에서도 일본의 고학파와 당시 조선의 주자학자는 서로 일치한다.

한편 일본 朱子學의 대표자 林羅山과 古學派의 荻生徂萊 두 사람의 학문적 입장은, 전자는 주자학자이며 후자는 고학파 학자라는 점에서, 근본적으로 다르지만 일본의 고대의 天皇과 神道를 긍정하는 점에서는 같다. 또 神道를 억지로 각기 유교 또는 夏·殷과 일치시키려 하는 점에서도 양자는 같고 이것이 결국 고대의 비합리적 요소를 긍정하는 것이 된다. 이러한 공통적 한계 때문에 양자는 결국 일본중심주의를 벗어나 개방적, 보편주의적 화이관을 전개할 수 없었다고 생각된다.

2. 朝鮮認識

1) 林羅山의 朝鮮認識

林羅山은 조선과 일본의 정치적 관계에서는 일단 조선을 일본의 西藩 즉 서쪽 제후국으로 보았다.[65] 또 林羅山은<寄朝鮮國三官使>

---

65) <朝鮮通信使來貢記>에서 '본래 조선은 우리의 西藩이었다. 지금 그들이 방문함에 이르러 후하게 접대한다. 이것은 또한 원방의 사람과 제후를 편안하게 하여 주려는 뜻이 아닌가'라고 하였다(三宅英利, ≪日本人의 韓國觀≫ 87에서 재인용). 또 三宅은 '원방의 사람과 제후를 편안하게 하여 주려는 뜻'이라는 말은 林羅山의, 조선에 대한 우월관·멸시감

라는 글에서는 '타국이 우리에게 조공을 바친 사실은 많다. 하물며 귀국이 사절을 보낸 것은 옛부터 셀 수 없이 많지 않은가'라고 하였다.[66] 여기 朝貢이라는 표현에서 보듯이, 조선통신사가 조공을 바치러 온 것으로 이해하였으며 이런 조공 사절은 예전부터 계속되어 온 것이라는 인식을 보여준다. 이것은 고대 이래 일본이 한국을 보아 온 관점의 연장선상에 있는 것이다.

그러나 일본에 조선의 발전된 주자학이 전해지고 일본이 이를 받아들여 일본 내에서 주자학이 발전하게 됨에 따라 일본에서는 조선을 문화적 선진국으로 보는 풍조도 나타나게 되었다. 이런 德川時期 일본의 대표자가 또한 林羅山이다. 林羅山의 朝鮮認識에 대하여는 그가 조선의 李滉을 매우 존경하였음을 밝힌 기존의 연구가 있다. 이황의 ≪退溪集≫을 갖고 주자학에 대하여 연구하는 과정에서 이황을 매우 존경하게 되었으며 이런 존경은 이황에 한정되지 않고 鄭月峯, 洪浩然, 李眞榮, 李梅溪 등에 까지 미쳤다고 하였다.[67] 사실 그는 1643년 통신사절 가운데 종사관이었던 申濡로부터 松竹梅三幅贊이라는 글을 받고 '보물입니다 … 그대의 깨끗한 손을 보는 것 같아 기쁨이 넘칩니다'라고 하기도 하였다.[68]

조선을 藩國 또는 朝貢國으로 낮게 보는 생각을 가지면서도 조선의 주자학자들과 시문을 존중을 보이는 일견 모순된 태도를 어떻게 이해하여야 할지 문제이다. 이것을 林羅山이 조선을 존경하는 것은 조선인 학자, 조선의 문화라는 차원에 머물러 있었으며 정치적 차원에서는 일본의 아래에 있었다고 생각했다고 한다면, 이 모순이 해결될 수 있을 것이다.

의 표현이라고 이해하였다.
66) ≪林羅山全集≫ 권14
67) 矢澤康祐, <江戶時代 日本人의 朝鮮觀에 대하여> ≪朝鮮史硏究會論文集≫ 11, 16~17
68) ≪林羅山文集≫ 권14, <謝朝鮮國信使申竹堂>

2) 雨森芳洲

德川時期에도 朝鮮을 일본보다 낮게 평가하거나 藩國으로 보는 것이 일반적 경향이었다. 그러나 雨森芳洲의 경우, 자신의 경험을 기초로 조선 멸시관에 대하여 비판하였고 매우 긍정적인 조선 인식을 가졌던 것으로 이해된다.[69] 그에게 이런 측면이 있는 것은 사실이다. 먼저 이 점에 대하여 살펴보기로 한다. 그는 조선에 대하여 '經書를 존중하고 學問을 숭상하므로 風俗이 엄숙하다'고 하였다.[70] 즉 그가 조선의 학문 숭상, 즉 朱子學 숭상과 風俗을 긍정적으로 평가하였음을 알 수 있다. 또 雨森芳洲는 交隣提醒에서 조선을 제대로 이해하면서 외교를 해야 할 것을 다음과 같이 주장하기도 하였다.

> 제13조: 일본과 조선은 풍속, 습관, 기호가 다르기 때문에 일본의 예의 범절을 갖고 조선과 사귀려 해서는 안된다.
> 제14조: 일본과 조선의 의복과 도구가 다른 것, 예의 범절이 다른 것은 각각 이유가 있다. 서로의 문화의 차이를 이해하고 존중해야 한다.[71]

여기에서 우리는 그가 상대국 조선의 문화를 제대로 이해하고 존중하면서 외교를 해야 한다는 생각을 가졌음을 알 수 있다. 이것은 외교의 기본 방침으로 매우 좋은 것이며 善隣에 매우 도움이 되는 태도이다. 그러나 이것은 단지 외교적 언사로서, 겉으로의 표방에 지나지 않았을 수도 있다. 雨森芳洲가 실제로 이것을 실제로 외교에서 관철하려고 하였는지 문제이다.

1711년 5월 조선은 德川幕府 將軍의 襲職을 축하하기 위하여, 趙泰

---

69) 三宅英利, ≪앞 책≫, 102~108
70) ≪日本手筆大成 第二期 四卷≫ <橘牕茶話>
71) 2001 ≪譯註 交隣提醒≫ (國學資料院, 서울)

億을 正使로 하는 500여명의 대규모 통신사를 일본에 파견하였다. 이
것이 이른바 辛卯使行이다. 이 辛卯使行에 대한 막부 측의 답서 가운
데 조선의 11대 임금 中宗의 諱인 '懌'자가 들어 있었다. 이에 정사
조태억은 답서 받기를 거부하면서 글자를 고칠 것을 강력하게 요청
하였다. 이에 대하여 일본측에서는 조선의 국서에서도 德川家光의
'光'자를 사용하여 諱를 범한 것이므로 고치자면 조선과 일본 모두
고쳐야 한다고 주장하였다. 당시 조선에서는 避諱를 엄격하게 지키도
록 되어 있었으며 당시 일본에서는 避諱라는 관념이 존재하지 않았
다. 이 때 일본측 실무자가 바로 雨森芳洲였다. 그는 避諱 문제에 대
한 조선인들의 관념을 잘 알고 있어서 사적으로는 다음과 같이 말하
였다.

> 雨森芳洲가 製述에게 말하기를 '三使가 국서를 고치기를 청하는 것
> 은 사리에 당연하다. 우리나라에서 시종 이를 어렵게 여겨 고치지 않
> 아도 될 光 자 고치기를 청한 것에 대하여는 참으로 蠻의 칭호를 면
> 치 못하는 바이다'라고 하였다.[72]

그러면서도 雨森芳洲은 조선 사신에게 德川幕府 측의 요구를 들어
주도록 다음과 같이 청하였다.

> 奉行 등이 말하기를 '국왕(장군)이 島主에게 엄하게 조처하여 반드
> 시 모레 출발하도록 할 것입니다. 만약 출발하지 않으면 도주는 중죄
> 에 처하게 될 것입니다 … 피차의 신의는 끊어지는 것입니다. 사또께
> 서는 비록 죽음을 두려워하지 않는다고 하지만, 서로 좋은 의리를 상
> 실하고 맹약이 실패한 후면, 두나라의 무고한 백성은 장차 도탄에 빠
> 지게 될 것입니다. 생각이 어찌 여기에 미치시지 못합니까.[73]

---

72) 任守幹, 1984 ≪국역 해행총재≫ 9 <동사일기> 228 (민족문화추진회,
   서울)
73) ≪위 책≫, 225~226

對馬島主도 禍를 당할 수 있으며 양국 우호가 결렬된다는 말로써 조선 사신에게 조선의 국서를 고치도록, 간청이 아닌, 일종의 '脅迫' 을 하고 있는 것이라고도 할 수 있겠다.

이러한 雨森芳洲의 태도는 對馬島主의 입장을 고려하고 幕府의 눈치를 볼 수 밖에 없는 對馬島 藩士의 처지로서는 어쩔 수 없는 것이었을 것이라고 이해할 수도 있다. 그러나 여기에는 또 다른 요소가 개재되어 있다고 여겨진다. 여기에는 근본적으로, 적어도 조선이 정치적으로 일본보다 낮은 위치에 있다는 생각이 밑바닥에 깔려 있었기 때문이라고생각된다. 그는 <論國王事與某人書>라는 글에서 다음과 같이 말하였다.

> 우리나라(일본)가 源·平이 서로 알력한 이래 王綱이 느슨해져 … 한갓 헛된 器만을 갖게 되었다. 域內가 함께 주인으로 하여 대대로 병권을 잡은 자는 명목은 대신이지만 실은 국왕이었다. 爵祿의 폐치가 다 그 손에서 나왔다. 역내 사람들은 聖統이 높이 억조의 인민위에 있음을 모른다. 아래, 위가 도치된 것이 이보다 심할 수 없었다. 오직 臣子이므로 … 감히 공공연히 조선에 대하여 스스로 王이라 칭하지 못하였다. (조선측에서) 우리(幕府 將軍)를 칭하여 君이라고 하여도 우리가 사양하지 않아야 한다. 우리는 바로 君이기 때문이다. 우리를 불러 臣이라 하여도 노하지 않아야 한다. 우리는 바로 臣이기 때문이다. 역대 장군가는 감히 스스로 王이라 하지 않았다.[74]

위에서 보면 德川幕府의 장군을 王이라고 해서는 안된다는 입장을 그가 가졌음을 알 수 있다. 그 근거는 명목적이지만 위에 天皇이 있다는 점에 두었다. 德川幕府와 당시 朝鮮 朝廷은 대등한 외교를 하여

---

74) ≪日本의 朱子學≫ 577. "竊惟國家 源平相軋以來 王綱日弛 … 徒擁虛器 爲域內共主 而世掌兵權者 名雖大臣 實乃國王 爵祿廢置 皆出其手 遂使 域內之人 不復知有體天竝日之聖統 巍巍然據億兆臣民之上 冠裳倒置 莫 此爲甚 唯有臣子 … 不敢公然自稱王號於朝鮮耳 夫稱我爲君而我不辭 我 卽君也 呼我爲臣而我不怒 我卽臣也 歷代將家 不敢自王"

왔으므로 雨森芳洲의 입장은 조선 국왕을 일본 천황의 아래에 두는
것이 된다. 이런 생각이 내재해 있었던 것이 그가 조선 사신에게 國
書의 改書를 강요한 요인의 하나라고 생각된다. 또 주자학적 명분론
이 雨森으로 하여금 천황에 대한 명분상의 존경을 더 갖게 하였을 수
도 있겠다.

V. 結 語

위에서 조선후기 朝鮮人 儒者의 華夷觀과 日本認識 및 德川時期
日本人 儒者의 華夷觀과 朝鮮認識에 대하여 살펴보았다. 이 논의를
요약해 보면 다음과 같다.

첫째 조선의 주자학자 한원진의 화이관은 문화적인 것에 기초하면
서도, 氣에 의한 차별관을 갖고 있었으므로 종족적, 지리적 화이관을
완전히 극복하지는 못하였고 당시 조선만을 華로 보는 자기 중심적
화이관을 갖고 있었다.

둘째 조선의 실학자 정약용의 경우, 문화적 것에 기초하여 지리적,
종족적 화이관을 완전히 극복함으로써 개방적, 보편주의적 화이관을
갖게 되었다.

셋째 조선후기 주자학자 한원진 경우, 대체로 일본을 夷狄으로 보
았으나 당시 일본의 유학 발흥에 주목하면서 일본이 당장에는 조선
을 침략할 가능성이 없다고 생각하였다.

넷째 정약용은 일본을 유학 및 문물 발전을 근거로 매우 긍정적으
로 평가하였고 이것은 전기와 후기에 차이가 없다. 전기와 후기의 차
이는 전기에는 단지 일본이 조선을 침략할 가능성이 없다고만 하였
으나, 후기에는 일본에서의 지역적 변란이 조선에 미칠 영향을 생각
하고 그 대비책을 강구한 점이다.

다섯째 일본 주자학자 林羅山은 조선에 대한 호감을 가지면서도 조선을 일본의 藩國으로 보는 일본중심적 華夷觀을 갖고 있었다. 이것은 일본을 神國으로 보고 고대 天皇의 神聖性을 존중하는 것과 관련이 있다. 이 점에서 그는 神儒合一을 주장하였다.

여섯째 일본 고학의 대표자 荻生徂徠는 중국의 원시유학을 몹시 존경하면서도 일본 고대 천왕과 신도를 존중하였다. 그는 고대 중국 선왕의 도는 이미 중국에서는 상실하고 이것을 德川幕府가 갖게 되었다는 일본 중심적 화이관을 갖고 있었다. 더욱이 고대 神道는 선왕의 도라는 유교 이념과 합치된다고 하면서 周나라보다는 夏·殷과 神道의 유사성에 주목하였다. 이것은 일본 神道의 비합리적 성격, 天皇의 神聖性 강조와 관련되는 것이다.

일곱째 林羅山은 조선의 주자학과 시문을 존중하기는 하였으나 조선을 일본의 조공국으로 보았다. 즉 그의 존중은 학문, 시문이라는 측면에 한정되었고 정치적으로 조선을 낮게 보는 견해를 갖고 있었다.

여덟째 조선에 대하여 가장 긍정적 인식을 가졌다는 雨森芳洲의 경우, 그가 조선의 문화와 풍속을 종중해야 한다는 외교 방침을 겉으로는 표명하였으나 실제로는 조선국서 개정이라는 막부의 무리한 요구를 조선 사신에게 강요하였다. 이것은 그가 정치적으로 조선을 낮게 보는, 일본의 번국처럼 보는 태도와 관련이 있다. 이것은 상징적이지만, 천황을 최고의 통치자로 보는 그의 견해와 관련이 있다.

이제 이 시기 조선과 일본에서의 화이관 및 타자 인식의 차이점, 그리고 문제점, 의의 등에 대하여 고찰하여 보기로 한다. 조선의 경우 주자학자 한원진은 조선중심적 사고 방식을 갖고 조선만을 華로 보며 中原까지도 침략하려고 하는 폐쇄적, 전투적 화이관을 갖고 있었으나 실학자 정약용은 조선중심주의를 벗어나, 보편주의에 기초한 개방적 화이관을 갖고 있었다. 조선의 실학자들은 이미 허목 단계에서 일본에 대한 긍정적 인식이 나타나기 시작하여 일본의 華로의 전화

가능성을 생각하였고 정약용 단계에서는 일본을 華로 생각하였으며 일본이 조선보다 우월한 점이 있다고 생각하기까지 하였다.

일본에서는 林羅山 등 주자학들이 조선의 학문을 높이 평가하는 경향이 있었으나 林羅山조차 조선을 일본의 藩國으로 보았다. 또 고학파의 대표자 荻生徂徠는 중국의 원시유학에 대한 존중을 보이면서도 중국에서는 이것이 단절되고 德川幕府만이 이런 선왕의 도의 유일한 계승자라는 일본중심적 화이관을 갖고 있었으며 조선을 가장 깊이 이해한 雨森芳洲의 경우도 조선을 정치적으로 일본보다 낮게 보았다. 조선에서는 매우 개방적 화이관이 실학자들에게 나타났음에도 불구하고 일본에서는, 국학파는 말할 것도 없고, 주자학 또는 고학파와 같이 비교적 보편주의적 사상을 가진 학자들 사이에서도 화이관의 측면에서는 보편주의적 사고가 나타나지 않고 오직 일본중심적 사고를 갖고 있었다. 또 조선을 가장 잘 이해하는 雨森芳洲 역시 정치적으로는 조선을 낮은 위치에 두었으며 그 역시 천황에 대한 존중의식을 갖고 있었다. 결국 조선과 일본에서 이러한 차이가 있게 된 것은 고대 이래 일관되게 일본에 존재하여 온 天皇 존중의 관념, 이와 결부된 神道가 중세에도 여전히 강하게 유지되었고 근세 이후 神儒合一이라는 각도에서 다시 새롭게 강화, 재편되어 간 데에 있다고 생각된다.

다음으로 이것이 韓日 歷史敎科書 문제 및 미래의 한일관계, 나아가 21세기 동아시아의 연대와 세계 평화를 위해 갖는 의미에 대하여 생각해 보기로 한다. 한일 역사교과서 문제는 교과서 자체만을 갖고는 해결되지 않는 문제이다. 이것은 한일 양국인 역사학자 및 일반인들 속에 있는 근본적·총체적 역사인식의 틀과 관련되는 문제이다.

이것이 바뀌고 점차 서로 가까운 방향으로 수렴하여 가지 않는다면 역사 교과서 문제는 해결될 수 없고 한일 간의 진정한 유대와 선린은 불가능하다. 이것은 또한 단순히 근대 이후의 현상만이 아니다.

이미 전근대 한국인은 대체로 일본은 문화가 낮은 夷狄처럼 보아 왔
으며 이런 일본에 대한 부정적 태도는 근대 이후 일본의 침략과 이에
따른 한국인의 피해의식 때문에 더욱 강화되었다.

그러나 한국에는 조선후기 실학자들 사이에 매우 개방적 화이관,
긍정적 일본 인식이 나타나기 시작하였다. 이것이 근대 이후 제대로
발전되지 못하고 오히려 조선 주자학의 조선중화적 또는 조선중심주
의적 화이관이 저항적, 배타적 내셔널리즘으로 발전하였다. 이것은
부정적 요소도 매우 많이 갖고 있다. 앞으로 우리는 조선후기 실학자
들이 가졌던 개방적 화이관, 긍정적 일본관을 21세기라는 상황에 맞
게 더욱 발전시켜 갈 필요가 있다.

한국의 중·고등학교 국사교과서는 물론 대학의 한국사 개설서에
모두 조선후기 실학에 대한 언급이 있다. 이것은 우리역사의 내재적
발전 측면을 주장하려는 사회경제사 연구와 짝을 이루는 것이다. 이
에 따라 실학의 성격에 근대지향적이며 민족적 측면이 있다는 관점
에서 서술되고 있다. 그러나 조선후기 실학의 대외인식과 화이관에는
본론에서 살핀 바와 같이 근대민족주의를 넘어 보편적 이념에 기초
하여 상대방을 적극적으로 긍정하려는 요소가 있으며 이것이 동시대
의 일본을 매우 긍정적으로 평가하였다. 이 점이 앞으로 교과서 서술
에 적극적으로 반영될 필요가 있다. 또 필자가 검토한 바로는 한국
고등학교 과정 세계사 교과서에 일본 관계 내용이 아주 소략하다. 동
아시아 문명의 공동의 건설자라는 관점에서 문화의 상호 교류와 선
린의 역사, 예컨대 조선통신사 같은 내용이 좀 더 구체적으로 서술될
되어야 할 것이다.

한편 근대 일본에서 보편주의적 이념이 발전하기 어려웠고 내셔널
리즘 가운데에서도 매우 전투적, 폐쇄적 성격을 갖는 것이 전개된 데
에는 여러 이유가 있겠지만, 전단계 德川時期에 일본중심주의를 극복
하는 사상이 전개되지 못하고 앞서 살핀 바와 같이 오히려 神道가 儒

學과 결합되어 간 것도, 여러 원인 가운데 하나였다고 생각된다. 神道
를 일본 고유의 풍속 혹은 종교이므로 일본인이 이를 믿는 것은 물론
자신들의 아이덴티티 유지와 확립을 위해 필요한 일이기도 하겠으나,
이것과 정치 혹은 정치 이념과의 연결을 차단함으로써, 폐쇄적 내셔
날리즘의 기반을 차단하는 것은 21세기 동아시아의 평화와 연대를
위해 반드시 요청되는 일이라고 생각된다. 이를 위해서는 일본 근대
내셔날리즘의 원형으로서의 德川時代의 사상적 경향이 갖는 문제점
이 지적되어야 할 것이다. 그리고 그런 가운데에도 가급적 조선과 선
린 유대를 다지고자 하는 흐름이 있었음이 강조되어야 할 것이다.75)

---

75) 본고의 한계를 지적해 두고 싶다. 조선후기 유자들 가운데, 본고는 극히
일부만을 고찰하였고, 일본 학자들의 경우, 역시 극히 일부만을 다루는
가운데 이차적 문헌에 의존한 경우도 더러 있었다. 따라서 본고에서 결
론은 과도한 일반화라는 오류의 염려가 없는 것이 아니다. 앞으로 보다
폭넓고 깊이 있게 이 시기 한일 학자들의 화이관, 상호 인식에 대한 문
제를 다룸으로써 본고의 한계를 극복하고 싶다. 또 여기에는 對淸觀의
문제도 추가되어야 함은 물론이고 동시기 중국 학자들의 화이관, 대외
인식 등도 아울러 고찰되어야 할 것이다. 아울러 본고의 고찰은 지식인
을 중심으로 하였으나 보다 중요한 것은 한·중·일 삼국 민중의 상호
인식일 것이다. 자료 상의 한계는 있겠으나 이 점에 대하여도 별도의 고
찰이 요구된다.

ABSTRACT

Mutual Recognition and Changes in views on the Center of Civilization (hwayigwan) of Joseon and Japan: Focus on late Joseon and Bakufu periods

Cho, Sung-eul

First, the views on the center of civilization (*hwayigwan*) according to the Chu-si scholar Wonjin Han were founded on culture, but at the same time premised upon spiritual differences. Thus, his views did not overcome completely the racial and geographical views on the center of civilization. At the time, then, he held a biased view that only Joseon was to be considered as *hwa*, or civilized.

Second, the practical learning scholar Yak-yong Jeong based his ideas of civilization on culture, overcoming entirely the view based only on geography and race. Thus, he held a more open and universal view on the center of civilization.

Third, in the Chu-si scholar Won-jin Han's case in late Joseon period, he considered the Japanese uncivilized, and in highlighting the sudden rise of Confucianism in Japan, he did not believe that Japan had the immediate capacity to encroach Joseon.

Fourth, Yak-yong Jeong maintained a positive assessment of Japan based upon its development of Confucianism and culture from the early

Joseon to late Joseon periods. The only difference between the earlier and later periods was that in the former, whereas there was no possibility for Japan to encroach Joseon, in the latter period, he believed Joseon needed to consider a policy of provisions in case Joseon were to be influenced by the disorder occurring in regions of Japan.

Fifth, although the Japanese Chu-si scholar Razan Hayashi was interested in Joseon, he held the nation-centered view of the center of civilization believed Joseon to be inferior to Japan. He believed that Japan was a divine country, upholding the sacredness of the ancient Emperor of Japan. From this context, he argued for the unity of Shintoism and Confucianism (sinyuhabil).

Sixth, the exemplary scholar of Japan's antiquities, Sorai Ogyu, greatly respected China's original Confucianism and simultaneously held Japan's ancient Emperor and Shintoism in high respect. He believed that the way of ancient China's Emperor Sun dissipated in China and that his teachings transferred to Tokugawa Bakufu, thus maintaining a Japan-centered view of the center of civilization. He further argued that Shintoism had derived from the Emperor Sun's Confucian ideology and held more similarities with Xia and Yin states than the Chou. This belief holds an irrational idea of Shintoism and stems from the emphasis on the sacredness of the Emperor of Japan.

Seventh, although Razan Hayashi esteemed Joseon's Chu-si school and its prose and poetry, he believed Joseon to be a tribute to Japan. That is, his respected was limited to studies and writings and in political terms, he believed Joseon to be inferior.

Eighth, although Houshu Amenomori who supposedly held the most positive understanding of Joseon outwardly expressed that he respected Joseon's culture and customs as a diplomatic course of action, he pressed Joseon delegates to Japan to agree to the egregious demands of Makbu to reform Joseon's diplomatic documents. This was related to his biased view of Joseon as an inferior country and even if symbolic, his views represent his belief in the supreme rule of the Emperor of Japan.

Ninth, in the future, Korea's textbooks need to emphasize the open-minded nature of practical learning's universal teachings and recognize Joseon's positive recognition of Japan. As for Japan's textbooks, they need to recognize the fact that the roots of Japan's of modern nationalism could already be evinced during the Tokugawa Bakufu period and at the same time, there was a tendency to uphold a policy of honest and friendly neighbors.

Keywords: Neo-Confucianism or Seongni studies, traditional Confucianism in Japan, Shintoism, Won-jin Han. Razan Hayashi, Houshu Amenomori

찾아보기

· 한일관계사연구논집 편찬위원

  위원장 : 조동걸(국민대학교 명예교수)
  위 원 : 김태식(홍익대학교 교수)
          김현구(고려대학교 교수)
          노중국(계명대학교 교수)
          손승철(강원대학교 교수)
          조 광(고려대학교 교수)
          정구복(한국학중앙연구원 교수)
          정재정(서울시립대학교 교수)
          이만열(국사편찬위원장)
          김도형(연세대학교 교수)
          김성보(연세대학교 교수)

통신사 · 왜관과 한일관계   정가 : 22,000원

2005년 6월 1일 초판 인쇄
2005년 6월 5일 초판 발행

편   자 : 한일관계사연구논집 편찬위원회
회   장 : 韓 相 夏
발 행 인 : 韓 政 熙
발 행 처 : 景仁文化社
            서울특별시 마포구 마포동 324-3
            전화 : 718-4831~2, 팩스 : 703-9711
            http://www.kyunginp.com
            E-mail : kyunginp@chollian.net
등록번호 : 제10-18호(1973. 11. 8)

ISBN : 89-499-0308-3 93910
* 파본 및 훼손된 책은 교환해 드립니다.